普通高等教育交通类专业系列教材

交通运输系统工程

机械工业出版社

本书全面地阐述了交通运输系统与系统工程的基本概念、理论和方法，分章节详细介绍了交通运输系统的概念与特点，交通运输系统工程的含义及内容，主要内容包括概论、交通运输系统分析、交通运输系统模型、交通运输系统预测、交通运输系统网络优化、交通运输系统模拟、交通运输系统评价、交通运输系统决策、交通运输决策支持等方面的内容。此外，本书还重点介绍了公路交通运输系统中的信息技术、交通运输系统大数据技术以及交通运输系统工程前沿技术。

本书的编写旨在提高读者对交通运输系统工程的综合性、系统思维和前沿技术的理解，可作为交通运输类、物流管理类本、专科院校相关课程的教材或教学参考书，也可供从事交通运输、物流经营的企事业单位的管理工作者、工程技术人员阅读参考。

图书在版编目（CIP）数据

交通运输系统工程/王宪彬，邓红星主编．—北京：机械工业出版社，2024.2

普通高等教育交通类专业系列教材

ISBN 978-7-111-75173-1

Ⅰ.①交… Ⅱ.①王…②邓… Ⅲ.①交通运输系统-系统工程-高等学校-教材 Ⅳ.①U491

中国国家版本馆 CIP 数据核字（2024）第 040717 号

机械工业出版社（北京市百万庄大街 22 号 邮政编码 100037）
策划编辑：李 军　　　　　　责任编辑：李 军 章承林
责任校对：高凯月 李 婷　　　封面设计：马精明
责任印制：张 博
北京雁林吉兆印刷有限公司印刷
2024 年 4 月第 1 版第 1 次印刷
184mm×260mm·22.75 印张·563 千字
标准书号：ISBN 978-7-111-75173-1
定价：79.90 元

电话服务　　　　　　　　　　网络服务
客服电话：010-88361066　　　机 工 官 网：www.cmpbook.com
　　　　　010-88379833　　　机 工 官 博：weibo.com/cmp1952
　　　　　010-68326294　　　金 书 网：www.golden-book.com
封底无防伪标均为盗版　　　机工教育服务网：www.cmpedu.com

前　言

交通运输系统工程是以交通运输系统为研究对象，综合应用交通运输专业知识、系统科学、运筹学和计算机应用技术等的理论和方法。交通运输系统工程是一个广泛而复杂的领域，它涉及各种运输模式（如公路、铁路、水运和航空）以及相关基础设施、车辆、技术和管理系统。交通运输系统工程学科的主要目标是在实现高效、安全、可持续的交通运输的同时，提供便捷的出行和物流服务。

为了达到这些目标，交通运输系统工程采用系统思维和综合分析方法，从整体上考虑交通运输系统的各个组成部分之间的相互关系和相互影响。它不仅关注单个交通模式或设施的设计与建设，还关注如何将不同的模式和设施有机地结合起来，形成多模式、高效的整体运输网络。

交通运输系统工程的应用领域广泛，涵盖城市交通、公共交通、物流运输、交通安全等方面。它对社会经济发展、环境保护和人民生活质量的改善都有重要影响。随着科技的不断进步和社会需求的变化，交通运输系统工程也在不断发展创新，以适应新的挑战和机遇。

本书较为系统地介绍了交通运输系统工程的基本思想、原理、方法和相关应用。全书共分12章，即第1章概论、第2章交通运输系统分析、第3章交通运输系统模型、第4章交通运输系统预测、第5章交通运输系统网络优化、第6章交通运输系统模拟、第7章交通运输系统评价、第8章交通运输系统决策、第9章交通运输决策支持、第10章公路交通运输系统中的信息技术、第11章交通运输系统大数据技术、第12章交通运输系统工程前沿技术。

本书由王宪彬、邓红星任主编，陈德启、高远任副主编。其中第1章、第2章、第3章由东北林业大学王宪彬编写；第4章、第5章由东北林业大学高远编写；第6章由东北林业大学韩锐编写；第7章、第9章由东北林业大学邓红星编写；第8章、第10章由东北林业大学冯文文编写；第11章、第12章由东北林业大学陈德启编写。

本书在编写过程中，广泛参考了国内外许多文献资料，借鉴了许多专家学者的学术观点和最新研究成果，在此谨向这些文献资料的作者表示衷心的感谢和敬意。

交通运输系统工程是一门不断完善的学科，由于编者学识有限，书中难免出现纰漏、不足及错误，恳请广大读者批评指正。

编　者

2023年8月

目 录

前言
第1章 概论 ·· 1
1.1 系统 ·· 1
1.2 系统工程 ·· 7
1.3 交通运输与交通运输系统 ·· 10
1.4 交通运输系统工程 ·· 17
第2章 交通运输系统分析 ·· 23
2.1 交通运输系统分析概述 ·· 23
2.2 交通运输系统分析的内容 ·· 31
第3章 交通运输系统模型 ·· 48
3.1 系统模型概述 ·· 48
3.2 常用交通运输系统模型 ·· 54
第4章 交通运输系统预测 ·· 64
4.1 概述 ·· 64
4.2 定性预测方法 ·· 67
4.3 时间序列预测方法 ·· 69
4.4 回归分析预测法 ·· 74
4.5 组合预测方法 ·· 88
4.6 深度神经网络 ·· 91
4.7 基于MATLAB的预测方法应用案例 ·· 97
第5章 交通运输系统网络优化 ·· 106
5.1 交通运输系统网络概述 ·· 106
5.2 交通运输网络的最短路和最大流 ·· 108
5.3 双代号网络计划图的绘制 ·· 114
5.4 关键路径法 ·· 118
5.5 计划评审技术 ·· 125
5.6 网络图的优化 ·· 127
5.7 网络计划软件及应用 ·· 135
第6章 交通运输系统模拟 ·· 140
6.1 概述 ·· 140
6.2 蒙特卡罗模拟法 ·· 141
6.3 交通运输系统模拟问题 ·· 147
第7章 交通运输系统评价 ·· 158
7.1 概述 ·· 158

7.2　层次分析法 ··· 170
7.3　模糊综合评判法 ··· 178
7.4　数据包络分析法 ··· 183

第8章　交通运输系统决策 188
8.1　概述 ·· 188
8.2　运输可靠程度决策 ·· 192
8.3　运输方式决策 ··· 208
8.4　车辆运行调度决策 ·· 214

第9章　交通运输决策支持 220
9.1　决策支持系统基础理论 ·· 220
9.2　智能决策支持系统 ·· 224
9.3　数据仓库决策支持系统 ·· 231
9.4　综合决策支持系统与网络型决策支持系统 ······················· 237
9.5　运输决策支持系统应用实例 ··· 241

第10章　公路交通运输系统中的信息技术 248
10.1　信息技术概述 ··· 248
10.2　GPS技术 ··· 255
10.3　北斗卫星导航系统 ·· 262
10.4　云技术 ··· 266
10.5　物联网技术 ·· 269

第11章　交通运输系统大数据技术 279
11.1　交通大数据概述 ·· 279
11.2　交通大数据组织与描述 ·· 296
11.3　交通运输系统的大数据技术 ··· 300
11.4　交通运输系统数据服务 ·· 309

第12章　交通运输系统工程前沿技术 317
12.1　绿色低碳交通技术 ·· 317
12.2　出行即服务（MaaS）技术 ·· 328
12.3　自动驾驶技术 ··· 340
12.4　车联网技术 ·· 353

参考文献 ··· 358

第 1 章 Chapter 1

概论

交通运输是现代社会不可或缺的组成部分,它对社会经济发展和人民生活水平提升起到了至关重要的作用。随着城市化、工业化和全球化的不断发展,交通运输对于现代社会的意义也越来越凸显。同时,交通领域的发展也面临着日益严峻和复杂的挑战,如交通拥堵、交通事故、交通安全等问题。因此,运用交通运输系统工程的理论和方法来解决这些问题就显得尤为重要。

在现代交通运输系统的发展中,出现了轨道交通、公路交通、水运和空运等多种形式,这些形式都在不同程度上满足了人们出行和物资运输的需求。交通运输系统的发展也受到了信息技术和智能化的影响,例如智能交通、物联网和自动驾驶技术等的应用,进一步推动了交通运输系统的发展与变革。

在进行交通运输系统的优化决策时,不仅需要考虑交通运输系统的技术方面,还要充分考虑交通运输系统对社会经济和环境的影响,推动绿色出行和可持续发展。因此,交通运输系统的研究和创新也需要与社会、经济和环境等不同领域的理论和方法相结合,以实现交通运输系统的可持续发展。

1.1 系统

在现实生活中,系统是普遍存在的。以整个社会而言,它可以看作庞大而复杂的系统。社会系统由生产、经济、消费、科学、技术、教育、通信、交通、医疗、服务等多个子系统组合而成。就交通运输系统而言,它是国民经济大系统的一个重要子系统,由公路运输、铁路运输、水路运输、航空运输、管道运输等多个子系统构成。而机动车辆同样可以视为一个系统,其中包括发动机、底盘、车身、电气设备等部分的组合。这些系统中的每一个子系统都有其独特的职责和功能,它们之间的相互关系影响着整个系统的性能和功能。

1.1.1 系统的概念

"系统(System)"一词最早出现于古希腊语中,意为"部分组成的整体"。从中文的角度看,"系"指关系、联系,"统"指有机统一,"系统"则指有机联系和统一。关于系统的定义,国内外有不同的说法,主要有以下几种:

1)一般系统理论创始人冯·贝塔朗菲认为"系统是相互作用的诸要素的综合体"。

2)韦氏大辞典中,系统被解释为"有组织或被组织的整体,被组合的整体所形成的各种概念和原理的综合,以有规则的相互作用、相互依赖的形式组成的诸要素的集合"。

3)日本工业标准(Japanese Industrial Standards,JIS)中,系统被定义为"许多组成要

素保持有机的次序，向同一目的行动的集合体"。

4）《中国大百科全书·自动控制与系统工程卷》中的解释为"系统是由相互制约、相互作用的一些部分组成的具有某种功能的有机整体"。

5）钱学森教授把系统定义为"系统是由相互作用和相互依赖的若干组成部分结合而成的具有特定功能的有机整体，而且这个整体又是它所从属的一个更大系统的组成部分。"其中钱学森的这一定义被我国系统科学界普遍采用。

上述定义和许多类似的定义一样，指出了系统的三个基本要点（基本属性）：

首先，一个系统是由两个或两个以上的要素组成的整体，没有这些要素便无法形成一个系统。单个要素不能组成一个系统。

其次，系统中各个要素之间、各个要素与整体之间、整体与环境之间都存在着相互关联、相互作用、相互依赖的有机联系。如果要素之间没有任何联系和作用，则不能称之为系统。

最后，一个系统的各要素之间的联系与作用必须产生一定的功能。这种功能是系统在发挥作用或价值方面所具备的效能，由系统内部要素之间的有机结构及系统的整体结构所决定。这种功能是各要素单独所不具备的。

1.1.2 系统的特性及分类

1. 系统的特性

明确系统的特性是认识系统、研究系统、掌握系统思想的关键。系统的特性主要表现为系统的整体性、相关性、目的性和环境适应性。

（1）整体性　系统的整体性是指系统不仅仅是各个要素的简单集合，而是由各要素之间按一定的组合方式所构成的。同时，各要素间相互协调、相互统一，体现出了系统的整体性。此外，系统整体的功能并不是各组成要素功能的简单相加，而是呈现出各组成要素单独不存在的新功能。系统整体的功能不仅限于各组成要素的功能总和，而是远大于各组成要素的功能之和。由于系统整体的各要素之间相互联系、相互作用形成一种协同作用，因此对各个组成要素而言，系统整体的产生不仅仅是一种量变，更表现为一种质变。此外，由于系统整体的协同作用，系统整体与各要素的性质不同。只有通过协同作用，系统的整体功能才能得以显现。

当系统各要素之间形成了一定的组合方式后，它们之间便出现了相互依存和互动的关系，从而形成了一个有机的整体。这样的整体不仅可以通过简单的数量叠加来计算，而且可能会表现出非线性的复杂性质和非整体性的特点，即一个整体可能会呈现出其他系统所不具备的独特特点。

此外，系统整体的性质是具备上下位关系的。也就是说，系统整体是由各个组成要素构成的，而各个组成要素本身也可能是其他更小的子系统，进而形成更大的整体。这种嵌套层级关系使得系统具有更高的层次结构性质，呈现出更为复杂的系统特征。

当人们进一步探讨交通运输系统整体性原则的应用实践时，可以从以下几个方面深入展开：

首先，将交通运输系统整体性原则与交通规划、设计和运营相结合，有效协调各要素之间的关系，促进各要素之间协同发展。同时，通过制订具有整体性的交通规划方案，充分考虑基础建设、服务水平、人口流向等因素，以更好地满足市场需求。

其次，为实现交通运输系统整体性原则，需要建立相应的管理机制和协调机制。管理机制可以包括对交通运输系统各个组成部分进行统一管理和规范控制，对各个运输方式间的协调和衔接进行统一协调。协调机制可以包括定期召开高层会议、建立协调委员会等，以确保系统各部分无缝衔接，各项工作协调进行。

最后，还需要注重交通运输系统整体性原则在技术创新和环境保护中的应用。可以通过技术手段提高交通运输系统效率，例如引入智能交通系统、建立出行建议系统、提高排放控制标准等。此外，还应该注意交通运输系统对环境的影响，应加大环境保护的投入，推广清洁能源等，以更好地满足可持续发展的要求。

（2）相关性　相关性是指系统的要素之间、要素与系统整体之间、系统与环境之间的有机关联性。系统中每个要素都依赖于其他要素存在，系统中任何一个要素的变化都将引起其他要素的变化乃至整个系统的变化。

当人们考虑交通运输系统的相关性原则时，还应注重以下几点：

首先，应注重要素分类和关系。人们需要对交通运输系统内的各要素进行分类，了解它们之间的关系，以便形成全面、系统的相关性原则。交通运输系统的要素可以分为基础设施、车辆、人员、管理和运营等。它们之间存在着复杂而动态的关系，包括相互依存、相互作用和相互制约等。因此，在考虑相关性原则时，人们需要注重对这些要素的分类、排序和关系的理解和把握。

其次，应注重系统变化和维护。交通运输系统是一个动态的、不断变化的系统，各要素之间的关系随着时间的推移而发生变化。因此，在制订相关性原则时，人们也需要考虑到系统变化对要素之间关联的影响，以及如何进行系统维护和改进，以适应新的变化和要求，使整个系统能够持续发展。

最后，应注重外部环境和社会需求。除了系统内部各要素之间的相互关系，交通运输系统和外部环境、社会需求等因素之间也存在着相互关联和影响。例如，环境保护、社会公众安全等因素，都是需要考虑到的因素。因此，在制订相关性原则时，人们也需要注重对外部环境和社会需求等因素的了解和理解，以此来调整和协调交通运输系统与外部环境之间的关系，实现可持续发展。

（3）目的性　目的是指人们在行动中所要达到的结果和意愿。系统的目的性是人们根据实践的需要而确定的，人造系统有具体的目的，而且通常不是单一的。

每个系统都有其独特的目的，否则它就失去了存在的价值和意义。例如，企业经营管理系统的目的是在限定的资源和现有职能机构的配合下，完成或超额完成生产经营计划，实现规定的质量、品种、成本、利润等指标。交通运输系统则旨在为国民经济的发展提供交通运输服务，各个子系统有其自己的目的，为整个交通运输系统的总目的服务。

系统的目的性原则要求人们正确确定系统目标，并采用各种调节手段将系统导向预定目标，以实现系统的整体最优化。这意味着对于系统中每个部分的功能和目标，都应该在实践中不断调节，以确保系统在相应的环境下运转良好，并达到系统整体最佳效果。只有这样，系统才能实现其目标和价值。

（4）环境适应性　环境是存在于系统以外的事物（物质、能量、信息）的总称，也可以说系统的所有外部事物就是环境。

一个系统并不是孤立存在的，它处于一个复杂的环境中，这个环境由许多因素组成。例如，对于一个交通运输系统，它所处的环境包括自然环境、社会环境、政治环境等多个层面。这些环境因素的变化会对系统产生影响，从而影响系统的健康维持。同时，一个系统的作用也会对环境产生影响。例如，交通运输系统对环境的影响包括噪声、空气污染、能源消耗等。因此，为了实现可持续发展，必须充分考虑系统与环境的相互影响。

环境适应性原则强调系统内部关系、外部关系相互协调、统一，从而实现其最优化的发展。这就要求人们不仅要关注系统内部各要素之间的相关性，还要认真考虑系统与其外部环境之间的相互作用。同时，要及时调整并优化系统内部关系，以适应外部环境的变化，从而达到环境与系统的协同发展。

2. 系统的分类

系统是以不同的形态存在的，根据系统生成的原因和反映的属性不同，可以进行各种各样的分类。

（1）按照系统的起源分为自然系统和人造系统　自然系统是由自然过程形成的，这些系统通常由自然物（如矿物、植物和动物等）组成，例如森林系统、海洋系统、生态系统等。相比之下，人造系统是人类基于特定目的组合有关要素的结果，可以是工程技术系统、经营管理系统、交通运输系统等。实际上，多数系统都是自然系统和人造系统的复合体，因为在这些系统中，人类利用科学技术改善自然系统，并与人造系统相结合。

自然系统和人造系统都是现实世界中存在的重要系统。自然系统是由自然界形成的，例如气候系统、生态系统、地质系统等，这些系统中包含了自然物质和生物群落，相互作用、相互依存。而人造系统则是由人类为了达到特定目的而创造的系统，例如工业系统、通信系统、交通运输系统等。这些系统的设计和运行通常需要依赖于技术和管理等方面的知识。实际上，自然系统和人造系统之间也存在着相互影响和相互作用，例如人类在利用自然资源时对自然系统的影响，以及自然系统的环境因素对人造系统的影响等。

（2）按照系统要素的形态分为实体系统和概念系统　实体系统是矿物、生物等物质实体组成的系统，如建筑物、生物、机械和人群等。概念系统是由概念、原理、原则、方法、制度等观念性的非物质实体所构成的系统，如教育系统、法律系统、军事指挥系统、社会系统等。在实际生活中，实体系统和概念系统在多数情况下是结合的，实体系统是概念系统的物质基础，而概念系统往往是实体系统的中枢神经，指导实体系统的行为。如智能交通运输系统中既包括系统运行人员的思想、信息、原则、命令等概念系统，也包括计算机系统、通信设备系统等实体系统。

实体系统和概念系统在实际生活中紧密相连，它们之间相互作用、互为支持。实体系统作为概念系统的物质基础，为概念系统提供基础设施和物质支持。而概念系统则是实体系统的中枢神经，它为实体系统提供思想原则和指导方针，规范和指导着实体系统的行为。只有两者相互结合，才能形成一个有机的整体，更好地为人类服务。

下面举例来说明这种联系。在智能交通运输系统中，实体系统是指各种设备和物资，包括汽车、机器设备、通信设备等。这些设备需要通过概念系统的控制和管理，才能发挥它们的功能。概念系统包括运输规划、调度、管理、控制等各种概念、原则、命令等。通过这些概念系统的指导，实体系统可以更好地完成它们的工作。

（3）按照系统的时间特性分为动态系统和静态系统　动态系统是指系统的状态变量随

时间变化的系统，如生产系统、通信系统、金融系统等。静态系统是指系统的状态变量在一定时间内不随时间变化的系统，如港口设施规划、企业平面布置等。静态系统是动态系统的一种极限状态。

动态系统和静态系统在不同情境下的应用都非常广泛。动态系统的设计和实施非常复杂，需要考虑各种因素对系统的影响，并采取必要的措施或改变系统中的一些参数来最优化系统的运行。例如，生产系统需要考虑生产线的安排、原材料的供应、生产流程的优化和质量控制等因素，以保证生产过程的高效和产品的质量。

与此相反，静态系统的设计和实施则更加简单，因为它们不需要考虑时间的因素。这些系统的目标通常在短时间内完成，例如一个企业的平面布局或一个港口的设施规划。但即使这些系统看起来很简单，仍然需要深入思考所有可能的因素，以获得最佳结果。

（4）按照系统与外界环境的关系分为开放系统和封闭系统　开放系统是指系统与环境之间有物质、能量或信息交换。系统从环境中获得必要的物质、能量或信息，经过处理，转换成新的物质、能量或信息输出到环境中。大部分系统都属于开放系统，如社会系统、物流系统、运输系统、经济系统等。封闭系统则相反，与外界环境不发生任何形式的交换，它既不向环境输出，也不从环境输入，系统与环境之间没有任何物质、能量和信息交换。

开放系统和封闭系统是系统理论中的两个重要概念。开放系统可以理解为与外界环境有交互的系统。在这些系统中，物质、能量和信息都可以自由地在系统内部和外部进行交换，系统与环境之间存在着相互作用和相互影响。封闭系统则是指与外界环境没有交换的系统，例如热力学中的理想气体系统，这些系统没有与外界进行物质、能量或信息的交换，因此系统的总能量、质量和信息等守恒量保持不变。需要注意的是，封闭系统只是一种理论模型，在实际应用中很难实现。在现实世界中，大部分系统都是开放系统。

当谈到交通运输系统时，人们通常考虑的是各种机械和设备，如汽车、火车、飞机和轮船等。但实际上，交通运输系统是由自然系统和人造系统以及其他多种复合体组成的。自然系统包括气候、地形和自然资源等，而人造系统则包括道路、桥梁、港口、机场和铁路等。这些复合体需要相互协作才能确保交通运输系统的可靠性、安全性和高效性。例如，道路交通运输系统需要有效的交通管理和路况信息系统，以确保车辆可以平稳地行驶，但它们也需要建立在可靠的道路基础设施之上。同样地，航空交通运输系统需要空中交通管理和导航系统，但它们也需要确保机场具备高效的地勤设施和安全的跑道。

因此，在考虑交通运输系统的功能和性能时，人们不能只看到其中的机器和设备，而应该将整个生态系统作为一个整体来考虑。只有这样，人们才能全面地了解交通运输系统的特点，避免出现短视和局限性，并为未来的交通运输系统创造更好的发展前景。

1.1.3　系统思想的形成及发展

1. 古代朴素的系统思想

在古代，当有了生产活动以后，客观世界的系统特性就逐渐地反映到人的认识中来，并自发地产生了一些朴素的系统思想。在哲学上，这种朴素的系统思想表现在把自然界当作统一的整体。如古希腊辩证法奠基人之一的赫拉克利特认为"世界是包括一切的整体"；亚里士多德的名言归结为"整体大于它的各部分总和"，这是系统论的基本原则之一。

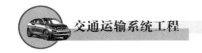

我国春秋末期的思想家老子在《道德经》中曾阐明了自然界的统一性："天下万物生于有，有生于无""无，名天地之始；有，名万物之母""道生一，一生二，二生三，三生万物"。在实践中，这种朴素的系统思想表现在从事物之间相互联系的角度去观察和改造世界。我国古代著名的医学典籍《黄帝内经》就把自然界和人体看成是由五种要素相生相克、相互制约组成的有秩序、有组织的整体，对疾病的诊断进行综合分析，强调因人、因时、因地治疗，并要把治疗与调养、治疗与防病结合起来。春秋末期，著名军事家孙武在其《孙子兵法》中阐述了不少朴素的系统思想和谋略，对战争系统的各个层次、各个方面以及它们的内在联系等都进行了全面的分析和论述，从而在整体上构成了对战争规律性的认识。战国时期秦国人李冰主持修建的驰名中外的四川都江堰水利工程，把岷江分水工程、分洪排沙工程、引水工程三大主体工程和一百二十多个附属渠堰工程巧妙地联系在一起，使工程兼有防洪、灌溉、漂木、行舟等多种功能，形成一个协调运转的工程总体，体现了非常完善的整体观念、优化方法和发展的系统思想，即使从现在的观点看，仍不愧为世界上一项宏伟的水利建设工程。

2. 系统思想的淹没

古代朴素的系统思想虽然有对自然界整体性、统一性、相关性的认识，但是这种认识是非常肤浅、片面的，缺乏对整体各个细节的认识，与真正的系统思想、系统观念还有很大的距离。这是由于当时的生产力和科学技术还十分落后，人类改造世界的能力有限，规模很小，对客观世界中各种复杂的依赖关系、制约关系认识得不够深刻、全面。

欧洲文艺复兴运动以后，随着科学思想的觉醒，近现代科学开始获得了长足的发展，望远镜、显微镜、气压计、温度计等相继被发明和制造出来，为人类深入认识客观世界的各个局部提供了十分有效的手段。力学、天文学、物理学、化学、生物学等科目逐渐形成独立的学科。尤其是伽利略、牛顿对天体运行和可见物体等宏观领域的开创性研究，使人们更加确信世界是由许多机械运动的部分相加起来的，就像一架精确的钟表。机械论成为近现代的一大特征。

经典力学的辉煌成就，使很多人深信经典力学的方法是"放之四海而皆准"的真理。不少学者利用机械论的力学观点解释诸如生命、生物、生态和社会等复杂问题。机械论的世界观也把世界看成一个整体，但这种整体观并不符合系统思想。机械论立足于一个重要原理：分析还原。这种偏重于分析的方法有一定的局限性，它只能孤立地掌握世界的部分属性，不能掌握世界的整体性质。在科学深入到更复杂的领域之前，它确实卓有成效地开垦了科学领域，给人类文明带来了实惠。在这种历史条件下，系统思想被搁置起来也就不难理解了。

3. 现代系统思想的兴起

19世纪下半叶以来，科学技术进入全面发展的新阶段。自然科学由收集经验材料、分门别类的研究阶段，进入整理经验材料、走向理论综合的发展新阶段，不断从新的水平上揭示了自然界的普遍联系。一系列重大的科学发现，科学技术与社会科学的结合，对近代科学方法提出了挑战，为现代系统思想的诞生奠定了基础。

长期以来，在生物学中对于生命现象的解释存在着机械论与活力论两种对立的观点。但生物学中的许多现象不能用机械论来解释。在一些生物学家和哲学家看来，只有把生命看作一个有机整体，才能解释这些生命现象。他们主张用机体论来代替活力论和机械论。冯·贝塔朗菲多次发表文章表达了机体论思想，强调把有机体当作一个整体来考虑，认为科学的主要目标在于发现种种不同层次上的组织原理。他指出机械论有三个错误观点：一是简单相加的观点；二是"机械"观点，把生命现象简单地比作机器；三是被动反应的观点，即把有机体看作只有受到刺激时才做出反应。他批判地继承前人的机体论思想，把协调、秩序、目的性等概念用于研究有机体，形成了自己关于系统的基本观点。

1.2 系统工程

1.2.1 系统工程的概念及特点

系统工程是于20世纪60年代初开始形成的一门新兴实用学科，它是软科学的一个重要组成部分。系统工程不仅是一门综合性非常强的实用技术科学，同时也是现代化组织管理技术的基础。

1. 系统工程的基本概念

国内外著名的系统工程学家曾从不同角度来解释系统工程，但几乎都涉及系统工程的研究对象、研究方法、研究内容、研究目的等方面，下面引述国内外有代表性的定义。

1）1967年，美国学者切斯纳在其所著的《系统工程学的方法》一书中指出："系统工程学是为了研究由多个子系统构成的整体系统，所具有的多种不同目标的相互协调，以及系统功能的最优化，最大限度地发挥系统组成部分的能力而发展起来的一门科学。"

2）1967年，美国学者莫顿的定义为："系统工程是用来研究具有自动调整能力的生产机械以及像通信机械那样的信息传输装置、服务性机械和计算机械等的方法，是研究、设计、制造和运用这些机械的基础工程学。"

3）1969年，美国质量管理学会系统委员会的定义为："系统工程是应用科学知识设计和制造系统的一门特殊工程学。"

4）1971年，东京工业大学寺野寿郎教授在其所著的《系统工程学》一书中的定义为："系统工程学是为了合理地开发、设计和运用系统而采用的思想、程序、组织和方法等的总称。"

5）1973年，《大英百科全书》的定义为："系统工程是一门把已有学科分支中的知识有效地组合起来用以解决综合化的工程技术。"

6）1975年，美国科学技术词典的定义为："系统工程是研究彼此密切联系的众多要素所构成的复杂系统的设计的科学。在设计这种复杂系统时，应有明确的预定功能及目标，而在组成它的各要素之间及各要素与整体之间又必须能够有机地联系、配合协调，以使系统总体达到最优目标。在设计时还要考虑到参与系统中人的因素和作用。"

7）1976年，《苏联大百科全书》的定义为："系统工程是一门研究复杂系统的设计、建立、试验和运行的科学技术。"

8）1977年，日本学者三浦武雄指出："系统工程与其他工程学不同之处在于它是跨越许多学科的科学，而且是填补这些学科边界空白的边缘科学。因为系统工程的目的是研制系统，而系统不仅涉及工程学的领域，还涉及社会、经济和政治等领域。为了适当解决这些领域的问题，除了需要某些纵向技术以外，还要有一种技术从横向把它们组织起来，这种横向技术就是系统工程,也即研究系统所需的思想、技术、手段和理论等体系化的总称。"

9)1978年,我国著名学者钱学森在《组织管理的技术——系统工程》一书中指出:"系统工程是组织管理系统的规划、研究、设计、制造、试验和使用的科学方法,是一种对所有系统具有普遍意义的科学方法。"

系统工程的早期定义大多停留在对系统工程狭义上的理解,如美国学者切斯纳以及日本工业标准(JIS)给出的系统工程的定义,它们虽然都明确了系统工程的理论基础是系统思想,但对其主要任务的认识只局限在分析、综合、模拟、优化。日本寺野寿郎定义的系统工程拓宽了系统工程的内容,将系统的组织技巧也纳入其中,自此明确了系统工程的研究内容包括两大方面:一是从系统开发、系统分析、系统优化到系统决策的一套系统的设计、制造过程;二是该设计、制造过程的规划、组织、管理。钱学森进一步指出系统工程是一种对所有系统都具有普遍意义的科学方法。

2. 系统工程的特点

系统工程与传统工程技术相比,有如下的特点:

(1)研究思路的整体化　系统工程研究思路的整体化,是指把研究对象视为一个整体系统,同时将研究过程看作一个整体,从整体角度全面地考虑系统的研究过程,以实现系统整体最优化。这种方法不仅从整个系统的角度出发考虑问题,同时也考虑了系统的各个方面及其交互关系,确保了研究的全面性和准确性。

(2)应用方法的综合化　系统工程强调综合运用各个学科和技术领域所获得的成就和方法,以达到系统整体最优化的目标。系统工程的主要特点在于其对各种方法的综合应用。这种方法是从系统的总目标出发,将各种相关方法协调配合、互相渗透、互相融合、综合运用。通过对各种方法进行综合应用,系统工程可以对系统的各个方面进行全面的梳理和优化,使得各种方法相互协调,形成有机的整体,确保了系统的高效运行和优良性能。

(3)组织管理的科学化　在研究系统工程的思路整体化上,科学化的管理是必不可少的。若没有科学化的组织管理,将难以实现研究思路的整体化,也无法充分发挥系统的效能。科学化的管理,意味着按照科学规律来进行管理。其范围十分广泛,涵盖了对管理、组织机构、体制和人员配备的分析,工作环境的布局,程序步骤的组织,以及工程进度的计划与控制等问题的研究。

(4)工具的现代化　现代化的管理工具帮助系统管理者综合分析和优化系统各部分的关系,提高决策效率和质量。其中包括建立科学的决策支持系统、发展先进的模拟仿真技术、制订有效的项目管理计划、实现信息化的系统数据采集和监控等。此外,还需要根据系统应用的具体情况,选择适合的管理工具,并不断优化和完善这些工具,以期更好地支持系统的运行和管理。实现现代化的管理工具和技术的应用,有助于提高系统工程应用方法的综合化水平,从而更好地推动系统工程的发展和应用。

1.2.2　系统工程的研究内容

从系统工程学的组成来看,系统工程主要包括以下三个方面的内容。

1. 系统思想或系统观点

系统思想是将研究对象当作一个整体,而不是分散、孤立的要素。通过对研究对象的分析，找出各个要素之间的相互关系和影响，以建立系统的模型，并通过改变系统的输入变量，改进系统的总体效果。系统思想的应用范围非常广泛，从自然界、社会经济系统，到工业生产、管理决策等。它的核心是协同和平衡，帮助人们更好地理解和处理复杂的问题。

2. 系统工程的程序体系

系统工程的程序体系是指在解决一个具体问题时，按照一定的步骤和程序展开。这个程序包括两个方面：一方面，它包括解决系统问题的工作步骤，如系统规划、设计、建造、试验、运行和更新等从系统设想到具体实现的全部过程；另一方面，它包括解决实际问题的思考过程，如问题的提出、概念系统的建立、系统的分析、建模与仿真、系统评价，以及决策的逻辑过程。系统工程的思维过程和实际工作程序相互渗透，完成从系统构想到最终问题解决的全过程。在这个过程中，人们需要不断分析和评价，从而逐步改进系统的设计和实现，直到达到最优的效果。系统工程是一个很重要的领域，它可以帮助人们更好地理解和解决各种复杂的问题。

3. 系统工程的方法

系统工程的核心是运用一系列方法和工具，来建立和优化系统模型，以解决复杂的问题。这些方法和工具包括系统规划、系统评价及决策方法、系统的网络优化、基于计算机的系统动力学及其他系统仿真模型等。通过这些方法和工具，人们可以更好地理解和优化系统，实现系统的高效运行和更好的效果。在具体的系统分析和问题解决中，人们要根据实际情况选择合适的方法和工具，进行系统模型的建立和优化，最终达到解决问题的目的。系统工程是一个非常重要的领域，它为复杂系统的研究和优化提供了有效的方法和手段。

1.2.3　系统工程的应用及发展

19世纪上半叶，自然科学已取得伟大的成就，特别是能量守恒定律、细胞学说和进化论的发现，使人类对自然过程是相互联系的认识有了很大的提高。恩格斯指出"由于这三大发现和其他自然科学的巨大进步，我们现在不仅能够指出自然界中各个领域内过程之间的联系，而且总的来说也能指出各个领域之间的联系了，这样，我们就能够依靠经验和自然科学本身所提供的事实，以近乎系统的形式描绘出一幅自然界联系的清晰图画。"这个时期的自然科学为马克思主义哲学提供了丰富的素材，为唯物主义自然观奠定了更加巩固的基础。马克思、恩格斯的辩证唯物主义认为，物质世界是由无数相互联系、相互依赖、相互制约、相互作用的事物和过程形成的统一整体。辩证唯物主义体现的物质世界普遍联系及其整体性的思想就是系统思想，这是"一个伟大的基本思想，即认为世界不是一成不变的事物的集合体，而是过程的集合体"。恩格斯所讲的"集合体"即是现在所讲的"系统"及其特征，而他所强调的"过程"，就是指系统中各个组成部分的相互作用和整体的发展变化。因此，系统思想是辩证唯物主义的重要组成内容。

现代科学技术的发展以及计算机技术和信息技术的高速发展对系统思想的方法和实践产生了重大影响，主要体现在两个方面：一是使系统思想、系统方法定量化、科学化，使之成为具有坚实数学理论基础的、能够定量地处理系统各组成部分联系关系的科学方法；二是计算机与信息技术的应用，为系统思想、系统方法的实际运用提供了强有力的工具。

系统工程从发展历程来看,共经历了六个阶段,见表 1-1。

表 1-1 系统工程的发展历程

阶段	时间	重大工程实践或事件	重要理论与方法
Ⅰ	1930 年代	美国发展研究广播电视	正式提出系统方法(Systems Approach)的概念
	1940 年代	美国实施彩电开发计划	采用系统方法,并取得巨大成功
		美国 Bell 公司开发微波通信系统	正式使用系统工程(Systems Engineering,SE)一词
Ⅱ	第二次世界大战期间	英、美等国的反空袭等军事行动	产生军事运筹学(Military Operations Research),即军事系统工程
	1940 年代	美国研制原子弹的"曼哈顿计划"	运用 SE,并推动其发展
	1945 年	美国空军建立兰德(RAND)公司	曾经提出系统分析(Systems Analysis)概念
Ⅲ	1950 年代初	运筹学的广泛应用与发展、控制论的创立与应用、计算机的出现为 SE 的发展奠定了科学基础	
Ⅳ	1957 年	H. H. Goode 和 R. E. Machol 发表第一部名为《系统工程》的著作	系统工程学形成的标志
	1958 年	美国研制"北极星"导弹潜艇	提出计划评审技术(Program Evaluation and Review Technique,PERT),这是最早的系统工程技术之一
		R. E. Machol 编著《系统工程手册》	实现了系统工程的实用化和规范化
	1965 年	自动控制学家 L. A. Zadeh 提出"模糊集合"概念	为现代 SE 奠定了重要的数学基础
	1961—1972 年	美国实施"阿波罗登月计划"	使用了大量的 SE 方法,极大地提高了 SE 的地位
Ⅴ	1970 年代	SE 的应用从工程领域进入到社会经济等领域,并发展到了一个重要的新阶段	
Ⅵ	1980 年代	SE 在国际上稳定发展,在中国的研究与应用得到了高速发展	

系统思想是一种广泛应用的思维模式,它追求的是对复杂问题的全局、系统性的认识和解决。在其发展历程中,不断从哲学思维延伸到各个领域,如运筹学、组织管理、信息科学等,并在实践中持续不断地得到深化和完善。从一种哲学思维逐步发展为独立的系统理论,系统思想方法以其独特的视角和思维方式,为人们认识、理解和解决现实世界中的问题提供了新的思考方法和工具。系统科学,作为一门专门研究系统的学科,在经济、环境、社会、政治等各个领域都有着广泛的应用和推广,成为推动社会发展和进步的重要力量之一。

1.3 交通运输与交通运输系统

1.3.1 交通运输

1. 交通

《辞海》对交通的解释为:"各种运输和邮电通信的总称。即人和物的转运和输送,语言、文字、符号、图像等的传递和播送。"

我国第一部大百科全书《中国大百科全书·交通卷》对交通的解释则为:"交通包括运

输和邮电两个方面。运输的任务是输送旅客和货物。邮电是邮政和电信的合称，邮政的任务是传递信件和包裹，电信的任务是传送语言、符号和图像。"但是，随着科学技术的发展，伴随着专门化物质传输系统的形成，人们对运输这一概念的认识不断深化，不仅已经不把输电、输水、供暖、供气等形式的物质位移列入运输的范围，而且也不再把语言、文字、符号、图像等形式的信息传播列入运输的范围。据此，从专业角度出发，一般可以认为交通是指"运输工具在运输网络上的流动"。事实上，随着社会的进步、经济的发展、物资的位移、人员的流动，运输工具（交通工具）也越来越多地被使用，因此交通的含义习惯上特指运输工具在运输网络上的流动。

2. 运输

运输这一词语在日常生活、专业领域和科学研究中，都用得十分广泛。《辞海》对运输的解释是："人和物的载运和输送。" 也就是说，运输是指借助公共运输线及其设施和运输工具来实现人与物空间位移的一种经济活动和社会活动。但是，在国民经济与社会生活中发生的人与物在空间位置上的移动几乎无所不在，运输只能是指一定范围内的人与物的空间位移。例如，经济活动中的输电、输水、供暖、供气和电信传输的信息等，虽然也产生物质位移，但都已各自拥有独立于运输体系之外的传输系统，它们完成的物质位移已不再依赖于人们一般公认的公共运输工具，因此它们不属于运输的范围；又如，一些由运输工具改作他用的特种移动设备（包括特种车辆、特种船舶、特种飞机）行驶所引起的人与物的位移，虽然利用了公共运输线，但它们本身安装了许多为完成特种任务所需的设备，其行驶的直接目的并不是为了完成人与物的位移，而是为了完成某项特定工作，也不属于运输的范围。此外，在工作单位、家庭周围、建筑工地由运输工具所完成的人与物的位移，由某种工作性质引起的位移，在娱乐场所人的位移，也都不属于运输的范围。

3. 交通与运输的关系

从交通与运输两个概念的论述中可以看出，交通和运输是密不可分、相互依存的。交通是实现运输的必要条件，而运输是交通的主要目的。

交通是指人、物在空间中的流动，包括人流、物流和资金流等，是连接各地的交通网络和交通工具的运行流动。而运输是指运输工具上承载人和物的行为，是一种特定的服务行业。

交通中的交通工具是实现运输的重要条件，而运输中的载运人和物的数量和距离则是评估运输服务质量的主要指标。交通量是指通过某一路段或区域的交通工具的数量，体现的是交通工具运行的繁忙程度，与载运的人和物无关；而运输量则是指一定时期内实现的人和物的运输数量。

在理解交通与运输的关系时，需要特别注意交通工具和运输对象的区别。交通工具是实现运输的手段，而运输对象则是运输的目的。因此，只有在运输对象相同的情况下，才能通过增加交通工具的数量来提高运输量。

显然，交通与运输反映的是同一事物的两个方面，或者说是同一过程的两个方面。同一过程就是运输工具在运输网络上的流动；两个方面指的是交通关心的是运输工具的流动情况（流量的大小、拥挤的程度），运输关心的是流动中的运输工具上的载运情况（载人与物的有无与多少、将其输送了多远的距离）。在有载时，交通的过程同时也就是运输的过程。从这个意义上讲，由交通与运输构成的一些词语中，有一部分是可以相互替换使用的，如交通线与运输线,交通部门与运输部门,交通系统与运输系统等。因此,可以说,运输以交通为前提,没有交通就不存在运输;而没有运输的交通,也就失去了交通存在的必要。交通仅仅是一种手段,而运输才是最终的目的。交通与运输既相互区别,又密切相关,统一在一个整体之中。本书中交通和运输合并称为交通运输,有时简称为运输。

1.3.2　交通运输系统

1. 交通运输系统的概念

交通运输系统是指在一定空间范围(国家或地区)内由几种运输方式、技术设备,按照一定历史条件下的政治、经济和国防等社会运输要求,组成的运输线路和运输枢纽的综合体。

2. 交通运输系统的构成

(1) 交通运输系统的构成要素　交通运输系统主要由下列基本部分组成。

1) 载运工具。载运工具包括火车、汽车、船舶、飞机、管道等,作为旅客和货物的运送载体。

2) 场站。交通运输场站包括火车站、汽车站、机场、港口等,其作为运输的起点、中转点或终点,供旅客和货物从载运工具上下和装卸。

3) 线路。交通线路包括有形的铁路、道路、河道、管道和无形的航路等,作为运输的通道,供载运工具实现不同场站点之间的行驶转移。

4) 交通控制和管理系统。交通控制和管理系统包括各种交通信号、交通标志、交通规则等,是为了保证载运工具在线路上和场站内安全、有效率地运行而制订的规则及设置的各种监视、控制、管理装置和设施。

5) 设施管理系统。设施管理系统是为保证各项交通运输设施处于完好或良好的使用或服务状况而设置的设施状况监测和维护(维修)管理系统。

6) 信息管理系统。信息管理系统是应用通信、电子信息等高新技术建立的为现代交通运输服务的系统。它通过建立一套完善的数据采集、处理与共享机制,构筑交通信息平台,为交通运输的发展提供强有力的信息保障。信息管理系统在整个交通运输系统中起着桥梁和纽带的关键作用,通过它能够使交通运输系统的其他构成要素实现有机联系并互通情报,从而实现整个运输系统的合理规划、统筹安排,提高系统的运营效率和服务质量。

(2) 交通运输系统的构成方式　按载运和运输方式的不同,我国现代化的运输由下述五种基本运输方式构成。

1) 铁路运输。铁路运输是使用铁路运送货物和旅客的一种运输方式,它适合于长距离运输大宗货物。

2) 公路运输。公路运输是主要使用汽车在公路上运送货物和旅客的一种运输方式,它在中短途运输中的效果比较突出。

3) 水路运输。水路运输简称"水运",是一种使用船舶(或其他水运工具)通过各种水道运送货物和旅客的运输方式。它特别适合于承担时间要求不太高的大宗、廉价货物的中长距离的运输,包括煤、石油、矿石、建材、钢铁、化肥、粮食、木材、水泥、食盐等。按照其航行的区域,水路运输大体上可以分为远洋运输、沿海运输和内河运输三种类型。远洋运输通常指无限航区的国际运输,沿海运输是指在沿海地区各港口之间进行的运输,内河运输则指在江、河、湖泊以及人工水道（运河）上从事的运输，前两种又统称为海上运输。

4）航空运输。航空运输简称"空运"，是一种使用飞机（或其他飞行器）运送人员、物资和邮件的运输方式。它适合于担负各大城市之间和国际的快速客运以及报刊、邮件等对实效性要求高和昂贵、精密、急需货物的运输。

5）管道运输。管道运输是一种由大型钢管、泵站和加压设备等组成的运输系统。管道是流体能源非常适宜的运输手段。流体能源主要包括原油、天然气、成品油（包括汽油、煤油、燃料油以及液化石油气）。20世纪70年代出现的煤浆管道，现在已经得到发展；另外，砂、石、垃圾的管道运输也已使用；集装箱和旅客的管道运输正在研究之中。

整个交通运输系统是一个上述五种交通运输方式并存的综合系统，其各自发挥本系统的特长和作用。

综上所述，五种现代化运输方式的特点互不相同，各自具有独特的优势和使用范围。例如，铁路运输具有大量运输、运营效率高的特点，适合运输城市间和地区间的货物和旅客；公路运输灵活性强，适合短途运输和城市内部运输；水路运输成本低，适合运输大宗货物；航空运输速度快，适合长途高速运输。总的来说，五种运输方式之间不是互相竞争的关系，而是相互补充、相互协作，共同组成了完整的运输网络，为人们的生产、生活和社会经济发展提供了有力支撑。

3. 交通运输系统的性能与特点

(1) 交通运输系统的性能　各类交通运输系统具有不同的特点和性能。通常从以下四个方面来表征或评价一个交通运输系统的性能。

1）普遍性或通达性。主要指进出交通运输系统的出入口数量、这些出入口之间交通运输线路的直接程度以及系统适应各种交通量的能力等方面的性能。它直接关系到使用者进出和使用该系统的便利性。影响普遍性的主要因素是交通运输线路网的密度和进出系统的出入口或站场的数量。

2）机动性。可定义为交通运输系统在单位时段内处理交通运输对象数量的能力（或容量）和系统内交通流的速度两个方面。

3）效率和效益。包括为修建和维护交通运输系统基础设施所需投入的资金量，使用该系统所需支付的运行费用（能源消耗、载运工具以及基础设施的耗损、控制和管理费用等），系统的可靠性和使用的安全性，系统对周围环境的负面影响等方面。

4）服务对象和服务水平。包括交通运输系统适宜输送的对象（货物或旅客的类别），系统所提供的服务质量（舒适性、频率等）。

(2) 交通运输系统的特点　交通运输系统既具有一般系统的共性，同时还具有规模庞大、结构复杂、目标众多等大系统所具有的特征。

1）交通运输系统是"人-机系统"。在由交通运输对象、交通运输设施设备、交通信息和人员组成的交通运输系统中，交通运输管理者和从业者运用有形的运输设备、装卸搬运机械、仓库、港口等设施和工具，以无形的思想、方法、信息作用于运输对象，形成一系列生产活动。在这一系列运输活动中，人是系统的主体，因而在研究交通运输系统时，必须把人和物两个因素有机结合起来。显然，交通运输系统是一个复合系统。

2）交通运输系统是具有层次结构的可分系统。交通运输系统包含多个子系统，并且这些子系统又各有客运和货运两个分系统。这些子系统的多少和层次的阶数，还会随着经济的发展、人们对运输需求的提高和研究的深入而不断扩充，系统和子系统之间、子系统和子系统之间，存在着时间和空间上及资源利用方面的联系；也存在总的目标、总的费用以及总的运行结果等方面的相互关系。所以说，交通运输系统是一个可分的多层次系统。

3）交通运输系统是跨地域的大系统。随着世界经济的全球化和信息化，运输生产活动早已突破了地域的界限，形成了运输跨地区、跨国界发展的趋势，而跨地域性正是交通运输系统创造空间价值的体现。跨地域的特点使得系统的管理难度较大，对信息的依赖程度较高。因此，交通运输系统是一个大规模系统。

4）交通运输系统是动态开放系统。一般的交通运输系统总是联结多个生产企业和客户，随需求、供应、渠道等的变化，系统内的要素及运行经常发生变化。交通运输系统是一个具有满足社会需要、适应环境能力的动态系统。为适应经常变化的社会环境，人们必须对交通运输系统的各组成部分经常不断地修改、完善，这就要求交通运输系统必须具有足够的灵活性与可改变性。

5）交通运输系统是复杂系统。首先，交通运输系统中各种人力、物力、财力资源的组织和合理利用是一个非常复杂的问题。其次，交通运输系统有各种运输工具，其大小、长度、宽度、容量、行驶速度各不相同，各种运输工具行驶的线路和配套设施差别也很大。再者，从事运输生产活动的人员是极其庞大的。所有这些使得交通运输系统成为结构复杂的系统。

6）交通运输系统是多目标系统。交通运输系统的总目标是实现宏观和微观的经济效益，但具体目标是多重的，要求高效、快速、经济、舒适、安全、环保。而要同时满足上述要求是很难办到的。这是因为交通运输系统的功能要素之间存在着非常强的"交替损益"或"效益背反"现象，即某一功能要素的优化和利益发生的同时，必然会存在另一个或另几个功能要素的利益损失，这种多个目标冲突的现象在交通运输系统中普遍存在，必须在交通运输系统总目标下对各要素目标进行协调，才能获得交通运输系统总体最优的效果。因此，交通运输系统是多目标系统。

4. 交通运输系统的性质、地位与作用

（1）交通运输系统的性质　交通运输业是一个不创造新的、可见物质的产业部门，其生产活动不提供具有实物形态的产品，只是实现旅客和货物的时空位移。交通运输系统在整个国民经济大系统中起着纽带的作用。它把社会生产、分配、交换和消费各个环节有机地联系起来，是保证社会经济活动得以正常运行和发展的前提条件。交通运输系统具有以下性质：

1）交通运输系统对于国民经济系统具有基础性。交通运输系统作为国民经济的基础性组成部分，不仅支撑着各个领域，在社会经济发展中也扮演者至关重要的角色。随着我国经济的快速发展和城市化进程的加速推进，交通运输系统的建设和完善已经成为现代化经济体系的重中之重，也是全面建设社会主义现代化强国的必然要求。

近年来，我国深入推进"一带一路"倡议，大力提升交通运输网络与世界接轨，并通过实施公路、铁路、水路等多种方案，推动跨越式发展。同时，高速公路、城际轨道交通、城市公共交通等各类车辆也在逐步完善和普及，这些倡议和措施的落地，保证了交通运输系统的先进化、延伸化、便捷化，让人们的出行更加方便快捷，也加快了物流的转型升级，令商贸活动蓬勃发展，国民经济持续稳定增长。

同时，在发展交通运输系统时，不应忽视与可持续发展原则的结合，注重提升资源和能源利用效益，降低污染排放，鼓励发展绿色交通模式，促进交通运输和环境的协调发展。这也是社会经济可持续发展的必要条件之一。

2）交通运输系统对于空间、地域与时间具有较强的依附性。交通运输系统的空间、地域和时间依附性的特征是它对于生产和消费的必要性所表现出来的重要特征。具体而言，在时间上，交通运输系统需要跟随生产和消费的需求进行持续、长期的规划和建设，并且需要保持一定的富裕程度，以应对需求的随机性。在空间上，交通基础设施如路网、港口和车站必须建设在适当的位置，以更好地服务于不同地区的生产和消费需求，且这些需求被认为是不可替代的。也就是说，交通运输系统建设的规划和实现都需要考虑到地域性因素，而这样的考虑会进一步塑造交通运输系统在不同地区的发展轨迹。此外，交通运输系统的特性还决定了其与其他生产子系统之间存在着紧密的时间协调关系，使得交通运输系统在其发展历程中需要适度超前，同时需要培养大量的交通从业人员，提高他们的技能和素质水平。

通过保持一定的发展速度和稳定性，交通运输系统可以作为经济发展的重要推动力量，又可以更好地满足人民生活质量的不断改善和经济发展的需求。特别是在我国快速发展的经济基础上，交通运输系统的建设和发展将继续成为国家战略布局中非常重要的组成部分之一。未来，无论是在城市还是在农村地区，交通运输系统都需要按照高效、智能、安全、便捷的原则进行规划和建设，以提高交通运输效率和安全性。

3）交通运输系统对社会和经济系统的贡献具有间接性和隐蔽性。交通运输系统的贡献对社会和经济的影响是间接而且隐蔽的，这是由于交通运输系统的基础性特征所导致的。具体表现为：①它的经济效益除缴纳的一小部分税收外，更重要的是从运输对象拥有者身上得到体现。②交通需求是从其他社会经济活动中衍生出来的，交通运输只是实现目标的手段，而非最终目的。③交通运输对国民经济的影响是全局性的，而交通建设项目本身的效益主要体现在通过对国民经济所带来的巨大效益来凸显。

因此，交通运输系统的建设和运营虽然可以带来少量利税，但更多的经济效益是体现在运输对象拥有者身上的。同时，交通运输只是实现其他社会经济活动的一个工具，而非追求的最终目标。这也意味着，交通运输对国民经济的影响是全球范围的。交通建设项目本身的效益，主要体现在对国民经济所带来的巨大效益。交通运输系统这种基础性特征的存在，使其必须得到充分的重视和投入，以保障国民经济的稳步发展，同时也需要不断地进行创新和发展，以适应社会经济的变化。

4）交通运输系统内部各种运输方式在一定程度上具有可替代性。交通运输系统内部的各种运输方式相互协作，因此它们之间具有一定程度上的可替代性，这种特点使得货物和乘客可以选择使用最适合的运输方式来完成他们的工作和生活任务。而在现代社会中，随着科技的进步，邮电通信业也开始扮演着越来越重要的角色，与交通运输业存在着一定程度的可替代性。

综合运输能力是交通运输系统发展壮大的关键所在，它基于各种运输方式可替代性的基础之上，有效地促进了国家经济的稳步发展。在这个时代背景下，实现交通运输多元化是提高运输效率和降低成本的必然选择。为了充分利用各种可替代运输方式和相关工具，人们需要在交通运输系统的建设和发展过程中，加大技术创新和优化升级的力度，以更好地满足人民群众的各种需求，提升整体的运输质量和容量，不断推动行业的可持续发展。

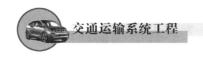

（2）交通运输系统的地位与作用

1）交通运输系统是推动国民经济发展的先决条件，它为现代化大规模生产提供必要的运输保障。在当代社会中，无论是现有企业的生产还是新经济区的开发、新建项目的实施，都需要充分考虑和满足相应的运输条件。因此，交通运输系统对于促进国家经济的发展具有非常重要的作用。

一个地区的投资环境好坏，往往可以从该地区的交通运输状况来予以考察。拥有完善的交通运输系统可以降低物流成本，加速货物和乘客的流动，更好地促进地区之间的联系和合作。同时，这也能够增加区域内就业机会和创造更多的财富，形成良性的经济循环。因此，各地应该加强对交通运输系统的投入和建设，积极推行科技创新，提高整体运输速度和效率，为全面建设社会主义现代化国家做出更大的贡献。

2）交通运输是实现流通的重要物质手段。在现代经济中，商品和资金的流通速度和效率直接影响到整体经济的发展水平和竞争力。因此，建立先进的交通运输体系对于加速商品流通、促进资金周转、节约流通成本等具有重要的积极意义。

交通运输较为发达的地区可以通过缩短商品流通过程所占用的时间，降低货物运输成本，更快地满足商业和民生需求，进一步促进贸易和经济的发展，为全社会创造更多的就业机会和经济价值。因此，各地应该注重发展交通运输事业，建设现代化、高效、智能化的交通网络以应对不断增长的交通运输需求，使之在国民经济发展中起到更为重要的支撑作用。

3）交通运输是开发资源、联系城乡、发展横向联合、实现生产合理布局的关键纽带。交通运输在资源开发和区域经济协调发展中具有重要作用。建立完善的交通运输网络可以加速资源的开采、运输和利用，充分激发各地方的生产潜力。同时，交通运输网络将城市与农村、东部与西部等地区连接起来，扩大市场范围，促进贸易流通，增强不同地区之间的合作和交流，形成良性循环，加快地区经济的发展。

以中国为例，东部地区因为交通运输系统比较发达，生产物资和服务可覆盖全国不同区域，得益于资源禀赋和经济基本面优势，所以经济发展速度较快。而西部地区，由于历史原因和地理条件等多种复杂因素影响，交通运输条件相对欠佳，这就制约了其发展的步伐。因此，我国通过积极推动"一带一路"倡议以及西部大开发等措施，加快西部地区的交通运输建设和发展，探索寻求支持远距离交通和智能信息技术，并构建高效安全的综合交通体系，促进各地经济的均衡发展。

4）交通运输业是国民经济的重要生产部门，又是工业生产的巨大市场。交通运输业在国民经济中具有重要作用，它不仅可以直接提供就业岗位和创造巨大的经济价值，还能在为其他产业部门提供市场、推动技术进步、促进物流效率等方面产生巨大正向影响。通过投资交通基础设施建设和相关技术研发，可以加速各种车辆运输方式和物流管理模式的升级换代，帮助推动整个传统产业的转型升级和数字化、智能化进程。

同时，交通运输工具的制造涉及诸多领域，如工程机械、汽车、列车、飞机、轮船等，这些机械设备的制造需要适应不断变化的需求，因此促进着新材料、新工艺、新技术等领域的不断创新和进步。随着科技的发展，越来越多的高新技术产品也将得以应用于交通运输行业。

5）交通运输是实行对外开放、发展对外贸易的必备条件。交通运输对于实现对外开放、发展对外贸易具有十分重要的作用。随着我国经济不断向全球化、市场化方向快速发展，通过完善交通运输体系能够为我国企业提供更为便捷高效的国际货物运输和人员流动服务。在加强对外开放方面，完善交通运输设施可以为我国吸引外资、促进国际贸易以及加入世界经济体系提供有力支撑。同时，通过学习国外的先进技术和管理经验，有助于提高我国的自主创新能力和竞争力，从而更好地融入国际经济循环。

因此，人们需要不断提升法制水平和管理水平等软实力，并持续投入建设与改进通信、运输等硬件设施，建立起符合国家需求、配套齐全、高效安全的交通运输体系。这样才能更好地满足我国对外贸易和对外开放的需求，推动我国经济健康可持续发展。

6）交通运输对社会精神文明建设起着积极的促进作用。交通运输不仅是国民经济和工农业生产的重要环节，同时也是社会精神文明传播的触角和导线。多年的建设经验表明，运输线路延伸到哪里，就把财富带到哪里，使那里的物质和精神面貌焕然一新。

1.4 交通运输系统工程

1.4.1 概念及特点

系统科学与系统工程的发展一直是以社会的实际需要为基本动力的。20世纪下半叶，人类社会进入了迅速发展的新时期，交通的发展是其主要标志。

系统工程旨在通过对系统进行分析、设计和管理，以确保整个系统高效运作并达到特定目标。交通运输作为一个庞大而复杂的系统，需要在资源配置、规划、建设、运营等方面进行综合考虑和统筹安排，以提高系统效率、满足社会需求，实现可持续发展。

由于交通运输系统的特殊性质，如大规模、多元化和动态可调整等，系统工程方法在其研究和管理中具有不可替代的重要作用。通过系统工程的方法，可以深入分析问题根源、找出系统中存在的瓶颈和影响因素，并寻找最佳解决方案。此外，系统工程还可以帮助人们制订决策策略、合理配置资源和优化系统运营，从而全方位提升交通运输系统的效益。

因此，对于从事交通运输管理的工作者来说，了解系统工程的基本理论与方法，掌握相关技术工具和技能十分必要。这能带来更深入的思考和洞见，使交通运输系统得以更加高效和顺畅地服务于社会。

交通运输系统工程是系统工程在交通运输领域中具体应用的分支学科。它是以交通运输系统的整个运输活动为对象，将交通运输系统的设备构成、运输网络及枢纽、运输的组织系统以及信息作为一个有机整体，从系统的观点出发，以数学和工程等方法为工具，运用系统工程的原则和方法，为运输活动提供最优规划和计划，实现有效的协调和控制，并使之获得最佳经济效益和社会效益的组织管理方法。

1.4.2 研究理论及方法

系统思想的出现彻底改变了人们的思维方式，使人们在向宏观世界和微观世界的进军中，逐步揭示出客观事物的本质联系和内部规律，提出了一系列的系统理论。

1. 一般系统论

一般系统论的创始人是冯·贝塔朗菲。他在1947年提出一般系统论时，曾明确地把马克思和恩格斯的辩证法列为一般系统论的思想来源之一。一般系统论来源于机体论，其基本观点是：

（1）系统观点　系统观点即一切有机体都是一个整体（系统），这个整体是由部分结合而成的，其特性和功能不只是各部分特性和功能的简单相加。系统就是"相互作用的诸要素的复合体"，系统的性质取决于复合体内部特定的关系。要了解系统的特性，不仅要知道组成这个系统的要素，而且还要知道它们之间的相互关系。

（2）动态观点　即一切有机体本身都处于积极的运动状态，并与环境不断地进行物质、能量的交换，以使有机体能够有组织地处于活动状态，保持其有活力的生命运动。这种能与环境交换物质、能量的系统称为开放系统。生命系统本质上都是开放系统。任何一个开放系统，都能在一定条件下保持其自身的动态稳定性。

（3）等级观点　即各种有机体都按严格的等级组织起来，并通过各层次逐级的组合，形成越来越高级、越来越庞大的系统。

一般系统论有着十分广泛的含义。冯·贝塔朗菲在论述这门学科性质和任务时指出：一般系统论是一门新学科，属于逻辑和数学的领域。它的任务是确立适用于各种系统的一般原则，既不能局限在"技术"的范围内，也不能当作一种数学理论来对待。因为有许多系统问题不能用纯数学的方法解答，而要从系统的观点来认识和分析客观事物。一般系统论沟通了自然科学与社会科学、技术科学与人文科学，提出了研究各门学科的新方法，使许多学科面貌焕然一新。一般系统论为系统工程的发展和人类走向系统时代，奠定了理论基础。

2. 控制论

控制论是20世纪40年代末期开始形成的。第二次世界大战期间，由于自动化技术、导弹和电子计算机技术的发展，要求自然科学必须在理论上进行系统的研究和科学的总结。1948年，美国数学家维纳总结了前人的经验，创立了控制论这门学科。控制论是研究系统调节与控制的一般规律的学科，它是自动控制、无线电通信、神经生理学、生物学、心理学、电子学、数学、医学和数理逻辑等多种学科互相渗透的产物。其主要内容为：

（1）最优控制理论　这是现代控制论的核心。这一理论是通过数学的方法，科学、有效地解决大系统的设计和控制问题，强调采用动态的控制方式和方法，满足各种多输入和多输出系统的控制要求，实现系统的最优化。

（2）自适应、自学习和自组织系统理论　自适应系统是能够按照外界条件的变化，自动调整其自身结构或行为参数，以保持系统原有功能的系统；自学习系统是能够按照自己运行过程中的经验来改进控制系统能力的系统，它是自适应系统的延伸和发展；自组织系统是能够根据环境的变化和运行经验来改变自身结构和行为参数的系统。这些理论对组织系统的控制研究，带来了很大的影响和变革。

（3）模糊理论　模糊理论是在模糊数学（包括模糊代数、模糊群体、模糊拓扑等）的基础上形成的一种新型的数理理论，主要用来解决一些不确定性问题。由于在现实问题中，存在大量的、不够明确的信息和含糊不清的概念，很难用确定的数学模型来描述，因此，必须借助于模糊数学来解释这一类问题。

（4）大系统理论　大系统理论是现代控制论的一个新的研究领域。它以规模庞大、结构复杂、目标多样、功能综合、因素繁多的各种大系统为研究对象。大系统理论的研究和应用涉及工程技术、社会经济、生物生态等许多领域，例如城市交通系统、社会系统、生态环境系统等。其研究的主要问题是大系统分析及大系统的最优化。

3. 信息论

信息论是研究信息传输和信息处理系统的一般规律的学科。它起源于通信理论，1948年由美国科学家香农提出。其基本思想和特有方法完全撇开了系统物质与能量的具体运动形态，而把系统的有目的的运动抽象为一个信息变换的过程，以探求信息的一般特征、传送规律和原理。由于人类的任何实践活动都可以简化为多股流：人流、物流、财流、信息流，其中信息流起着支配的作用，它调节系统内部其他流的数量、方向、速度、目标，并控制人和物的有目的、有规律的活动。因此，信息论可以说是控制论的基础。

4. 耗散结构理论

20世纪70年代，比利时物理学家普利高津提出了"耗散结构"学说，这也是一种系统理论。耗散结构概念是相对平衡结构概念提出来的。长期以来，在物理学界中人们只研究平衡系统的有序稳定结构，并认为倘若系统原来处于一种混乱无序的非平衡状态时，系统是不能在非平衡状态下显现出一种稳定有序的结构的。普利高津从热力学第二定律出发，通过研究非平衡态热力学指出：一个远离平衡态的开放系统，在一定的外界条件下，通过不断地与外界交换能量、物质和信息，能够从原来的无序状态转变为一种时间、空间或功能的有序状态。普利高津把这种远离平衡态的、稳定的、有序的结构，称作耗散结构。这一学说回答了开放系统如何从无序走向有序的问题，普利高津因此获得了诺贝尔奖。

在耗散结构理论中，普利高津着重阐述了以下几个基本观点。

1）开放系统是产生耗散结构的必要前提。开放系统不仅是产生耗散结构的必要前提，也是耗散结构得以维持和存在的基础。因为耗散结构实质上就是远离平衡态的非线性系统，是通过与外界不断地交换物质、能量和信息来维持的一种动态的有序结构。这种交换一旦停止，系统的结构就会受到破坏，就会遭到瓦解。因此，要使一个系统产生并保持耗散结构，就必须为其创造充分开放的条件，使其成为远离平衡态的开放系统。

2）非平衡态是系统有序之源。普利高津认为，开放系统是形成耗散结构的必要条件，但不是充分条件。他指出："一个开放的系统并没有充分的条件保证出现这种结构"。耗散结构只有在系统保持"远离平衡"的条件下，才有可能出现。"非平衡是有序之源"是普利高津研究问题的一个基本出发点，因为当系统处在平衡或趋于稳定的状态时，整个系统的发展是趋于无序和平衡的，小幅度的涨落和细微的变化很难动摇整个系统的趋势，所以系统不可能出现新的有序结构。只有当系统在远离平衡态的非线性发展时，一旦外界接触系统，系统就会通过涨落或突变，形成稳定且有序的新结构。根据这一原理，一个具有内动力和充满活力的高校校园文化系统必然是一个存在差异的、非均匀的、非平衡的动态系统。也就是说正是这种非平衡才使系统产生和具备与外界进行交换的势能与需求。

3）系统的涨落导致系统走向有序。所谓涨落，是指系统的某个变量或某种行为对平均值的偏离。涨落是偶然的、随机的、杂乱无章的，在不同的状态下有不同的作用。对平衡态、近平衡态来说，涨落是一种破坏其稳定性的干扰，是一种消极作用；对远离平衡态的耗散结构而言，涨落是系统由不稳定状态到新的稳定状态的杠杆，是一种积极的因素。系统的结构通过涨落规定和主导系统的功能，而系统的功能也通过涨落来影响和改变系统的结构，并使系统走向有序。

耗散结构理论推进了系统自组织理论的发展，对系统科学的发展有着重要的理论意义。

5. 协同学理论

协同学理论也是在20世纪70年代产生的，由联邦德国的物理学家哈肯提出。与耗散结构理论一样，协同学理论也是研究远离平衡态的开放系统的。与之不同的是，普利高津借助于热力学的理论来进行研究；而哈肯则在汲取耗散结构理论论点的基础上，采用统计力学的考察方法来研究开放系统的行为。在协同学理论中，哈肯提出了以下几个观点。

（1）协同导致有序　所谓协同，就是协同作用。协同学理论强调系统的协同效用，即在复杂大系统内，各子系统的协同行为产生超越各要素自身的单独作用，从而形成整个系统的统一作用和联合作用。协同作用是形成系统有序结构的内部作用力，在这种作用下，系统能够自动地产生空间上、时间上和功能上的有序结构，出现新的稳定状态。

（2）自组织理论　所谓自组织，哈肯特别强调指的是系统在没有外部指令的条件下，其内部子系统之间能够按照某种规则自动形成一定的结构和功能，它具有内在性和自主性。自组织理论是协同学理论的核心，它反映了复杂大系统在演变过程中如何通过内部诸要素的自动协同来达到宏观有序状态的客观规律。

协同学理论不仅在自然科学的研究中取得成就，而且在现代经济管理、系统科学的研究中也越来越显示出重要作用，成为系统科学的重要理论基础。

6. 突变理论

20世纪70年代产生的另一个有影响的系统理论，是1972年由法国数学家托姆提出的突变理论。突变理论是从量的角度研究各种事物的不连续变化的，并试图用统一的数学模型来描述它们。突变理论以结构稳定性为基础，通过对系统稳定性的研究，说明系统的稳态与非稳态、渐变与突变的特征及相互关系，揭示系统状态演变的内部因素与外界条件。突变理论出现以后，被迅速地应用到自然科学的各个领域，并被尝试在社会科学中应用，如用突变理论研究经济危机、市场行情、股市动向等。随着突变理论的完善和发展，它在各个领域的应用也将越来越广泛、深入，人类对系统结构演化方式和演化规律也将有进一步的认识。

7. 超循环理论

1977年，联邦德国生物物理学家爱根提出非平衡、自组织现象的超循环理论，探讨了基层的循环可组成更高层的循环，即超循环；而更高层的循环又可以出现自我更新、繁殖和遗传变异。超循环理论揭示了物质系统从低一级结构形式向高一级结构形式变化发展的过程，为生命现象怎样在一定环境中演化提供了科学的理论基础。这种理论为人类改造自然系统、技术系统及社会系统提供了新思想和新方法，使系统理论更加科学和现代化。

8. 灰色系统理论

一个系统如果它的内部结构清清楚楚，就称这类系统为"白色"的；若对这个系统的内部结构全然不知，则称这个系统为"黑色"的；若这个系统内部结构某些是已知的、某些是未知的，则称这个系统为"灰色"的。关于灰色系统理论，目前已取得了不少的成果，诸如建模的理论与方法、决策分析、预测理论与方法、控制、优化等问题，特别是在农业、工业等许多领域内已得到非常广泛的应用。

9. 泛系方法论

泛系方法论也称泛系理论。它侧重从所谓泛系（广义的系统、关系、对称、生克等及其联系、复合与转化）来进行多层网络型的跨域研究。所有这些理论以及其他系统研究的成果融合在一起，形成了一种包括无比广阔内容的新学科——"系统学"，即一切系统的一般理论。有了系统学，系统科学体系就可以完全建立起来了。系统科学是在自然科学、数学科学和社会科学三大科学之外的一个崭新的科学技术学科。按照钱学森的观点，系统科学包括工程技术（系统工程）、技术科学（运筹学、控制论和信息论）、基础科学（系统学）。从系统学这座桥梁（系统观），能够达到人类知识的最高概括——马克思主义哲学。所以系统科学体系可以表达为工程技术、技术科学、基础科学和哲学4个层次。

1.4.3 主要研究内容

交通运输系统工程的主要研究内容包括以下几点。

1. 运输系统分析

按系统特性的分析范围，运输系统分析包括运输系统的目的分析、结构功能分析和环境适应性分析；按系统的内涵，运输系统分析包括交通运输需求及供给分析、交通运输效益分析、交通运输质量分析等。运输系统的结构分析方法有解析结构模型、关联树法等。

2. 运输系统需求预测

运输系统需求预测包括运输系统常用的预测方法、运输量预测、运输方式分担预测等。系统预测的方法主要有回归预测、时间序列预测、灰色预测等。

3. 运输系统建模及仿真

运输系统建模及仿真是指在深入认识运输系统的功能、要素、结构及环境影响等的基础上，对系统运行进行模拟仿真，常用的仿真方法有系统动力学、蒙特卡罗法等。

4. 运输系统最优化

运输系统最优化是指针对运输系统的规划、设计管理运营等各项活动，分析优化目标及约束，运用规划理论和方法寻求各种规划方案，在保证整个系统协调一致的前提下，根据系统的总目标从中选出满意的方案。

5. 运输系统网络分析

将运输线路及其交叉看作是网络图中的边和节点，就构成了运输系统网络，可以用网络图的方法进行分析，包括最短路、最小费用、最大流问题和交通运输网络结构优化等。

6. 运输系统排队分析

运输系统排队分析讨论排队论在交通运输系统中的应用，包括装车（装船）运输系统中的排队现象，道路与交通工程中车辆的排队及延误，汽车维修、加油服务系统中的排队等。

7. 运输系统评价

运输系统评价是指在交通运输的活动中，根据技术、经济、环境等方面的客观要求，建立评价指标体系，利用各种评价方法，分析对比各种备选方案，权衡各方案的利弊得失，比较各方案的价值。系统评价方法包括层次分析法、模糊综合判定、模糊聚类分析等。

8. 交通运输系统决策

交通运输系统决策讨论决策分析方法在交通运输中的应用，包括运输企业决策模型的建立、运输企业间的博弈等。决策分析的方法包括风险型决策、效用理论、矩阵对策、冲突分析等。

【重点与难点】

1. 系统的概念。
2. 系统工程的特点。
3. 系统工程的应用。
4. 交通运输系统的性质。
5. 交通运输系统工程研究理论与方法。

【思考与练习】

1. 交通运输系统的相关性原则包含哪几点？
2. 系统特性主要表现为哪几方面？
3. 怎样理解系统工程技术与传统工程技术的区别？
4. 交通运输系统的构成要素有哪些？
5. 分析研究交通运输系统工程的必要性有哪些？
6. 交通运输系统工程的主要研究内容有哪些？

第 2 章 交通运输系统分析

2.1 交通运输系统分析概述

交通运输系统是人类社会发展的重要组成部分,其作用不仅在于满足人们日常出行和货物流通的需求,同时也直接影响着国际贸易、区域经济合作和城市可持续发展等诸多方面。因此,对于交通运输系统来说,如何优化其效率、提高其安全性以及适应新型技术和环境要求,具有十分重要的意义。而这些目标都必须依托于交通运输系统能够从复杂而庞大的组合中有效地实现其运输功能。

交通运输系统由固定设备和移动设备两个部分组成。其中,固定设备包括线路、航道、桥梁、隧道、港口、码头、车站以及航空港等,它们通常具有相对稳定的位置和结构形态,承载着运输网络的基础功能。而移动设备则指车辆、船舶、飞机等交通工具,它们通过这些固定设备之间的联系和衔接,实现了人员和货物的相互运输。

针对交通运输系统进行分析是建立系统、制定政策和管理措施的必要步骤。分析交通运输系统意味着深入了解各个部分之间的相互关系,把握交通运输系统运行的内在规律,从全局、细节两方面出发,合理安排好每一个局部,使各个局部都服从一个整体目标。通过系统分析,人们可以对交通运输系统进行综合优化与设计,提高它的效率和安全性,并推动其创新发展。

总的来说,交通运输系统的分析是确立方案、建立交通运输系统必不可少的一个环节。只有通过深入调查研究和科学分析,才能制订出符合现代社会发展要求的有效方案,为交通运输系统的发展提供有力的支撑。

2.1.1 概念及要素

系统分析是指从系统的角度出发,对需要改进的已有系统或准备建立的新系统进行定性和定量的理论分析或实验研究,从而完成系统目的的重审、系统结构的分析、系统性能的估计、系统效益的评价、系统和环境相互影响的分析以及系统发展的预测,为系统综合、系统规划设计、系统协调、系统优化控制和系统管理提供理论和实验依据。

对于规模庞大、技术复杂、投入资金多、建设周期长的系统,进行系统分析是非常必要的。只有通过全面地了解各个组成部分之间的相互关系,深入研究系统运行的内在规律和实现其功能所需要的要素,才能制订出科学合理的方案,降低技术返工率,并避免经济损失的发生。

在进行系统分析时,需要考虑多种替代方案的目标,并比较它们的费用、效益、功能、可靠性以及与环境间的关系等因素。通过这些数据和信息，能够为决策者提供更加科学可靠的依据，从而帮助他们执行最优决策，选用与当地实际情况相符的方案，协调好各种利益关系，并降低不必要的社会成本和环境影响。

因此，在建设大型系统时，人们必须始终坚持科学的方法和思路，进行全面系统的分析研究，做到充分沟通协调，准确把握尺度和节奏，规划好重大项目和改造方案，并遵守相关法律法规和政策要求，从而确保建设出高质量、高效能的系统。

系统分析是系统方法的主要组成部分，是应用系统工程方法分析和解决问题的初期阶段，是系统设计和系统决策的重要基础。

系统分析是应用系统工程解决问题的前期阶段工作，旨在从长远和总体的角度出发，通过对整个系统的各个层次、分系统的功能和相互关系进行分析，以及系统与环境之间的相互影响等方面的研究，为决策者提供科学依据和信息。

在进行系统分析时，需要进行调查研究和收集资料，并运用系统思维推理形成不同的假设。同时，利用定性和定量方法，探索若干可能相互替代的方案，并建立模型或采用模拟方法进行分析比较。在此基础上，综合考虑技术经济、组织管理、方针政策、信息交换等多个因素，寻求对系统整体效果最佳且有限资源配备最佳的方案，为决策者做出最优决策提供支持和保障。因此，系统分析作为系统工程的重要组成部分，在解决大规模、复杂问题的决策过程中具有至关重要的作用。

系统分析是一种解决复杂问题的方法和技术，它涵盖了数学、统计学、计算机科学、工业工程和其他多个学科领域。所谓的"系统"，是指一个由许多具有相互作用关系的部分组成的整体，而系统分析则是研究这些部分之间相互作用和协调的过程。这种方法和技术最初在第二次世界大战期间随着运筹学的出现而兴起，但直到1950年，美国道格拉斯飞机公司才正式组织各方面的科学家为美国空军研究"洲际战争"，开始应用系统分析来解决复杂问题。在此基础上，经过长期积累和总结，兰德公司发展并总结了一套解决复杂问题的方法和步骤，称之为"系统分析"。

凭借其增强了对问题的理解和分析能力，系统分析在解决复杂问题方面日趋受到人们的重视。例如，在政府管理和行政事务、企业策略和决策等方面可以利用系统分析来支持决策者做出更加明智的决策。系统分析通常采用一系列的技术、方法和模型，包括数据分析、统计学、决策树、成本效益分析等。这些工具可以帮助人们更好地掌握问题的本质和重点，从而对其进行全面的评估和量化，并在多个解决方案中选择最佳的选项。

总的来说，系统分析是一种综合使用科学方法、技术以及模型处理复杂问题的态度和观点。通过它，人们可以更为准确地理解问题的实质和相互联系，利用现有资源最大限度地提高效率和质量水平，从而促进社会经济的可持续发展。

狭义地理解，系统分析仅是系统工程逻辑程序中的一个步骤，即在明确了系统问题，确定了决策目标，并拟订了若干备选方案之后，对这些方案进行分析、评优、比较、选择的工作过程。有的学者又将这些狭义理解的系统分析称为系统综合评价。

系统分析是系统工程中十分重要的一个步骤。在现代化的生产、管理、决策等活动中，系统分析广泛应用于各个领域。它的核心在于通过对备选方案进行综合评价，最终确定最佳选择，提高效率和质量水平，实现良好的结果。

对于系统分析的具体过程，首先，需要明确期望达到的目标和问题，并对需求的技术条件和相应的资源条件进行确定。随后，需要估算备选方案所需的各类资源，计算费用和预测生产效益，以便为科学决策提供参考。其次，建立替代方案的模型，明确各个要素之间的关系和影响因素，以及不同因素对结果的作用和权重，这对于制订判别准则和策略具有重要意义。最后，基于对每个备选方案的得分进行比较和综合考虑，选择出优秀的解决方案，实现预期目标。

与此同时，在系统分析过程中还需要考虑到不同方案可能带来的风险和不确定性因素，以及可能面临的各种挑战和问题。因此，需要灵活调整方案并寻找和采取紧急措施以应对变化和挑战。系统分析是一项复杂的工作，需要科学技术和多种综合能力的支持，同时还必须与团队协作。

在上述论点的基础上，后人总结出系统分析的六个基本要素：目的、替代方案、模型、费用、效果（效益）和评价标准。

1. 目的

在进行系统分析决策时，确定目的是至关重要的，因为这是决策的出发点。在获取有关信息时，系统分析人员的首要任务是深刻认识建立系统的目的和要求，同时明确系统的具体构成和范围。只有以明确的目的和准确定义的范围为依据，才能对各种可选方案进行有效的比较和评估。

为了制订正确的决策方案，人们需要对系统的目的和要求有一个全面而准确的认识。了解系统目标的本质和意义，可以帮助人们找到最合适的解决方案。此外，明确范围可以帮助人们确认不同要素之间的关系并更好地检查结果。

总之，系统分析人员需要在明确系统目的和要求的基础上，通过确定范围和系统大致结构，采用科学的方法来分析和比较各可选方案，以制订最优化的决策方案。

2. 替代方案

替代方案的数量和质量是制订最优化系统决策方案的基础。只有在具备可比性的性能、费用、效益、时间等指标之间进行充分对比，才能为提出的决策方案提供科学可靠的依据。

在评价替代方案时，必须进行定性和定量分析和论证，确定各种方案在不同情况下的表现，并评估其可行性、风险和限制。此外，为了预测执行方案时的预期效果，人们还需要考虑实验和经验证据等因素，以确保最终选择的方案可以达到预期目并取得理想成果。

总之，对替代方案进行全面的评估和论证是制订最优化系统决策方案的重要前提。只有具有足够数量和质量的替代方案，并通过科学的方法比较它们之间的性能，才能帮助人们做出最佳决策并实现预期目标。

3. 模型

在系统分析中，模型是用来描述、预测和评价系统行为的重要工具。通过建立模型，人们可以以一种高效而有效的方式探究不同指标之间的关系，并通过量化或定性方法对各替代方案进行分析和比较。

使用模型进行分析具有许多优点，例如它可以提高系统分析的客观性，提供连续性和完备性，帮助人们抓住系统变动的趋势，并且能够检验对系统的理解。此外，运用合适的模型可以大大简化分析的复杂度，降低决策过程中的风险并减少成本支出。

因此，模型在系统分析中具有重要作用。通过建立和优化适当的模型，人们可以更好地研究各替代方案之间的相互作用，并制订和实施最优化的决策方案。

4. 费用

在决定大型项目或方案时，除了货币支出外，还应考虑到非货币支出的部分，例如环境和生态影响、社会政治稳定等。这些非货币支出不仅可能对当地居民的生活造成影响，而且还可能影响到物种、生态系统和自然资源的健康。

因此，为了得出准确和全面的费用评估，人们需要综合考虑各种因素，并采取适当的方法将其反映在成本预算中。一种比较流行的方法是制订成本效益分析（Cost Benefit Analysis，CBA）。CBA 是一种评估方案的方法，它将所有的费用和收益全部量化成货币，通过比较预测的成本和预期作用，判断方案的可行性，从而确定一个经济最佳的方案。

但是，CBA 也存在局限性，例如不能完全涵盖非货币化费用的因素，以及可能忽略某些行为后果在道德和伦理方面的问题。为了提供更全面、准确的费用评估，人们需要使用多种方法进行分析，利用专业技术和实践经验开展相应的研究，以实现最佳的资产配置和做出符合道德和伦理标准的决策。

5. 效果（效益）

效果是衡量方案或项目是否达到预期目标的关键指标之一。在衡量效果时，通常会使用有效益和有效性两种指标。

其中，有效益是指方案或项目所带来的经济效益，可以通过货币尺度进行评价。直接效益包括使用者的报酬和收入，而间接效益则体现在增加社会生产力和改善环境等方面。

除了货币尺度外，人们还可以使用一些货币以外的指标来衡量效果的有效性，例如成本收益比、生态足迹、社会心理影响等。这些指标可以提供更全面的效果评估，并有助于考虑方案或项目对社会、环境和人类健康的复合影响。

值得注意的是，衡量间接效益具有一定的困难度。因为它们往往需要建立复杂的模型才能计算，还需要考虑很多不同变量因素之间的相互作用，因此，建议在衡量间接效益时进行研究并采用可靠的数据和技术方法。

6. 评价标准

评价标准是衡量可行性方案优劣的关键指标。通过使用一组合理的指标，人们可以对不同方案的效果和成本进行比较，并确定其优劣顺序。

在确定适当的评价标准时，需要考虑许多因素，例如方案的目标、资源限制、技术可行性以及政策环境等。常用的评价标准（如费用效益比、性能周期比、费用周期比）通常用于评价方案的经济效益、技术性能和成本效益，但也有其他更具体的指标可以用来评价方案，如社会影响、环境影响、安全性、风险、可持续性等。

在实施评价过程中，人们应该根据具体情况选择适当的指标。这些指标需要详细地描述，以便所有相关方了解和同意评估方法，并确保评估过程公正、透明。此外，在分析结果时，也应该对各指标进行权值分配，以反映相应标准的重要性和优先级。

2.1.2 特点及准则

系统分析不同于一般的技术分析，它是从系统的整体出发，采用各种分析方法，对系统进行定性、定量的分析。由系统分析的定义，可以总结出它的以下四个特点。

1. 以整体为目标

系统思维要求人们将事物看作一个有机整体，即一组相互作用和相互依赖的元素组成的集合。

在一个系统中，各个部分或子系统都是为实现整体目标而服务的。这意味着如果人们只关注某些局部问题，而不考虑系统整体的效益，则很可能会对其他子系统造成负面影响，并最终危及系统的整体目标。因此，在进行系统分析时，必须考虑整体的影响和效益，并明确各个部分或子系统之间的相互作用，以保证系统能够正常运行并发挥最佳效益。

在实践中，系统思维可以应用于许多领域，例如企业管理、城市规划、环境保护等。通过运用系统思维，人们可以更全面地了解各种问题的本质和根源，并采取适当的措施来优化系统的整体性能，从而实现更高效、更可持续的发展。

在系统分析中，人们通常将系统分解成多个层次，在每个层次中设定相应的目标，并确保各层次之间的目标具有一定的协调性和递进性。

在此过程中，系统总体目标是所有局部目标的指导方向和归宿。通过确立系统总体目标并使局部目标与之相适应，可以保证整个系统能够协同工作，并顺利地达到预期效果。

值得注意的是，虽然局部目标通常是实现系统总体目标的手段，但在特殊情况下也可能存在一些矛盾和冲突。在这种情况下，需要通过合理的调整和协调，确保各个子系统或要素之间的协同效果，并促进系统整体效益的提高。

因此，在进行系统分析时，不仅需要考虑各个要素或子系统本身的特点和目标，还需要统筹兼顾系统总体的效益和目标，并根据实际情况灵活调整局部目标，以实现最佳的综合效益。

2. 以特定问题为对象

在处理实际问题时，系统分析是一种重要的方法和工具，它通过对问题进行综合、系统的分析，在不确定因素或多变因素的影响下，寻求解决问题的最佳策略，进而为决策提供科学依据。

在进行系统分析时，需要根据具体问题的特点和特定的背景，选择合适的方法和技巧，逐步深入分析问题的组成部分，例如问题的发生原因、影响因素、关键因素等，并建立相应的模型和评价指标，以量化和描述各种可能的方案及决策的可行性和效果。最后，从多个方面和角度出发，对各种可能的方案进行评估和比较，综合考虑各种因素，选择最优的方案。

因此，系统分析的核心在于解决实际问题，以求得解决特定问题的最佳方案为重点。同时，在进行系统分析时，需要注意方法的灵活性和问题的复杂性，积极探索新的方法与工具，并通过不断反思和总结，不断提高系统分析的实践水平和质量。

3. 运用定量分析和结构模型解析方法

无论是进行理论建构还是实践应用，科学研究都需要依赖客观、可靠的数据和信息作为决策的依据，而定量分析就是一种有效的方法和手段。在进行定量分析时，需要利用数学、统计等方法对数据进行分析和加工，并将分析结果转化成易于理解和使用的形式，例如图表、模型等。通过对数据进行准确的描述和解读，可以更好地理解和分析问题，从而制订相应的决策和行动方案。

此外，对于一些复杂的情况，有时运用单纯的定量分析可能难以解决问题，这时可以借用结构模型解析方法。结构模型是一种将事物及其相互关系表现出来的思维方式，通过对不同元素之间的联系和相互作用进行建模和分析，可以更加深入地理解复杂的问题，为科学决策提供更精确、更准确的依据。

因此，在科学研究中，定量分析和其他科学方法是互相补充和相得益彰的，需要根据具体情况选用合适的方法和技术，以达到更好的分析效果和决策效果。

4. 凭借价值判断

从事系统分析时，对系统中的一些要素，必须考虑其未来发展方向，用某些方法进行科学预测，或者类比以往发生过的事实，来推断其将来可能产生的趋势或倾向。由于所提供的资料有许多是不确定的变量，而客观环境又会发生各种变化，因此，在进行系统分析时，还要凭借各种价值观念进行判断和选优。

在科学研究和决策中，应该尽可能避免主观臆断和片面性判断，注重客观事实和科学证据，建立科学的分析模型和评价体系，从多角度、多维度出发，进行全面分析和比较。虽然价值观念在决策中起到一定的作用，但应该尽量将其融入科学研究中，遵循客观性、公正性、科学性的原则，尊重事实和数据，尽可能排除主观因素的干扰，以求得合理的决策。总之，在进行系统分析时，应该借助科学方法和技术，凭借客观事实和数据，尽可能避免主观臆断和片面性判断，从多个方面、多个角度进行全面分析和比较，为科学决策提供科学依据。

系统分析没有特定的方法，需要根据不同的分析对象和问题而灵活调整分析方式和手段。同时，准则也是系统分析中很重要的一部分，而外部条件与内部条件相结合的准则是进行系统分析时需要遵循的一个重要准则。

1）外部条件与内部条件相结合的准则。在进行系统分析时，需要从系统内部和外部两个方面入手，全面了解和分析各种关键因素的作用和影响，并且进行综合性分析。系统内部要素之间相互关联，形成了系统的结构和功能，而外部环境的变化会直接或间接地影响系统的运行和发展。因此，在进行系统分析时，需要将系统内部和外部条件相结合起来考虑，做到客观全面、综合分析，寻找最优解决方案。

以交通运输系统为例，要考虑到系统外部的物流和信息流等因素，同时也要考虑到交通运输系统内部的结构和运输方式的组合。只有这样，才能深入了解系统的复杂性和多样性，找出最适合其发展的路径。

2）当前利益与长远利益相结合的准则。进行系统分析的目的，是要最终实现系统的最优化。所谓系统的最优化，包含两方面的含义：一是从空间上要求整体最优；二是从时间上要求全过程最优。因此，选择系统方案时，不仅要从当前利益出发，而且还要考虑将来的利益，兼顾可持续发展策略。不少客观事实表明，一个系统在当前最优不等于在未来也最优；在全过程的某些局部阶段最优，不等于全过程最优。

在进行系统分析时，不仅要考虑到当前的利益，还要深入分析和研究未来的变化趋势和发展方向。而且，在系统整体最优化的过程中，时间因素也非常关键。不同的决策和方案会产生不同的长期效果，因此必须综合考虑现在和未来的利益，找出最符合可持续发展策略的最优解决方案。这是尤其重要的，因为一些系统的经济效益需要一定时间才能显现出来，如交通运输系统的建设项目，如果只从眼前利益出发，不考虑长远利益，就会导致生产过度、交通不便等问题，不能做到全面发展。因此，人们必须把握好当前和未来的利益，实现系统整体的最优化。

3）局部效益与整体效益相结合的准则。在进行系统分析时，人们必须注意到各个子系统之间的相互关联和影响，以及它们与整个系统之间的协调关系。当强调单一子系统或狭隘利益时，可能会忽略其他子系统和整个系统的需求和利益，造成局部性的优化并不能实现整体最优化的目标。所以，在进行系统设计和管理时，必须深刻认识到整体性和多样性的重要性，并综合考虑各个子系统之间的相互作用和局部、整体效益的最大化，确保整个系统的效益得到持续性的、均衡性的提高。

例如，在城市规划中，局部效益包括建筑、道路、园区等，都是城市功能的重要组成部分。但是如果仅仅着眼于局部规划，没有考虑到它们对城市整体效益的影响，可能会导致交通堵塞、耗能增加、资源浪费等问题。所以，在城市规划中应该按照整体性与可持续性原则，合理规划各个局部，并使其协调统一，以达到城市总体效益的最大化。这种方法可以确保城市中的每一个局部的效益都得到充分发挥，同时城市整体的效益也可以得到持续提高。

4）定量分析与定性分析相结合的准则。在进行交通运输系统分析时，人们不仅需要通过定量方法对各种参数进行数据采集和数学模型设计，还需要通过定性分析确定系统功能、特性和相互关系等因素。定性分析可以使用专家意见和经验知识等非量化数据，帮助建立和验证定量分析的假设和结论，从而更全面地理解系统的本质特征，进一步优化和调整定量分析的结果。同时，定量分析可以提供精确的计算和评估，为定性分析提供实证基础，保障决策的科学性和可靠性。

例如，在交通运输系统的分析中，人们可以通过定量方法测量流量、速度、拥堵状况等指标来评估系统的运行情况。但是这些数据并不能完全反映交通运输系统的复杂性及其对城市社会和环境的影响，必须借助于定性分析来探究其背后的原因和机制，比如考虑城市建设规划、居民出行习惯等。

因此，只有将定量分析和定性分析二者结合起来，以系统思维的方式深入分析交通运输系统，才能充分发挥各种方法的优点和互补作用，帮助人们更好地规划、管理和控制交通运输系统，达到最优化的效果。

系统工程的核心思想之一就是要对复杂系统进行分析、设计和优化，考虑不同系统组成部分之间的相互关系，解决系统整体和组成部分之间的协同协作、分工合作等问题，同时还需要考虑系统与外部环境之间的相互关系以及未来的发展趋势。在处理这种复杂的系统中存在的各种关系时，必须采用适当的方法和工具，例如系统分析、系统建模、模拟仿真、优化、决策支持等技术手段。通过这些方法得出的结论可以为系统设计和改进提供宝贵的参考，为管理者和决策者提供可行和可预测的方案，以达到最优效果。

虽然系统工程强调使用数学方法解决问题，但是现实生活中复杂系统往往涉及政治、经济、社会、心理和生态等多个因素，这些因素可能无法用定量的方式来完全表示和衡量。

因此，系统工程在处理复杂问题时需要综合运用定量和定性研究方法，采用定量分析方法收集和处理数据，同时也需要依靠定性分析方法进行相关因素的探究和解释。例如在战略决策时，考虑到政治因素的影响，除了利用定量分析方法得出数据以外，也需要通过专家意见和经验知识等非量化数据进行定性分析，对决策所涉及的各种因素进行全面分析和判断。

在实际应用中，通过运用各种不同的研究方法，设计合适的实验和问卷调查等，整合分析多来源、多维度的信息和数据，可以提高系统工程的分析效率与精准度，辅助决策者做出更合理的决策，达到最优效果。

2.1.3 分析步骤

系统分析不同于一般的技术经济分析，作为一种解决问题的方法，它可以帮助决策者对大量可行性方案进行鉴别，然后选择一个最合适的方案，在满足所有约束条件的情况下，最优地达到系统设计者和决策者的总目标。一般说来，系统分析的步骤可以概括为五个阶段。

1. 限定问题、确定目的和目标

所谓问题，是现实情况与计划目标或理想状态之间的差距。系统分析的核心内容有两个：一是进行"诊断"，即找出问题及其原因；二是"开处方"，即提出解决问题的最可行方案。限定问题就是要通过深入调查研究，明确问题的本质、特性、产生原因等方面的信息，以便更好地进行系统分析和制订方案。在限定问题时，人们需要识别出具体的症状，探寻问题的根源，并判断该问题是局部问题还是整体问题。同时，应该注意采用开放性思维，不要先入为主，尽量客观全面地了解问题所处的环境和时间背景。只有正确限定问题，才能采取恰当的方法和工具来诊断问题，提出解决方案，最终实现预期目标。

在系统分析过程中，确定目的和目标是非常关键的一步。目的和目标之间密切相关，但又有一定的区别。目的通常更加抽象和理想化，强调取得对应的结果，而目标则更具体和具有可操作性，需要通过行动来实现。一个清晰的目标设置可以帮助人们高效地实现目的，并为系统分析提供方向和依据。同时，确定目的和目标也需要考虑到未来预期效果、总体可行性、经济效益等多个方面的因素，以综合衡量目标的重要性和实现的可行性。

在确定系统分析的目标时，最好将其量化为具体指标，以便进行实践性的评价和比较。定量分析可以有效地衡量不同目标的贡献、优先级和作用程度，从而为制订合理的方案提供科学依据。但是在某些情况下，一些目标可能很难用数据来表达，这就需要通过文字等方式进行详细描述，以便进行更加全面和深入的定性分析。在分析过程中，人们需要统筹思考，找出涉及目标的正反因素，并针对不同情况制订相应的应对策略或调整措施。

2. 收集分析资料、探索可行方案

在系统分析中，收集和分析数据是极为重要的基础工作，对于准确判断问题状况、评估方案选项以及做出有效决策至关重要。在此过程中，人们需要综合运用各种信息来源，如文献资料、统计报表、采访调查、实地考察等方式来获取所需资料。

同时，人们需要重视整理归类，精准把握各项指标的权重、相互联系以及影响因素，找到事物间的规律和内在机制。通过充分利用现有资源，寻求优秀经验借鉴，以及灵活应用科学方法，可以形成科学可靠的、贯穿全面的分析结果，并提供多个可行方案供选择。

总之，在收集和分析资料时，不仅需要依赖于数据本身，还需要注重其背后的领域知识、技术专长和业务经验，将多方面信息融合，深入分析问题，为做出更好的决策提供有力支持。

3. 建立模型（模型化）

在系统分析过程中，建立模型是对实际问题进行概括和简化的重要手段，可以帮助人们更加直观地理解问题本质、探索解决方案，并通过各种方法（如仿真、优化等）对模型进行求解和验证。

同时，模型也具有概括、推广和扩展的价值，为不同领域的研究和应用提供了基础和支撑。在建立模型时，需要根据问题的性质、数据源和分析目标选择合适的建模方法和技术，并结合详细的模型假设和参数设置，抽象和表达出待研究系统的主要特征和规律。在此基础上，可以采取多种方式验证和改进模型（如参数敏感度分析、模型误差评估等），以确保模型与实际场景的匹配度和可靠性。

总之，建立有效的模型对于系统分析具有至关重要的作用，可以促进对复杂问题的认识和理解，为制订科学合理的决策提供有力保障。

4. 系统的最优化

在系统分析中，通过模型进行最优化是对现实问题优化的重要手段，可以在多个替代方案之间寻找最佳解，实现最大化利益或最小化成本的目标。最优化理论和方法包括线性规划、动态规划、非线性规划、整数规划、马尔可夫过程、排队论、决策论等，可根据不同问题的性质合理选用。对于确定性问题，应根据实际情况构建数学模型，并采用相应的工具求解最优解。对于非确定性问题，需要基于概率分布或统计学方法，预测可能出现的各种结果，并在此基础上制订最优决策。

同时，也需要注意模型的可行性和有效性，避免过度简化或过度复杂化，导致模型难以使用。总之，应根据具体问题的特点，综合运用最优化理论和方法，结合相关技术和经验，制订出全面有效的系统最优化方案，实现最大化利益或最小化成本的目标。

5. 系统的评价

在系统分析中，系统评价是完成方案设计和决策制订后的一项重要任务，其目的是对于系统方案的绩效和可行性进行评估，从而确定是否有效地满足了原始需求，并为系统实施做好充分准备。系统评价需要考虑前提条件、假设条件和约束条件等因素，遵循客观公正、科学合理的原则，综合利用各类信息和数据进行分析和判断。

在评价时，需要根据系统特点和评价指标选取适当的方法和技术，如贝叶斯网络、多层次分析法等，建立相应的数学模型和计算框架，量化和比较各方案的优缺点，确定最终的最优解或最合适的方案。同时，还需要注意评价结果的可信度和稳定性，充分考虑不同影响因素的权重和影响范围，以获得可靠的系统设计和决策支持。

总之，系统评价是系统分析过程的重要补充，可以帮助决策者更好地把握问题的实质和方向，实现系统的审慎管理和有效运行。

2.2 交通运输系统分析的内容

2.2.1 系统目标分析

1. 系统目标分析的意义

系统目标关系到系统的全局或全过程，它的正确、合理与否将影响系统的发展方向和成败。系统目标分析是进行系统分析的重要步骤，其主要作用是明确系统所要达到的目标、任务和要求，为后续的方案设计和决策制订提供基础和依据。

在进行目标分析时，需要全面了解系统的实际需求和业务流程，采用科学方法和技术，对目标进行分类和详细描述，理清目标之间的关系和优先级，确定合适的评价指标和量化标准，从而尽可能地使目标具有可行性和普适性。同时，还应注意避免主观随意性和短视性，考虑不同利益相关者的要求和期望，回应社会、环境、法规等因素的影响，确保目标的客观公正和合法合规。总之，目标分析是进行系统分析的前提和基础，对于系统建设和管理具有至关重要的意义，必须高度重视和细致认真地进行。

因此，进行交通运输系统分析的首要任务就是交通运输系统目标的分析。随着交通运输系统在国民经济中的地位越来越重要，交通运输系统的规模越来越庞大，这一工作的意义也就显得越来越重要。

2. 系统目标分析的原则

（1）一致性原则　它强调各个分目标应该与总目标保持一致，使得整个系统能够达到纵向与横向协调一致的效果。这样才能确保在实现各分目标的同时，也能够推动整个系统朝着一致的方向前进，最终实现总目标。因此，制订系统目标时需要充分考虑各分目标的相互关系，确保它们能够协同工作、无缝衔接，并形成合理的目标体系。同时，还需要设立适当的监测和评估机制，及时纠正分目标的偏差并保障其实现，以确保最终实现总目标。

（2）全面性和关键性原则　这是指一方面要突出对总目标有重要意义的子目标，另一方面还要考虑目标体系的完整性。全面性意味着在制订分目标时，应考虑所有与总目标相关的方面，并充分考虑市场、技术、财务等各种资源的利用率和配合度，而不仅是单一的某一个方面。同时，在制订分目标时，需要对其进行优先级排序，突出具有关键意义的子目标，确保最终实现总目标。

关键性原则强调目标体系的完整性，即在制订目标时必须考虑所有与总目标密切相关的因素和变量，包括内部和外部环境中的因素，以及不同层次之间的相互作用和影响，从而确保目标体系的完备性和一致性。只有这样才能对系统进行全面、准确的评估和分析，迅速发现并解决问题，进而达成总目标。

（3）应变原则　当系统的自身条件或环境条件发生变化时，必须对目标加以调整和修正，以适应新的要求。这也意味着，在制订目标的同时，需要预留足够的灵活性和可塑性，以便在未来的发展过程中，根据实际情况进行调整。在应变原则发挥作用的过程中，主要有两种方式：一种是改变目标本身；另一种是调整系统内部的资源配置和各项策略措施。不论采取哪种方式，都要充分考虑变化所带来的影响，确定出最合理、最有效的方案，并及时调整和修正目标体系，确保整个系统能够顺利地实现总目标。

（4）可检验性与定量化原则　系统的目标必须是可检验的，否则达成的目标很可能是含糊不清的，无法衡量其效果。为了使目标具有可检验性，应采用一些能够被量化的指标来表示有关目标，以便对实现情况进行监测和评估。在确定这些可检验的量化指标时，应考虑其准确性、科学性和可操作性，最好是能够跟踪和度量的。这样，就可以及时检测和诊断出问题，并采取有效措施去解决问题。通过对目标进行定量化指标的处理，可以将目标从模糊的表述中解放出来，具体化、量化目标，更容易让人理解、操作和实现，同时也便于制订考核标准，进行分析评估，以不断完善和优化整个系统，最终实现总目标。

3. 系统目标分析的内容

（1）系统目标的必要性　系统目标的必要性是指改造或新建一个系统究竟是否必要。对这个问题可以从以下四个方面来判断。

1）现有系统是否与客观环境不适应，是否出现了与国民经济发展不适应的情况。在判断一个交通运输系统是否需要改造或新建时，就需要考虑它是否与客观环境不适应，是否出现了与国民经济发展不适应的情况。例如，在汽车制造领域，随着石油资源日益稀缺和节能减排要求的提高，耗油、排放量较大的汽车已经不能适应市场需求，而推出更加节能、环保的小型汽车则成为趋势；在水上运输方面，码头建设也面临着专业化、深水化等要求，因此港口的装卸能力、码头的装卸工艺及其机械设备都需要向大型、高效、自动化的方向发展，以适应市场需求和客观环境要求。

2）由于科学技术的进步，现有系统是否过于落后而必须发展新系统。在科学技术不断进步的今天，如果现有的交通运输系统设备陈旧、技术过时，那么就必须引进新设备、新技术，以提高系统效率和安全性。例如在港口设备方面，如果设备不足或者陈旧落后，就需要引进新的港口设备；在水运通信和导航方面，也需要采用最新的计算机技术和通信技术来提高船舶管理、信息化水平。因此，推动交通运输系统的发展和优化需要及时跟上技术的发展和更新换代，以适应社会市场需求和客观环境变化的要求。

3）在客观环境中是否出现了功能超过现有系统的竞争系统。如果出现了更加先进和高效的技术装备，那么就必须尽快更新换代，以满足市场需求和客观环境变化的要求，提高系统的性能水平。例如在铁路运输领域，内燃机车和电力机车的性能明显优于蒸汽机车，可以提高牵引力、降低能耗和污染排放等，因此在许多国家都已经广泛采用。相比之下，我国在这方面相对落后，直到1988年才停止生产蒸汽机车。类似的情况，在其他交通运输系统中也存在，影响了交通运输系统能力的发挥。为此，需要通过技术进步和装备升级，不断提高交通运输系统的竞争力和服务质量。

4）系统的用户是否提出了新的要求。随着经济、社会的发展和客观环境变化，可能会产生新的运输需求，例如交通量的密集化、汽车数量的增长等，这将对原有的交通运输系统提出新的要求。为满足这些要求，就必须根据实际情况进行改造或研制新的系统，从而提高系统的适应能力和服务质量。例如，在公路交通领域，虽然道路里程已经不再扩张，但随着汽车数量的增长和交通量的密集化，要求公路由量的增加向质的提高转变，需要大力加强公路干线的改建和管理工作，建设高级和次高级路面的工程也在继续推进。因此，根据客观环境和实际需求的变化，及时调整和升级交通运输系统，以适应不断变化的市场需求和用户需求，是推动运输事业发展的重要举措。

(2) 系统目标的可实现性　系统目标的可实现性是一个非常重要的因素，这涉及系统改造或新建的必要性和效果。在制订系统目标时，必须考虑各种客观条件，例如技术水平、人力物力资源、市场需求等，以确保目标能够在可预见的未来实现。如果需要引入新的技术、设备和资源来实现目标，必须评估并规划好相应的投入成本和时间，避免出现无法实现的情况。同时，在评估系统目标的可行性时，还需要注意与当前情况的协调性和一致性，不能过于超前，否则就可能出现无法实现或滞后的情况。因此，制订具有可实现性的系统目标，并进行科学有效的规划和管理，对于提高交通运输系统的效益和竞争力具有重要的意义。对于这个问题，可以从以下几个方面来考虑。

1）系统目标的科学性。系统目标的科学性是指在制订目标时必须具有系统性、全面性、可操作性和可调节性，也就是说，系统目标必须基于科学实证和完整的逻辑体系，具备可操作性和可调节性的特点。

制订目标必须基于足够可靠的数据依据，并进行充分的论证和研究，以确保目标能够符合客观规律和实际条件。在目标制订的过程中，必须考虑到各种影响因素，如市场需求、技术先进程度、人力物力资源等，以确保系统目标具有系统性和全面性。此外，目标还必须具有可操作性，即可以预测到未来实践中面对的各种情况并能够有效应对；同时还必须具有可调节性，即可以随着实践中的变化进行适当调整。

因此，在制订系统目标时，必须结合实际情况和未来发展趋势，进行充分梳理和论证，使得目标既能够符合科学规律，又能够贴近实际，并能提供明确的行动方案，从而对系统改造和升级产生积极的促进作用。

2）系统目标的可实现性。系统目标的可实现性是指在制订系统目标时必须考虑各种客观条件，如技术水平、经济力量、资源条件等，以确保目标能够在当前情况下得到实现。

制订系统目标需要充分考虑到现有技术水平的限制和可能面临的技术难题，并规划相应的技术研发工作。同时还需要评估经济力量和物质资源等方面的可行性，确定合理的投入成本和时间安排，避免出现无法实现或者超预算的情况。

在考虑系统目标的可实现性时，还需要注重与当前情况的协调性和一致性。如果目标过于超前于现实现状，则可能会出现无法实现或滞后的情况。因此，制订具有可实现性的系统目标，并进行科学有效的规划和管理，对于提高系统的效益和竞争力具有重要的意义。

(3) 系统目标的完善性　系统目标的完善性是指制订目标时必须充分考虑人们对于系统特性要求的多样性以及系统本身的多层次性，从而确保提出的目标能够充分体现系统所需。

在制订系统目标时，必须充分了解和评估用户需求，将用户的各种需求纳入目标范畴中，并进行合理的归类和分类。此外，也需要考虑系统本身的多层次性特点，将不同功能需求的目标逐层展开，并建立相应的关系模型，以实现系统目标的完整、稳定、可靠、实用等特性。

在制订系统目标的过程中，还需要注意不断迭代和优化。由于现实情况的不断变化，系统目标可能需要随之调整，因此需要不断监测和检查目标的执行效果，并在任何时候都保持与实际情况的一致性。这样才能确保系统目标的完善性，并最终为用户和企业带来更好的体验和效益。对于这个问题，可以从以下几个方面来考虑。

在设计和开发复杂系统时，人们通常会有各种不同的要求和期望。这些要求包括性能、功能、安全性、易用性、可靠性、成本、品质、速度、精度、服务等多个方面。比如设计一辆小型汽车，除了上述要求，还可能涉及节能环保、舒适性、操控性、噪声等问题。因此，在制订系统目标时，必须考虑到这些要求和期望，并进行合理的归类和分类，以确保最终的系统满足用户需求。

在设计和开发复杂系统时，因为其多层次特点，审查系统目标必须考虑到系统整体目标与各级子系统的局部目标之间的关系，并在必要时进行协调和平衡。这个过程还需要考虑每个子系统的成本、可实现性、科学性和完善性等方面，以确保最终的系统能够达到既定目标和预期效果。同时还要注意防止不同子系统的局部目标之间出现矛盾，并寻找最优解决方案，以最大化整个系统的效益。

(4) 系统有无具体的指标体系　一般来说，在系统中可能有多个目标，要区分主要目标和次要目标。为了达到某一系统的目标，往往又规定许多指标，这些指标虽然在数量上很多，但是它们是相互关联、相互影响的，从而构成了系统的指标体系。确定完善科学的和切合实际的指标体系非常重要，只有正确地完成了这一步的工作，以后的工作才有依据。

通过这种指标体系，可以识别系统中存在的问题和瓶颈，从而寻找解决方案来改善系统的性能和效率。同时，在确定指标体系时，还需要考虑到所选取指标的科学性、可实行性、可测量性、清晰度等要素，并进行适当的优先级排序和权衡，以确保系统能够达到预期的效果和目标。

4. 系统目标分析的具体实施

系统的多层次性特点，决定了系统的目标也具备相同的特性。在进行系统目标的分析时，主要工作就是建立目标集。建立目标集主要分为以下几个步骤。

（1）系统总体目标的确定　为了解决复杂系统的问题，首先需要明确该系统的总体目标，即对整个系统的总体要求。制订系统的总体目标时，必须具备全局性、发展性和战略性的眼光，同时考虑社会、经济和科学技术发展所提出的新要求。此外，还应当注重目标的合理性、现实性、可行性和经济性，避免脱离系统自身的状况和能力，以及忽视环境条件的制约而提出不切实际的目标。与此同时，根据系统在不同时间段内的实际需求，制订近期目标和远期目标的计划也非常必要。除此之外，还应充分评估可能产生的消极影响，并考虑内部条件和外部环境的限制和约束因素。

（2）建立系统的目标集　所谓目标集是各级分目标和目标单元的集合，也是逐级逐项落实总目标的结果。总目标一般是高度抽象或概括性的，不够具体、直观，可操作性差，为此需要对总目标进行分解，即分解成各级分目标，直到具体、直观为止。具体分解方法有两种。

1）目标树。对总目标进行分解而形成的一个目标层次结构称为目标树，如图2-1所示。目标树可以把系统的各级目标及其相互间的关系清晰直观地表示出来。它可以帮助人们更好地了解系统目标的体系结构，掌握系统问题的全貌，为进一步明确问题、分析问题提供便利。同时，通过建立目标树对各级分目标进行梳理和排列，可以较为系统地组织、规划和协调各分目标，使系统整体功能得到优化。另外，建立目标树还可以帮助人们识别潜在的冲突目标或不合理的目标，并及时进行调整和修正，以保证各级分目标的协同作用，最终实现总体目标。

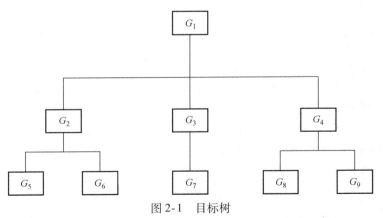

图2-1　目标树

2）目标手段分析。目标和手段是相对而言的，心理学的研究表明，人类解决问题的过程就是目标与手段的变换、分解与组合，以及从记忆中调用解决问题、实现子目标的手段的过程。对目标的逐步落实，就是探索实现上层目标的途径和手段的过程。目标手段分析指的是将总体目标逐步细化为具体、可操作的子目标，并确定实现每个子目标所需采取的手段和方法。通过目标手段分析,可以清晰地识别出实现总体目标所需达成的各级子目标,以及为完成这些子目标需要采用的工作方法和手段。同时,目标手段分析也可以帮助人们评估并选择最优的方案或手段来实现目标,从而提高系统效率、增强竞争力。值得注意的是,在进行目标手段分析时,需要确保各级子目标之间的逻辑联系与协同作用,以避免因局部优化导致整体效益下降的情况发生。

目标－手段系统图如图2-2所示。目标树中的某一目标都可视为下一层次的目标和实现上层目标的手段。可以从某个目标上溯到它所服务的更高层次的目标,也可以从某个目标分解作为其手段的许多子目标。以图2-1所示的目标树为例,对目标 G_1 试探寻找实现它的手段,把它分解为多个分目标 G_2、G_3、G_4,再分别探索实现 G_2、G_3、G_4 的手段,把它们细分为若干个更为具体的子目标,如 $G_5 \sim G_9$。对于仍然找不到现成手段的子目标,就继续进行分解和探索,直到所有的手段都已找到,各项分目标和子目标清晰具体为止,然后把所有的目标组合起来,就构成了系统的目标体系或目标集合。

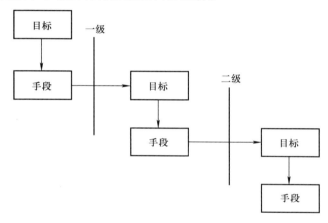

图2-2　目标－手段系统图

2.2.2　系统结构分析

1. 系统的结构与功能

(1) 系统结构的概念　"结构"一般是指事物的各个构成部分的组合及其相互关系,是事物的各个组成要素之间排列顺序、结合方式和相互制约、相互联系、相互作用、相互依赖的关系总和。任何系统都是以一定的结构形式存在的。系统结构是指系统的构成要素在时空连续区上的排列组合方式和相互作用方式。系统结构分析是系统分析的重要组成部分,也是系统分析和系统设计的理论基础。

系统结构的普遍形式决定了系统的基本特征。通常人们把目的性作为构造系统结构的出发点,把集合性、相关性和层次性作为系统结构的主要内涵特性,而把整体性和环境适应性分别作为系统内、外部综合协调的表征。

系统结构分析的目的就是找出构成这几个表征的规律,即寻求系统合理结构的规律。所谓合理结构,是指在对应系统总目标和环境因素的约束条件下,系统的组成要素集、要素间的相互关系集以及它们在层次分布上的最优结合,并使系统有最优的或最满意的输出。而系统结构分析就是寻求构筑系统合理结构的规律和途径。

从系统结构和系统结构分析的目的与要求可以看出,系统结构分析的主要内容有构成系统的要素集、要素间的相互关系、要素在系统中的排列方式及层次性等。

(2) 系统的功能　各种系统的特定功能是大不一样的,这里从一般意义上来阐述系统的功能。系统以外,与系统发生作用的部分,称为系统的环境;系统及其环境的界面,称为系统的边界;系统对其环境的作用,称为系统的输出;环境对系统的作用,称为系统的输入。通过系统的输入与输出,系统与其环境进行物质、能量和信息的交换,产生相互作用。系统的输出是经过处理(或转换、加工)的物质、能量与信息,如产品、成果等。所以系统可以理解为一种处理或转换机构,它把输入转变为人们所需要的输出。从狭义上讲,处理和转换就是系统的功能;从广义上讲,输入与输出也是系统的功能。

系统的功能是多方面的,不同的系统可能有着不同的特定功能。一般来说,系统的输入和输出是系统与环境进行交互的表现形式。系统的边界则用来界定系统的范围和关注点。系统通过处理、转换或加工输入物质、能量和信息,将其转化为人们需要的输出,这种从输入到输出的转化过程就是系统的基本功能所在。从广义上讲,也可以将输入和输出视为系统功能的一部分,因为它们与系统的处理机构密切相关。通过运用不同的系统设计方法和工具,可以更好地理解系统的功能和特性,并优化系统的设计,以提高其效率和性能。

(3) 系统结构与系统功能的关系

1) 系统结构是完成系统功能的基础。要素与结构是决定系统功能的内在根据。系统的要素包括各种组成部件、子系统或其他相互关联的要素,而系统结构则指这些要素之间的关系和排列方式。要素和结构相互作用形成了系统的基础,使得系统能够实现特定的功能。例如,为了实现飞机的飞行功能,需要将各个零部件按照一定的结构和规则装配起来,组合成为具有完整飞行功能的系统。如果这些零部件没有经过合理的结构设计和组装,仅仅零散杂乱地堆积在一起,那么该"系统"将无法实现预期的飞行功能。

因此,一个系统的结构必须是合理的、稳定的,并且符合其所需功能的要求,才能更好地发挥其功能。从另一个角度来看,要素和结构本身也会受到所需功能的影响,因为不同的功能要求可能需要不同的要素和结构。因此,在进行系统设计时,需要充分考虑系统所需的功能要求和性能指标,并选择合适的要素和结构进行系统构建。

2) 不同的系统结构产生不同的系统功能和功能效率。系统结构不仅关系到系统的规模、复杂程度和可靠性,还直接决定了系统所具有的功能和应用场景。例如,在计算机网络中,采用不同的结构将直接影响网络的连接方式、通信效率和数据传输速率等方面。分布式结构更加去中心化、弹性化和可扩展,能够更好地应对网络故障和攻击,并提高整体系统的可用性与鲁棒性;而集中式或环式结构则更容易造成单点故障和瓶颈,降低系统的效率和稳定性。

因此,在进行系统设计时,需要从用户需求、系统要素和结构等多方面考虑,灵活选择合适的系统结构和组件,使其能够实现预期的功能和性能,并适应不同的应用场景和环境。同时,也需要对系统功能进行不断优化和改进,不断适应新的需求和市场变化,提高系统的可持续发展能力。

一个庞大、臃肿、重叠的运输管理系统如果结构设计不合理,会导致系统管理功能和效率降低。这将使得系统各部分之间出现障碍或者冲突,导致系统的整体表现变差,甚至可能导致系统崩溃。

因此，为了提高运输管理系统效率，需要进行合理的系统架构设计。此架构应考虑环境变量、用户需求和各个要素之间的协同作用，并采取相应的策略来有效地组织和安排这些要素。通过对系统中流程、组件、模块和服务的设计策略进行优化，可减少能量和信息流失，最大限度地提高系统效能和管理功能。因此，敏捷、内聚和抽象等方法可以帮助人们更好地设计和实现高效、稳定和可持续发展的运输管理系统。

2. 系统结构分析的任务

由于系统的结构决定系统的功能，而且最优的系统结构有利于产生最优的系统功能和最高的系统功能效率，所以交通运输系统结构分析的任务包括以下几个方面。

（1）系统组成要素以及系统结构分析　分析交通运输系统由哪些要素组成，这些要素之间具有什么样的关系，这些关系会产生什么样的系统结构等。交通运输系统由许多要素组成，其中包括但不限于交通工具、道路和基础设施、人员、运输管理和监管机构等。这些要素相互作用和影响形成了系统的结构。这种结构是协调一致的，并且实现了一个完整的功能和性能规格。

（2）系统结构的稳定性分析　系统结构的稳定性表示系统在其寿命周期内可靠地完成系统应有的功能的能力，系统要发挥其功能，保持良好的结构和稳定的运行状态，就必须重视系统结构稳定性分析。即使在面临经济、政治、气候和技术变化的情况下，系统应仍然能够按照预期方式正常运行。因此，要重视系统结构稳定性分析，确保交通运输系统的长期稳定。

（3）系统结构的合理性分析　系统结构合理性分析的目的是创造优良的系统功能和性能。如果系统结构不合理，则无法实现优秀的运输功能。简而言之，结构的合理性会对系统产生显著影响。通过交通运输系统结构合理性分析来找到不合理的地方，并将其改进为更稳定和更高效的结构，从而创造出更好的系统。

一个交通运输系统的结构是否优良，包含了两方面的含义。首先，该交通运输系统应该与国民经济中其他系统之间保持协调发展的比例关系。这意味着该交通运输系统应该根据当今所需的邮件、货物、人员的各种需求，进行统筹规划和建设，与其他领域相互配合及完善，以更好地促进国家的发展。其次，该交通运输系统内部的各种运输方式应该保持一种优化的比例。铁路、公路、水路、航空和管道是五种不同的运输方式，它们各自具有不同的特点和适用情况。为了实现最高效和便捷的运输服务，需要根据负载特性、运输费用、时间周期等不同因素进行全面考虑和权衡，从而确定最优的运输方式组合。在这个过程中，人们需要同时考虑各个运输模式之间的平衡，以便实现整个交通运输系统高质量、可靠、经济和高效地运行。

从上述三个方面控制交通运输系统的结构，都是为了完善其功能。但是交通运输系统的功能是多方面的，不仅是为了运送货物或人，还包括维护社会稳定、促进经济增长、保护环境等多个方面的要素。各种功能之间相互联系、互相制约、互相影响，这就意味着人们在处理交通运输系统结构时必须全面考虑交通运输系统的各种功能以及各种功能之间的关系。

例如，从社会稳定的角度来看，一个高效可靠的公共交通系统能够减轻城市交通拥堵，缓解交通压力，提高社会安全性。同时，建设绿色环保型交通运输系统也有助于城市空气质量的改善和健康生活方式的推广，有益于人民身心健康。这些因素都需要被纳入交通运输系统结构分析的考虑范围，从而形成一个更加完整、合理和高效的交通运输系统。

3. 系统结构分析的内容

（1）系统组成要素分析　分析系统由哪些要素组成，这些要素之间具有什么样的关系，这些关系会产生什么样的系统结构等。系统工程要实现一定的功能，必须具备相应的组成部分，即系统要素集，记为

$$X = \{x_i | i = 1, 2, \cdots, n\}$$

系统要素集的确定可在已确定的目标树的基础上进行，当系统目标分析取得了不同的分目标和目标单元时，系统要素集也将对应地产生。对于总目标分解后的分目标和目标单元，要搜索出能达成此目标的实体部分。例如，如果要达到运载飞行的分目标，就要有火箭或飞机的实体系统；如果要达到运载飞行，就要有能源、动力、力的传递等分目标；从系统要素集看，相应地就要有液体或固体燃料的存储、输送和控制部分，发动机部分，力的传递机构等。这些要素集与系统的目标集是一一对应的，在这种对应分析中，与分目标或目标单元对应的实体结构是功能单元，即独自执行某一任务的功能体。

（2）系统的相关性分析　系统要素集的确定，只是说明已经根据目标集的对应关系选定了各种所需的系统结构组成要素或功能单元。它们是否达到目标要求，还要看它们之间的相关关系如何，这就是系统的相关性分析的问题。系统的属性不仅取决于它的组成要素的质量和合理性，还取决于要素之间应保持的某些关系。这些关系组成了一个系统的相关关系集，即

$$R = \{r_{ij} | i, j = 1, 2, \cdots, n\}$$

由于相关关系只能发生在两个具体要素之间，因此，系统要素之间的关系就是一种简单的二元关系：

$$r_{ij} = \begin{cases} 1, \text{要素之间存在二元关系} \\ 0, \text{要素之间没有二元关系} \end{cases}$$

例如，运输系统中货物必须由运输工具来装载，而运输工具又必须在一定的交通系统中运行等，这些都是一种二元关系。通过系统的这种二元关系的解析，能很好地将系统要素矩阵化，便于后续的定量分析。如果要进一步研究系统要素之间的相关程度，可以根据要素之间的相关程度赋以不同的数值，这对建立系统的数学模型有着重要的作用。

（3）系统的层次性分析　大多数系统都是以多层次递阶的形式存在的。对于哪些要素应归属于同一层次，层次之间应保持何种关系，以及层次的层数和层次内要素的数量等都有许多重要的关系。对这些关系的研究将从系统的本质上加深对系统结构的认识，从而揭示事物合理存在的客观规律，这是提出系统层次性分析的理论依据。为了实现既定的目标，系统或分系统必须具备某种相应的功能，这些功能是通过系统要素的特定组合来实现的。由于系统目标的多样性和复杂性，任何单一或比较简单的功能都不能达到目的，需要组成功能团和功能团的联合。这样，功能团必然要形成某种层次结构形式。例如，一枚巡航式反舰导弹通常由发动机、自动驾驶仪、弹上雷达、引信、战斗部、弹体等部分组合而成，这是导弹组成的第一个层次；发动机则由内液体火箭发动机、助推器、电爆管、点火药盒等部分组成，这是系统结构的第二个层次。当然还会有第三个层次，这样就可看出各层次上功能团的阶层关系和功能团之间的相互作用，没有这种层次上的组合安排，各个功能团就不能相互协调运

行，最后实现系统整体的目标。其他的系统也大体类似，例如，工厂的分厂、车间、工段、小组；社会上的各级行政机构、社团组织等，全部是这种功能团的结合，最后实现工厂和社会组织的目标。

（4）系统结构分析方法　系统结构分析方法是利用图论中的关联矩阵原理来分析复杂系统的整体结构。系统中各要素之间都存在一定的关系，有些是直接关系，有些是间接关系，有些是层次关系，有些是并列关系，利用图论中的关联矩阵可以定量地描述这些关系，从而进行进一步的计算和分析。这种方法常用来分析社会、经济、环境、规划、管理等方面的问题，为了解系统结构、制订系统规划提供科学的依据。

根据系统结构分析的内容，可将系统结构分析主要分为以下几个步骤：

1）确定系统组成要素，并分别编号，记作
$$S = \{S_1, S_2, S_3, \cdots, S_n\}$$

2）确定系统组成要素之间的直接关系，引入二元关系式：
$$r_{ij} = \begin{cases} 1, S_i \text{ 和} S_j \text{有直接关系} \\ 0, S_i \text{ 和} S_j \text{无直接关系} \end{cases} \quad i, j = 1, 2, \cdots, n$$

同时，根据二元关系式建立系统的直接关系矩阵（邻接矩阵）M。

3）通过对邻接矩阵的计算，得到可达矩阵 T：
$$T = M^{n+1}$$

式中，n 为直接关系矩阵 M 的阶数。

可达矩阵除了反映系统中各要素间的直接关系外，还可以反映系统中各要素之间的间接关系。

4）将可达矩阵 T 分解成 $R(S_i)$ 和 $A(S_i)$ 两个集合。其中，$R(S_i)$ 集合是指包含由 $R(S_i)$ 可能到达的一切有关系的要素集合，称为 S_i 的母集合；$A(S_i)$ 集合是指包含一切有关系的要素可以到达 S_i 的集合，称为 S_i 的子集合。

5）计算 $R(S_i)$ 与 $A(S_i)$ 的交集，满足 $R(S_i)A(S_i) = R(S_i)$ 中的要素就是系统的最上位要素，即最高层次的要素。

6）去掉最高层次要素，重复步骤5），依次分出系统的第二层、第三层……直至最底层要素。

7）根据上述分析，画出系统的层次结构图。

下面通过一个例子来介绍系统结构模型的建立，以及如何利用结构模型进行系统结构分析。

例 2-1　某系统有五个要素 $S_1 \sim S_5$，$S = \{S_1, S_2, S_3, S_4, S_5\}$ 且 S_1 和 S_4 有直接关系，S_2 和 S_3 有直接关系，S_2 和 S_5 有直接关系，S_3 和 S_1 有直接关系，S_5 和 S_1 有直接关系。

1）建立直接关系矩阵。根据系统五个要素 $S_1 \sim S_5$ 之间的直接关系，有直接关系为1，无直接关系为0，建立要素两两之间的直接关系矩阵。S_1 和 S_4 有直接关系，记为1；S_2 和 S_3 有直接关系，记为1；S_2 和 S_5 有直接关系，记为1；S_3 和 S_1 有直接关系，记为1；S_5 和 S_1 有直接关系，记为1。另外，由于每一个要素都与自己有直接关系，所以，邻接矩阵主对角线上的元素均为1。该系统的直接关系矩阵如下：

$$M = \begin{bmatrix} 1 & 1 & 0 & 0 & 0 \\ 1 & 1 & 0 & 1 & 0 \\ 1 & 0 & 1 & 0 & 0 \\ 0 & 0 & 0 & 1 & 0 \\ 1 & 0 & 0 & 0 & 1 \end{bmatrix}$$

2）计算可达矩阵。该矩阵反映的是系统要素之间的直接关系，而系统之间的间接关系则需要通过布尔运算规则计算系统的可达矩阵得到。布尔运算规则如下：

$$0+0=0 \quad 1+0=1 \quad 1+1=1$$
$$0\times 0=0 \quad 1\times 0=0 \quad 1\times 1=1$$

该系统直接关系矩阵的布尔运算过程如下：

$$M^2 = MM = \begin{bmatrix} 1 & 1 & 0 & 0 & 0 \\ 1 & 1 & 0 & 1 & 0 \\ 1 & 0 & 1 & 0 & 0 \\ 0 & 0 & 0 & 1 & 0 \\ 1 & 0 & 0 & 0 & 1 \end{bmatrix} \begin{bmatrix} 1 & 1 & 0 & 0 & 0 \\ 1 & 1 & 0 & 1 & 0 \\ 1 & 0 & 1 & 0 & 0 \\ 0 & 0 & 0 & 1 & 0 \\ 1 & 0 & 0 & 0 & 1 \end{bmatrix} = \begin{bmatrix} 1 & 1 & 0 & 1 & 0 \\ 1 & 1 & 0 & 1 & 0 \\ 1 & 1 & 1 & 0 & 0 \\ 0 & 0 & 0 & 1 & 0 \\ 1 & 1 & 0 & 0 & 1 \end{bmatrix}$$

$$M^3 = M^2 M = \begin{bmatrix} 1 & 1 & 0 & 1 & 0 \\ 1 & 1 & 0 & 1 & 0 \\ 1 & 1 & 1 & 0 & 0 \\ 0 & 0 & 0 & 1 & 0 \\ 1 & 1 & 0 & 0 & 1 \end{bmatrix} \begin{bmatrix} 1 & 1 & 0 & 0 & 0 \\ 1 & 1 & 0 & 1 & 0 \\ 1 & 0 & 1 & 0 & 0 \\ 0 & 0 & 0 & 1 & 0 \\ 1 & 0 & 0 & 0 & 1 \end{bmatrix} = \begin{bmatrix} 1 & 1 & 0 & 1 & 0 \\ 1 & 1 & 0 & 1 & 0 \\ 1 & 1 & 1 & 1 & 0 \\ 0 & 0 & 0 & 1 & 0 \\ 1 & 1 & 0 & 1 & 1 \end{bmatrix}$$

$$M^4 = M^3 M = \begin{bmatrix} 1 & 1 & 0 & 1 & 0 \\ 1 & 1 & 0 & 1 & 0 \\ 1 & 1 & 1 & 1 & 0 \\ 0 & 0 & 0 & 1 & 0 \\ 1 & 1 & 0 & 1 & 1 \end{bmatrix} \begin{bmatrix} 1 & 1 & 0 & 0 & 0 \\ 1 & 1 & 0 & 1 & 0 \\ 1 & 0 & 1 & 0 & 0 \\ 0 & 0 & 0 & 1 & 0 \\ 1 & 0 & 0 & 0 & 1 \end{bmatrix} = \begin{bmatrix} 1 & 1 & 0 & 1 & 0 \\ 1 & 1 & 0 & 1 & 0 \\ 1 & 1 & 1 & 1 & 0 \\ 0 & 0 & 0 & 1 & 0 \\ 1 & 1 & 0 & 1 & 1 \end{bmatrix} = M^3$$

由于 $M^4 = M^3$，说明系统的可达矩阵已经得到，无计算下去的必要。故系统的可达矩阵为

$$T = \begin{bmatrix} 1 & 1 & 0 & 1^* & 0 \\ 1 & 1 & 0 & 1 & 0 \\ 1 & 1^* & 1 & 1^* & 0 \\ 0 & 0 & 0 & 1 & 0 \\ 1 & 1^* & 0 & 1^* & 1 \end{bmatrix}$$

可达矩阵 T 中带 * 的元素是直接关系矩阵中没有的，它表示元素之间的间接关系。例如，S_2 和 S_3 不存在直接关系，但存在间接关系。因为 S_1 和 S_2、S_3 都有直接关系，所以 S_2 和 S_3 通过 S_1 形成了间接关系。在大型的复杂系统中，由于系统要素很多，这种间接关系无法直接看出，必须通过计算系统的可达矩阵，从而得到系统要素之间的相互关系。

接下来可以利用系统要素间的可达矩阵 T，进一步进行系统结构的层次分析。即分析系统可以分为几个层次，每个层次又有哪些要素，这些要素是如何相互影响的等。

将可达矩阵 T 分解成 $R(S_i)$ 和 $A(S_i)$ 两个集合,计算 $R(S_i)$ 与 $A(S_i)$ 的交集,满足 $R(S_i)A(S_i)=R(S_i)$ 中的要素就是系统的最上位要素,即最高层次的要素。去掉最高层次的要素,继续上述步骤,就可逐层分析该系统,得到该系统的结构关系。

将该系统的可达矩阵 T 按上述方法分析,结果见表2-1。

表2-1 第一次分析结果

要素	$R(S_i)$	$A(S_i)$	$R(S_i)A(S_i)$
1	1,2,4	1,2,3,5	1,2
2	1,2,4	1,2,3,5	1,2
3	1,2,3,4	3	3
4	4	1,2,3,4,5	4
5	1,2,4,5	5	5

由表2-1可以看出,要素4满足 $R(S_i)A(S_i)=R(S_i)$ 这一条件,所以要素4为该系统的第一层要素。去掉要素4后,继续分析,得到的结果见表2-2。

表2-2 第二次分析结果

要素	$R(S_i)$	$A(S_i)$	$R(S_i)A(S_i)$
1	1,2	1,2,3,5	1,2
2	1,2	1,2,3,5	1,2
3	1,2,3	3	3
5	1,2,5	5	5

此时,要素1和要素2满足条件,即要素1和要素2为该系统的第二层要素。去掉要素1和要素2后,继续以上步骤,得到的结果见表2-3。

表2-3 第三次分析结果

要素	$R(S_i)$	$A(S_i)$	$R(S_i)A(S_i)$
3	3	3	3
5	5	5	5

此时,要素3和要素5均满足条件,即要素3和要素5为系统的第三层要素。由上述分析可知,该系统的结构层次如图2-3所示。

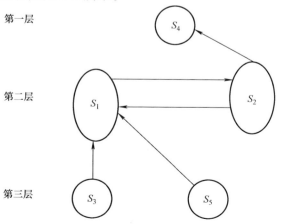

图2-3 系统的结构层次

即该系统的第一层要素为S_4，S_1和S_2为第二层要素，S_3和S_5为第三层要素。

以上是一个简单的系统结构分析，大型系统的要素较多，关系也较复杂，但也可运用本方法进行逐层分析，从而认识系统结构，为管理人员进行系统决策时提供参考。

2.2.3 系统环境分析

1. 系统环境的概念

广义地讲，一个系统之外的一切事物或系统的总和，称为该系统的环境。狭义的环境是指与系统有不可忽略的联系的事物的总和。系统与环境是相互依存的。了解问题的环境是接近问题的第一步。对于任何一个系统而言，其环境都起着至关重要的作用。环境因素可以通过交互作用影响到系统的行为和性能，进而对系统的发展和稳定产生影响。因此，对于任何一个系统而言，了解并学习其环境是非常重要的，这样才能更好地评估系统的表现，并相应地进行设计和改善，以适应环境的变化和发展。在分析系统环境时，应该考虑各种可能的因素，例如社会、经济、政治、当地法规、文化、天气、自然资源等。

环境分析的主要目的是了解和认识系统与环境的相互关系、环境对系统的影响和可能产生的后果。为达到目的，系统环境分析需要完成环境的概念、环境因素及其影响作用、系统与环境边界划定等分析内容。

通过对环境概念的理解，并划定系统与环境的边界，可以帮助人们更好地认识系统与环境之间的相互关系，找到环境因素对系统的影响，以及可能产生的后果。同时，在分析过程中，还需要考虑各个环境因素之间的相互作用和影响，这样才能全面、准确地把握问题的本质。

2. 交通运输系统环境分析的意义

交通运输系统工程的目的是实现交通运输系统的总体最优化。要达到此目的，就必须全面考虑交通运输系统各子系统之间、交通运输系统与环境之间的关系。这是因为：

1）系统之间的关系保持协调是系统功能发挥的保证。在研究系统的结构时，人们曾明确地指出：结构是完成系统功能的基础，最优的结构有利于产生最优的功能和最高的功能效率。这就是说，系统的功能不完全取决于系统的结构。系统的结构再好，如果外部环境不能正常地为它提供输入，或不能正常地接受它的输出，或不断地对它进行干扰和破坏，这个系统的功能潜力是很难充分发挥出来的，甚至可能根本无法正常地执行系统的功能。

在交通运输系统工程中，交通运输系统由多个子系统组成，包括交通组织系统、路网系统、车辆系统等。为了实现交通运输系统的总体最优化，必须全面考虑这些子系统之间以及交通运输系统与环境之间的关系，确保它们能够协调配合，达到最佳效果。这就需要对系统进行全面的设计、规划和管理，从而确保系统内各部分的顺畅运作，同时满足外部环境的需求和要求。只有做到系统内部和外部的协调和平衡，才能真正发挥交通运输系统的作用，提高运输效率，推动经济发展。

2）系统之间物质、能量和信息的交换关系是影响系统功能的主导关系。系统之间的关系是多种多样的，有层次关系、包含关系、并列关系等，究竟哪一种关系对系统功能起主导作用？事实表明，对系统功能起主导作用的关系是系统间物质、能量和信息的交换关系。这种关系是系统在交换物质、能量或信息的过程中产生的。这种关系出了问题，物质、能量或信息的流动、变换、转化与循环就会受到阻碍，系统的功能自然就不会正常。所以，研究这种关系对系统功能的影响以及它的形成法则，对科学地规划、设计、管理和控制系统有着极为重要的意义。

在系统工程中，不同系统之间的物质、能量和信息交换关系是极其重要的，这种关系往往可以影响系统的功能发挥。例如，在交通运输系统中，车辆需要在道路上行驶，对于交通组织系统、路网系统等子系统来说，就需要提供合适的信息和能量，以确保车辆能够顺畅地行驶。因此，了解和掌握不同系统之间的物质、能量和信息交换关系，并科学地规划和设计这些关系，对于实现系统的总体最优化具有至关重要的作用。

3. 环境因素及分类

从系统论的观点出发，全部环境因素可以划分为以下四大类。

（1）自然环境　自然环境包括地理位置、地形地貌、水文、地质、自然灾害、气象、山脉、动植物、生态环境状态等。任何系统都处于一定的自然环境之中，不可避免地受其影响和制约。这种影响和制约通常可表达为系统的约束条件，它是环境分析首先应考虑的基本因素。

自然环境作为系统环境之一，对于系统的运行和发展具有重要的影响和制约。对于各类工程项目而言，都必须充分考虑自然环境因素对其产生的影响，从而进行相应的规划和设计。例如，在城市规划方面，要考虑到降雨量、气温、地形等因素，以制订出能够适应自然环境变化的城市规划方案。因此，对自然环境因素的分析和研究是一项重要的任务，这也是系统工程中环境分析的一个基本因素。

（2）科学技术环境　科学技术环境包括科研水平与成果、教育水平、机构及设施、现存系统、技术标准、科技进步与发展等。在进行系统设计或改建的系统分析中，对科技发展特别是工艺条件的估量有着重要意义。科技因素估量还应考虑到国内外同行业的技术状态，即装备技术、设计工艺人员、工人技术水平等。技术状态反映企业的实力水平，它影响产品的质量、品种、成本等多方面。

科学技术环境对于系统的设计和发展也具有重要的影响作用。科技水平、科研成果、教育水平、设施设备等因素都会直接或间接地影响系统的功能、效率和质量等方面。在进行系统的规划和设计时，必须充分考虑科学技术环境的变化和发展趋势，才能够使得系统更加符合实际需求并具备可持续发展的能力。因此，科学技术环境因素的分析和研究也是系统工程中十分重要的一项任务。

（3）社会经济环境　社会经济环境通常包括组织机构、政策、政府作用、法规、人口、市场需求、价格、税收、资金等。这些因素都可能直接或间接地影响系统的运行效率、质量和可持续性等方面。社会经济环境对于系统的运行和发展也具有重要的影响作用。在进行系统规划和设计时，必须充分考虑社会经济环境变化的影响和趋势，以便制订出更加科学合理、符合实际需求的系统规划方案。因此，在系统工程中，社会经济环境因素的分析和研究也是至关重要的一项任务。

（4）人的因素　人的因素包括人的主观偏好、文化素质、道德水准、社会经验、能力、生理和心理上的局限性等。人的因素对于系统的设计和实施也具有重要的影响作用。人的因素可能会直接或间接地影响系统的功能、可靠性和操作效率等方面。在进行系统规划和设计时，必须充分考虑人的因素的影响和限制，避免出现人机不协调的情况，提高系统的易用性和用户体验。因此，人的因素分析和研究也是系统工程中至关重要的一项任务。

4. 系统与环境之间的相互作用

系统与环境之间的相互影响，主要是通过物质、能量和信息的交换引起的。根据这种转换关系，可以将系统划分为以下三种。

（1）孤立系统 如果系统与其环境之间既没有物质的交换，也没有能量的交换，就称其为孤立系统。在孤立系统中，系统与环境之间是相互隔绝的，系统内部的能量和物质不能传至系统外，系统环境的能量和物质也不能传至系统内。当然，从严格意义上讲也就没有信息的传递。显然，客观世界是不存在这种孤立系统的。

虽然孤立系统在现实世界中无法存在，但人们可将其应用于理论推导和分析中，是一种非常有用的研究方法。通过将实际系统简化为孤立系统模型，可以更方便地进行系统分析和设计，并为实际应用提供指导。

（2）封闭系统 如果系统与其环境可以交换能量但不可以交换物质，称其为封闭系统。在封闭系统中，系统内外的物质总量不变，而能量可以在系统内部传递和转化，使系统处于动态平衡状态。封闭系统是现实世界中存在的一种模型，在理论研究和实际应用中都有着广泛的应用。例如，在物理学和化学等领域，常将闭合容器作为封闭系统进行研究和试验；在工业生产中，也常采用封闭系统来控制和调节生产过程中的能量传递，以提高生产率和质量稳定性。

（3）开放系统 如果系统与环境之间既有能量交换，又有物质交换，就称其为开放系统。显然，开放系统是普遍存在的系统，封闭系统和孤立系统都是其特例或近似系统。通常，有物质和能量的交换，就会伴随有信息的交换。小至细胞、原子、分子，大至生物、城市、国家等任何系统每时每刻都与环境进行着物质、能量及信息的交换，都是开放系统，而这种交换的方式、内容和程度则对该系统的运行和演化具有决定性的影响。

在开放系统中，系统与环境之间的相互作用非常复杂，交换的物质、能量和信息会对系统内部结构、功能和行为产生重要影响，并决定了系统的演化和变化方向。开放系统研究具有广泛的应用价值，在能源、环境、经济、社会等领域都有着重要的理论基础和实际应用。

客观世界中大多数系统是开放系统，系统和系统之间都会有相互作用。由于一个系统对另一个系统的作用有所不同，因而系统间存在的关系也就不同。归纳起来，主要有以下四种关系。

1）依存关系。如果甲系统需要的某种物质、能量或信息是由乙系统的输出供应的，那么甲乙两系统之间的关系称为依存关系。例如，交通运输系统和国民经济系统之间就存在着这样的依存关系，前者所需的燃料、原材料、人员等都来自于后者的供给。因此，两个系统之间的依存关系非常普遍，并广泛存在于社会活动的各个领域。

2）竞争关系。如果甲乙两系统需要同一种输入，且都是由丙系统的输出供应的，或者丙系统需要的某种输入是由甲乙两系统的输出供应的，且甲乙两系统之间没有其他物质、能量或信息的交换关系，这两种情况下，甲乙两系统之间的关系都叫作竞争关系。在交通运输系统中，各种运输方式之间就存在着一种竞争关系，比如公路与铁路、水运与航空等，它们互相角逐市场份额，以获得更多的客流量或货运量。

3）吞食关系。如果甲系统的输入是乙系统本身，而且乙系统进入甲系统后，经甲系统的变换作为原系统的基本属性完全消失，那么甲乙两系统之间的关系就叫作吞食关系。甲系统叫作吞食系统，乙系统叫作被吞食系统。在交通运输系统中，例如报废汽车拆解利用，汽

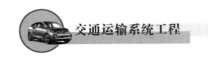

车内部的所有物质和能量都被分解和重复利用,没有任何浪费和损失。这种吞食关系有助于解决环境污染和资源浪费等问题,是一种节约型社会发展模式的重要组成部分。

4)破坏关系。如果甲系统的输出传给乙系统后,或甲系统掠取乙系统的组成元素作为自己的输入后,削弱了乙系统的功能,或导致乙系统瘫痪甚至崩溃,那么甲乙两系统之间的关系为破坏关系。在交通运输系统中,例如汽车尾气和噪声等会对自然环境系统造成污染和干扰,从而破坏自然环境的生态平衡。这种破坏关系可能会引起许多社会问题,例如空气污染、噪声污染和资源浪费等,需要采取有效措施来防止和解决这些问题。

5. 交通运输系统与环境

在上述四种关系中,交通运输系统与环境之间的关系主要是破坏关系。其主要表现在以下几个方面。

(1) 大气污染　大气污染会对人类健康和生活环境造成危害,交通运输系统是其中较为显著的大气污染源之一。各国政府为应对这个问题采取了许多措施,例如建立主管空气污染的机构、颁布限制汽车排放的法规、设置空气污染程度检测系统等。除此之外,开展相关研究并普及环保意识、促进可持续交通也是解决大气污染问题的重要方向。人们也可以从自身出发,减少使用汽车、合理利用公共交通、节约能源等,共同努力保护大气环境。

(2) 交通噪声　交通噪声是指交通运输工具如飞机、火车、汽车等在行驶过程中所产生的噪声,它给人体健康和生活环境带来潜在的威胁。除了影响休息和睡眠、降低工作效率等问题之外,噪声使得听觉和视觉器官受损,还可能导致身体生理机能下降。为此,一些国家出台了一系列法律法规来限制交通噪声,并采取措施加强噪声的监测和管理。通过使用更安静的运输工具、优化城市规划和路网设计、加强降噪技术研究等方式,可以有效地缓解和控制交通噪声对人们生活的影响。

(3) 交通振动　交通振动指由机动车、火车和飞机等交通运输工具所产生的振动,常会对周围的地面和建筑物造成一定程度的损伤并且影响人们的生活质量。由于交通振动产生的影响范围较广,因此在近年来,国际上越来越重视这个问题。各国政府和相关机构制定了相应政策、标准和技术规范来减少或控制交通振动,并进行相关研究和技术创新以适应社会发展的需要和新形势的挑战。

交通振动是由于地面条件、轨道条件等因素导致的振动,会对周围的建筑物和环境产生不利影响。振动级是用来度量交通振动的参数,单位为 dB（A),其中 A 表示使用 A 型评定曲线,能更好地反映人耳对声音的敏感性。交通振动级越高,表示振动强度越大,对人体健康和环境造成的影响就越严重。由于地面条件的差异,不同地区的交通振动水平也往往存在较大差异,需要采取合理的措施减轻振动带来的负面效应。

(4) 交通水体污染　交通运输对水体和环境的污染主要有船舶排污、漏油,以及港口排放的废水等。这些污染物可能会对周围的海洋生态系统和水资源造成影响,需要采取有效的控制和减少措施。

此外,在交通运输过程中还会出现危险品事故、环卫和牲畜运输产生的恶臭等情况,这些也需要加强管理和治理。交通运输带来的放射性污染问题也一直备受关注,应该加强技术研究和防范措施,做好相关应急处置工作。倡导交通运输领域的环保意识和行动将促进可持续发展。

【重点与难点】

1. 掌握交通运输系统的概念、特点及准则。
2. 掌握系统目标分析的具体实施步骤。
3. 熟练掌握系统结构分析相关内容。

【思考与练习】

1. 系统分析的特点及要素是什么?
2. 系统分析的步骤有哪些?
3. 简述系统目标分析的具体实施步骤。
4. 系统结构分析内容有哪些?
5. 交通运输系统与环境之间的相互作用有哪些?

第 3 章 Chapter 3
交通运输系统模型

3.1 系统模型概述

3.1.1 系统模型的定义和特征

1. 系统模型的定义

系统模型是对系统的描述、模仿和抽象,它反映系统的物理本质与主要特征。系统模型是一个系统某一方面本质属性的描述,它以某种确定的形式(文字、符号、图表、实物、数学公式等)提供关于该系统的信息。

系统模型是描述或抽象现实系统的一种方法,它并不是系统对象本身。由于研究目的的不同,人们可以根据需要建立不同的系统模型,每个系统模型都对应着一个不同的研究目的或者问题域。同样地,相同的系统模型也可代表不同的系统,因为同一种系统模型对应的具体系统可以具有不同的输入、输出和参数等特征。在建立系统模型时,需要考虑其在不同应用场景下的适用性和局限性,以及将其与实际系统进行实时对比和修正。

2. 系统模型的特征

在日常生活和工作中,人们经常会使用系统模型来理解和分析复杂问题,包括建筑物、汽车、电子产品等实体系统的放大或缩小的模型,数学中使用的原子模型,以及经济分析中使用的文字、符号、图表、曲线等。这些系统模型可以帮助人们更好地理解和掌握相应的知识和技能,从而更加高效地进行工作和学习。此外,系统模型还具有同类问题的共性,因此在不同领域和场景下,也可以应用一些通用的系统模型来描述和解决相关问题。

系统模型能够帮助人们更好地理解和描述复杂的问题,并且通过模拟、分析和预测来寻求最佳解决方案。因此,系统模型在学术界和实际应用中都具有广泛的应用价值。一个实用的系统模型的特征通常包括:

1) 对现实系统进行模仿和抽象。
2) 由反映系统本质和特征的主要要素构成。
3) 集中体现了这些主要要素之间的关系。

3.1.2 系统模型的分类

常用的系统模型通常可分为物理模型、文字模型和数学模型,如图3-1所示。

1. 物理模型

所谓物理是广义的,具有物质的、具体的、形象的含义。物理模型可分为实体模型、比例模型、模拟模型和相似模型。不同的物理模型可以根据需要灵活地选择和使用，以较小的成本和风险来获取有价值的信息。

实体模型一般是被研究对象刚好适合直接研究，通常适用于研究检测过程或对样品进行测试和评估。例如标准件的生产检验、胶卷和药品的检验，是从总体中抽取一定容量的样本来进行检验的，样本就是实体模型。

比例模型是对现实系统的放大或缩小，以便在实验室、工厂或办公室等环境中进行研究。

模拟模型是根据相似性原理，利用一种系统去代替另一种系统，适用于分析和预测不易观察或测量的现象。

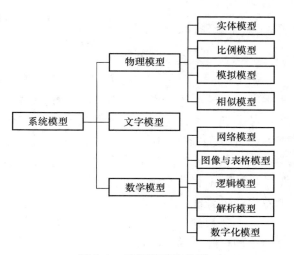

图 3-1　系统模型的分类

相似模型是指物理形式不同而有相同的数学表达式，在工程技术中，常常用电学系统代替机械系统、热力学系统进行研究。

2. 文字模型

文字模型包括任务书、明细表、说明书、技术报告、咨询报告等，以及表达概念的示意图。这种模型不如数学模型或物理模型，在工程技术中很难直接使用。在系统工程工作的早期阶段，问题常常还不清楚和明确，难以采用物理模型和数学模型进行建模和研究，这时候使用文字型就显得尤为重要。这些模型虽然不能像数学模型和物理模型一样提供精确的定量分析和预测能力，但是它们可以帮助团队梳理思路、提高沟通效率，因此在系统工程的开发过程中扮演着至关重要的角色。

3. 数学模型

数学模型是指用数学语言对系统所做的描述与抽象。数学模型可以分为网络模型、图像与表格模型、逻辑模型、解析模型和数字化模型等。

网络模型用网络图形来描述系统的组成元素以及元素之间的相互关系（包括逻辑关系和数学关系），如统筹法的统筹图。图像与表格模型是指坐标系中的曲线、曲面和点对等几何图形，以及直方图、饼图等，它们通常伴有数据表格。逻辑模型是指用逻辑关系表示的模型，如方框图、计算机程序等。解析模型一般用解析式的形式表示模型。数字化模型是一类新的模型，它使用数字化信息来描述系统。这些数学模型在系统工程中非常重要，能够帮助人们更好地理解和设计复杂系统。

在许多情况下，系统工程问题需要使用定量分析和预测方法才能得到较为准确的解决方案。而数学模型则是一种非常有效的定量分析工具，它可以帮助人们将系统问题转化为数学问题进行分析和处理，清楚地展现出问题的本质和特征，并提供有力的决策依据。此外，数学模型具有可变性好、适应性强、分析速度快、易于计算机实现等优点，因此在系统工程中得到了广泛应用。

3.1.3 系统建模的一般原则及方法

1. 系统建模的一般原则

（1）切题 在建立系统模型时，仅考虑与研究目的相关的因素和参数，并尽可能避免无关因素对模型的干扰，以确保模型的有效性和可靠性。切题可以帮助人们更好地理解问题本质和关键因素，提高建模效率和准确度。

（2）模型结构清晰 在建立系统模型时，应该将其分解为多个子系统或子模型，并尽可能减少它们之间的耦合关系，以便更好地理解和分析每个子模型的功能和特性。同时，模型结构清晰也有助于人们更快地处理数据、识别问题并采取适当的措施，从而提高系统工程的效率和可靠性。

（3）精度要求适当 在建立系统模型时，需要根据研究目的和使用环境等方面考虑选择适当的精度等级。模型的精度过高会增加建模的复杂性和维护成本，而过低则可能无法准确地反映系统的本质特征。因此，适当的精度可以兼顾数据可用性和模型简单清晰，有利于提高模型的应用价值和有效性。

（4）尽量使用标准模型 在建立系统模型时，如果有已有的标准模型可用，应该优先考虑使用它们，以节省时间和精力，并降低建模成本。标准模型通常经过了广泛的验证和调试，具有一定的普适性和稳定性，可以提高建模的效率和可靠性。但必须注意，在使用标准模型时需要根据实际情况进行合理修改和调整，以确保其适应当前系统的特性和要求。

2. 系统建模的方法

（1）直接法 直接法基于对系统性质和范围进行分析，应用已知的科学知识和理论建立模型。这种方法通常使用"白箱"理论，即可以准确地描述系统内部结构、运行机制和参数变化等信息，被广泛应用在工程、物理、化学、生物等领域中。与其他建模方法相比，直接法具有较高的可解释性和可拓展性，可以有效提高模型的精确度和适应性，并方便对模型进行优化和调整。但也需要注意，直接法在建模时需要充分考虑系统特性和数据要求，避免过于简单化或复杂化模型，同时根据实际情况进行数据采集和处理，以获得更准确的模型结果。

（2）数据分析法 数据分析法基于对系统功能的数据分析，用以发现和描述系统内部结构和参数之间的关系。这种方法通常使用"黑箱"理论，即只考虑系统的输入和输出，而不需要了解系统内部的结构和机制。数据分析法可以通过统计学方法、回归分析、时间序列分析等手段，对系统的历史数据或实时数据进行处理和分析，从而揭示系统的运行规律和参数变化趋势，推断出系统的内部结构和影响因素。与其他建模方法相比，数据分析法具有易于实施和操作的优点，同时还可以根据实际情况调整模型和预测结果。但也需要注意，数据分析法在建模时需要充分考虑数据样本的代表性和质量，并根据实际情况进行适当的数据清洗和变量选择，以获得可靠的模型和准确的预测结果。

（3）概率统计分析法 概率统计分析法基于概率论和统计学理论，用以对样本数据进行采样、估计、推断等处理，从而得出对系统参数、结构或运行规律的估计和预测。这种方法通常使用"灰箱"理论，既不需要完整的系统内部知识，但也不忽略任何可用信息。概率统计分析法广泛应用于风险评估、排队理论、贝叶斯网络、决策树等领域。例如，在排队问题中，可以通过统计分析收集的客户到达时间和处理时间数据，建立排队模型，并利用模型来优化服务线程数和等待时间，以提高排队效率。概率统计分析法具有易于实施和操作的优点，并且相比其他建模方法，其结果更加可靠和精确。但也要注意，概率统计分析法需要充分考虑样本数据的可靠性和代表性，在选择合适的统计方法和假设前提条件时，要谨慎、仔细地进行分析。

(4) 试验分析法　试验分析法的主要思想是通过对系统进行控制试验，从而确定各个因素对系统工作指标的直接影响。试验分析法通常使用"白箱"理论，即需要深入了解和掌握系统内部结构和操作方式，以确保试验的可控性和可重复性。在环形交叉口通行能力分析中，可以通过阻车观测法对交通流的停顿时间、排队长度等关键指标进行实测，并通过改变交通信号配时方案、路面辅助标线等措施来控制不同因素的影响，从而确定各因素对通行能力的影响程度和有效性。使用试验分析法可以利用实际数据进行验证，增加建模效果的准确性。但是，试验分析法需要考虑样本随机性和样本量大小问题，并注意排除其他可能的干扰因素，在试验过程中进行精细的控制和数据收集。

(5) 模拟法　模拟法的主要思想是通过构造一个和实际系统类似的虚拟系统，来预测实际系统的行为和性能。模拟法通常使用"黑箱"理论，即只需了解系统输入和输出之间的关系，而不需要深入了解系统内部结构和操作方式。在建立模型时，可以对实际系统进行简化和抽象，使得模型更易于处理和求解。在仿真试验中，可以通过改变虚拟系统的参数和输入条件，来评估各种因素对系统行为和性能的影响，从而提出相应的优化措施。模拟法广泛应用于交通运输等领域。例如，在车辆行驶模拟中，可以采用 VISSIM 软件模拟实际路段的交通流，通过修改车速、车道数、车辆类型等因素，来预测交通流的行程时间、延误率等指标，并与实际数据进行比较和验证。模拟法具有易于操作和重复性好的优点，相比其他建模方法，其结果更加直观和可靠。但也要注意，模拟法需要充分考虑模型的准确性和真实性，以及仿真计算的精度和时间成本等问题。

(6) 想定法　想定法的主要思想是在缺乏充分信息和实际数据的情况下，通过假设和推测来描述和预测系统行为和性能。想定法通常使用"灰箱"理论，既考虑系统输入和输出之间的关系，又应对系统内部结构进行一定程度的了解。在建立模型时，可以根据先验知识、专家推断和调研数据等多方面信息，对系统各个因素的影响进行合理假设和构想，并尝试建立相应的数学模型。在推演过程中，可以通过修改假设条件和参数，来评估各种因素对系统的影响和敏感性，从而提出不同的方案和预测结果。在分析城市公共交通策略时就可以采用这一方法。例如，在交通流仿真中，如果需要预测未来城市公共交通的需求和供给状况，就可以利用历史统计数据和专家意见，进行需求和供给变量的想定，再通过差异化模型或离散选择模型等方法，对未来交通平衡和拥堵情况进行预测。想定法具有灵活性和创造性的优点，可以破解信息不对称或不足的问题，提供合理的预测和决策支持。但想定法也需要注意对模型假设进行严格评估和反复检验，以确保模型的可靠性和适用性。

(7) 数学模型法　数学模型法的主要思想是通过应用数学分析、代数运算和推理机制来描述系统结构和行为规律。它将实际系统的某些关键因素和特性抽象为数学变量、参数或方程式，并构建不同的数学模型，用以预测系统未来状态、优化系统设计或控制系统行为。在建立数学模型时，可以采用多种数学工具和技术，如微积分、概率论、统计学、差分方程、优化方法等，根据实际情况进行合理选择和灵活应用。数学模型法广泛应用于工程技术等领域中。例如在交通规划中，可以根据不同的交通需求和路网特性，建立网络模型、路段流模型和车流模型等,以评估交通状况和提出交通优化策略。数学模型法具有精确性和可控性的优点,能够在一定程度上规避主观认知和信息误差带来的影响,提高对系统特性和动态演变的理解和掌握程度。但同时需要注意模型建立过程中的误差和偏差,以及模型适用范围的限制和不确定性。

建立数学模型,就是利用代数、微分、积分、逻辑式、数表等各种数学表达式表示系统的某些行为特性和结构本质。建立数学模型有两种方法:一种是根据实际系统的实际或观测数据来确定选用方程式;一种是以过去对实际系统的理论解释和规律反映来确定适当的数学表达。在建立数学模型时,理论考察和数据考察都很重要,两种方法综合运用能够得到很好的模型。

3.1.4 系统建模的基本步骤

1. 提出建立模型的目的

建立模型必须目的明确,应明确回答"为什么建立模型"等这一类问题,要根据系统的目的建立模型。

建立模型的目的是解决实际问题,预测、分析和优化系统的行为。通过建立模型,人们可以更好地理解和控制系统的运作,并做出资源配置决策,因此建立模型的目的需要明确回答为什么要建立模型,这对于实现什么样的系统目标是必不可少的。

2. 提出要解决的具体问题

本步骤应明确回答"解决哪些问题"之类的问题,也就是将建模目的具体化。提出问题实质上是对系统中影响建模目的的各种要素进行详细分析的过程。

在建立模型前,需要明确要解决的具体问题。这些问题可能包括:如何最大化系统收益,如何最小化系统成本,如何提高系统运行效率,如何降低试验风险等。这些具体问题和系统目标密切相关,应该根据实际情况进行具体细分和分析。只有明确了要解决的具体问题,才能选择合适的建模方法和变量,从而更好地解决实际问题。

3. 构思所要建立的模型系统

为了达到建模目的和解决所提出的问题,一般要建立几个模型(个别情况可建一个模型),需回答"建一些什么样的模型""它们之间的关系是什么"等问题。这些模型之间可能存在相互影响和交互作用,需要进一步探究它们之间的关系和联系。

在模型构思的过程中,需要考虑每个模型的角色和功能,在整个模型系统中找到它们的位置和作用,并保证各个模型之间的协调性和一致性,从而达到更好地解决问题的效果。

4. 收集相关资料

为了实现所构思的模型,必须根据模型的要求收集有关资料,应回答"模型需要哪些资料"等问题。有时构思的模型所需的资料很难收集,这就需要重新修改模型,进而可能影响到问题的提出等。这样经过几次反馈即可收集建模所需的资料。

为了提高数据的可靠性和准确性,可以采用多种方式来收集数据,例如使用调查问卷、自然观察、实验室试验、历史记录等。在进行资料收集时需要注意选择样本数量和质量,保证数据的充分性和代表性。同时要注意的是,在信息搜集的过程中需要遵守相关法律法规要求和保护隐私,确保不侵犯他人合法权益,严格控制获取信息的途径和手段,并保证所获得数据的真实性和可信度。

5. 设置变量和参数

变量和参数是构思模型时提出的，参数是在资料的收集、加工、整理后得出的，一般要用一组符号表示，并整理成数据表和参数表的形式，需回答"需要哪些变量和参数"。

在设置变量和参数时需要参考实际问题的场景和数据资料，根据问题所涉及的因素选择合适的变量和参数，并规定它们的计量单位和符号。通常情况下，需要将所有的变量和参数整理成一张数据表和参数表，以方便后续操作。

6. 系统模型具体化

将变量和参数按变量之间的关系和模型之间的关系连接起来，用规定的形式进行描述，应回答"模型的形式是什么"之类的问题。

在系统模型具体化的阶段，需要将变量和参数之间的数学关系规定为一个具体的数学模型，并依据实际情况选择合适的建模方法和形式。模型的形式可以是代数方程、微分方程、差分方程、概率模型、图论模型等各种类型。

模型具体化的过程中需要遵循科学严谨性原则，按照一定的标准绘制模型图，并明确说明模型中各个参数和变量所代表的实际意义和计量单位。随后，可以使用数学工具或计算机软件来求解模型，并验证其预测和优化效果。

7. 检验模型的正确性

模型正确与否将直接影响建模目的，应回答"模型正确吗"这一类问题。检验模型的正确性应先从各模型之间的关系开始，研究所构成的模型体系是否能实现建模目的，而后研究每个模型是否正确地反映所提出的问题。

在建立数学模型后，检验模型的正确性是至关重要的。一个不准确或错误的模型将无法帮助人们预测问题的发展趋势或优化决策，因此必须对模型进行仔细验证和测试。

检验模型正确性的方法主要是试算和试验验证。试算是指使用计算机软件或手动计算的方式，对模型输入所需要的数据，并得到模型的输出结果，与实际情况进行比较，验证其准确性。试验验证则是通过设计实际试验，在真实场景中收集数据，并将数据输入模型进行计算，从而验证模型的准确性和可靠性。

如果试算结果与实际情况相符，说明模型可以正确地反映所提出的问题，并能满足建模目的；否则，应重新审查模型系统，找出问题并加以修正和完善。有效的反馈有助于人们深入理解实际问题，并建立更加准确、可靠的数学模型，推动相关领域的发展和进步。

8. 模型标准化

模型标准化是很重要的，一般情况下模型要对同类问题有指导意义，需具有通用性。本步骤需回答"该模型通用性如何"等问题。

模型标准化是指将数学模型的形式和计算方法进行规范化，使其具有通用性。一个标准化的模型可以应用于同类问题的不同案例中，从而提高模型的使用价值和实际效果。

模型通用性是衡量其实用性的重要指标之一。一个通用性好的模型能够适用于多种情况下的分析和解决方案，而没有必要重新建立另一个特定的模型。通用性好的模型还能促进跨领域、跨国界的合作与交流，并为模型应用领域的不断拓展和发展提供支持。

在进行模型标准化时，需要明确每个参数和变量所代表的真实意义和计量单位，并制订一套通用的符号和表示方式，以确保模型的一致性和可重复性。同时，要根据实际情况选择合适的模型形式和计算方法，并进行标准化测试和验证，以确保模型的通用性和适用性。

9. 根据标准化的模型编制计算机程序，使模型运行

根据标准化的模型编制计算机程序，是将数学模型实际应用的重要环节之一。通过编写程序，将数学模型转化为计算机可识别的代码，从而使得模型可以更加快速、高效和准确地运行。本步骤需回答"计算时间短吗""占用内存少吗"等问题。

计算时间和内存占用是评价模型运行效率的两个重要指标。通常情况下，如果模型设计得合理且程序编写得良好，则计算时间相对较短，可能以秒甚至亚秒级别完成；而且占用内存也相对较少，能够在现代计算机上顺畅运行。

然而，影响计算时间和内存占用的因素是多种多样的，包括模型本身的复杂度、数据量的大小、计算机硬件的性能等。为了获得最优的运行效果，需要平衡这些因素，并进行充分的测试和优化。建立系统模型的基本步骤如图 3-2 所示。

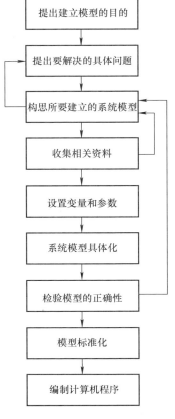

图 3-2　建立系统模型的基本步骤

3.2　常用交通运输系统模型

3.2.1　运输问题

1. 运输问题数学模型

为了把某种产品从若干个产地调运到若干个销地，已知每个产地的供应量和每个销地的需求量，如何在许多可行的调运方案中，确定一个总运输费或总运输量最少的方案。运输模型假设某种物资有 m 个产地 A_1，A_2，$\cdots$，A_m，供应量分别为 a_1，a_2，$\cdots$，a_m 个单位，联合供应 n 个销地 B_1，B_2，$\cdots$，B_n，需求量分别为 b_1，b_2，$\cdots$，b_n 个单位。从产地向销地运输一个单位物资的费用为 c_{ij}，求怎样调运物资才能使运输费用最少。x_{ij} 表示从产地 A_i 到销地 B_j 的运输量，将产销平衡表（表 3-1）与单位运价表（表 3-2）合在一起称为运输表（表 3-3）；将运输表（表 3-3）去掉最后一行和最后一列称为一个调运方案，或者称为一个方案。

运输问题通常有如下两种情况：

第一种总产量等于总销量，这样的运输问题称为产销平衡问题。

第二种总产量不等于总销量，这样的运输问题称为产销不平衡问题。

表 3-1　产销平衡表

产地	销地				产量
	B_1	B_2	$\cdots$	B_n	
A_1	x_{11}	x_{12}	$\cdots$	x_{1n}	a_1
A_2	x_{21}	x_{22}	$\cdots$	x_{2n}	a_2
$\vdots$	$\vdots$	$\vdots$	$\cdots$	$\vdots$	$\vdots$
A_m	x_{m1}	x_{m2}	$\cdots$	x_{mn}	a_m
	b_1	b_2	$\cdots$	b_n	

表 3-2　单位运价表

产地	销地				产量
	B_1	B_2	$\cdots$	B_n	
A_1	c_{11}	c_{12}	$\cdots$	c_{1n}	a_1
A_2	c_{21}	c_{22}	$\cdots$	c_{2n}	a_2
$\vdots$	$\vdots$	$\vdots$	$\cdots$	$\vdots$	$\vdots$
A_m	c_{m1}	c_{m2}	$\cdots$	c_{mn}	a_m
	b_1	b_2	$\cdots$	b_n	

表 3-3　运输表

产地	销地				产量
	B_1	B_2	$\cdots$	B_n	
A_1	c_{11} / x_{11}	c_{12} / x_{12}	$\cdots$	c_{1n} / x_{1n}	a_1
A_2	c_{21} / x_{21}	c_{22} / x_{22}	$\cdots$	c_{2n} / x_{2n}	a_2
$\vdots$	$\vdots$	$\vdots$	$\cdots$	$\vdots$	$\vdots$
A_m	c_{m1} / x_{m1}	c_{m2} / x_{m2}	$\cdots$	c_{mn} / x_{mn}	a_m
	b_1	b_2	$\cdots$	b_n	

产销不平衡的运输问题可以转化为产销平衡的运输问题。产销不平衡的运输问题可以通过增加一个假想产地或假想销地，转化成产销平衡的运输问题。因此，本书重点讨论产销平衡的运输问题及其求解方法。

由于从产地A_i运出的物资的总量应该等于产地A_i的产量a_i，因此，x_{ij}应满足：

$$\sum_{j=1}^{n} x_{ij} = a_i \quad (i = 1, \cdots, n) \tag{3-1}$$

同理运到销地B_j的物资总量应该等于销地B_j的需求量b_j，因此，x_{ij}应满足：

$$\sum_{i=1}^{m} x_{ij} = b_j \quad (j = 1, \cdots, n) \tag{3-2}$$

设总运价为z，则$z = \sum_{i=1}^{m} \sum_{j=1}^{n} c_{ij} x_{ij}$。

运输问题的数学模型为

$$\min z = \sum_{i=1}^{m} \sum_{j=1}^{n} c_{ij} x_{ij} \tag{3-3}$$

$$\text{s.t.} \begin{cases} \sum_{i=1}^{n} x_{ij} = a_i (i = 1, \cdots, m) \\ \sum_{j=1}^{m} x_{ij} = b_j (j = 1, \cdots, n) \\ x_{ij} \geq 0 \end{cases} \tag{3-4}$$

式中,min 表示求极小值;s.t. 表示"约束条件为"。

当 a_i,b_j 满足条件时称为产销平衡的运输问题,否则称为产销不平衡的运输问题。

2. 运输问题模型特征

系数矩阵 A 的特点:

1)A 是一个 $m+n$ 行 mn 列矩阵。

2)矩阵 A 的列向量第 i 行和第 $m+j$ 行元素为 1,其他为 0。

为了说明运输问题是一种具有特殊结构的线性规划问题,首先来讨论约束方程组的系数矩阵 A 和增广矩阵 $\overline{A}$ 的结构。

将变量 x_{ij} 对应的系数矩阵 A 的列向量 P_{ij} 按两个下标的字典序排列后得

$$A = \begin{bmatrix} P_{11} & P_{12} & \cdots & P_{1n} & P_{21} & P_{22} & \cdots & P_{2n} & \cdots & P_{m1} & P_{m2} & \cdots & P_{mn} \\ 1 & 1 & \cdots & 1 & & & & & & & & & \\ & & & & 1 & 1 & \cdots & 1 & & & & & \\ & & & & & & & & \ddots & & & & \\ & & & & & & & & & 1 & 1 & \cdots & 1 \\ 1 & & & & 1 & & & & & 1 & & & \\ & 1 & & & & 1 & & & \cdots & & 1 & & \\ & & \ddots & & & & \ddots & & & & & \ddots & \\ & & & 1 & & & & 1 & & & & & 1 \end{bmatrix} \tag{3-5}$$

矩阵 A 的列向量:

$$P_{ij} = \begin{bmatrix} 0 \\ \vdots \\ 1 \\ \vdots \\ 0 \\ \vdots \\ 1 \\ \vdots \\ 0 \end{bmatrix} \begin{matrix} \\ \leftarrow 第\ i\ 行 \\ \\ \\ \\ \leftarrow 第\ m+j\ 行 \\ \\ \end{matrix} \tag{3-6}$$

即,P_{ij} 的第 i 个分量和第 $m+j$ 个分量为 1,其余的分量均为零。

增广矩阵为

$$\overline{A} = \begin{bmatrix} A & \begin{matrix} a_1 \\ a_2 \\ \vdots \\ a_m \\ b_1 \\ b_2 \\ \vdots \\ b_n \end{matrix} \end{bmatrix} \tag{3-7}$$

3.2.2 指派问题

指派问题也称分配问题或配置问题，是资源合理配置或最优匹配问题。

例3-1 人事部门欲安排四人到四个不同的岗位工作，每个岗位一个人。经考核四人在不同岗位的成绩（百分制）见表3-4，如何安排他们的工作使总体成绩最好。

表3-4 岗位成绩

人员	工作			
	A	B	C	D
甲	85	92	73	90
乙	95	87	78	95
丙	82	83	79	90
丁	86	90	80	88

解：此工作分配问题可以采用枚举法求解，即将所有分配方案求出，总分最大的方案就是最优解。本例的方案有 $4! = 4 \times 3 \times 2 \times 1 = 24$ 种。由于方案数是人数的阶乘，当人数和工作数较多时，计算量非常大。用 $0-1$ 规划模型描述此类分配问题显得非常简单。设

$$x_{ij} = \begin{cases} 1 & \text{分配第 } i \text{ 人做 } j \text{ 工作时} \\ 0 & \text{不分配第 } i \text{ 人做 } j \text{ 工作时} \end{cases}$$

目标函数为

$$\max z = 85x_{11} + 92x_{12} + 73x_{13} + 90x_{14} + 95x_{21} + 87x_{22} + 78x_{23} + 95x_{24} + \\ 82x_{31} + 83x_{32} + 79x_{33} + 90x_{34} + 86x_{41} + 90x_{42} + 80x_{43} + 88x_{44}$$

要求每人做一项工作，约束条件为

$$\begin{cases} x_{11} + x_{12} + x_{13} + x_{14} = 1 \\ x_{21} + x_{22} + x_{23} + x_{24} = 1 \\ x_{31} + x_{32} + x_{33} + x_{34} = 1 \\ x_{41} + x_{42} + x_{43} + x_{44} = 1 \end{cases}$$

每项工作职能安排一人，约束条件为

$$\begin{cases} x_{11} + x_{21} + x_{31} + x_{41} = 1 \\ x_{12} + x_{22} + x_{32} + x_{42} = 1 \\ x_{13} + x_{23} + x_{33} + x_{43} = 1 \\ x_{14} + x_{24} + x_{34} + x_{44} = 1 \end{cases}$$

变量约束为 $x_{ij}=0$ 或 1，i，$j=1$，2，3，4。

观察例3-1的模型，属于0-1规划模型，它是运输模型的特例，令运输模型中的产量和销量等于"1"，运输量等于"0"或"1"得到指派模型，如图3-3所示。

许多实际问题都可以建立诸如上述形式的模型，例如，m 种设备（人员）加工 m 种零件（工作），每种设备只能加工一种零件，第 i 种设备加工第 j 种零件的时间是 c_{ij}（可将 c_{ij} 称为效率），如何安排设备的生产计划使总时间最少。同样，将销售人员分配到不同的地区，将合同分配给投标人等都属于指派问题。

3.2.3 货物配装问题

考虑有 n 种货物需要装车，第 i 种货物每件的重量为 W_i，每装运一件所得收益为 u_i（$i=1$，2，…，n），车的载重量为 W，现要确定在不超过车的最大载重能力的条件下，使所装载的货物创造的收益最大，这就是所谓的载货问题。

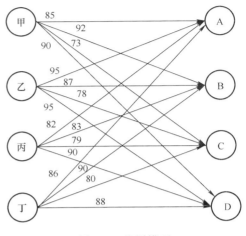

图3-3 指派模型

若设 x_i 是第 i 种货物的装载件数，z 为总收益，则

$$\max z = \sum_{i=1}^{n} u_i x_i$$

$$\begin{cases} \sum_{i=1}^{n} u_i x_i \leq W \\ x_i \geq 0 \text{ 且为整数}, i=1,2,\cdots,n \end{cases} \tag{3-8}$$

如果是散货，则 x_i 不限于取整数。

在实际工作中，解决这类问题常用的方法是：按各种货物所创造的收益和重量之比的大小来排列优先装载的次序，逐步将货车尽量地填满。这种方法常常能够很快地找到最优解，但这种方法并不科学，因此也有失效的时候。求解这类问题，可以用整数规划方法，也可以用动态规划方法。

例3-2 现有三种货物要装船，各种货物的质量与利润关系见表3-5，船的最大装载能力 $W=6t$，问应如何装载才能使总利润最大。

表3-5 货物质量与利润关系

货物种类 i	货物质量 w_i/t	利润 v_i/千元
1	2	8
2	3	13
3	4	18

解：第一步，划分阶段。每装一种货物为一个阶段，$k=1$，2，3。

第二步，确定状态变量。状态变量 s_k 为可用于装载第 k 种至第 n 种货物的装载量，且

$$\begin{cases} s_1 = 6 \\ s_k = \{0, 1, 2, 3, 4, 5, 6\}, k = 2, 3 \end{cases}$$

第三步，确定决策变量。决策变量 x_k 为第 k 种货物的装载件数，且

$$x_k \in D_k(s_k) = \left\{0, 1, \cdots, \left[\frac{s_k}{w_k}\right]\right\}, k = 1, 2, 3$$

其中 $\left[\frac{s_k}{w_k}\right]$ 为不大于 $\frac{s_k}{w_k}$ 的最大整数。

第四步，确定状态转移方程

$$s_{k+1} = s_k - w_k x_k$$

即第 $k+1$ 阶段船的可装载量等于第 k 阶段船的可装载量与装载量之差。

第五步，确定指标函数。阶段指标即为第 k 阶段装载 x_k 件货物时所创造的利润 $v_k x_k$。

第六步，确定函数基本方程

$$\begin{cases} f_k(s_k) = \max_{\substack{x_k \in D_k(s_k) \\ s_k = \{0,1,2,3,4,5,6\}}} [v_k x + f_{k+1}(s_k - w_k x_k)], k = 1, 2, 3 \\ f_4(s_4) = 0 \end{cases}$$

下面求解，从最后一个阶段开始向前逆推计算，计算过程见表 3-6 ~ 表 3-8。

$k = 3$ 时，

$$w_3 = 4, v_3 = 18$$

$$s_3 = \{0, 1, 2, 3, 4, 5, 6\}$$

$$x_3 = \left\{0, 1, \cdots, \left[\frac{s_3}{4}\right]\right\} = \{0, 1\}$$

$$f_3(s_3) = \max_{\substack{x_3 \in \{0,1\} \\ s_3 = \{0,1,2,3,4,5,6\}}} (18 x_3)$$

表 3-6 阶段 3 的计算过程

阶数	s_3	$18x_3$		f_3	x_3	s_4
		$x_3 = 0$	$x_3 = 1$			
	0	0		0	0	0
	1	0		0	0	1
	2	0		0	0	2
$k = 3$	3	0		0	0	3
	4	0	18	18	1	0
	5	0	18	18	1	1
	6	0	18	18	1	2

$k = 2$ 时，

$$w_2 = 3, v_2 = 13$$

$$s_2 = \{0, 1, 2, 3, 4, 5, 6\}$$

$$x_2 = \left\{0, 1, \cdots, \left[\frac{s_2}{3}\right]\right\} = \{0, 1, 2\}$$

$$f_2(s_2) = \max_{\substack{x_2 \in \{0,1,2\} \\ s_2 = \{0,1,2,3,4,5,6\}}} [13x_2 + f_3(s_2 - 3x_2)]$$

$$s_3 = s_2 - 3x_2$$

表 3-7 阶段 2 的计算过程

阶数	s_2	$13x_2 + f_3(s_2 - 3x_2)$			f_2	x_2	s_3
		$x_2=0$	$x_2=1$	$x_2=2$			
k=2	0	0+0			0	0	0
	1	0+0			0	0	1
	2	0+0			0	0	2
	3	0+0	13+0		13	1	0
	4	0+18	13+0		18	0	4
	5	0+18	13+0		18	0	5
	6	0+18	13+0	26+0	26	2	0

$k=1$ 时，

$$w_1 = 3, \ v_1 = 8$$
$$s_1 = \{6\}$$
$$x_1 = \left\{0, 1, \cdots, \left[\frac{s_1}{2}\right]\right\} = \{0, 1, 2, 3\}$$
$$s_2 = s_1 - 2x_1$$
$$f_1(s_1) = \max_{\substack{x_1 \in \{0,1,2,3\} \\ s_1 = \{6\}}} [8x_2 + f_2(s_1 - 2x_2)]$$

表 3-8 阶段 1 的计算过程

阶数	s_1	$8x_2 + f_2(s_1 - 2x_2)$				f_1	x_1	s_2
		$x_1=0$	$x_1=1$	$x_1=2$	$x_1=3$			
k=1	6	26+0	8+18	16+0	24+0	26	0, 1	6, 4

至此，得最大利润为 $f_1(s_1) = 26$。有两个最优方案：

1) $x_1 = 0, \ x_2 = 2, \ x_3 = 0$。
2) $x_1 = 1, \ x_2 = 0, \ x_3 = 1$。

即第二种货物装 2 件或者第一种和第三种货物各装 1 件，可获利润为最大，其值为 26000 元。

3.2.4 品种混装问题

储运仓库（或货运车站）要把各个客户所需的零担货物组成整车，通过铁路运往各地。整装零担车内装有多个客户的货物，要分别在一站或多站卸货。一些外观相近的货物，例如金属管材、线材，很容易混淆，到站卸货容易出现错卸现象。有时因为捆扎包装不牢而散捆破包，更容易造成差错。这种差错将给客户和仓库造成经济损失，也给铁路运输带来混乱。为了减少或避免这种差错，可以对外观相近、容易混淆的货物分开装载，尽量不要配装在一个车厢内。为了解决这个问题,可以对货物进行分类,按品种、形状、颜色和规格把货物分为若干类,分别称为 1 类、2 类、…、m 类。设共有 N 件(捆)待运货物,其中 1 类货物有 N_1 件(捆),它们的质量分别为 G_{11}, G_{12}, …, G_{1N_1};2 类货物有 N_2 件(捆),它们的质量分别为 G_{21}, G_{22}, …, G_{2N_2};依此类推。即

$$N = \sum_{s=1}^{m} N_s, s = 1, 2, \cdots, m \tag{3-9}$$

设

$$X_{rs} = \begin{cases} 1, & r \text{ 类第 } s \text{ 件货物装入} \\ 0, & r \text{ 类第 } s \text{ 件货物不装入} \end{cases} \tag{3-10}$$

品种混装要求在同一货车内每类货物至多装入一件(捆),同一客户的多件(捆)同类货物可以记作一件(捆)。品种混装问题可以表示为

$$\max G = \sum_{r=1}^{m} \sum_{s=1}^{N_r} G_{rs} X_{rs} \tag{3-11}$$

约束条件为

$$\begin{cases} \sum_{s=1}^{N_r} X_{rs} \leq 1, r = 1, 2, \cdots, m \tag{3-12} \\ \sum_{r=1}^{m} \sum_{s=1}^{N_r} G_{rs} X_{rs} \leq G_0 \tag{3-13} \end{cases}$$

其中,G_0 表示货车的载重量上限。

上述问题是一个整数线性规划问题,可以用单纯形法和 COMORY 方法求解。

下面介绍另一种求解方法。图 3-4 表示 8 件货物分为 4 类,在图中同一列的方框表示同一类货物。方框内的数字(或符号)表示货物质量。上述品种混装问题就是在网络中自右向左寻找一条路线,使路线所经过的方框中的质量之和达到极大,但又不超过货车的载重量的上限 G_0。

这种问题可以用穷举法求解,即比较各条路线的装载量从而求出不超过 G_0 的最大装载量的路线。四类货物也可以分为四个阶段,上述问题转化为动态规划问题求解。

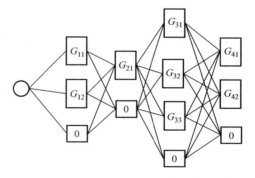

图 3-4 混装问题的网络表示

例 3-3 货车额定载重量 $G_0 = 50\text{t}$;第一类货物 2 件,$G_{11} = 20\text{t}$,$G_{12} = 11\text{t}$;第二类货物 1 件,$G_{21} = 13\text{t}$;第三类货物 3 件,$G_{31} = 6\text{t}$,$G_{32} = 11\text{t}$,$G_{33} = 8\text{t}$;第四类货物 2 件,$G_{41} = 19\text{t}$,$G_{42} = 17\text{t}$。

解:计算过程见表 3-9 ~ 表 3-12。

表 3-9 第四阶段的计算过程 (单位:t)

W	50		
G_4	0	19	17
$W - G_4$	50	31	33

表 3-10　第三阶段的计算过程　　　　　　　　　　　　　　　　　　（单位：t）

W	50				31				33			
G_3	0	6	11	8	0	6	11	8	0	6	11	8
$W-G_3$	50	44	39	42	31	25	20	23	33	27	22	25

表 3-11　第二阶段的计算过程　　　　　　　　　　　　　　　　　　（单位：t）

W	50		44		39		42		31		25		20		23		33		27		22		25	
G_2	0	13	0	13	0	13	0	13	0	13	0	13	0	13	0	13	0	13	0	13	0	13	0	13
$W-G_2$	50	37	44	31	39	26	42	29	31	18	25	12	20	7	23	10	23	20	27	14	22	9	25	12

表 3-12　第一阶段的计算过程　　　　　　　　　　　　　　　　　　（单位：t）

W	50	37	44	31	39	26	42	29	31	18	25	12	20	7	23	27	14	22	9
G_1	20	20	20	20	20	20	20	20	20	11	20	11	20	0	20	20	11	20	0
$W-G_1$	30	17	24	11	19	6	22	9	11	7	5	1	0	7	3	7	3	2	9

寻求最优解次序与计算顺序相反。要使装载量达到极大，则对应的余量应当最小。

在第一阶段计算中，余量 $W-G_1$ 的最小值为零，$G_1=20\text{t}$ 对应的 W 值为 20t；第一阶段 W 值对应于第二阶段计算中的余项 $W-G_2$，对应余项 $W-G_2=20\text{t}$ 的有两项，它们所对应的 W 值分别为 20t 和 33t；查第三阶段计算过程，余项 $W-G_3$ 为 20t（或对应 $G_2=0$）时，$G_3=11\text{t}$，$W=31\text{t}$，余项 $W-G_3$ 为 33t（或对应 $G_2=13\text{t}$）时，$G_3=0\text{t}$，$W=33\text{t}$；再查第四阶段计算过程，余项 $W-G_4$ 为 31t（或对应 $G_3=11\text{t}$）时，$G_4=19\text{t}$，余项 $W-G_4$ 为 33t（或对应 $G_3=0\text{t}$）时，$G_4=17\text{t}$。寻找过程可以表述为

$$G_1=20\text{t}\rightarrow G_2=0\text{t}\rightarrow G_3=11\text{t}\rightarrow G_4=19\text{t}$$
$$G_1=20\text{t}\rightarrow G_2=13\text{t}\rightarrow G_3=0\text{t}\rightarrow G_4=17\text{t}$$

这就是所求的两组最优解。每组装载量都是 50t，达到满载，充分地利用了货车的装载能力。

【重点与难点】

1. 系统模型的概念及分类。
2. 系统建模的一般原则及方法。
3. 常用的交通运输系统模型。

【思考与练习】

1. 简述物理模型、文字模型和数学模型在工程技术中的应用。
2. 系统建模的原则与方法有哪些？
3. 系统建模的步骤是什么？
4. 假设有三个任务需要完成，需要分配给三个员工。每个员工完成每个任务所需的时间见表 3-13，使用表中作业法将每个任务分配给一个员工，并使得总时间最短。

表 3-13　每个员工完成每个任务所需的时间　　　　　　　　　　（单位：h）

任务	员工 1	员工 2	员工 3
1	2	7	5
2	3	5	6
3	4	4	3

5. 某公司有 5 个任务需要完成，可以分别由 A、B、C、D、E 五个员工完成。每个员工的能力不同，完成一个任务需要的时间也不同，见表 3-14。请问，应该如何分配任务和员工，才能使得完成所有任务所需的总时间最短？

表 3-14　每个员工完成任务所需的时间　　　　　　　　　　（单位：h）

员工	任务 1	任务 2	任务 3	任务 4	任务 5
A	2	3	1	4	3
B	3	1	2	3	5
C	4	1	3	2	3
D	2	5	4	3	2
E	2	2	3	4	1

第 4 章 Chapter 4
交通运输系统预测

4.1 概述

4.1.1 预测的概念与分类

预测是对事物发展的科学推测。广义的预测包括根据已知事物推测未知事物的静态预测，以及依据某一事物的历史和现状推测其未来的动态预测。狭义的预测仅指动态预测。

预测可以根据不同的标准和研究任务进行分类，以下是几种常用的分类方式。

1) 按照预测方法的性质进行分类，预测可以分为定性预测和定量预测。

定性预测是指预测者通过调查研究、了解实际情况，依靠知识背景和实践经验，判断和预测事物发展前景的性质、方向和程度。常用方法包括专家会议法和德尔菲法等。

定量预测是基于准确、及时、系统、全面的调查统计资料和信息，运用统计方法和数学模型，测定事物未来发展的规模、水平、速度和比例关系。常用方法有回归分析预测、时间序列预测、灰色系统预测、因果分析预测和趋势外推预测等。

2) 按照预测时是否考虑时间因素进行分类，预测可以分为静态预测和动态预测。

静态预测是指不包含时间变动因素，根据事物在同一时期的因果关系进行的预测。静态预测通常用于分析事物的现状和特征，以及不同因素之间的影响程度。静态预测一般采用回归分析、相关分析等方法。

动态预测是指包含时间变动因素，根据事物发展的历史和现状，对其未来发展前景做出的预测。动态预测通常用于分析事物的变化趋势和规律，以及未来可能出现的情况。动态预测一般采用时间序列分析、灰色系统分析等方法。

3) 按照预测时间长短进行分类，预测可以分为长期预测、中期预测、短期预测和近期预测。

长期预测是对 5 年以上发展前景的预测，采用定性方法为主，辅以定量方法。中期预测是对 1 年以上 5 年以下发展前景的预测，采用定量方法为主，辅以定性方法，用于制订国民经济和企业生产经营发展计划。短期预测是对 3 个月以上 1 年以下发展前景的预测，采用定量方法为主，用于制订年度计划和季度计划。近期预测是对 3 个月以下社会经济发展或企业生产经营状况的预测，采用定量方法为主，用于制订月度和旬度发展计划。

4) 按照预测的范围或层次进行分类，预测可以分为宏观预测和微观预测。

宏观预测是指针对国家或部门、地区的社会经济活动进行的各种预测。它以整个社会经济发展的总体情况作为考察对象，研究社会经济发展中各项指标之间的联系和发展变化。宏观经济预测是政府制定方针政策、编制和检查计划、调整经济结构的重要依据。

微观预测是针对基层单位的各项活动进行的各种预测。它以生产经营的前景作为考察对象，研究微观经济活动中各项指标间的联系和发展变化。微观经济预测是企业制订生产经营决策、编制和检查计划的依据。

4.1.2 预测的基本原理

预测的理论基础是认为事物发展具有一定的延续性，任何事物的发展都和过去以及相关影响因素有着密切的联系。一般说来，预测的基本原理可以概括为以下几种。

（1）整体性原理 以整体性为特征的系统思想是预测的基本思想，预测时要考虑预测对象与其所处环境之间的相互作用，不能孤立地看待预测对象。

（2）可知性原理 通过过去和现在的发展规律推测将来的发展变化，预测时要运用科学方法，分析预测对象的内在规律和外部条件，不能凭空臆断。

（3）可能性原理 预测对象的发展有多种可能性，应考虑不确定性因素，给出不同情景下的预测结果，不能只给出一个确定值。

（4）相似性原理 把预测对象与类似的已知事物的发展进行类比，可以对预测对象进行描述。预测时要寻找合适的类比对象，分析两者之间的异同点，不能盲目地套用别人的经验。

（5）反馈性原理 预测未来的目的是更好地指导当前，因此应用反馈原理不断地修正预测，才能更好地指导当前工作，为决策提供依据。

4.1.3 预测的步骤

任何一种预测的实际过程都包括两个阶段：归纳和演绎。归纳阶段涉及资料收集、分析、概括和模型描述；演绎阶段利用基本演变规律推测未来状况，并综合考虑各种因素加以修正，进行必要的检验和评价，然后才能得到一个可供决策参考的最终预测结果。如图4-1所示，预测的步骤如下：

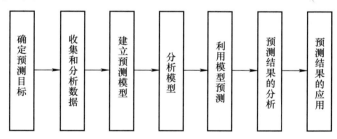

图4-1 预测的步骤

1）确定预测目标。即确定预测对象，提出预测目的和目标，明确预测范围和期限等。

2）收集和分析数据。收集和分析足够数量和可靠性高的原始数据；同时，对于搜集来的各种资料还要进行分析、加工和整理，判别资料的真实程度及可用程度。

3）建立预测模型。建立预测模型是预测的关键工作，它取决于所选择的预测方法和所收集到的数据。建立预测模型的过程分为建立模型和模型的检验分析两个阶段。

4）分析模型。模型的分析是指对系统内部、外部的因素进行评定，找出使系统转变的内部因素和客观环境对系统的影响，以分析预测对象的整体规律性。

5) 利用模型预测。根据收集的有关资料和经过评价的预测模型，推测出预测对象未来的发展结果。但是，所建立的模型只适用于一定条件和预测期限，推广到更大范围时需使用分析、类比、推理等方法确定模型的适用性。确认模型符合预测要求后，才可进行预测。

6) 预测结果的分析。预测结果可能与实际情况不符，原因包括模型建立时考虑得不充分或缺乏数据，以及处理系统问题时的片面性。因此，需要从两个方面进行分析：①用多种方法预测同一事物，将预测结果进行对比分析、综合研究后加以修正和改进；②应用反馈原理及时用实际数据修正模型，使预测模型更完善。

7) 预测结果的应用。预测结果的应用是预测的最终目的，也是检验预测质量的重要标准，主要应用于决策和计划，为决策和计划提供科学依据，指导决策和计划的制订和实施。

4.1.4 预测的精度评价

预测误差是预测结果与实际结果的偏差，它决定了预测的精确性。预测误差越大，预测精度就越低，故由预测误差指标来反映预测精度。定量预测方法的精确性有很多衡量的指标，主要有以下几种。

1. 预测误差（Error）

设某一项预测指标的实际值为 X，预测值为 $\hat{X}$，令

$$e = X - \hat{X} \tag{4-1}$$

式中，e 就是预测值 $\hat{X}$ 的误差，又称为偏差。$e>0$ 表示 $\hat{X}$ 为低估预测值；$e<0$ 表示 $\hat{X}$ 为高估预测值。预测误差 e 是预测结果误差最直接的衡量，但其大小受到预测对象计量单位的影响，不适于作为预测精确性的最终衡量指标。因此，人们引入相对误差的概念。

2. 相对误差（Percentage Error，PE）

预测误差在实际值中所占比例的百分数称为相对误差，记为 ε，即

$$\varepsilon = \frac{e}{X} = \frac{X - \hat{X}}{X} \times 100\% \tag{4-2}$$

该指标克服了预测指标本身量纲的影响，通常把 $1-\varepsilon$ 称为预测精度。预测误差和相对误差这两个指标只表示预测点上预测的误差，而要衡量模型整体预测的精确性，必须要考虑所有预测点上总的误差量。因此，人们又引入下述概念。

3. 平均误差（Mean Error，ME）

n 个预测误差的平均值称为平均误差，记为 $\bar{e}$。其计算公式为

$$\bar{e} = \frac{1}{n}\sum_{i=1}^{n} e_i = \frac{1}{n}\sum_{i=1}^{n}(X_i - \hat{X}_i) \tag{4-3}$$

由于每个 e_i 可为正值，也可为负值，求代数和时这些取正负值的 e_i 将有一部分互相抵消，故 $\bar{e}$ 值无法真正反映预测误差的大小，但它反映了预测值的偏差状况，可作为修正预测值的依据。$\bar{e}$ 为正，说明预测值总体平均比实际值低；反之，说明预测值总体平均比实际值高。

4. 平均绝对误差（Mean Absolute Error，MAE）

预测误差的累积值会因正负误差相互抵消而减弱总的误差量，但预测误差绝对值的累积则能避免正负误差的相互抵消。其计算公式为

$$\text{MAE} = |\bar{e}| = \frac{1}{n}\sum_{i=1}^{n}|e_i| = \frac{1}{n}\sum_{i=1}^{n}|X_i - \hat{X}_i| \qquad (4\text{-}4)$$

由于每个$|e_i|$皆为正值，故$|\bar{e}|$可用于表示预测误差的大小。平均绝对误差依然会受预测对象计量单位大小的影响，所以人们又引入相对平均绝对误差的概念。

5. 相对平均绝对误差（Mean Absolute Percentage Error，MAPE）

n个预测相对误差绝对值的平均数被称为相对平均绝对误差，以$|\bar{\varepsilon}|$表示为

$$|\bar{\varepsilon}| = \frac{1}{n}\sum_{i=1}^{n}\frac{|e_i|}{|X_i|} \times 100\% = \frac{1}{n}\sum_{i=1}^{n}\left|\frac{X_i - \hat{X}_i}{X_i}\right| \times 100\% \qquad (4\text{-}5)$$

在评价模型的预测精度时，经常使用的评价指标是 MAPE，一般认为，若 MAPE 小于 10%，则模型预测精度较高。相对平均绝对误差比较好地衡量了预测模型的精确性，但是计算该指标涉及绝对值运算，在数学上的处理不是非常方便。因此，人们又引入以下衡量指标。

6. 预测误差的误差平方和和均方误差

误差平方和（Sum of Squared Error，SSE）的计算公式为

$$\text{SSE} = \sum_{i=1}^{n}e_i^2 \qquad (4\text{-}6)$$

均方误差（Mean Squared Error，MSE），又称为方差（记为S^2），其计算公式为

$$\text{MSE} = \frac{1}{n}\sum_{i=1}^{n}(X_i - \hat{X}_i)^2 = \frac{1}{n}\sum_{i=1}^{n}e_i^2 \qquad (4\text{-}7)$$

4.2 定性预测方法

定性预测是一种基于调查研究，结合自身知识背景和实践经验，对事物发展的性质、方向和程度进行判断和预测的方法。定性预测适合于数据不足、不可信或难以量化的情况，运用专家意见、历史经验、逻辑推理等方式，对事物发展动态和可能结果进行分析和评估。

4.2.1 专家会议法

1. 定义与原则

专家会议法是一种利用相关领域的专家或技术人员进行专题讨论，对预测问题进行多角度、多层次的分析和评价，形成共识或方案的方法，也称为经验判断法、头脑风暴法。该方法具有以下几个特点。

1）为了保证讨论的针对性和有效性，应事先明确讨论的主题、目标和范围，规范讨论的语言和术语，引导参加者集中精力解决预测问题。

2）为了激发参加者的创造力和想象力，应尊重参加者的不同观点，不对任何意见进行否定或质疑，不轻易放弃或终止任何一个设想，无论其是否合理或可行。

3）为了提高讨论的质量和水平，应鼓励参加者对已有的设想进行完善和整合，给予修改或补充自己设想的人优先发言的机会。

4）为了营造一种自由和开放的氛围，应支持和鼓励参加者摆脱思维定式，敢于提出新

颖和独特的观点，积极参与讨论。

5）为了节省时间和精力，应要求参加者发言简明扼要，不需要过多的论证或解释。

6）为了避免事先设定框架或限制思路，应禁止参加者事先准备或宣读相关文件。

2. 会议成员的选择

为了鼓励创造性思维，应根据实际情况确定小组人数和会议时长。一般来说，小组人数宜在 5～15 人之间，会议时长合理范围为 20～60min。参与成员的选择应遵循以下两个原则：

1）如果参加者彼此熟悉，应尽量选择同等职位（职称或级别）的人员参与，避免领导人员的参与，以免给下属人员造成心理压力或影响。

2）如果参加者彼此陌生，可以选择不同职位（职称或级别）的人员参与，并注意在会议前和会议中不透露参会人员的职业、职位背景或头衔等信息。

参加者的专业背景是否与预测问题相关，并不是专家组成员的必备条件。相反，专家组中应该包含一些学识广博，对预测问题有一定了解的其他领域的专家，以增加讨论的多样性和广度。

4.2.2 德尔菲法

1. 定义

德尔菲法（Delphi method）是一种结构化的决策支持技术，它的目的是在信息收集过程中，通过多位专家独立的反复主观判断，获得相对客观的信息、意见和见解。

德尔菲法是专家会议预测法的一种改进。它以匿名的方式通过几轮函询，征求专家们的意见。预测领导小组对每一轮的意见都进行汇总整理，作为参考资料再发给每个专家，供他们分析判断，提出新的论证。经过多次反复，专家的意见渐趋一致，结论的可靠性越来越高。

2. 特点

德尔菲法的实施过程具有以下三个特点。

1）匿名性。参与预测的专家不透露身份和意见，只与预测领导小组沟通，以消除权威压力、面子顾虑和从众心理等心理因素。这样，专家可以根据上轮预测结果自由修改意见。

2）反馈性。德尔菲法一般进行多轮征询，预测领导小组对每轮预测结果进行统计分析，并将反馈信息发送给每位专家，作为下一轮预测的参考。

3）统计特性。为了定量评价预测结果，德尔菲法要求对各轮反馈意见进行数学处理。常用的统计指标有平均值、中位数、标准差、变异系数等。通过统计分析，可以观察到专家意见的分布、变化和趋势，以及专家意见的一致性和可靠性。

3. 专家的选择

预测领导小组是德尔菲法预测过程中的一个重要组成部分。领导小组的主要任务是确定预测主题，编制预测事件一览表，对结果进行分析和处理，其中最关键的一环是选择专家。

选择专家的依据应根据预测任务而定。如果需要比较深入地了解本部门的历史情况和技术政策，或涉及本部门的机密问题，最好从本部门中选择专家。从本部门选择专家比较简单，既可以查阅档案，又可以根据人员的现实状况了解。

如果预测任务仅仅关系到具体技术发展,最好同时在部门内外挑选专家。从外部门选择专家,大致按以下程序进行:①编制征求专家应答问题一览表;②根据预测问题,编制所需专家类型一览表;③将问题一览表发给每个专家,询问他们是否愿意参加规定问题的预测;④确定每个专家从事预测所消耗的时间和经费。

预测小组人数应根据问题规模而定,一般 10~50 人比较合适。人数过少可能影响代表性和权威性,降低预测精度;人数过多可能增加处理难度。对于重大问题,可适当扩大到 100 人以上。预选人数应略多于预定人数,以应对专家无法回答或中途退出的情况。

4. 方法利弊

德尔菲法的优点:一是操作简便、可靠性高、充分利用人的智慧和经验,适用于缺乏充分信息资料的中、长期预测和决策领域;二是对于人数较多、分散、经费有限或不宜当面交换意见的问题,预测效果较好。

德尔菲法的缺点:受主观因素影响大(如权威人士、心理状态、个人兴趣、主观偏见);预测需要时间较长,适用于中、长期预测。

4.3 时间序列预测方法

为了对未来进行科学的预测和决策,交通运输经济研究或运输企业管理部门需要及时掌握和分析与时间相关的各种统计资料。这些按照时间顺序排列的同一现象的统计数据构成了时间序列。时间序列预测法是一种根据过去变化规律推断未来趋势的方法,只利用被预测量的历史数据,具有简单易行的优点。该方法适用于影响因素分析困难或相关变量资料缺乏的情况。

4.3.1 简单平均法

简单平均法是一种直接用历史数据的算术平均数、加权平均数和几何平均数等作为预测值的预测方法,是一种相对简单的预测方法,通常适用于短期预测或近期预测。

1. 算术平均法

算数平均法是一种用历史数据的算术平均数作为预测值的方法。其预测模型为

$$\overline{X}_A = \frac{\sum_{i=1}^{n} x_i}{n} \tag{4-8}$$

式中,$\overline{X}_A$ 为预测值的算术平均数;x_i 为第 i 个历史数据;n 为参加平均的历史数据的个数。

2. 加权平均法

加权平均法是对参加平均的历史数据给予不同的权数,并以加权算术平均数作为预测值。由于历史数据对预测值的重要性不同,近期数据比远期数据更重要,因此在计算平均数时需要考虑每个数据的权数。加权平均法的预测模型为

$$\overline{X}_W = \frac{\sum_{i=1}^{n} W_i x_i}{\sum_{i=1}^{n} W_i} \tag{4-9}$$

式中,$\overline{X}_W$ 为预测值的加权平均数;W_i 为给予第 i 个历史数据的权数。

4.3.2 移动平均法

移动平均法是以预测对象最近一组历史数据的平均值直接或间接为预测值的方法。预测者每得到一个新的历史数据时，就可以计算出新的平均值用于预测，因而，这种预测方法称为移动平均法，它分为一次移动平均法、加权移动平均法和二次移动平均法。

1. 一次移动平均法

一次移动平均法是直接以本期（t 期）滑动平均值作为下期（$t+1$ 期）预测值的方法。一次移动平均法的预测模型为

$$\hat{y}_{t+1} = \frac{y_t + y_{t-1} + \cdots + y_{t-n+1}}{n} \tag{4-10}$$

式中，$\hat{y}_{t+1}$ 为预测值；n 为选择的数据个数；y 为实际的历史数据；t 为时间。从上式可以推导出第 t 期的移动平均值：

$$\hat{y}_t = \frac{y_{t-1} + y_{t-1} + \cdots + y_{t-n}}{n} \tag{4-11}$$

将式（4-11）代入式（4-10），则可以得到递推公式：

$$\hat{y}_{t+1} = \hat{y}_t + \frac{y_t - y_{t-n}}{n} \tag{4-12}$$

根据式（4-12）可知，欲求 $t+1$ 期的预测值，必须要选择 n 个距预测期最近的实际历史数据。n 是模型中的重要参数，合理选择 n 值是正确运用移动平均法的关键；此外，由一次移动平均法得出的每一个新预测值都是对前一个移动平均预测值的修正，这种修正体现为增加了最新观测值，而去掉了远期观测值。

2. 加权移动平均法

与简单加权平均法类似，考虑到近期的历史数据要比远期的历史数据对预测值更重要，可以采用加权移动平均的方式来计算移动平均值，即按距离预测期的远近，给近期数据以较大的权数，而给远期数据以较小的权数。

设观测值 $y_t, y_{t-1}, \cdots, y_{t-n+1}$ 的权数分别取为 $\omega_1, \omega_2, \cdots, \omega_n$，则第 t 期的加权移动平均值为

$$\hat{y}_{t+1} = \frac{\omega_1 y_t + \omega_2 y_{t-1} + \cdots + \omega_n y_{t-n+1}}{\omega_1 + \omega_2 + \cdots + \omega_n} \tag{4-13}$$

如果取 $\sum_{i=1}^{n} \omega_i = 1$，则式（4-13）可简化为

$$\hat{y}_{t+1} = \omega_1 y_t + \omega_2 y_{t-1} + \cdots + \omega_n y_{t-n+1} \tag{4-14}$$

简单移动平均法是加权移动平均法当权数 $\omega_1 = \omega_2 = \cdots = \omega_n = 1$ 时的特例。加权移动平均法的适用范围及优缺点与简单移动平均法基本一致。

3. 二次移动平均法

二次移动平均法是对一次移动平均值再进行移动平均，并根据实际值、一次移动平均值和二次移动平均值之间的滞后关系，建立预测模型进行预测的方法。它是移动平均法的高级形式，能克服一次移动平均法的不足，提高预测效果。

具体地讲，二次移动平均法根据历史数据、一次移动平均值和二次移动平均值三者间的

滞后关系,先求出一次移动平均值和二次移动平均值之间的差值,再将差值加到一次移动平均值上去,并考虑其趋势变动值,进而得到预测值。二次移动平均法预测模型为

$$\hat{y}_{t+T} = a_t + b_t T \tag{4-15}$$

式中,$\hat{y}_{t+T}$为预测值;a_t,b_t为参数。

其中,

$$a_t = 2S_t^{(1)} - S_t^{(2)}$$

$$b_t = \frac{2}{n-1}(S_t^{(1)} - S_t^{(2)})$$

式中,$S_t^{(1)}$和$S_t^{(2)}$分别为一次移动平均值和二次移动平均值,且

$$S_t^{(1)} = \frac{1}{n}(y_t + y_{t-1} + \cdots + y_{t-n+1})$$

$$S_t^{(2)} = \frac{1}{n}(S_t^{(1)} + S_{t-1}^{(1)} + \cdots + S_{t-n+1}^{(1)})$$

4. 算例

例 4-1 已知某市 2012—2023 年的地铁客运量见表 4-1。运用移动平均法预测($n=3$)该市 2024 年的地铁客运量。

表 4-1 某市历年地铁客运量 (单位:千万人次)

年份	客运量 y	一次移动平均值 $S_t^{(1)}$	二次移动平均值 $S_t^{(2)}$	a_t	b_t
2012	66	—	—	—	—
2013	65	—	—	—	—
2014	64	65	—	—	—
2015	67	65.3	—	—	—
2016	69	67	65.8	68.2	1.2
2017	61	65.7	66	65.3	−0.3
2018	62	64	65.6	62.4	−1.5
2019	61	61.3	63.7	59	−2.3
2020	63	62	62.4	61.56	−0.4
2021	66	63.3	62.2	64.4	1.1
2022	67	65.3	63.6	67.1	1.8
2023	69	67.3	65.3	69.3	2

解: 各参数值直接在表 4-1 中计算出来。

1)运用一次移动平均法预测:

$$\hat{y}_{2024} = \frac{1}{3}(y_{2023} + y_{2022} + y_{2021}) = 67.3 \text{ 千万人次}$$

2)若取权数 $\omega_1 = 0.5$,$\omega_2 = 0.3$,$\omega_3 = 0.2$,运用加权移动平均法预测:

$$\hat{y}_{2024} = \frac{\omega_1 y_{2023} + \omega_2 y_{2022} + \omega_3 y_{2021}}{\omega_1 + \omega_2 + \omega_3} = 67.8 \text{ 千万人次}$$

3)运用二次移动平均法预测:

$$\hat{y}_{2024} = a_{2023} + b_{2023} \times 1 = 71.3 \text{ 千万人次}$$
$$\hat{y}_{2025} = a_{2023} + b_{2023} \times 2 = 73.3 \text{ 千万人次}$$

4.3.3 指数平滑法

指数平滑法是利用对历史数据进行平滑来消除随机因素的影响。这种方法只需要本期的实际值和本期的预测值便可预测下一期的数据，因此，不需要保存大量的历史数据。

1. 一次指数平滑法

指数平滑法的基本思想是把时间序列看成无穷序列，即 y_t，y_{t-1}，$\cdots$，把 $\hat{y}_{t+1}$ 看成这个无穷序列的一个函数，即 $\hat{y}_{t+1} = a_0 y_t + a_1 y_{t-1} + \cdots$。

为了在计算中使用单一权数 a_i（$i = 0$，1，$\cdots$），并使权数之和等于1，可以令 $a_0 = \alpha$；$a_k = \alpha(1-\alpha)^k$，$k = 1$，2，$\cdots$。

当 $0 \leqslant \alpha \leqslant 1$ 时，

$$\sum_{i=0}^{\infty} a_i = \alpha + \alpha(1-\alpha) + \alpha(1-\alpha)^2 + \cdots = \frac{\alpha}{1-(1-\alpha)} = 1$$

这样，指数平滑法得到的预测值为

$$\begin{aligned}
\hat{y}_{t+1} &= \alpha x_t + \alpha(1-\alpha) y_{t-1} + \alpha(1-\alpha)^2 y_{t-2} + \cdots \\
&= \alpha y_t + (1-\alpha)[\alpha y_{t-1} + \alpha(1-\alpha) y_{t-2} + \cdots] \\
&= \alpha y_t + (1-\alpha) \hat{y}_t
\end{aligned}$$

或

$$\hat{y}_{t+1} = \hat{y}_t + \alpha(y_t - \hat{y}_t)$$

可见，$\hat{y}_{t+1}$ 是由上一时段 t 的实际值 y_t 和预测值 $\hat{y}_t$ 加权平均而得到的，或者是上一时段的预测值 $\hat{y}_t$ 和考虑平滑系数对上一期误差修正后的结果，其中 α 称为平滑系数，因此这种方法称为一次指数平滑法。

平滑系数 α 取值的大小对时间序列的修正程度影响很大。一般来说，α 值越大，近期数据作用越大，跟踪能力越强，但数据起伏偏大，平滑效应差。α 的选择可按均方误差最小的原则确定，即 $\sigma_n = \frac{1}{n} \sum_{t=1}^{n} (y_t - \hat{y}_t)^2$ 达到最小值时的 α 值。

2. 二次指数平滑法

二次指数平滑法是对指数平滑值序列再做一次指数平滑，二次指数平滑值的计算公式为

$$S_t^{(2)} = S_{t-1}^{(2)} + \alpha(S_t^{(1)} - S_{t-1}^{(2)}) \tag{4-16}$$

式中，$S_t^{(1)}$ 为第 t 期的一次指数平滑值，即为一次指数平滑法预测中的 $\hat{y}_t$；$S_t^{(2)}$ 为第 t 期的二次指数平滑值。

在上述二次指数平滑处理的基础上，可建立线性预测模型：

$$\hat{y}_{t+T} = a_t + b_t T \tag{4-17}$$

其中，根据最小二乘法原理确定截距 a_t 与斜率 b_t 的计算公式分别为

$$a_t = 2S_t^{(1)} - S_t^{(2)}$$

$$b_t = \frac{\alpha}{1-\alpha}(S_t^{(1)} - S_t^{(2)})$$

3. 三次指数平滑法

当历史数据序列具有曲线型倾向时，需要使用三次指数平滑法。三次指数平滑法是对二次指数平滑序列再做一次指数平滑，三次指数平滑值的计算公式为

$$S_t^{(3)} = S_{t-1}^{(3)} + \alpha(S_t^{(2)} - S_{t-1}^{(3)}) \tag{4-18}$$

式中，$S_t^{(3)}$ 为第 t 期的三次指数平滑值。三次指数平滑初值可以直接取 $S_0^{(3)} = S_0^{(2)}$，也可取前几个二次指数平滑的平均值。在三次指数平滑处理基础上，可建立如下非线性预测模型：

$$\hat{y}_{t+T} = a_t + b_t T + c_t T^2 \tag{4-19}$$

根据最小二乘法确定模型系数 a_t，b_t，c_t 的计算公式分别为

$$a_t = 3S_t^{(1)} - 3S_t^{(2)} + S_t^{(3)}$$

$$b_t = \frac{\alpha}{2(1-\alpha)^2}[(6-5\alpha)S_t^{(1)} - 2(5-4\alpha)S_t^{(2)} + (4-3\alpha)S_t^{(3)}]$$

$$c_t = \frac{\alpha}{2(1-\alpha)^2}[S_t^{(1)} - 2S_t^{(2)} + S_t^{(3)}]$$

其中，若实际时间序列数据的变动趋势呈线性，则

$$S_t^{(1)} - S_t^{(2)} = S_t^{(2)} - S_t^{(3)}$$

代入上述模型系数的计算公式中，可得 $c_t = 0$。由此可知，线性预测模型实际上是非线性预测模型的一种特殊形式。

4. 算例

例 4-2 某地区公交公司 2004—2023 年的公交客运量见表 4-2，应用指数平滑法对该公交公司 2024 年和 2025 年的公交客运量进行预测，$\alpha = 0.3$。

表 4-2 某地区公交客运量　　　　　　　　　　　　（单位：万人次）

年份	时期	客运量	一次平滑值	二次平滑值	三次平滑值
2004	1	55	55	55	55
2005	2	57	55	55	55
2006	3	57	55.6	55.18	55.05
2007	4	54	56.02	55.43	55.16
2008	5	59	55.41	55.42	55.24
2009	6	61	56.49	55.74	55.39
2010	7	65	57.84	56.37	55.68
2011	8	64	59.99	57.46	56.21
2012	9	68	61.19	58.58	56.92
2013	10	67	63.23	59.98	57.84
2014	11	71	64.36	61.29	58.88
2015	12	69	66.35	62.81	60.06
2016	13	72	67.15	64.11	61.28
2017	14	74	68.61	65.46	62.53
2018	15	78	70.23	66.89	63.84

(续)

年份	时期	客运量	一次平滑值	二次平滑值	三次平滑值
2019	16	77	72.56	68.59	65.27
2020	17	79	73.89	70.18	66.74
2021	18	81	75.42	71.75	68.24
2022	19	83	77.09	73.35	69.77
2023	20	88	78.86	75	71.34

解：各参数直接在表 4-2 中计算。

（1）一次指数平滑法

$$\hat{y}_{2024} = \hat{y}_{2023} + \alpha(y_{2023} - \hat{y}_{2023}) = [78.86 + 0.3 \times (88 - 78.86)]\text{万人次} = 81.602 \text{万人次}$$

（2）二次指数平滑法

$$a_{2023} = 2S_{2023}^{(1)} - S_{2023}^{(2)} = 2 \times 78.86 - 75 = 82.72$$

$$b_{2023} = \frac{\alpha}{1-\alpha}(S_{2023}^{(1)} - S_{2023}^{(2)}) = \frac{0.3}{1-0.3}(78.86 - 75) = 1.65$$

于是有线性预测方程：

$$y_{t+T} = 82.72 + 1.65T, \quad t = 2023$$

利用此方程便可求得 2024 年和 2025 年公交客运量的预测值，分别为

$$\hat{y}_{2024} = (82.72 + 1.65)\text{万人次} = 84.37 \text{万人次}$$

$$\hat{y}_{2025} = (82.72 + 1.65 \times 2)\text{万人次} = 86.02 \text{万人次}$$

（3）三次指数平滑法

$$a_t = 3S_t^{(1)} - 3S_t^{(2)} + S_t^{(3)} = 3 \times 78.86 - 3 \times 75 + 71.34 = 82.92$$

$$\begin{aligned}
b_t &= \frac{\alpha}{2(1-\alpha)^2}[(6-5\alpha)S_t^{(1)} - 2(5-4\alpha)S_t^{(2)} + (4-3\alpha)S_t^{(3)}] \\
&= \frac{0.3}{2(1-0.3)^2}[(6-5 \times 0.3) \times 78.86 - 2 \times (5-4 \times 0.3) \times 75 + \\
&\quad (4-3 \times 0.3) \times 71.43] = 1.84
\end{aligned}$$

$$c_t = \frac{\alpha}{2(1-\alpha)^2}[S_t^{(1)} - 2S_t^{(2)} + S_t^{(3)}] = \frac{0.3}{2(1-0.3)^2}[78.86 - 2 \times 75 + 71.34] = 0.02$$

于是有预测方程：

$$\hat{y}_{t+T} = 82.92 + 1.84T + 0.02T^2, \quad t = 2023$$

利用此方程对 2024 年和 2025 年该地区公交客运量分别进行预测，得

$$\hat{y}_{2024} = (82.92 + 1.84 + 0.02)\text{万人次} = 84.78 \text{万人次}$$

$$\hat{y}_{2025} = (82.92 + 1.84 \times 2 + 0.02 \times 2^2)\text{万人次} = 86.68 \text{万人次}$$

4.4 回归分析预测法

回归分析预测法是一种常用的预测技术，是定量预测方法的重要组成部分。它利用事物内部因素变化的因果关系来预测事物未来的发展趋势。根据观察、统计和分析，变量之间的

关系可以分为两大类：确定性关系和相关关系。

确定性关系指的是，当一个（或一组）变量取某个（或某组）值时，另一个变量有一个完全确定的对应值。这种关系可以用精确的函数式来表达。

相关关系指的是，当一个（或一组）变量取某个（或某组）值时，另一个变量的值是随机变动的，它服从一定的概率分布。如果变量之间的相关关系是显著的，就可以用一个近似的函数式来描述它们之间的关系，这个函数式称为回归方程。利用回归方程，就可以对事物的发展变化进行分析和预测。这样的预测方法称作回归分析预测法。

4.4.1 一元线性回归

一元线性回归预测法适用于预测对象只受一个主要因素影响，并且存在明显线性相关关系的情况，所建立的回归方程也称为一元线性回归预测模型。其一般形式为

$$Y = aX + b \tag{4-20}$$

式中，Y 为因变量；X 为自变量；a，b 为常数。

1. 模型的建立

回归方程反映了 Y 与 X 之间的相关关系，如果确定了 a，b，那么就得到了回归模型。通常采用最小二乘法来对回归系数 a，b 进行估计。

由式（4-20），对于每一个 x_i，就有一个对应的估计值 $\hat{y}_i$，估计值 $\hat{y}_i$（$i=1,2,3,\cdots,n$）与实际值 y_i（$i=1,2,3,\cdots,n$）之间存在着离差，设两者之间的离差为 e_i，则

$$e_i = y_i - \hat{y}_i = y_i - a - bx_i$$

那么，离差的平方和为

$$Q = \sum_{i=1}^{n} e_i^2 = \sum_{i=1}^{n} (y_i - a - bx_i)^2 \tag{4-21}$$

离差平方和反映了 n 个统计数据 y_i（$i=1,2,3,\cdots,n$）与回归方程的偏离程度。

选择二元函数 $Q(a,b)$ 的最小值点对应的 $(\hat{a}, \hat{b})$ 作为 a，b 的估计值。为此，将 Q 分别对 a，b 求偏导数，并令其为零，即

$$\frac{\partial Q}{\partial a} = -2\sum_{i=1}^{n}(y_i - a - bx_i) = 0$$

$$\frac{\partial Q}{\partial b} = -2\sum_{i=1}^{n}(y_i - a - bx_i) = 0$$

解得：$\hat{b} = \dfrac{L_{XY}}{L_{XX}}$，$\hat{a} = \bar{y} - \hat{b}\bar{x}$。其中，

$$\bar{x} = \frac{1}{n}\sum_{i=1}^{n} x_i, \quad \bar{y} = \frac{1}{n}\sum_{i=1}^{n} y_i$$

$$L_{XX} = \sum_{i=1}^{n}(x_i - \bar{x})^2 = \sum_{i=1}^{n} x_i^2 - \frac{1}{n}\left(\sum_{i=1}^{n} x_i\right)^2$$

$$L_{XY} = \sum_{i=1}^{n}(x_i - \bar{x})(y_i - \bar{y}) = \sum_{i=1}^{n} x_i y_i - \frac{1}{n}\left(\sum_{i=1}^{n} x_i\right)\left(\sum_{i=1}^{n} y_i\right)$$

另外，引入 $L_{YY} = \sum\limits_{i=1}^{n}(y_i - \bar{y})^2 = \sum\limits_{i=1}^{n} y_i^2 - \dfrac{1}{n}\left(\sum\limits_{i=1}^{n} y_i\right)^2$，一元线性回归方程在平面坐标

中是一条直线，回归分析中称之为回归直线。一元线性回归模型表明的是两个变量之间的平均变动关系。回归分析的主要目的是建立回归模型，由给定的 X 值来估计 Y 值，并进一步分析估计的精度，判断预测值的波动范围。

2. 模型的显著性检验

建立的一元线性回归模型需要进行显著性检验，以确定是否符合变量之间的客观规律性和是否存在显著的线性相关关系。常用的显著性检验方法有相关系数检验法、F 检验法和 t 检验法。本书只介绍相关系数检验法，F 检验法和 t 检验法请参阅相关文献。

相关系数是反映两个变量间是否存在相关关系，以及这种相关关系的密切程度的一个统计量。相关系数用 r 表示，即

$$r = \pm \frac{L_{XY}}{\sqrt{L_{XX}L_{YY}}}$$

且 $0 \leq |r| \leq 1$。

1) 当 $|r| = 1$ 时，表示变量 X 与 Y 完全线性相关。
2) 当 $|r| = 0$ 时，表示变量 X 与 Y 不存在线性相关关系。
3) 当 $0 < |r| < 1$ 时，表示变量 X 与 Y 之间存在不同程度的线性相关关系。通常认为：
① $0 < |r| \leq 0.3$ 时，为微弱相关。
② $0.3 < |r| \leq 0.5$ 时，为低度相关。
③ $0.5 < |r| \leq 0.8$ 时，为显著相关。
④ $0.8 < |r| \leq 1$ 时，为高度相关。

即相关系数 r 反映了变量 X 与 Y 之间线性相关的密切程度，$|r|$ 越接近于 1，就说明 X 与 Y 之间线性相关程度越密切。

3. 置信区间

预测值的准确性与总体的 Y 值有关，如果总体的 Y 值比较离散，那么预测值的准确性就低，反之则高。总体的 Y 值的离散程度可以用观察 Y 值对回归方程的离散程度来估计。用剩余标准差来描述离散程度，即

$$S = \sqrt{\frac{L_{XX}L_{YY} - (L_{XY})^2}{(n-2)L_{XX}}}$$

在给定的置信水平 α 下，对于 X 的任一值 X_0，便可得到相应的 Y_0 的置信区间：

$$[Y_0 - u_{\frac{\alpha}{2}}S, Y_0 + u_{\frac{\alpha}{2}}S]$$

4. 算例

例 4-3 某地区 2018—2023 年的货运量与该地区社会总产值统计资料见表 4-3。试分析该地区货运量与社会总产值之间的关系，并预测当该地区货运量达到 20 千万吨 t，社会总产值是多少亿元？

表 4-3 某地区货运量与社会总产值

年份	2018	2019	2020	2021	2022	2023
货运量/千万 t	5	6	8	10	12	15
社会总产值/亿元	30	35	40	43	42	50

解：（1）模型建立　计算列表如下：

i	x_i	y_i	x_iy_i	x_i^2	y_i^2
1	5	30	150	25	900
2	6	35	210	36	1225
3	8	40	320	64	1600
4	10	43	430	100	1849
5	12	42	504	144	1764
6	15	50	750	225	2500
Σ	56	240	2364	594	9838

$$L_{XX} = \sum_{i=1}^{n}(x_i - \bar{x})^2 = \sum_{i=1}^{n}x_i^2 - \frac{1}{n}\left(\sum_{i=1}^{n}x_i\right)^2$$

$$= 594 - \frac{1}{6} \times 56^2 = 71.33$$

$$L_{XY} = \sum_{i=1}^{n}(x_i - \bar{x})(y_i - \bar{y})$$

$$= \sum_{i=1}^{n}x_iy_i - \frac{1}{n}\left(\sum_{i=1}^{n}x_i\right)\left(\sum_{i=1}^{n}y_i\right)$$

$$= 124$$

$$\hat{b} = \frac{L_{XY}}{L_{YY}} = 1.74$$

$$\hat{a} = \bar{y} - \hat{b}\bar{x} = 21.31$$

一元线性回归预测模型为

$$Y = 23.7757 + 1.74X$$

（2）相关性检验　由已知数据算得

$$L_{XX} = 71.33, \quad L_{XY} = 124, \quad L_{YY} = 238$$

则相关系数

$$r = \frac{L_{XY}}{\sqrt{L_{XX}L_{YY}}} = \frac{124}{\sqrt{71.33 \times 238}} = 0.952$$

故变量 X 与 Y 高度线性相关，此模型可以用于预测。

（3）预测　由预测模型可得，当 $X_0 = 20$ 千万 t 时，$Y_0 = 23.7757 + 1.74X_0 = 58.58$ 亿元

（4）置信区间　对于货运量 $X_0 = 20$ 千万 t 时，社会总产值 $Y_0 = 56.11$ 亿元，Y_0 的置信区间（置信度为 95%）为

$$S = \sqrt{\frac{L_{XX}L_{YY} - (L_{XY})^2}{(n-2)L_{XX}}} = \sqrt{\frac{71.33 \times 238 - 124^2}{(6-2) \times 71.33}} = 2.3684$$

Y_0 的置信度为 95%，即 $\alpha = 1 - 0.95 = 0.05$，得 $u_{\frac{\alpha}{2}} = 1.96$，所以 Y_0 的置信区间为

$$[56.11 - 1.96 \times 2.3684, \ 56.11 + 1.96 \times 2.3684]$$

即有 95% 的把握估计社会总产值在（51.47～60.75）亿元之间。

4.4.2　多元线性回归分析

在交通运输系统中，事物的变化往往受两个或两个以上因素的影响，为了全面地揭示这种复杂的依存关系，准确地测定它们的数量变动，提高预测和控制的精度，就要建立多元回归模型进行更为深入和系统的分析。

1. 模型的建立

如果在对变量 Y 与 X_i（$i = 1, 2, 3, \cdots, m$）的 n 次观察中，获得了如下的数据：

$$\boldsymbol{X} = \begin{bmatrix} x_{11} & x_{12} & \cdots & x_{1n} \\ x_{21} & x_{22} & \cdots & x_{2n} \\ \vdots & \vdots & \vdots & \vdots \\ x_{m1} & x_{m2} & \cdots & x_{mn} \end{bmatrix}, \quad \boldsymbol{Y} = \begin{bmatrix} y_1 \\ y_2 \\ \vdots \\ y_n \end{bmatrix}$$

则多元线性回归模型的一般形式为

$$Y = a + b_1 X_1 + b_2 X_2 + \cdots + b_m X_m$$

式中，Y 为多元线性回归的估计值；a 为待定的常数；b_i（$i = 1, 2, 3, \cdots, m$）为 Y 对 X_i（$i = 1, 2, 3, \cdots, m$）的回归系数。

在多元线性回归方程中，某个自变量的回归系数 b_i（$i = 1, 2, 3, \cdots, m$）表示当其他自变量都固定时，该自变量变化一个单位而使 Y 的平均变化量，故又称为偏回归系数。参数 a，b_i 的确定，与一元线性回归方程参数的确定方法相同，仍采用最小二乘法。根据最小二乘法原理，应使

$$\sum_{j=1}^{n}(\hat{y} - y_j)^2 = \sum_{j=1}^{n}(\hat{y} - a - b_1 x_{1j} - b_2 x_{2j} - \cdots - b_m x_{mj})^2 \tag{4-22}$$

为最小。对式中的 a，b_i 分别求偏导，并令其等于零，经整理后得

$$\begin{cases} L_{11} b_1 + L_{21} b_2 + \cdots + L_{m1} b_m = L_{Y1} \\ L_{12} b_1 + L_{22} b_2 + \cdots + L_{m2} b_m = L_{Y2} \\ \quad\quad\quad\quad\quad\quad \vdots \\ L_{1m} b_1 + L_{2m} b_2 + \cdots + L_{mm} b_m = L_{Ym} \end{cases}$$

$$a = \bar{y} - \sum_{i=1}^{m} b_i \bar{x}_i$$

式中，

$$\bar{y} = \frac{1}{n} \sum_{j=1}^{n} y_j$$

$$\bar{x}_i = \frac{1}{n} \sum_{j=1}^{n} x_{ij}$$

$$L_{ij} = \sum_{k=1}^{n}(x_{ik} - \bar{x}_i)(x_{jk} - \bar{x}_i) = \sum_{k=1}^{n} x_{ik} x_{jk} - \frac{1}{n} \left(\sum_{k=1}^{n} x_{ik} \right) \left(\sum_{k=1}^{n} x_{jk} \right)$$

$$L_{Yj} = \sum_{k=1}^{n} x_{jk} y_k - \frac{1}{n} \left(\sum_{k=1}^{n} x_{jk} \right) \left(\sum_{k=1}^{n} y_k \right)$$

$$L_{YY} = \sum_{k=1}^{n} (y_k - \bar{y})^2 = \sum_{k=1}^{n} (y_k - \hat{y})^2 + \sum_{k=1}^{n} (\hat{y}_k - \bar{y})^2$$

利用上式可确定参数 a，b_i（$i = 1, 2, 3, \cdots, m$），从而得到多元线性回归方程。

2. 模型的显著性检验

同一元线性回归相似，对已经确定的多元线性回归模型能否较好地反映事物之间的内在规律，仍然要进行线性相关检验。可以用决定系数（相当于一元线性回归的相关系数）来检验 Y 与 X_i（$i = 1, 2, 3, \cdots, m$）之间是否线性相关以及相关的程度。

决定系数：

$$R^2 = \frac{\sum_{i=1}^{m} b_i L_{Yi}}{L_{YY}}$$

相关系数：

$$R = \sqrt{\frac{\sum_{i=1}^{m} b_i L_{Yi}}{L_{YY}}}$$

R 称为 X_i（$i = 1, 2, 3, \cdots, m$）对 Y 的相关系数，$0 \leq R \leq 1$，R 越大，表示二者的相关性越好。

3. 置信区间

多元线性回归预测值在置信水平 α 下的置信区间仍用剩余标准差 S 来确定。

剩余标准差：

$$S = \sqrt{\frac{L_{YY} - \sum_{i=1}^{m} b_i L_{Yi}}{n - m - 1}}$$

当把自变量的一组给定值代入回归方程以后，便可得到预测值 Y_0 在置信水平 α 下的置信区间：

$$[Y_0 - u_{\frac{\alpha}{2}} S, \ Y_0 + u_{\frac{\alpha}{2}} S]$$

4. 算例

例 4-4 某地客运量 Y（单位为万人次/日）与该地区的社会总产值 X_1（单位为千万元）、总人口数 X_2（单位为百万人）有关。已经掌握10年的有关数据见表4-4。建立多元线性预测模型，并预测该地区社会总产值为4千万元、总人口数为5百万人时的客运量。

表 4-4 某地客运量与社会总产值、总人口

年份序号	1	2	3	4	5	6	7	8	9	10
客运量/(万人次/日)	10	11	17	13	16	14	15	12	18	20
社会总产值/千万元	2	2	8	2	6	3	5	3	9	10
总人口/百万人	1	2	10	4	8	4	7	3	10	11

解：（1）模型的建立 由表4-4中的数据算得

$$L_{11} = \sum_{k=1}^{10} (x_{1k} - \bar{x}_1)^2 = \sum_{k=1}^{10} x_{1k}^2 - \frac{1}{10} \left(\sum_{k=1}^{10} x_{1k} \right)^2 = 336 - \frac{1}{10} \times 50^2 = 86$$

$$L_{12} = \sum_{k=1}^{10} (x_{1k} - \bar{x}_1)(x_{2k} - \bar{x}_2) = \sum_{k=1}^{10} x_{1k} x_{2k} - \frac{1}{n} \left(\sum_{k=1}^{10} x_{1k} \right) \left(\sum_{k=1}^{10} x_{2k} \right)$$

$$= 398 - \frac{1}{10} \times 50 \times 60 = 98$$

$$L_{22} = \sum_{k=1}^{10} (x_{2k} - \bar{x}_2)^2 = \sum_{k=1}^{10} x_{2k}^2 - \frac{1}{10} \left(\sum_{k=1}^{10} x_{2k} \right)^2 = 480 - \frac{1}{10} \times 60^2 = 120$$

$$L_{Y1} = \sum_{k=1}^{10} x_{1k} y_k - \frac{1}{10} \left(\sum_{k=1}^{10} x_{1k} \right) \left(\sum_{k=1}^{10} y_k \right) = 815 - \frac{1}{10} \times 50 \times 146 = 85$$

$$L_{Y2} = \sum_{k=1}^{10} x_{2k} y_k - \frac{1}{10} \left(\sum_{k=1}^{10} x_{2k} \right) \left(\sum_{k=1}^{10} y_k \right) = 979 - \frac{1}{10} \times 60 \times 146 = 103$$

得到方程组：

$$\begin{cases} 86b_1 + 98b_2 = 85 \\ 98b_1 + 120b_2 = 103 \end{cases}$$

解得

$$b_1 = 0.148, b_2 = 0.737$$

$$a = \bar{y} - b_1\bar{x}_1 - b_2\bar{x}_2 = \frac{146}{10} - 0.148 \times \frac{50}{10} - 0.737 \times \frac{60}{10} = 9.438$$

所求回归预测模型为

$$\hat{Y} = 9.438 + 0.148X_1 + 0.737X_2$$

（2）显著性检验

$$R = \sqrt{\frac{\sum_{i=1}^{m} b_i L_{Yi}}{L_{YY}}} = \sqrt{\frac{0.148 \times 85 + 0.737 \times 103}{92.4}} = 0.9786$$

Y 与 X_i（$i = 1, 2, 3, \cdots, m$）之间具有很高的线性相关性，该模型可以用于预测。

（3）预测　将 $X_1 = 4$，$X_2 = 5$ 代入预测模型，得到预测值为

$$\hat{Y} = (9.438 + 0.148 \times 4 + 0.737 \times 5) \text{万人次／日} = 13.715 \text{万人次／日}$$

（4）置信区间

$$S = \sqrt{\frac{L_{YY} - \sum_{i=1}^{m} b_i L_{Yi}}{n - m - 1}} = \sqrt{\frac{92.4 - (0.148 \times 85 + 0.737 \times 103)}{10 - 2 - 1}} = 0.7473$$

Y_0 的置信度为 95%，即 $\alpha = 1 - 0.95 = 0.05$，查得 $u_{\frac{\alpha}{2}} = 1.96$，所以 Y_0 的置信区间为：

$$[13.715 - 1.96 \times 0.7473, 13.715 + 1.96 \times 0.7473]$$

即置信区间为 [12.25, 15.18]。

4.4.3 非线性回归分析

1. 非线性回归模型

在实际问题中，有时因变量和自变量之间的依存关系并非都是线性形式，而是非线性形式。这时，求出的拟合模型就不再是一条直线，而是曲线，在统计上称之为非线性回归或曲线回归。非线性回归按照自变量的个数，可以分为一元非线性回归和多元非线性回归。

2. 处理方法

在选择预测模型时，既要保证所预测的变量的准确性，又要力求参数之间关系简单以利于模型的实际应用，所以一般首先考虑线性关系。对于非线性回归，通常采用变量代换法将其转化为线性回归问题，用线性回归方法求解。

常见的非线性回归模型以及转化成线性回归问题的处理方法见表 4-5。

表 4-5　常见非线性回归模型的线性化处理

非线性回归类型	函数形式	变换手段	变量代换	线性回归模型
指数回归	$y = ae^{bx}$	等式两边取对数 $\log y = \log a + bx$	$Y = \log y$ $A = \log a$	$Y = A + bx$
对数回归	$y = b\log x$		$X = \log x$	$y = bX$

（续）

非线性回归类型	函数形式	变换手段	变量代换	线性回归模型
幂函数回归	$y=ax^b$	等式两边取对数 $\log y = \log a + b\log x$	$Y=\log y$ $A=\log a$ $X=\log x$	$Y=A+BX$
皮尔函数回归	$y=\dfrac{k}{(1+ae^{-bx})}$	等式两边取对数 $\ln\left(\dfrac{y}{k}-1\right)=\ln a - bx$		$Y=A+BX$
抛物线回归	$y=a_0+a_1x+a_2x^2$		$x_1=x$ $x_2=x^2$	$y=a_0+a_1x_1+a_2x_2$
双曲线回归	$\dfrac{1}{y}=a+\dfrac{b}{x}$		$Y=\dfrac{1}{y}$ $X=\dfrac{1}{x}$	$Y=a+bX$

4.4.4 支持向量回归

支持向量回归（Support Vector Regression，SVR）是一种基于支持向量机（Support Vector Machine，SVM）思想的回归分析方法，它在工程实践中具有良好的效果。该方法的核心思想是通过数据的非线性映射，将低维空间中的数据转化为高维空间中的数据，然后在高维空间中构造线性回归模型，从而实现对数据的拟合。

1. 支持向量机原理

支持向量机以结构风险最小化为目标，综合了凸二次规划、最优分割超平面等技术，旨在实现预测准确度与模型复杂度之间的最佳折中。SVM 避免了局部最优的困境，具备优秀的泛化能力，而且 SVM 对训练样本数量的依赖较小，适合处理小样本问题。

SVM 被提出用于解决二分类问题，如图 4-2 所示，SVM 寻找最优超平面 H 以准确分类不同离散点。平面 H_1 和 H_2 分别平行于 H，且 H_1 和 H_2 上的点分别是两个类别中距离 H 最近的点，称作支持向量，H_1 和 H_2 的距离称作分类间隔。

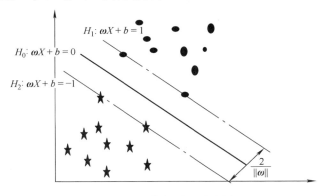

图 4-2 最优超平面示意图

在支持向量机中，选择使间隔达到最大的法向量 $\boldsymbol{\omega}$。最优超平面定义为

$$\omega X + b = 0 \tag{4-23}$$

相应地，两个支持超平面可以表示为

$$\omega X + b = 1$$
$$\omega X + b = -1 \tag{4-24}$$

式中，X 为样本点；b 为截距项。据此，决策函数为

$$f(X_i) = \text{sgn}(\omega X_i + b), i = 1, 2, \cdots, n \tag{4-25}$$

式中，sgn 为符号函数。此时超平面 H_1 和 H_2 的间隔距离为 $\frac{2}{\|\omega\|}$，最大化间隔可以表示为对 ω 和 b 的寻优问题：

$$\max_{\omega, b} \frac{2}{\|\omega\|} \tag{4-26}$$

$$\text{s.t. } y_i(\omega X_i + b) \geq 1, i = 1, 2, \cdots, n \tag{4-27}$$

因此，推广到 R^n 空间上的线性可分问题，应用最大间隔原则，最优问题是对于 ω 和 b 的凸二次规划问题：

$$\min_{\omega, b} \frac{1}{2} \|\omega\|^2 \tag{4-28}$$

$$\text{s.t. } y_i(\omega X_i + b) \geq 1, i = 1, 2, \cdots, n \tag{4-29}$$

在应用中通常通过求解对偶问题求解最优化问题。为导出对偶问题，引入拉格朗日（Lagrange）函数。

$$L(\omega, b, a) = \frac{1}{2} \|\omega\|^2 - \sum_{i=1}^{n} a_i [y_i(\omega X_i + b) - 1] \tag{4-30}$$

式中，$a_i \geq 0$ 是拉格朗日乘子，问题转变为求解 $L(\omega, b, a)$ 的最小值。

求解 $L(\omega, b, a)$ 对 ω 和 b 的偏导，并令其值为 0。解得

$$\begin{cases} \omega = \sum_{i=1}^{n} a_i y_i X_i \\ \sum_{i=1}^{n} a_i y_i = 0 \end{cases} \tag{4-31}$$

将该解代入式（4-28），优化问题重新表示为对偶问题：

$$\max_{a} \sum_{i=1}^{n} a_i - \frac{1}{2} \sum_{i=1}^{n} \sum_{j=1}^{n} a_i a_j y_i y_j X_i^T X_j$$

$$\text{s.t. } \sum_{i=1}^{n} a_i y_i = 0 \tag{4-32}$$

式中，$a_i \geq 0$, $i = 1, 2, \cdots, n$。存在唯一解 $\boldsymbol{a}^* = (a_1^*, a_2^*, \cdots, a_n^*)^T$，求得

$$\begin{cases} \omega^* = \sum_{i=1}^{n} a_i^* y_i X_i \\ b^* = y_i - \sum_{i=1}^{n} a_i^* y_i X_i^T X_j \end{cases} \tag{4-33}$$

据此，求得最优分类函数：

$$f(X_i) = \text{sgn}(\boldsymbol{\omega}^* X + b^*) = \text{sgn}\left(\sum_{i=1}^{n} a_i^* y_i X_i^T X_j + b^*\right) \tag{4-34}$$

这个分类可以解决样本数据线性可分的数据二分类问题，但对于应用中更多的线性不可分问题，即式（4-28）和式（4-29）无法满足，需要引入松弛变量 $\xi \geq 0$，约束条件则变为

$$y_i(\boldsymbol{\omega} X_i + b) \geq 1 - \xi_i, i = 1, 2, \cdots, n \tag{4-35}$$

对应地，约束优化问题变为

$$\min_{\boldsymbol{\omega},b} \frac{1}{2} \|\boldsymbol{\omega}\|^2 + C \sum_{i=1}^{n} \xi_i \tag{4-36}$$

$$\text{s.t. } y_i(\boldsymbol{\omega} X_i + b) \geq 1 - \xi_i, i = 1, 2, \cdots, n \tag{4-37}$$

式中，惩罚参数 $C > 0$，C 取值越大，对误分类的修正效果就越大。该取值由具体问题判断。同理，引入拉格朗日乘子后，式（4-31）中 a_i 取值范围变为 $0 \leq a_i \leq C$，$i = 1, 2, \cdots, n$。

而对于部分复杂问题，分类样本无法利用线性函数正确分类，需要引入非线性映射，使样本线性可分。其原理是通过非线性映射，把低维空间样本点转入高维空间，从而线性可分。如引入非线性映射 $x \to \phi(x)$ 对样本点 X_i 进行映射，问题的求解变为

$$\begin{cases} \max_{a} \sum_{i=1}^{n} a_i - \frac{1}{2} \sum_{i=1}^{n} \sum_{j=1}^{n} a_i a_j y_i y_j \phi(X_i)^T \phi(X_j) \\ \text{s.t. } \sum_{i=1}^{n} a_i y_i = 0 \end{cases} \tag{4-38}$$

式中，$0 \leq a_i \leq C$，$i = 1, 2, \cdots, n$。对应地，决策函数形式变为

$$f(X_i) = \text{sgn}[\boldsymbol{\omega}^* \phi(X) + b^*] = \text{sgn}\left[\sum_{i=1}^{n} a_i^* y_i \phi(X_i)^T \phi(X_j) + b^*\right] \tag{4-39}$$

在应用中，非线性映射通常以内积形式出现。这样的特性使模型不需要找到正确的 $\phi(x)$ 表达式，而只须知道其内积 $\phi(x_i)^T \phi(x_j)$ 的形式。在低维空间实现内积运算的函数称作核函数，通常表示为 $K(x_i, x_j) = \phi(x_i)^T \phi(x_j)$。此时 SVM 的求解问题最终形式为

$$\begin{cases} \max_{a} \sum_{i=1}^{n} a_i - \frac{1}{2} \sum_{i=1}^{n} \sum_{j=1}^{n} a_i a_j y_i y_j K(X_i, X_j) \\ \text{s.t. } \sum_{i=1}^{n} a_i y_i = 0 \end{cases} \tag{4-40}$$

式中，$0 \leq a_i \leq C$，$i = 1, 2, \cdots, n$。

最终决策函数为

$$f(X_i) = \text{sgn}[\boldsymbol{\omega}^* \phi(X) + b^*] = \text{sgn}\left[\sum_{i=1}^{n} a_i^* y_i K(X_i, X_j) + b^*\right] \tag{4-41}$$

2. 支持向量机核函数

在使用支持向量机处理问题时，合适的核函数是求解的关键。常用的核函数包括：

（1）线性核函数（Linear Kernel）

$$K(x_i, x_j) = x_i^T x_j \tag{4-42}$$

线性核函数在处理线性可分问题时具有较好的分类效果。线性核函数在映射前后空间维

度数量是相同的,因此可在原始样本空间中寻找最优分类平面,对于线性可分数据,线性核函数具有优良的分类效果。

(2) 多项式核函数(Polynomial Kernel)

$$K(x_i, x_j) = [1 + (x_i^T x_j)]^d \tag{4-43}$$

式中,d 为映射维度参数,d 值越大,映射维度越高。

多项式核函数的特点是允许相距较远的数据点对核函数产生影响,属于全局核函数。多项式适合正交归一化数据。

(3) 径向基核函数(Radial Basis Function)

$$K(x_i, x_j) = \exp(-\gamma \|x_i - x_j\|^2) \tag{4-44}$$

径向基核函数可以看作是式(4-45)形式的高斯函数,因此也称为高斯核(Gaussian Kernel)。

$$K(x_i, x_j) = \exp\left(-\frac{\|x_i - x_j\|^2}{2\sigma^2}\right) \tag{4-45}$$

径向基核函数是指依赖于特定点距离的实值函数,一般采用欧氏距离。非欧氏距离的径向基核函数包括幂指核(Exponential Kernel)、拉普拉斯核(Laplacian Kernel)。除此之外,常见的径向基核函数还有 ANOVO 核、二次有理核(Rational Quadratic Kernel)和多元二次核(Multiquadric Kernel)等。其形式如下:

幂指核:

$$K(x_i, x_j) = \exp\left(-\frac{\|x_i - x_j\|}{2\sigma^2}\right) \tag{4-46}$$

拉普拉斯核:

$$K(x_i, x_j) = \exp\left(-\frac{\|x_i - x_j\|}{\sigma}\right) \tag{4-47}$$

ANOVO 核:

$$K(x_i, x_j) = \sum_{k=1}^{n} \exp[-\sigma(x_i^k - x_j^k)^2]^d \tag{4-48}$$

二次有理核:

$$K(x_i, x_j) = 1 - \frac{\|x_i - x_j\|^2}{\|x_i - x_j\|^2 + c} \tag{4-49}$$

多元二次核:

$$K(x_i, x_j) = \sqrt{\|x_i - x_j\|^2 + c} \tag{4-50}$$

(4) Sigmoid 核函数

$$K(x_i, x_j) = \tanh(ax^T + c) \tag{4-51}$$

Sigmoid 核函数为支持向量机实现多层感知神经网络提供了途径,广泛应用于深度学习和机器学习中。

3. 支持向量回归模型

SVR 是 SVM 在回归领域的一个重要分支。与分类寻找间隔最大超平面不同,SVR 的策略是寻找一个距离所有样本点总体最近的超平面。SVR 需要引入不敏感损失参数 ε,定义为样本点与超平面的偏差值小于 ε 时,损失为 0。不敏感损失函数表达为

$$L(f(\boldsymbol{x}_i),y_i) = |f(x_i) - y_i|_\varepsilon = \begin{cases} 0, & |f(x_i) - y_i| < \varepsilon \\ |f(x_i) - y_i| - \varepsilon, & |f(x_i - y_i)| > \varepsilon \end{cases} \quad (4\text{-}52)$$

式中，$f(x_i)$ 为拟寻找的距离所有样本点总体最近的超平面。与 SVM 相同，SVR 也需要引入松弛变量 $\xi \geq 0$ 以提高拟合精度。这样 SVR 的求解问题为

$$\begin{cases} \min_{\boldsymbol{\omega},b,\xi_i,\widetilde{\xi}_i} \dfrac{1}{2} \| \boldsymbol{\omega} \|^2 + C \sum_{i=1}^{n} (\xi_i + \widetilde{\xi}_i) \\ \text{s. t.} f(x_i) - y_i \leq \varepsilon + \xi_i \\ y_i - f(x_i) \leq \varepsilon + \xi_i \\ i = 1,2,\cdots,n \end{cases} \quad (4\text{-}53)$$

通过引入不敏感损失参数 ε 和松弛变量 ξ，样本点被分为三类。

1）样本点与超平面的距离落在不敏感损失参数 ε 允许范围内，不计算损失。

2）样本点与超平面的距离超过不敏感损失参数 ε 允许范围内，但与范围内误差小于 ξ，不计算损失。

3）其他样本点计算损失。

与 SVM 相同，引入拉格朗日乘子可求得式（4-53）的对偶问题：

$$\begin{cases} \max_{a,\widetilde{a}} \sum_{i,j=1}^{n} (\widetilde{a}_i - a_j)(\widetilde{a}_j - a_j) X_i^{\mathrm{T}} X_j + \sum_{i=1}^{n} [y_i((\widetilde{a}_i - a_i) - \varepsilon(\widetilde{a}_i + a_i))] \\ \text{s. t.} \sum_{i=1}^{n} (\widetilde{a}_i - a_i) = 0, 0 \leq a_i, \widetilde{a}_i \leq C, i = 1,2,\cdots,n \end{cases} \quad (4\text{-}54)$$

式中，$a = (a_1, \cdots, a_n)^{\mathrm{T}}$ 和 $\widetilde{a} = (\widetilde{a}_1, \cdots, \widetilde{a}_n)^{\mathrm{T}}$ 是拉格朗日乘子。

满足鞍点处的拉格朗日函数，在 KKT（Karush-Kuhn-Tucher）条件下，约束条件与拉格朗日乘子的乘积为 0。因此可以得出 a_i 和对应 $\widetilde{a}_i$ 的乘积为 0，由此可求得支持向量，进一步地可以得到 $\boldsymbol{\omega}^*$ 和 b^*，从而预测函数为

$$f(x) = \sum_{i=1}^{n} (a_i^* - \widetilde{a}_i^*)(x_i^{\mathrm{T}} x) + b^* \quad (4\text{-}55)$$

适应具体问题引入核函数 $K(x_i, x)$ 后，预测函数最终为

$$f(x) = \sum_{i=1}^{n} (a_i^* - \widetilde{a}_i^*) K(x_i x) + b^* \quad (4\text{-}56)$$

4.4.5 神经网络

1. 神经网络的概念及其发展

通过神经计算生成的模型称作人工神经网络（Artifical Neural Network，ANN）或者神经网络（Neural Network，NN）。神经计算是一种试图模拟人脑功能的解决问题的方法。人工神经网络是由大量的、并行的、简单的处理单元（或称神经元）广泛地互相连接而形成的复杂网络系统，它反映了人脑功能的许多基本特征，是一个高度复杂的非线性动力学系统。

如图 4-3 所示神经元模型方程为

$$O_i = f\left(\sum_{j=1}^{n} W_{ij} I_j - \theta_i\right), i = 1,2,\cdots,n \quad (4\text{-}57)$$

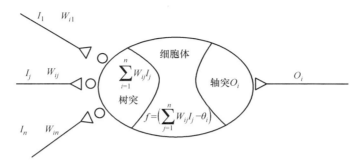

图 4-3 神经元模型

式中，I_1，I_2，…，I_n 为输入；O_i 为神经元输出；W_{ij} 是神经元之间的连接强度，$W_{ij} \neq 0$，W_{ij}（$i \neq j$）是可调实数，由学习过程来调整；θ_i 是阈值；$f(x)$ 是该神经元的作用函数。

神经元是最基本的作用函数，有如下四种。

（1）[0，1] 阶梯函数

$$f(x) = \begin{cases} 1, x > 0 \\ 0, x \leq 0 \end{cases} \quad (4\text{-}58)$$

（2）[-1，1] 阶梯函数

$$f(x) = \begin{cases} 1, x > 0 \\ -1, x \leq 0 \end{cases} \quad (4\text{-}59)$$

（3）(-1，1) S 型函数

$$f(x) = \frac{1 - e^{-x}}{1 + e^{-x}} \quad (4\text{-}60)$$

（4）(1，1) S 型函数

$$f(x) = \frac{1}{1 + e^{-x}} \quad (4\text{-}61)$$

1949 年，心理学家 Hebb 提出了著名的 Hebb 规则，Hebb 规则提出了神经元之间的突触联系强度是可变的。该规则为神经网络的学习奠定了基础。

Hebb 规则：若 i 与 j 两种神经元同时处于兴奋状态，则它们的连接应加强，即 $\Delta W_{ij} = \alpha S_i S_j$（$\alpha > 0$）。这一规则与"条件反射"学说一致，并得到神经细胞学说的证实。设 $\alpha = 1$，当 $S_i = S_j = 1$ 时，$\Delta W_{ij} = 1$。当 S_i 或 $S_j = 0$ 时，$\Delta W_{ij} = 0$。

1957 年，Rosenblatt 提出的感知机（Perceptron）模型，第一次把神经网络研究从纯理论的探讨应用于实现。1962 年，Widrow 提出了自适应线性元件（Adaline），标志着神经网络研究高潮的到来。1982 年，美国物理学家 Hopfield 提出了 Hopfield 神经网络模型，它引入了计算能量函数的概念，为网络稳定性提供了判据，对神经网络研究具有突破性的推动作用。同时，Feldmann 和 Ballard 提出的连接网络模型强调了人工智能与生物计算的区别，并介绍了并行分布处理的计算原则。Hinton 和 Sejnowski 首次提出了多层神经网络的学习算法；1986 年，Rumelhart 和 McClelland 等人提出了并行分布处理（PDP）理论，并提出了多层网络的误差反向传播（Back Propagation，BP）学习算法，即 BP 算法。

2. 人工神经网络的基本要素

人工神经网络主要包括如下要素：

(1) 神经元　神经元是人工神经网络的基本处理单元。每一个神经元接收输入，经过处理后输出。输入为原始数据或其他神经元的输出，输出可以是最终结果，也可以是其他神经元的输入。

(2) 神经网络结构　每一个人工神经网络都有各自的网络结构，网络结构是由神经元构成的层组成的。该网络结构有输入层、中间层或者隐含层、输出层三层，输入层和输出层之间存在多个隐含层。

(3) 神经网络的信息处理过程　人工神经网络接收输入并定义各自的属性。有时需要对输入数据进行预处理，使数据转化为有用的输入或使输入更有利于提高神经计算的质量和效果。

求和函数（Summation function）计算所有输入变量的加权和，将各个输入变量乘以其相应的权重的和，加权和的息值为 Y。在一个处理单元中，具有 n 个输入变量的加权和公式为

$$Y = \sum_{i=1}^{n} x_i w_i \qquad (4\text{-}62)$$

若一层中有多个处理单元，则第 j 个神经元的表达式为

$$Y_j = \sum_{i=1}^{n} x_i w_i \qquad (4\text{-}63)$$

激活函数也称为传递函数、转移函数，它计算了神经元的内部模拟或活动水平。基于这一水平，神经元可能会生成一个输出也可能不会生成一个输出。内部活动水平与输出的关系可以是线性的也可以是非线性的。这种关系可以由诸多类型的转移函数来表示。特定函数的选择会影响网络的性能。S 型（Sigmoid）函数是比较常用的非线性转移函数：

$$Y_T = 1/(1 + e^{-Y}) \qquad (4\text{-}64)$$

式中，Y_T 为 Y 的变换值。

转移函数可以将输出值转化为一个合理的值（通常是在 0~1 之间）。这一转变的执行发生在输出到达下一水平之前。如果不经过传递，那么输出值将会很大，特别是在有多层神经元的情况下，这种现象将更加明显。有时可以用阈值（Threshold Value）来代替转移函数。例如，可以设任何小于或等于 0.5 的值为 0，任何大于 0.5 的值为 1。

(4) 人工神经网络的学习算法及学习过程　人工神经网络的学习算法也称为网络训练算法，可以分为有监督和无监督的学习算法。

有监督学习的过程为：神经网络计算出临时输出，将其与期望输出比较，根据误差调整权重。重复进行该过程，直到误差符合要求且达到指定的迭代次数，此时神经网络完成训练。

无监督学习中，网络只接收输入激励。它是自组织的，每个隐含处理单元对不同的输入激励集合做出响应。至于哪种分类是正确的以及网络是否对网络开发者具有意义并没有给出。模型中参数设置可以控制分类数目，但需要检测最终分类的意义和结果的有效性。

3. 人工神经网络建模

人工神经网络系统的建立可分为五个步骤，如图 4-4 所示。

第一步，人工神经网络系统数据的收集和准备阶段；第二步，设计人工神经网络系统的网络结构并选择学习算法；第三步，人工神经网络的训练；第四步，人工神经网络的检验；第五步，人工神经网络的应用。

4. BP 网络

BP 网络是一种三层或三层以上的多层神经网络（图 4-5）。它的左、右各层之间由各个神经元实现全连接，即左层的每一个神经元与右层的每一个神经元都有连接，各层内神经元之间无连接。BP 网络按有教师学习方式进行训练，当一对模式提供给网络后，其神经元的激活值将从输入层经中间层向输出层传播，在输出层的各神经元输出对应于输入模式的网络响应。然后，按照减少希望输出与实际输出误差的原则，从输出层经中间层最后回到输入层逐层修正各连接权。

单层网络只能解决线性问题，解决较复杂的非线性函数问题的唯一出路是采用多层网络，即在输入层及输出层之间加上隐含层构成多层前向网络。多层前向网络由输入层、中间层（隐含层）和输出层组成，中间层可有若干层，在实际应用中，多层前向网络经常被设计为三层。

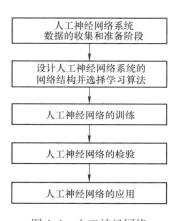

图 4-4 人工神经网络系统的建立步骤

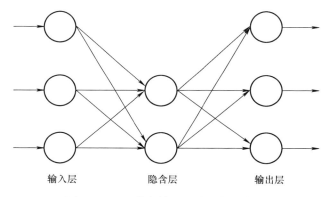

图 4-5 三层前向神经网络结构示意图

误差逆传播算法是对多层网络连接权校正的一种训练方法，它利用实际输出与期望输出之差对网络的各层连接权由后向前逐层进行校正。

4.5 组合预测方法

所谓组合预测就是设法把不同的预测模型组合起来，综合利用各种预测方法所提供的信息，以适当的加权平均形式得出组合预测模型。组合预测最关心的问题就是如何求出加权平均系数，使得组合预测模型更加有效地提高预测精度。

4.5.1 组合预测分类

组合预测是综合多种单项预测方法的结果以提高预测质量和可靠性的技术。组合预测方法可从以下几个方面进行分类。

1) 根据组合预测与各单项预测方法的函数关系，可分为线性组合预测和非线性组合预测。线性组合预测通过加权平均单项预测结果,而非线性组合预测则通过非线性函数处理单项预测结果。

2)根据组合预测加权系数计算方法的不同,可分为最优组合预测和非最优组合预测。最优组合预测根据优化准则确定权重,非最优组合预测基于经验或主观判断确定权重。

3)根据组合预测加权系数是否随时间变化,可分为不变权组合预测和可变权组合预测。不变权组合预测中各单项预测方法在组合中权重保持不变,可变权组合预测根据单项预测方法的表现动态调整权重。

4)根据某个准则的结果优劣程度来看,可分为非劣性组合预测和优性组合预测。非劣性组合预测结果位于各单项预测结果的最差和最好之间,优性组合预测结果优于各单项预测结果的最好。优性组合反映了通过综合多种信息源,实现超越单一信息源能力的可能性。

5)根据建立组合预测模型所基于的基本准则,可分为基于误差平方和最小准则的组合预测和基于预测有效度的组合预测。基于误差平方和最小的组合预测旨在最小化预测误差,基于预测有效度的组合预测以最大化预测精度的均值及反映其离散程度的均方差为目标。

4.5.2 预测有效度基本概念

设某社会经济现象的指标序列的观察值为 $\{x_t, t=1, 2, \cdots, N\}$,设有 m 个单项预测方法对其进行预测,x_{it} 为第 i 种预测方法第 t 时刻的预测值,$i=1, 2, \cdots, m$,$t=1, 2, \cdots, N$。定义预测有效度所应用到的一些基本概念如下。

定义 1 令

$$e_{it} = \begin{cases} -1 & \text{当}(x_t - x_{it})/x_t < -1 \text{ 时} \\ (x_t - x_{it})/x_t & \text{当} -1 \leqslant (x_t - x_{it})/x_t < 1 \text{ 时} \\ 1 & \text{当}(x_t - x_{it})/x_t > 1 \text{ 时} \end{cases} \tag{4-65}$$

称 e_{it} 为第 i 种预测方法第 t 时刻的预测相对误差,$i=1, 2, \cdots, m$,$t=1, 2, \cdots, N$。称矩阵 $\boldsymbol{E} = (e_{it})_{m \times N}$ 为组合预测模型的相对误差矩阵。

显然,$0 \leqslant |e_{it}| \leqslant 1$,矩阵 $\boldsymbol{E}$ 的第 i 行为第 i 种预测方法在各个 t 时刻的预测相对误差序列。$\boldsymbol{E}$ 的第 t 列为各种预测方法在第 t 时刻的预测相对误差序列。

定义 2 称 $A_{it} = 1 - |e_{it}|$ 为第 i 种预测方法在第 t 时刻的预测精度,$i=1, 2, \cdots, m$,$t=1, 2, \cdots, N$。显然,$0 \leqslant A_{it} \leqslant 1$,当 $|(x_t - x_{it})/x_t| > 1$ 时,其对应的预测精度 $A_{it} = 0$。这表明第 i 种预测方法在第 t 时刻的预测为无效预测。

定义 2 表明,由于各种因素的影响,e_{it} 具有随机性,从而 $\{A_{it}, i=1, 2, \cdots, N\}$ 可视为一个随机变量序列。

定义 3 称 $m_i^k = \sum_{i=1}^{N} Q_t A_{it}^k$ 为第 i 种预测方法 k 阶的预测有效度元,k 为正整数,$i=1, 2, \cdots, m$,其中 $\{Q_t, t=1, 2, \cdots, N\}$ 为 m 种预测方法在第 t 时刻的离散概率分布,$\sum_{t=1}^{N} Q_t = 1$,$Q_t > 0$。

特别地,若对 m 种单项预测方法的预测精度的离散概率分布先验信息不确知时,可取 $Q_t = 1/N$,$t=1, 2, \cdots, N$。事实上,第 i 种预测方法的预测有效度元 m_i^k 为第 i 种预测方法

预测精度序列 $\{A_{it}, t=1,2,\cdots,N\}$ 的 k 阶原点矩。

定义 4 称 m_i^k 为第 i 种预测方法 k 阶的预测有效度元，$i=1,2,\cdots,m$，H 为某一 k 元连续函数，则称 $H(m_i^1, m_i^2, \cdots, m_i^k)$ 为第 i 种预测方法 k 阶预测有效度。特别地，引进一阶和二阶预测有效度的概念。

定义 5 当 $H(x)=x$ 为一元连续函数时，则 $H(m_i^1)=m_i^1$ 为第 i 种预测方法一阶预测有效度；当 $H(x,y)=x(1-\sqrt{y-x^2})$ 为二元连续函数时，则 $H(m_i^1, m_i^2)=m_i^1(1-\sqrt{m_i^2-(m_i^1)^2})$ 为第 i 种预测方法二阶预测有效度。

定义 5 表明一阶预测有效度就是预测精度序列的数学期望，二阶预测有效度就是预测精度序列的数学期望乘以 1 与其标准差的差。

4.5.3 非最优正权组合预测模型权系数的确定方法

组合预测的核心问题就是求出加权平均系数，使得组合预测模型能更加有效地提高预测精度。若以预测绝对误差作为预测精度的衡量指标，则常规的非最优正权组合预测模型权系数的确定方法主要有以下几种。

（1）算术平均方法

$$l_i = 1/m, i=1,2,\cdots,m \tag{4-66}$$

显然 $\sum_{i=1}^{m} l_i = 1, l_i \geq 0, i=1,2,\cdots,m$。

算术平均方法也称为等权平均方法。算术平均方法的特点是 m 种单项预测方法的加权系数完全相等，即把各个单项预测模型同等看待。

（2）预测误差平方和倒数方法 预测误差平方和倒数方法也称为方差倒数方法，这是对算术平均方法的改进。预测误差平方和是反映预测精度的一个指标，预测误差平方和越大，表明该项预测模型的预测精度越低，从而它在组合预测中的重要性就越低，在组合预测中的加权系数就越小。反之，对预测误差平方和较小的单项预测模型在组合预测中应赋予较大的加权系数。令

$$l_i = E_{ii}^{-1} \Big/ \sum_{i=1}^{m} E_{ii}^{-1}, i=1,2,\cdots,m \tag{4-67}$$

显然 $\sum_{i=1}^{m} l_i = 1, l_i \geq 0, i=1,2,\cdots,m$。其中，$E_{ii}$ 为第 i 种单项预测模型的预测误差平方和，有

$$E_{ii} = \sum_{t=1}^{N} e_{it}^2 = \sum_{t=1}^{N} (x_t - x_{it})^2 \tag{4-68}$$

式中，x_{it} 为第 i 种单项预测方法在第 t 时刻的预测值；x_t 为同一预测对象的某个指标序列 $\{x_t, t=1,2,\cdots,N\}$ 在第 t 时刻的观测值；N 表示时间长度；$e_{it}=x_t-x_{it}$ 为第 i 种单项预测方法在第 t 时刻的预测误差。

（3）均方误差倒数方法 该方法体现了某单项预测模型的误差平方和越大，它在组合预测中的加权系数就应越小。均方误差倒数方法的加权系数的计算公式为

$$l_i = E_{ii}^{-\frac{1}{2}} \Big/ \sum_{i=1}^{m} E_{ii}^{-\frac{1}{2}}, i=1,2,\cdots,m \tag{4-69}$$

显然 $\sum_{i=1}^{m} l_i = 1$，$l_i \geq 0$，$i = 1, 2, \cdots, m$。其中，E_{ii} 的含义同上。

(4) 简单加权平均方法　简单加权平均方法也是一种非等权平均方法。它是先把各个单项预测模型的预测误差平方和 E_{ii}（$i = 1, 2, \cdots, m$）进行排序，不妨设 $E_{11} > E_{22} > \cdots > E_{mm}$，根据各个单项预测模型的预测误差平方和与其权系数成反比的基本原理可知，排序越靠前的单项预测模型，在组合预测中的加权系数就应越小。令

$$l_i = i \bigg/ \sum_{i=1}^{m} i = \frac{2i}{m(m+1)}, i = 1, 2, \cdots, m \qquad (4\text{-}70)$$

显然 $\sum_{i=1}^{m} l_i = 1$，$l_i \geq 0$，$i = 1, 2, \cdots, m$。其中，E_{ii} 的含义同上。

(5) 二项式系数方法　二项式系数方法和简单加权平均方法有一点相似之处，它也是先把各个单项预测模型的预测误差平方和 E_{ii}（$i = 1, 2, \cdots, m$）进行排序，不妨设 $E_{11} > E_{22} > \cdots > E_{mm}$，但是它取组合预测中的加权系数的思想和简单加权平均方法是不同的，它按照统计学中的中位数概念进行排序。若单项预测模型的预测误差平方和过大或过小，则其对应的权系数均较小，而处于各单项预测模型的预测误差平方和的中位数所对应的权系数最大。令

$$l_i = C_{2m-1}^{i} \big/ 2^{2m-2}, i = 0, 1, \cdots, m-1 \qquad (4\text{-}71)$$

4.6　深度神经网络

交通运输系统预测是一种典型的时空序列预测问题，它需要考虑交通数据的复杂性、动态性、非线性和不确定性等特点。传统交通预测方法包括基于统计学习和机器学习的方法。基于统计学习的方法利用历史数据建立数学模型，而基于机器学习的方法则使用人工设计的特征进行数据分析。这些方法虽然可以实现交通预测，但存在一些局限性。首先，特征工程需要大量专业知识和经验，且容易受到主观影响。其次，传统方法难以拟合交通数据中的复杂模式和非线性关系，缺乏灵敏度和鲁棒性。最后，它们往往忽略了交通数据中不同空间位置或时间步长之间的相关性和依赖性，导致模型准确性不足。

深度神经网络是一种基于多层神经元结构的机器学习模型，能够从大量的数据中自动学习抽象和高层次的特征表示，提高模型的泛化能力和预测性能。在交通预测领域，深度神经网络应用广泛，利用其强大的特征提取和非线性拟合能力，能够处理交通数据中的时空相关性和复杂模式。相较于传统方法，深度神经网络有以下优势：

1）深度神经网络可以从大量的交通数据中自动学习抽象和高层次的特征表示，避免特征工程的复杂性和主观性，提高模型的泛化能力和预测性能。

2）深度神经网络利用多层神经元结构和非线性激活函数，实现交通数据中复杂模式和非线性关系的拟合，捕获交通数据中的细微变化和异常情况，提高模型的灵敏度和鲁棒性。

3）深度神经网络可以利用反馈连接和注意力机制，实现对交通数据中的时空相关性和长期依赖性的处理，理解交通数据中的上下文信息和历史信息，提高模型的连贯性和准确性。

4.6.1 循环神经网络

1. 循环神经网络的概念

循环神经网络（Recurrent Neural Network，RNN）是一种能够处理序列数据的神经网络模型，具有反馈连接，可以保存和利用历史信息。RNN 的灵感来源于生物神经系统中的神经回路动态记忆机制。RNN 的经典架构如图 4-6 所示，每个节点接收前一个节点的输出作为输入，并将自己的输出传递给下一个节点。这样每个节点都能够保存和利用前面节点的信息，形成内部状态或记忆，帮助网络理解上下文关系和长期依赖。

由图 4-6 可知，RNN 的网络架构组成包含输入层、隐含层和输出层，与传统神经网络的差异之处在于 RNN 的层之间的神经元之间也建立了权重连接。在固定时刻下，RNN 读取当前时刻的数据作为输入值 x，U 和 V 分别表示层与层之间的权值，由于隐含层的值 s 不仅取决于加权后的输入值 x，还与隐含层之前的值有关，由此 W 表示隐含层之前的值作为当前输入的权重，最后输出值 o。

2. RNN 的结构

将 RNN 架构内部循环展开后可得到图 4-7 所示的结构。

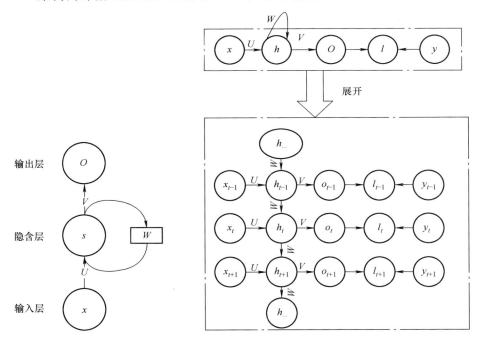

图 4-6　RNN 的经典架构示意图　　图 4-7　RNN 基于时间展开结构示意图

由图 4-7 可直观看出，RNN 的输入值 x 是分散在各个时刻上的，x_t 表示 t 时刻的输入值，x_{t-1} 与 x_{t+1} 分别为 $t-1$ 和 $t+1$ 时刻的输入值；h 表示隐含层单元，h 在 t 时刻的表现不仅由 x_t 决定，还受 h_{t-1} 的影响；o_t 表示 t 时刻的输出值，其取决于 h_t；l_t 表示 t 时刻的损失函数，它用来量化模型输出与观测值间的偏差；y_t 表示训练集的最终输出值；U、V、W 为权值。值得注意的是，RNN 的结构与网络参数在各个时刻完全是共享的，且互相循环依赖。

RNN 的循环网络架构分为前向传播与反向传播两个过程，主要是一种基于时间的迭代过程。依据图 4-6 的理解，可以得到 RNN 的前向传播过程，前向传播依据时间前后运用激活函数进行计算。RNN 采用 BPTT（Back-Propagation Through Time）作为反向传播的算法，主要是依据时间由后向前传递误差并不断修正参数。前向传播算法的具体过程如下：

对于 t 时刻而言，隐含层单元 h_t 可表示为

$$h_t = \sigma_h(Ux_t + Wh_{t-1} + b) \quad (4\text{-}72)$$

式中，$\sigma_h(\cdot)$ 表示激活函数，通常为 tanh 函数；U，W 表示权值；b 为偏置项。

在 t 时刻的输出值 o_t 为

$$o_t = Vh_t + c \quad (4\text{-}73)$$

模型最终的预测输出 $\hat{y}$ 为

$$\hat{y} = \sigma_o(o_t) \quad (4\text{-}74)$$

式中，$\sigma_o(\cdot)$ 为激活函数，当 RNN 用于预测问题时，应选用 Sigmoid 函数；当 RNN 用于分类问题时，应选用 Softmax 函数。激活函数是神经网络区别于传统网络的一个重要特征，神经网络能够解决非线性问题，根本原因就是存在激活函数。

4.6.2 长短时记忆（LSTM）网络

LSTM 网络主要由三个门控单元组成，分别是遗忘门、输入门和输出门，其单元结构如图 4-8 所示。它的核心思想就是通过三个门控单元对不同时间步的细胞状态，即 c_t 值进行更新。

如图 4-8 所示，当输入进入 LSTM 网络时，首先会通过遗忘门对细胞状态进行过滤。遗忘门是一个由 Sigmoid 函数激活的门控结构，该门以当前时间步 t 的输入 x_t 和时间步 $t-1$ 的隐含层输出 h_{t-1} 作为共同输入，之后通过 Sigmoid 函数将其组合值映射在 0 到 1 的区间之内。该值越大说明信息越重要，需要保留该信息，相反则说明需要遗忘该信息。遗忘门函数表达式为

$$f_t = \sigma(\boldsymbol{U}_f x_t + \boldsymbol{W}_f h_{t-1} + b_f) \quad (4\text{-}75)$$

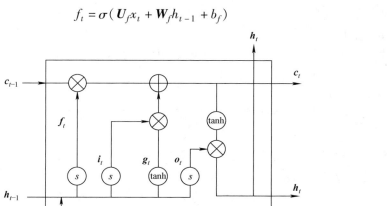

图 4-8 LSTM 网络的单元结构

遗忘门之后是输入门，输入门的作用是根据当前输入来更新细胞状态，其函数表达式为

$$i_t = \sigma(\boldsymbol{U}_i x_t + \boldsymbol{W}_i h_{t-1} + b_i) \tag{4-76}$$

$$g_t = \tanh(\boldsymbol{U}_g x_t + \boldsymbol{W}_g h_{t-1} + b_g) \tag{4-77}$$

该门同样以 x_t 和 h_{t-1} 作为输入，通过 Sigmoid 激活函数将其组合值映射到 0 到 1 之间，得到输入门的更新权重 i_t；与此同时，输入门通过 tanh 激活函数对输入值 x_t 和时间步 $t-1$ 的隐含状态 h_{t-1} 进行处理，得到当前时间步细胞状态候选向量 g_t。最后，遗忘门和输入门的输出共同组成了当前时间步的细胞状态 c_t，其计算公式为

$$c_t = f_t c_{t-1} + i_t g_t \tag{4-78}$$

通过上述分析可知，时间步 t 的细胞状态由时间步 t 的输入和时间步 $t-1$ 的输出共同构成。因此，LSTM 网络在得到当前时间步 t 的细胞状态 c_t 之后，还需通过输出门计算时间步 t 的隐含层输出 h_t，并将其输出到下一层以计算下一时间步细胞状态。首先，输出门将 x_t 和 h_{t-1} 通过 Sigmoid 函数输出一个 0 到 1 之间的系数 o_t，再乘以使用 tanh 函数处理过的细胞状态 c_t，得到输出信号 h_t。计算公式可以表示为

$$o_t = \sigma(\boldsymbol{U}_o x_t + \boldsymbol{W}_o h_{t-1} + b_o) \tag{4-79}$$

$$h_t = o_t \tanh(c_t) \tag{4-80}$$

上述公式中的 $\boldsymbol{U}_i$、$\boldsymbol{U}_f$、$\boldsymbol{U}_o$、$\boldsymbol{U}_g$ 以及 $\boldsymbol{W}_i$、$\boldsymbol{W}_f$、$\boldsymbol{W}_o$、$\boldsymbol{W}_g$ 为 $t-1$ 时刻特征向量和当前 t 时刻特征向量经过控制门时的权重矩阵，b_i、b_f、b_o、b_g 为偏置项。

4.6.3 卷积神经网络

卷积神经网络是深度学习中最早且最成熟的模型之一，可应用于交通预测。它具有多尺度特征提取和良好的空间局部性，从而可降低模型复杂度并提高预测准确性。以下是对卷积神经网络中几个重要组成部分的简要介绍。

1. 卷积层

卷积层是卷积神经网络的核心，卷积操作其实就是矩阵运算的过程，通过使用初始化的卷积核以滑动窗口的方式，逐一对图像的不同区域进行矩阵点积运算，从而获得输入图像的深度特征。滑动窗口的尺寸与卷积核大小相同，该尺寸又称为感受野，运算完成后每次滑动固定的卷积步长，对图像的下一个区域进行计算，将不同位置的窗口计算结果组合成新的图像，形成特征图。卷积操作的输入/输出特征图尺寸满足计算关系：

$$f_o = \frac{f_i - m + 2p}{s} \tag{4-81}$$

式中，f_o 为卷积操作的输出特征图尺寸；f_i 为输入特征图尺寸；m 为卷积核尺寸；p 为填充尺寸。

下面以 5×5 的输入图像为例，设置卷积核的尺寸为 3×3，卷积步长为 1，填充为 0 来说明卷积运算的过程，如图 4-9 所示。

首先，3×3 的卷积核从输入图像的左上角开始点积运算，在一次计算完成后，将生成的值填放在输出特征图对应的位置。之后窗口向右移动一步继续进行点积运算，直至移动到输入图像的右下角，则完成整个输入图像的卷积计算。在卷积神经网络中，卷积核中的权重参数和偏置量会在训练时通过反向传播的方式进行更新。由于在同一次卷积过程中，对于同一个输入图像会共享卷积核的权重参数，这使得卷积层的计算量大大减少，也让深层卷积神经网络得以实现。

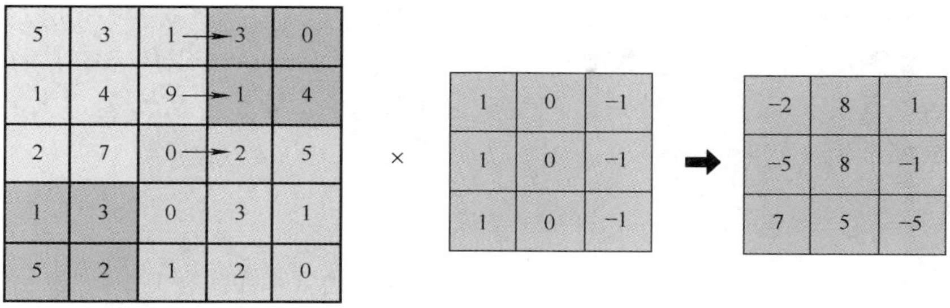

图 4-9 卷积计算过程

2. 池化层

一张图像在经过卷积计算得到特征图之后，仍然具有大量的参数，如果将这样的输出特征图作为下一层的输入，那么必然会导致网络计算量过大甚至是出现过拟合的情况。因此，研究人员在卷积神经网络中引入池化层对数据进行压缩降维。

池化层又称为下采样层，它通过取局部区域最大值或平均值的方式来缩小输入数据的尺寸。不同于卷积层，池化层更关注输入数据中具有的某些特征而不是关注特征的空间位置，简而言之，池化层具有平移不变性和旋转不变性等优点。最大池化、平均池化示意图如图 4-10 所示。

3. 激活函数

卷积运算是卷积核与输入图像之间的线性计算，如果不加入激活函数对卷积结果进行非线性激活，就无法拟合复杂的输入数据分布情况。因此，卷积神经网络通过引入激活函数来提供非线性能力，增强对图像数据复杂特征的提取能力。其次，由于激活函数的特性，选择合适的激活函数还能有效过滤无用参数，降低网络计算量。

（1）Sigmoid 激活函数　Sigmoid 函数公式及图像分别如式（4-82）和图 4-11 所示。Sigmoid 是一个连续的、单调递增的 S 型激活函数，作用是将输入数据映射到（0，1）的区间内。该函数也有着非常明显的缺点，当输入数据很大或很小时，其导数值接近于 0，这将产生"梯度消失"问题，难以完成深度神经网络的训练。

$$\text{Sigmoid}(x) = \frac{1}{1+e^{-x}} \qquad (4\text{-}82)$$

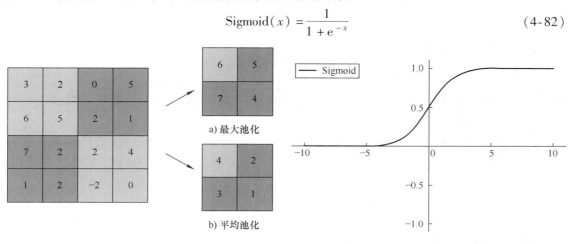

图 4-10　最大池化、平均池化示意图　　　　图 4-11　Sigmoid 函数图像

(2) tanh 激活函数　tanh 函数公式及图像分别如式（4-83）和图 4-12 所示。tanh 函数与 Sigmoid 函数类似，都是单调递增的 S 型曲线。相较于 Sigmoid，以 0 为中心的 tanh 函数能够更快地收敛。其次，tanh 函数映射区间变成（-1，1），导数值区间为（0，1），在一定程度上缓解了梯度消失问题。

$$\tanh(x) = \frac{1-e^{-2x}}{1+e^{-2x}} \tag{4-83}$$

(3) Relu 激活函数　Relu 函数公式及图像分别如式（4-84）和图 4-13 所示。Relu 函数可以看成是两个线性函数的组合，当输入小于 0 时函数将其输出映射为 0，表示此神经元不会被激活，当输入大于 0 时则直接输出该值，这使得 Relu 函数不仅具有较快的收敛速度，还有效解决了梯度消失的问题。但是，由于负值输入时的梯度为 0，也会导致部分神经元的死亡，无法继续更新参数。

$$\text{Relu}(x) = \max(0, x) \tag{4-84}$$

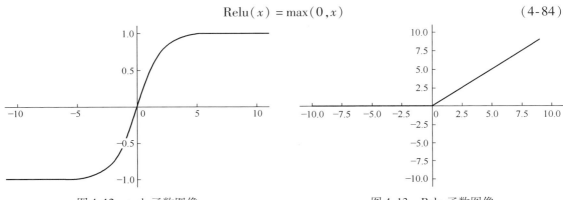

图 4-12　tanh 函数图像　　　　图 4-13　Relu 函数图像

4. 全连接层

全连接层通常位于卷积神经网络的最后，用于整合前面网络层提取的局部信息，通过类似于卷积的操作将输入特征转换成一维向量，把隐含层学习到的"分布式特征"映射到原来的样本空间中。最后，全连接层将整合好的特征信息输入分类器，实现对输入数据的分类。

4.6.4　CNN + RNN 组合

1. 基于 CNN + RNN 的网络模型

基于 CNN + RNN 的网络模型主要试图通过将 CNN 与 RNN 二者结合起来，形成一个更全面的、更有效的网络模型。它也可以分为两类：

1) 先 CNN 后 RNN，先用 CNN 提取图像特征，再用 RNN 对 CNN 输出的特征进行序列预测。RNN 本来就擅长处理序列预测，但是在 RNN 之前需要有预处理步骤，CNN 相当于完成了这一工作。

2) 先 RNN 后 CNN，一般用于文本分析。CNN 本来就可以用来做文本分析，但是 CNN 某一层中的卷积核固定，每一个词的语境比较局限，就先用 RNN 将一个词周围的所有文本都作为该词的关联，期望对这个词有一个更加精确的表达。

先 CNN 后 RNN 的步骤如下：

（1）特征序列提取　通过采用标准 CNN 模型（去除全连接层）中的卷积层和最大池化层来构造卷积层的组件。这样的组件用于从输入图像中提取序列特征表示，然后从卷积层组件产生的特征图中提取特征向量序列，这些特征向量序列作为循环层的输入。

（2）序列标注　一个深度双向循环神经网络连接在卷积层之后，作为循环层。循环层预测特征序列中每一帧的标签分布。

（3）转录　转录是将 RNN 所做的每帧预测转换成标签序列的过程。数学上，转录是根据每帧预测找到具有最高概率的标签序列，也就是类别。

2. 基于 CNN + LSTM 网络的网络模型

通过结合 CNN 的权值共享特性和 LSTM 网络的记忆特性挖掘出交通流量的时空特征。将 CNN 模型和 LSTM 网络模型进行恰当的组合，通过分析交通流量在时空特性上的特点来更好地实现短时交通流量预测。

CNN + LSTM 网络短时交通流量预测模型的过程可以描述为：

步骤 1，对原始交通流量数据进行预处理。

步骤 2，将处理后的数据输入 CNN 提取交通流量的空间特征。

步骤 3，将 CNN 处理后的数据输入 LSTM 网络层，预测时间序列下一时刻的值。

步骤 4，反归一化处理，得到最终的预测值。

CNN + LSTM 网络模型的结构框架如图 4-14 所示。

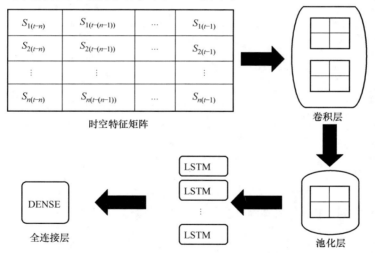

图 4-14　CNN + LSTM 网络模型的结构框架

其中，输入数据是经过处理之后的时空特征矩阵，卷积层中使用若干个滤波器对输入数据中的空间信息进行卷积，然后数据被输入 LSTM 网络层中，最后通过一层全连接层的处理，输出下一个时刻的交通流量。

4.7　基于 MATLAB 的预测方法应用案例

表 4-6 是某地区 20 年公路运量数据。下面介绍如何使用 BP 神经网络对该地区 2020 年和 2021 年的公路客运量和公路货运量进行预测。

表 4-6 某地区 20 年公路运量数据

年份	人口数量/万人	机动车数量/万辆	公路面积/万 km²	公路客运量/万人	公路货运量/万 t
2000	20.55	0.6	0.09	5126	1237
2001	22.44	0.75	0.11	6217	1379
2002	25.37	0.85	0.11	7730	1385
2003	27.13	0.9	0.14	9145	1399
2004	29.45	1.05	0.2	10460	1663
2005	30.1	1.35	0.23	11387	1714
2006	30.96	1.45	0.23	12353	1834
2007	34.06	1.6	0.32	15750	4322
2008	36.42	1.7	0.32	18304	8132
2009	38.09	1.85	0.34	19836	8936
2010	39.13	2.15	0.36	21024	11099
2011	39.99	2.2	0.36	19490	11203
2012	41.93	2.25	0.38	20433	10524
2013	44.59	2.35	0.49	22598	11115
2014	47.3	2.5	0.56	25107	13320
2015	52.89	2.6	0.59	33442	16762
2016	55.73	2.7	0.59	36836	18673
2017	56.76	2.85	0.67	40548	20724
2018	59.17	2.95	0.69	42927	20803
2019	60.63	3.1	0.79	43462	21804
2020	73.39	3.9635	0.988		
2021	75.55	4.0975	1.0268		

4.7.1 MATLAB 应用于 BP 神经网络的货运量预测模型

MATLAB 提供的神经网络工具箱（NNTool）是其开发的多种工具箱之一，该工具箱提供了很多简单实用的函数，可以大大简化编程的工作量，主要计算步骤如下。

1）数据预处理　神经元的响应函数选择 Sigmoid 函数，则输入值（输出值）都在（0，1）之间，必须对样本进行预处理，可以采用归一化的方法对数据进行预处理。

2）确定网络结构，初始化权重。确定网络结构主要是确定隐含层的神经元个数。隐含层神经元个数太多会降低网络的泛化功能，而且会使训练时间加长，降低系统的效率；太少则不能达到所要求的训练误差。一般根据试算确定，也可以参考式 $l = 1.5\sqrt{mn}$。其中，l 为隐含层神经元个数；n、m 分别为输入神经元个数和输出神经元个数。

初始化网络的权值和阈值，可以采用 MATLAB 提供的初始化函数 newff( ) 建立一个 BP 神经网络：

$$net = newff(P, [S_1, S_2, S_3, \cdots, S_N], [TF_1, TF_2, \cdots, TF_N], BTF, BLF, PF)$$

式中，P 为输入矩阵；$[S_1, S_2, \cdots, S_N]$ 表示隐含层和输出层神经元的个数；$[TF_1, TF_2, \cdots, TF_N]$ 表示隐含层和输出层的传输函数；BTF 表示网络的反向训练函数；BLF 表示网络的反向权值学习函数；PF 表示性能数；net 为新生成的 BP 神经网络。

3）网络训练。MATLAB 提供了许多训练不同神经网络的函数，使得对神经网络的训练变得异常简单，其中，自适应 LR 动量梯度下降法的训练函数为 traingdx，函数的结构为

$$net = newff(P, [S_1, S_2, S_3, \cdots, S_N], [TF_1, TF_2, \cdots, TF_N], 'traingdx')$$

当网络的训练数达到了最大训练次数，或者是网络的误差平方和小于期望最小误差值时，网络就会停止训练。

4）对训练好的网络进行检验，判断是否具有良好的泛化功能。把样本输入训练好的网络中，判断输出值是否与已知的样本值相符，如果相符，即说明该网络具有很好的泛化功能，能够应用于预测计算；否则，就要调整网络，或者增大训练的样本数，对网络进行再次训练。该过程可以采用 MATLAB 中的函数 sim( ) 来实现。sim 的表达式为 $A = \text{sim}(net, P)$。其中，A 为输出数据；P 为输入样本数据；其他参数意义同前。该过程还可以用传递函数分步实现。

5）用训练好的网络进行模拟预测，得到所要的预测值。通过预测的过程和所采用的函数进行模拟，输入数据 P 为要预测的输入数据，输出数据 A 就是所要得到的预测数据，从而通过训练好的网络进行模拟预测，得到所要的预测值。

4.7.2 运用 BP 网络建模进行公路货运量预测

表 4-6 给出了某地区 2000—2019 年的人口数量、机动车数量、公路面积、公路客运量和公路货运量的数据，需要预测 2020 年和 2021 年该地区的公路客运量和公路货运量。可以把该问题分解为六个模块，运用 MATLAB 软件编程建立模型来解决问题，代码如下：

① 原始数据的输入：

```
clc
clear
sqrts = [20.55 22.44 25.37 27.13 29.45 30.1 30.96 34.06 36.42 38.09 39.13 39.99 41.93 44.59 47.3 52.89 55.73 56.76 59.17 60.63];
sqjdcs = [0.6 0.75 0.85 0.9 1.05 1.35 1.45 1.6 1.7 1.85 2.15 2.2 2.25 2.35 2.5 2.6 2.7 2.85 2.95 3.1];
sqglmj = [0.09 0.11 0.11 0.14 0.2 0.23 0.23 0.32 0.32 0.34 0.36 0.36 0.38 0.49 0.56 0.59 0.59 0.67 0.69 0.79];
glkyl = [5126 6217 7730 9145 10460 11387 12353 15750 18304 19836 21024 19490 20433 22598 25107 33442 36836 40548 42927 43462];
glhyl = [1237 1379 1385 1399 1663 1714 1834 4322 8132 8936 11099 11203 10524 11115 13320 16762 18673 20724 20803 21804];
```

② 数据归一化：

```
p = [sqrts; sqjdcs; sqglmj];
```

t = [glkyl;glhyl];
[pn,minp,maxp,tn,mint,maxt] = premnmx(p,t);
dx = [-1 1;-1 1;-1 1];
③ 网络训练:
net = newff(dx,[3,2],{'tansig','tansig','purelin'},'traingdx');
net.trainParam.show = 1000;
net.trainParam.Lr = 0.05;
net.trainParam.goal = 0.65 * 10^(-3);
net.trainParam.epochs = 50000;
net = train(net,pn,tn);
④ 对原始数据进行仿真:
an = sim(net,pn);
a = postmnmx(an,mint,maxt);
⑤ 将原始数据仿真结果与样本进行对比:
x = 2000:2019;
newk = a(1,:);
newh = a(2,:);
figure(2);
subplot(2,1,1);
plot(x,newk,'r-o',x,glkyl,'b--+');
legend('网络输出客运量','实际客运量');
xlabel('年份');
ylabel('客运量/万人');
title('运用工具箱客运量学习和测试对比图');
subplot(2,1,2);
plot(x,newh,'r-o',x,glhyl,'b--+');
legend('网络输出货运量','实际货运量');
xlabel('年份');
ylabel('货运量/万 t');
title('运用工具箱客运量学习和测试对比图');
⑥ 对新数据进行仿真:
pnew = [73.79 75.55 3.9635 4.0975 0.9880 1.0268];
pnewn = tramnmx(pnew,minp,maxp);
anewn = sim(net,pnewn);
anew = postmnmx(anewn,mint,maxt)
⑦ 程序运行结果:
anew =
1.0e+004 *
4.3370   4.3372
2.1770   2.1771

也就是说 2020 年和 2021 年的公路客运量分别为 43370 万人和 43372 万人，公路货运量分别为 21770 万 t 和 21771 万 t。

从学习曲线（图 4-15）中，可以看出网络最后训练的误差很小，达到了期望的值。从实际样本与网络输出值之间的训练和测试的对比中（图 4-16），可以看出两者之间的误差极小，可以利用该程序进行预测。

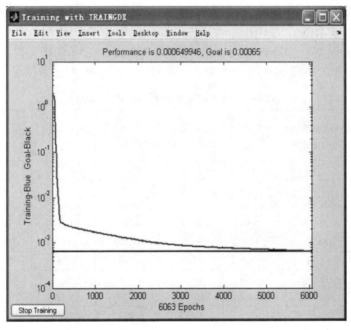

图 4-15　学习曲线

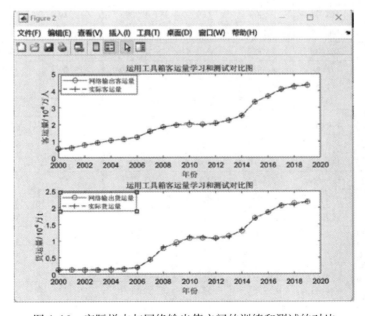

图 4-16　实际样本与网络输出值之间的训练和测试的对比

4.7.3 MATLAB 应用于基于 SVR 的区域交通碳排放预测模型

本小节将利用支持向量回归（SVR）模型，结合北京市 1990—2016 年的交通碳排放及其影响因素数据，建立一个基于 MATLAB 的预测模型，并对 2017—2020 年的交通碳排放进行预测分析。

本小节使用的数据来源于《中国能源统计年鉴》和《北京市统计年鉴》，样本区间为 1990—2016 年；所涉及的人均 GDP、碳排放强度指标均为参照 1990 年可比价重新计算的结果。根据 STIRPAT 模型，选择旅客周转量、货物周转量、人均 GDP、机动车保有量、碳排放强度、能源结构和城市化率 7 项指标作为交通碳排放影响因素，数据见表 4-7。

表 4-7 交通碳排放及其影响因素数据

年份	旅客周转量 /亿人·千米	货物周转量 /亿吨·千米	人均 GDP/ 万元	机动车保有量/万辆	碳排放强度/ (t/万元)	能源结构 （%）	城市化率 （%）	CO_2 排放量/万 t
1990	119.8	268.82	0.4635	29.9	0.6038	10.98	73.48	302.3951
1991	138.35	279.97	0.5494	33.2	0.5516	12.16	73.86	330.3598
1992	166.68	293.87	0.6458	39	0.5055	11.5	74.32	358.4342
1993	165.61	314.35	0.8006	48.3	0.438	7.25	74.73	388.1319
1994	190.67	310.77	1.024	56.6	0.2923	11.13	75.2	334.7191
1995	207.69	323.1	1.269	71.7	0.2588	15.67	75.63	390.1658
1996	221.92	317.62	1.4254	79.6	0.2513	15.07	76.06	449.6858
1997	227.22	312.91	1.6621	108.2	0.2248	5.95	76.48	466.9105
1998	241.98	284.67	1.9128	130.5	0.2122	13.12	76.89	504.4042
1999	270.15	283.89	2.1407	139.8	0.2207	12.87	77.29	591.1394
2000	313.99	299.64	2.4127	157.8	0.2072	13.87	77.54	655.1828
2001	346.26	315.98	2.698	169.9	0.2093	10.49	78.06	776.1776
2002	396.16	340.55	3.073	189.9	0.1932	9.97	78.56	833.7095
2003	393.31	362.08	3.4777	212.4	0.1767	13.67	79.05	884.6822
2004	758.01	402.28	4.0916	229.6	0.1849	15.09	79.53	1115.4623
2005	838.08	457.74	4.5993	258.3	0.1625	11.23	83.62	1132.7299
2006	825.45	423.12	5.1722	287.6	0.1842	13.85	84.32	1495.6015
2007	960.35	449.04	6.0096	312.6	0.1869	17.47	84.49	1839.9593
2008	1042	454.22	6.4491	350.4	0.2009	23.23	84.92	2232.6651
2009	1146.48	441.23	6.694	401.9	0.1942	24.72	85	2360.1936
2010	1399.54	513.66	7.3856	480.9	0.1779	23.57	85.93	2510.6923
2011	1528.65	616.93	8.1658	498.3	0.1643	20.43	86.18	2670.8531
2012	1595.79	638.31	8.747	520	0.1623	27.88	86.21	2902.4559
2013	1498.77	686.91	9.4648	543.7	0.1313	15.98	86.29	2599.0927
2014	1602.72	672.82	9.9995	559.1	0.1277	16.21	86.31	2724.9943
2015	1747.68	623.69	10.6497	561.9	0.1218	15.12	86.46	2802.442
2016	1889.31	671.33	11.5	571.8	0.1198	16.73	86.5	2982.2175

本小节将介绍如何使用 MATLAB 的回归学习器工具箱来实现基于 SVR 的区域交通碳排

放预测研究。回归学习器工具箱是一个方便的图形用户界面,可以让用户快速地训练、评估和比较,包括支持向量回归等不同类型的回归模型。用户只需要准备好相应的数据集,并按照以下步骤操作:

打开 MATLAB 软件,选择存储交通碳排放及其影响因素数据的 Excel 文件,导入工作空间。单击主界面中的"APP"选项卡,找到"回归学习器"图标,单击打开回归学习器工具箱。

在图 4-17 所示回归学习器工具箱的界面中,单击"新建会话"按钮,弹出"从工作区新建会话"对话框,如图 4-18 所示。在"数据集变量"下拉列表框选择工作空间中相关数据作为输入。可以在"预测变量"选项区中指定自变量,也可以在"测试"选项区中单击选中"留出一个测试集"选按钮,留出一部分数据作为测试集。

在"模型类型"选项区选择"支持向量机回归"作为模型类型,然后单击"训练所有"按钮,开始训练模型。用户可以在"模型超参数"选项区指定核函数类型、框约束、Epsilon 和核尺度等参数,也可以选择"自动"选项,让工具箱自动选择最优参数。

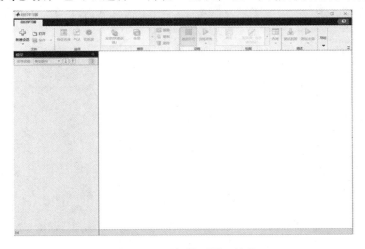

图 4-17 回归学习器工具箱

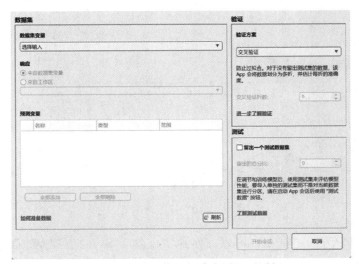

图 4-18 "从工作区新建会话"对话框

在"绘图"选项区查看图4-19所示的模型的拟合曲线和残差分布等图形。

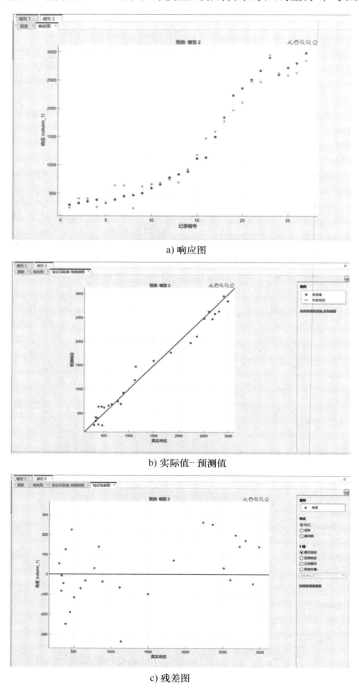

a) 响应图

b) 实际值-预测值

c) 残差图

图4-19 绘图功能

通过使用回归学习器工具箱,可以方便地实现基于SVR的区域交通碳排放预测研究,并对模型进行调整和优化。

【重点与难点】

1. 预测的概念、基本原理与步骤。
2. 专家会议法与德尔菲法的相同点与区别。
3. 时间序列预测法的合理应用。
4. 回归分析预测法的应用与检验。
5. 组合预测方法和深度神经网络预测方法的原理。

【思考与练习】

1. 简述常用的预测精度评价方法。
2. 简述专家会议法和德尔菲法的基本流程和步骤。
3. 专家会议法和德尔菲法的区别和联系是什么?它们在不同场景下的适用性如何?
4. 常用的时间序列预测方法有哪些?它们的优缺点和适用条件是什么?
5. 简述运用 MATLAB 进行预测的步骤。
6. 选择预测方法时,应优先考虑哪些因素?

第 5 章 Chapter 5
交通运输系统网络优化

5.1 交通运输系统网络概述

交通运输系统是由物质、能量和信息三要素构成的复杂网络系统,它们在交通运输系统网络内部以及网络与外部环境之间进行着有序、有节奏的交换。交通运输系统网络由各种节点和连线组成,节点代表运输设施或地点,连线代表运输方式或路径,它们之间存在着纵横交错、相互依存的关系。这些关系决定了交通运输系统网络的结构和功能,也影响了交通运输系统网络的性能和效率。为了提高交通运输系统网络的性能和效率,就需要运用网络优化的技术和手段,对交通运输系统网络进行合理的设计、分析和管理。

交通运输系统可以从不同的角度进行网络优化。一方面,可以把交通运输系统看作是一种物质流网络,即车辆、船舶、飞机等作为物质在节点和连线之间流动。这种物质流网络的优化目标是使物质在网络中的流动达到最大或最优,同时使网络中的费用达到最小或最优。这类网络问题的优化方法包括最大流算法、最小费用最大流算法等。

另一方面,可以把交通运输系统看作是一种时间流网络,即各种活动或工序作为时间在节点和连线之间展开。这种时间流网络的优化目标是使时间在网络中的展开达到最短或最优,同时使网络中的成本达到最小或最优。这类网络问题的优化方法包括计划评审技术(Program Evaluation and Review Technique,PERT)、关键路径法(Critical Path Method,CPM)等。

交通运输系统的网络优化技术和手段是交通运输系统工程中不可或缺的内容,它们为交通运输系统提供了科学、有效、合理的解决方案,对于提高交通运输系统的水平和效益具有重要意义。

5.1.1 网络图

1. 物质流网络

物质流网络是指物质在系统中的流动,例如水、气、油、电、车辆、船舶、飞机、产品等。物质流网络的典型应用有自来水系统、输油输气管道系统、电源电网系统、交通运输系统、工厂的生产系统等。物质流网络的优化目标是使物质在网络中的流动达到最大或最优,同时使网络中的费用达到最小或最优。

2. 信息流网络

信息流网络是指信息在系统中的流动,例如信号、数据、命令、指令等。信息流网络的典型应用有广播通信系统、情报系统、计算机系统、工程控制系统等。信息流网络的优化目标是使信息在网络中的传输达到最快或最优,同时使网络中的资源利用达到最高或最优。

3. 时间流网络

时间流网络是指时间在系统中的展开,例如活动或工序所需的时间。时间流网络的典型应用有计划调度系统、项目管理系统等。时间流网络的优化目标是使时间在网络中的展开达到最短或最优,同时使网络中的成本达到最小或最优。

本章主要介绍时间流网络的相关内容,包括时间流网络的构成要素和绘制方法,时间流网络时间参数的定义和计算方法,以及时间流网络的优化技术和实例分析。

5.1.2 网络计划技术

1. 基本原理

网络计划技术是一种基于网络图的系统规划和协调技术,它可以在平衡各方面因素的前提下,实现系统的快速、优质、节约。在进行系统开发,特别是大型系统开发时,通常涉及较多复杂的工作,这些工作之间不是孤立的,而是有着内在的联系和规律,主要表现为时间上的先后顺序,即工作具有流程性。网络计划技术就是根据工作的流程性,把要开发的项目或规划视为一个整体系统,把系统的各项任务按照时间顺序排列,通过网络图的方式展示出任务之间的逻辑关系和时间要求,从而对整个系统进行全面的规划和协调,使系统对资源(人力、物力、财力、时间)进行合理的分配和有效的利用,达到以最小的资源消耗来完成整个系统的预定目标,获得最大的经济效益。

2. 基本术语

网络计划图是一种用于表示项目进度的图形,它在网络图的基础上添加了时标和时间参数,形成了具有时序和权值的有向图。表述关键路径法(Critical Path Method,CPM)和计划评审技术(Program Evaluation and Review Technique,PERT)的网络计划图没有本质的区别,它们的结构和术语是一样的。只是前者假设时间参数是确定的,而后者假设时间参数是不确定的。网络计划图主要包含以下几个概念:

1)节点和箭线。它们是网络计划图的基本组成元素。箭线是一条带有方向的实线或虚线,表示一个工作或一个事件。节点是箭线之间的交点,表示一个工作或一个事件的开始或结束。

2)工作。它是指项目中需要消耗时间或其他资源的子项目或单元,是网络计划图的基本内容。工作可以按照不同的粒度进行分解,以适应不同的管理需求。

3)网络计划图的表达方式。有两种常见的表达方式:双代号网络计划图和单代号网络计划图。双代号网络计划图用箭线表示工作,用两个节点编号表示一个工作,如 $i-j$。单代号网络计划图用节点表示工作,用一个节点编号表示一个工作,如 i。两种表达方式都用箭线表示工作之间的逻辑关系,即先完成与后开始的关系。

4)双代号网络计划图。在这种表达方式中,箭线表示工作的内容和时间参数,箭尾的节点表示工作的开始点,箭头的节点表示工作的结束点。例如,$i-j$ 表示从节点 i 开始到节点 j 结束的一项工作,箭线上标记了该工作所需的时间或其他资源,如图 5-1 所

图 5-1 双代号网络计划图

示。箭线之间的连接顺序表示工作之间的先后开工的逻辑关系。双代号网络计划图在计算时间参数时可以采用两种方法：工作计算法和节点计算法。

5）单代号网络计划图。在这种表达方式中，节点表示工作的内容和时间参数，箭线表示工作之间的先完成与后完成的逻辑关系。例如，i 表示一项从节点 i 开始到节点 i 结束的工作，节点中标记了该工作所需的时间或其他资源，如图 5-2 所示。单代号网络计划图在计算时间参数时只能采用节点计算法。

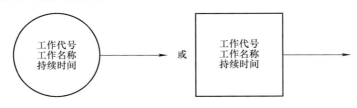

图 5-2　单代号网络计划图

3. 网络计划图的类型

网络计划技术可以根据不同的计划对象和管理层次，编制不同类型的网络计划图。常见的网络计划图类型有：

（1）总网络计划图　它是以整个项目为计划对象，编制的最简略的网络计划图。它只包含项目的主要任务和关键节点，供决策领导层使用。

（2）分级网络计划图　它是按照不同管理层次的需要，编制的不同范围和不同详细程度的网络计划图，供不同管理部门使用。分级网络计划图可以根据项目的规模和复杂度，分为若干个层次，每个层次对应一个分级网络计划图。

（3）局部网络计划图　它是以整个项目的某一部分为计划对象，编制的最详细的网络计划图。它包含了该部分项目的所有任务和节点，供专业部门使用。

当使用计算机网络计划软件编制时，可以在计算机上进行网络计划图的分解和合并。网络计划图的详细程度可以根据需要进行调整，可以将一个任务分解为多个子任务，也可以将多个任务合并为一个综合任务。这样可以显示出不同粗细程度的网络计划图。

5.2　交通运输网络的最短路和最大流

5.2.1　最短路问题

最短路问题是指在一个网络中，给定相邻节点间的线路"长度"，求出从某一个起点到某一个终点之间，路线"长度"最短的通路。这里的"长度"是一个广义的概念，它可以表示时间、费用、距离等不同的属性。最短路问题是网络分析中的一个基础问题，它有着广泛的工程实际应用，例如交通网络规划、线路设计、管道铺设、厂区布局等。同时，最短路问题也是一个重要的优化工具，它可以用来解决其他类型的优化问题。另外，最短路问题与其他网络问题也有密切的联系，例如关键路径法实际上是求工序流程图的最长路线，而最小费用最大流问题也可以转化为最短路问题。

本节主要介绍一种求解带权有向图中最短路的方法，这种方法是由 E. W. Dijkstra 提出的，是一种高效且易于实现的最短路求解方法，它的基本思想是从源点 v 开始，逐步扩展最短路的终点，直到包含所有顶点为止。

图 5-3 所示为 Dijkstra 算法的运算流程图。为了便于理解，下面用图论的术语来说明 Dijkstra 算法的具体步骤：设 $G = (V,E)$ 是一个带权有向图，其中 V 是图中所有顶点的集合，E 是图中每条边的长度权值。令 Close 和 OPEN 分别表示已找到最短路和未确定最短路的顶点集合，初始时 Close = $\{v\}$，OPEN = V − Close。令每个顶点的距离表示从 v 到该顶点的最短路径长度，初始时 Close 中的顶点距离为 0，OPEN 中的顶点距离为无穷大。算法执行如下：

步骤 1：从 OPEN 中选出一个距离最小的顶点 k，将 k 加入 Close 中，并记录 v 为 k 的父节点。

步骤 2：以 k 为中间点，更新 OPEN 中各顶点的距离，如果经过 k 到达某个顶点 u 的距离比原来的距离小，则更新 u 的距离为经过 k 到达 u 的距离，并记录 k 为 u 的父节点。

步骤 3：重复步骤 1 和步骤 2，直到 OPEN 为空或者目标节点加入 Close 中。

步骤 4：根据目标节点的父节点逆向追溯，输出最短路径。

例 5-1 图 5-4 所示为某区域 8 个地点的公路交通网络。现需要从地点 1 运输一批货物至地点 8。问如何选择路径，才能使总的运费最少，各弧线的权代表运输费用。

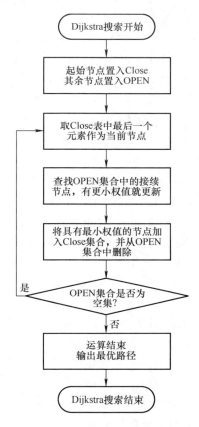

图 5-3 Dijkstra 算法的运算流程图

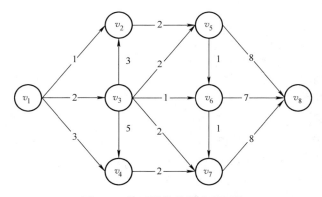

图 5-4 某区域的公路交通网络

解：

(1) $i = 0$

$S_0 = \{v_1\}$，$\lambda_1 = 0$，$P(v_1) = 0$，对每个 $v_j \neq v_s$，令 $T(v_j) = +\infty$，$\lambda_j = 0$，$k = 1$。

(2) $i=1$
$$T(v_2) = \min\{+\infty, w(v_1,v_2)\} = \min\{+\infty, 1\} = 1, \lambda_2 = 1$$
$$T(v_3) = \min\{+\infty, w(v_1,v_3)\} = \min\{+\infty, 2\} = 2, \lambda_3 = 1$$
$$T(v_4) = \min\{+\infty, w(v_1,v_4)\} = \min\{+\infty, 3\} = 3, \lambda_4 = 1$$
在所有 T 标号中 $T(v_2) = 1$ 最小，所以令 $P(v_2) = 1$, $k = 2$。

(3) $i = 2$
$$T(v_5) = \min\{+\infty, P(v_2) + w(v_2,v_5)\} = \min\{+\infty, 1+2\} = 3, \lambda_5 = 2$$
在所有 T 标号中 $T(v_3) = 2$ 最小，所以令 $P(v_3) = 2$, $k = 3$。

(4) $i = 3$
$$T(v_5) = \min\{3, P(v_3) + w(v_3,v_5)\} = \min\{3, 2+2\} = 3, \lambda_5 = 2$$
$$T(v_6) = \min\{+\infty, P(v_3) + w(v_3,v_6)\} = \min\{+\infty, 2+1\} = 3, \lambda_6 = 3$$
$$T(v_7) = \min\{+\infty, P(v_3) + w(v_3,v_7)\} = \min\{+\infty, 2+2\} = 4, \lambda_7 = 3$$
$$T(v_4) = \min\{T(v_4), P(v_3) + w(v_3,v_4)\} = \min\{3, 2+5\} = 3, \lambda_4 = 1$$
在所有 T 标号中 $T(v_5) = 3$ 最小，所以令 $P(v_5) = 3$, $k = 5$。

(5) $i = 4$
$$T(v_6) = \min\{T(v_6), P(v_5) + w(v_5,v_6)\} = \min\{3, 3+1\} = 3, \lambda_6 = 3$$
$$T(v_8) = \min\{+\infty, P(v_5) + w(v_5,v_8)\} = \min\{+\infty, 3+8\} = 11, \lambda_8 = 5$$
在所有 T 标号中 $T(v_6) = 3$ 最小，所以令 $P(v_6) = 3$, $k = 6$。

(6) $i = 5$
$$T(v_7) = \min\{T(v_7), P(v_6) + w(v_6,v_7)\} = \min\{4, 3+1\} = 4, \lambda_7 = 3 \text{ 或 } 6$$
$$T(v_8) = \min\{T(v_8), P(v_6) + w(v_6,v_8)\} = \min\{11, 3+7\} = 10, \lambda_8 = 6$$
在所有 T 标号中 $T(v_6) = 3$ 最小，所以令 $P(v_6) = 3$, $k = 6$。

(7) $i = 6$
$$T(v_7) = \min\{T(v_7), P(v_4) + w(v_4,v_7)\} = \min\{4, 3+2\} = 4, \lambda_7 = 3 \text{ 或 } 6$$
在所有 T 标号中 $T(v_7) = 4$ 最小，所以令 $P(v_7) = 4$, $k = 7$。

(8) $i = 7$
$$T(v_8) = \min\{T(v_8), P(v_7) + w(v_7,v_8)\} = \min\{10, 4+8\} = 10, \lambda_8 = 6$$
在所有 T 标号中 $T(v_8) = 10$ 最小，所以令 $P(v_8) = 10$, $k = 8$。

所以从始点 v_1 到各点的最短路径：

v_1 至 v_1 的最短路为 $v_1 \rightarrow v_1$，长度为 0。

v_1 至 v_2 的最短路为 $v_1 \rightarrow v_2$，长度为 1。

v_1 至 v_3 的最短路为 $v_1 \rightarrow v_3$，长度为 2。

v_1 至 v_4 的最短路为 $v_1 \rightarrow v_4$，长度为 3。

v_1 至 v_5 的最短路为 $v_1 \rightarrow v_2 \rightarrow v_5$，长度为 3。

v_1 至 v_6 的最短路为 $v_1 \rightarrow v_3 \rightarrow v_6$，长度为 3。

v_1 至 v_7 的最短路为 $v_1 \rightarrow v_3 \rightarrow v_6 \rightarrow v_7$，长度为 4。

v_1 至 v_8 的最短路为 $v_1 \rightarrow v_3 \rightarrow v_6 \rightarrow v_8$，长度为 10。

用表上作业法求解过程如图 5-5 所示。

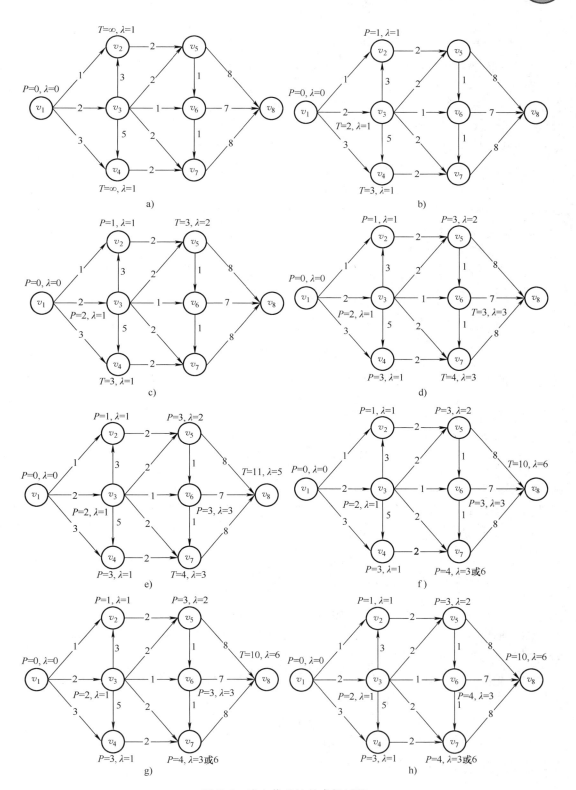

图 5-5 表上作业法的求解过程

5.2.2 最大流问题

最大流问题是网络流理论的一个核心问题,它的目的是在给定网络的装运能力的限制下,找到一种网络运输的方式,使得从源点到汇点的流量达到最大,以获得最优的效果。最大流问题的一个经典算法是标号算法,是由福特(Ford)和福克逊(Fulkerson)于 1956 年首先提出的,它利用了残余网络和增广路径的概念,通过不断地增加流量,直到达到最大流。福特和福克逊还建立了"网络流理论",这是网络应用的一个重要分支。

1. 网络最大流的有关概念

设带有源点 v_s 和汇点 v_t 有向网络图 $D(V,E)$,对于每条弧 $(v_i,v_j) \in E$,都赋有对应的权值 $c(v_i,v_j) > 0$,称为弧 (v_i,v_j) 的容量。一般称 D 为容量网络,简称网络。

通过容量网络 D 中每一条弧 (v_i,v_j) 上的流量,记作 $f(v_i,v_j)$。弧上所有流量的集合 $f = \{f(v_i,v_j)\}$,称为网络流量。

(1) 可行流　对于给定的网络 $D = (V,A,c)$ 和流量 $f = \{f_{ij}\}$,若 f 满足下列条件:

1) 任意弧 $e = (v_i,v_j) \in E$,有
$$0 \leqslant f_{ij} \leqslant c_{ij} \tag{5-1}$$

2) 对于每个中间顶点 $j(j \neq s,t)$ 有
$$\sum f_{ij} = \sum f_{ji} \tag{5-2}$$

对于源点 v_s,有
$$\sum_{v_j \in N^+(v_s)} f_{sj} - \sum_{v_j \in N^-(v_s)} f_{js} = v(f) \tag{5-3}$$

对于汇点 v_t,有
$$\sum_{v_i \in N^+(v_t)} f_{ij} - \sum_{v_i \in N^-(v_t)} f_{ji} = -v(f) \tag{5-4}$$

则 $f = \{f_{ij}\}$ 为一个可行流。

(2) 最大流　求解容量网络上从单源点到单汇点通过的最大可行流,称为最大流。为了更直观,可以用下面的数学公式表示:

$$\max f \text{ s.t.} \begin{cases} \sum_j f_{ji} - \sum_j f_{ij} = \begin{cases} f, i = s \\ 0, i \neq s,t \\ -f, i = t \end{cases} \\ 0 \leqslant f_{ij} \leqslant c_{ij}, (v_i,v_j) \in E \end{cases} \tag{5-5}$$

(3) 前向弧、后向弧　设网络中有一条从源点 v_s 到汇点 v_t 的链,弧的方向与链是同向的,称为前向弧,与链不同向的弧,称为后向弧。

(4) 增广链　在容量网络 $D = (V,A,c)$ 中,设 $f = \{f_{ij}\}$ 是一可行流,p 是从 v_s 到 v_t 的一条链,若链 p 上各弧流量满足条件:

$$\begin{cases} f_{ij} < c_{ij}, (v_i,v_j) \in p^+ \\ f_{ij} > 0, (v_i,v_j) \in p^- \end{cases} \tag{5-6}$$

那么 p 就是 D 中关于可行流 f 的一条增广链。

（5）基本定理

1）设容量网络 D 中可行流为 f，则 f 是最大流的等价条件是 D 中不存在 f 增广链。

2）假设 D 中所有弧的容量都是正整数，则必有一个最大可行整数流是 D 的最大流。

3）D 中 f 增广链和剩余网络 $D(f)$ 中的 (v_s, v_t) 路径是相对应的，则 f 增广链可增广的流量 δ 等于剩余网络 $D(f)$ 中相对应的 (v_s, v_t) 路径的容量。

4）设 f 是 D 的可行流，P 是容量网络 D 中的最短 f 增广链，f' 是增广后的可行流，则容量网络 D 中最短 f' 增广链的长度不会小于 P 的长度。

2. 求网络最大流的标号算法

求最大流的标号算法是由 Ford 和 Fulkerson 于 1956 年提出的，故称为 Ford – Fulkerson 标号算法。其实质是判断网络中是否存在增广链，并设法把增广链找出来。该算法的步骤如下：

步骤 1：取任意可行流 f（一般取 $f = 0$）作为初始可行流。

步骤 2：求 f 增广链。

首先将 v_s 标为 $\delta_s = \infty$ 和 $l_s = 0$，并标记所有顶点为未检查。若已检查了所有已标号的顶点，则执行步骤 4；否则取任意的未检查但已标号的顶点 v_i，检查 v_i 所有的出弧与入弧。对 $\forall (v_i, v_j) \in A$，若弧 (v_i, v_j) 是非饱和且 v_j 没有标号，则给 v_j 标号为 $l_j = +i$ 和 $\delta_j = \min\{\delta_i, c_{ij} - f_{ij}\}$；对 $\forall (v_j, v_i) \in A$，若 (v_j, v_i) 为 f 正弧且 v_j 未标号，则给 v_j 标记为 $l_j = -i$ 和 $\delta_j = \min\{\delta_i, f_{ij}\}$。当与 v_j 所有相关的弧都已检查完后，标记 v_j 为已检查，若 v_t 已标号，说明找到一条 f 增广链，执行步骤 3；否则重复此步骤。

步骤 3：对 f 进行增广。

1）取 $v_{j'} = v_t$，若 v_j 的前顶点标号为 $l_j = 0$，完成增广，即 v_j 为 v_s，所有顶点的标号作废，执行步骤 2；否则转 2）。

2）如果 $l_j = +i$，令 $f'_{ij} = f_{ij} + \delta_t$，用 v_i 代替 v_j，转 1）；若 $l_j = -i$，则令 $f'_{ij} = f_{ij} - \delta_t$，用 v_i 代替 v_j，转 1）。

步骤 4：此时 f 是容量网络 D 的最大流。

例 5-2 如图 5-6 所示的有向图中，v_1 是源点，v_6 是汇点，求最大流。

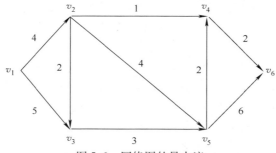

图 5-6　网络图的最大流

首先设初始流为零流。图解法如图 5-7 所示。

图中实线是增广链，可见，$S^* = \{1, 3\}$，$S^{*'} = \{2, 4, 5, 6\}$。虚线的三条边中（1，2），（3，5）组成的集合是最小割，割集容量为（1，2）和（3，5）两条边的容量之和为 7，也就是最大流的流量。

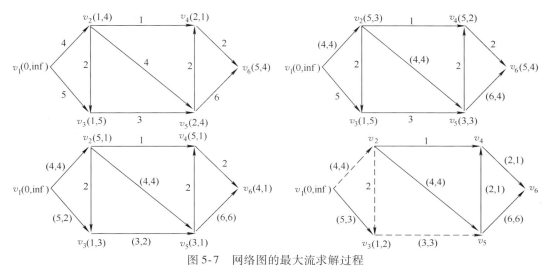

图 5-7 网络图的最大流求解过程

5.3 双代号网络计划图的绘制

5.3.1 网络图的组成

网络图是一种用于系统优化控制的图形工具，根据工作的流程特性绘制而成，全面地显示了系统内部各项工作之间的先后关系、协调关系和配套关系，是制订计划的基础，是协调安排具有多因素、多阶段、纵横有序、确定性和随机性交织在一起的复杂系统的有效方法。

有些简单的任务，可以根据经验做出合理的安排，但对于大型的、复杂的系统，由于其中涉及的工作任务众多，活动错综复杂，单凭经验是无法做出合理安排的，必须借助于网络分析技术，进行统筹规划，才能使整个系统协调运转起来。

要运用网络分析技术，首先就要掌握网络图的组成要素。一个网络图包含了以下几个要素。

（1）工作 工作是指一项有具体活动的过程，它需要人力参加，需要消耗资源，并经过一定的时间后才能够完成。工作用带箭头的箭线"→"表示，且一个箭线只能表示一个工作。

（2）事项 事项是指两个工作之间的衔接点。事项不需要人力参加，不消耗资源，也不占用时间，只是表示某个工作开始和结束的一种符号。事项用一个圆"○"表示。一个事项既是前面工作的结束事项，又是后面工作的开始事项。但每一个工作只能用两个事项来连接，且两个事项之间有且只能有一个工作。

（3）线路 线路是指从始点开始顺着箭头所指的方向，连续不断地到达终点为止的一条通道。线路所需要的时间称为路长，即线路上各个工作的时间总和。在一个系统网络图中，往往包含着多条线路，每一条线路所需要的时间都不同，在所有的线路中，所需时间最长的线路称为关键线路。关键线路的时间也就是完成整个系统的任务所需要的时间。关键线路上的工作若能够按时完成，则整个系统的任务就能按时完成；反之，若关键线路上的工作时间被耽误了，整个系统的完成时间就要受影响。网络分析的目标，就是要通过网络图找出系统的关键线路，并实现系统的优化。

5.3.2 网络图的绘制

绘制网络图是应用网络技术的基础。要绘制网络图，需要先确定系统中包含哪些工作（工序），以及它们之间的逻辑关系、时间要求和资源需求。因此，绘制网络图的过程一般可以分为三个步骤：任务分解、绘图和编号。

1. 任务分解

任务分解原则是指根据任务的目标和要求，将其分解为若干个具体的工作，并确定各个工作之间的逻辑关系和资源需求，从而使任务更加清晰、可控和可执行。任务分解的步骤主要包括：

（1）将任务分解为工作　为了便于制订和实施计划，需要将一个复杂的任务分解为一系列相对简单的工作。分解的粗细程度应根据任务的性质、规模和难度而定，一般来说，分解得越细，控制得越容易。根据分解的层次不同，可以绘制不同级别的网络图，如：

1）总网络图：反映整个系统或项目的进度安排和关键路径的网络图，主要用于领导层的决策和监督。

2）分网络图：反映子系统或子项目的进度安排和关键路径的网络图，主要用于各部门或单位之间的协调和沟通。

3）基层网络图：反映具体工作或活动的进度安排和关键路径的网络图，主要用于基层人员或小组之间的执行和调度。

（2）确定各个工作之间的逻辑关系　在完成任务分解后，还需要确定各个工作之间存在哪些逻辑关系，即哪些工作是前提条件、哪些工作是后续结果、哪些工作是同时进行的、哪些工作是交叉进行的等。这些逻辑关系可以用以下几种方式表示：

1）紧前工作：指在某个工作开始之前，必须先完成的工作，例如，在建造房屋之前，必须先完成地基施工。

2）紧后工作：指在某个工作完成之后，必须紧接着开始的工作，例如，在完成地基施工之后，必须紧接着开始墙体施工。

3）平行工作：指与某个工作同时进行的工作，例如，在墙体施工时，可以同时进行门窗安装。

4）交叉工作：指与某个工作交叉进行的工作，例如，在墙体施工时，可以交叉进行电路布线。

确定各个工作之间的逻辑关系是绘制网络图的基础，也是保证计划合理性和可行性的重要条件。因此，在确定逻辑关系时，要充分考虑各个因素的影响，并进行系统分析和验证。

（3）计算每项工作所需的成本（时间、费用、设备及人员）　每项工作所需的时间称为作业时间或工作时间，用 t_e 表示。作业时间的长短会受到作业人员的技术水平、设备条件或气候条件等因素的影响，因此在不同的人、不同的时期、不同的地点可能会有所差异。计算作业时间有两种方法：

1）一点估计法：如果有劳动定额资料或者作业时间消耗的统计数据，可以利用这些资料，通过分析对比，得出一个作业时间值。

2）三点估计法：这种方法是把时间定额分为最乐观时间、最悲观时间和最大可能时间 3 种。

① 最乐观时间 a：是指在工作的各个方面都很顺利、协调和配合的情况下，完成某个作业所需的时间。最乐观时间主要靠技术指导、组织管理等方面的改善来实现，而不是靠增加人力、物力来达到的。

② 最悲观时间 b：是指在工作遇到最多困难和障碍的情况下，完成某个作业所需的时间。

③ 最大可能时间 m：是指在一般正常情况下，完成某个作业的可能性最高时所需的时间。

三点估计法是求上述 3 个时间的平均值：

$$平均作业时间\ t_e = \frac{a + 4m + b}{6}$$

在网络计划中，准确地确定各个工作所需的时间是非常重要的。如果能够充分利用平时积累的定额资料，就会非常方便和省力。但由于实际情况经常变化，所以要采用估算的方法来确定，最常用的就是三点估计法。

为了使系统在资源（包括人力、物力、资金、时间等）的使用上达到最优，通常要同时考虑时间因素和成本因素，所以，在估计每项工作所需的时间之外，还要估计每项工作所需的费用或成本，可以参照估计工作时间的方法来估计工作的成本。

（4）将分解结果汇总列表　最后，将分解的结果汇总成一张明细表，表的主要内容包括工作名称、工作之间的关系、完成每个工作所需要的时间、成本（费用、资金、设备、人员）等，见表 5-1。

表 5-1　任务分解明细表

工作名称	紧前工作	工作时间（单位）	工作费用（单位）
⋮	⋮	⋮	⋮
⋮	⋮	⋮	⋮
⋮	⋮	⋮	⋮

2. 绘图

（1）图形代号　任务分解完成后，就要具体绘图。双代号网络图的表示方法是：

1）用箭线表示工作，工作名称标在箭线上方，工作时间标在箭线下方。

2）用圆表示事项，工作与工作之间用事项连接起来，一个工作由两个事项连接，且两个事项之间有且只能有一个工作。

3）箭头的方向表示工作进行的方向，箭尾表示工作开始，箭头表示工作结束，如图 5-8 所示。

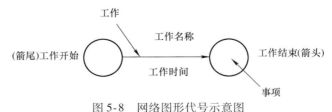

图 5-8　网络图形代号示意图

（2）绘图原则　绘制网络图时，应注意以下问题。

1）网络图是有向的，从左向右排列，不能出现循环。例如，图 5-9、图 5-10 所示的网络图就是错误的。

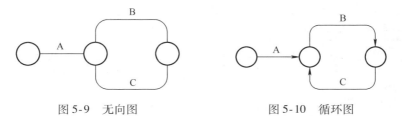

图 5-9 无向图　　　　　图 5-10 循环图

2) 一个网络图只能有一个总开始事项和一个总结束事项。不管是总网络图,还是分网络图、基层网络图,都只能有一个总开始事项和一个总结束事项。

例 5-3 一项工程可以分成四个工作,有关资料见表 5-2,则该项工程的网络图如图 5-11 所示。

表 5-2 某工程工作分解表

工作名称	紧前工作
A	—
B	—
C	A
D	A、B

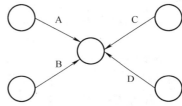

图 5-11 某工程网络图（错误）

由于例 5-3 中有两个总开始事项和两个总结束事项,故图 5-11 所示的网络图是错误的。

3) 要合理运用虚工作。虚工作是指仅表示工作之间相互依存的逻辑关系的工作,而不代表真正的工作,虚工作既不需要人力,也不消耗资源,更不占用时间。虚工作用带箭头的虚线"- - - ->"表示。

分析例 5-3 中的图 5-11,可以发现,它有两处错误:一是有多于一个的总开始事项和总结束事项;二是工作与工作之间的逻辑关系不对。C 的紧前工作只有工作 A,而在图 5-11 中,C 的紧前工作是 A 和 B,这显然不对。那么,应该如何画这个网络图呢?只要引入一个虚工作就可以了,如图 5-12 所示。

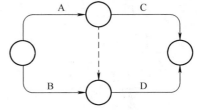

图 5-12 引入虚工作的网络图（正确）

例 5-4 一项工程由 5 个工作组成,有关资料见表 5-3,则该工程的网络图如图 5-13 所示。

表 5-3 某工程工作分解表

工作名称	紧前工作
A	—
B	A
C	A
D	A
E	B、C、D

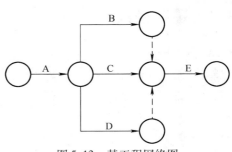

图 5-13 某工程网络图

例 5-5 一项工程由 7 个工作组成，有关资料见表 5-4，则该工程的网络图如图 5-14 所示。

表 5-4 某工程工作分解表

工作名称	紧前工作
A	—
B	—
C	B
D	A、C
E	C
F	D
G	E

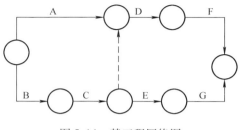

图 5-14 某工程网络图

3. 编号

为便于对网络图进行管理和计算，需要对网络图中的事项统一编号。编号规则可归纳如下：

1) 每个事项均有一个编号，不能重复。
2) 编号顺序是自左向右，逐列编号，每列自上而下或自下而上。
3) 一个工作的两个相关事项可写成 ⓘ→ⓙ，编号一般要求箭尾事项的编号小于箭头事项的编号，即 $i<j$。

例 5-6 一项工程由 8 个工作组成，有关资料见表 5-5，则该工程的网络图如图 5-15 所示。

表 5-5 某工程工作分解表

工作名称	紧前工作	工作时间/d
A	—	1
B	—	8
C	A	6
D	A	9
E	B、C	5
F	B、C	4
G	D、E	7
H	F	3

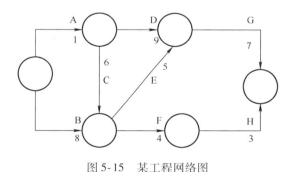

图 5-15 某工程网络图

5.4 关键路径法

绘制网络图的最终目的，是要通过网络图实现对系统的最优控制，因而，就必须计算网络图的时间参数。网络图时间参数的计算，是网络分析的重要环节，是编制网络计划，寻找关键路径的前提。寻找关键路径有两种途径：一是计算网络图中事项的时间参数；二是计算网络图中工作的时间参数。无论是计算事项的时间参数，还是计算工作的时间参数，都是为了寻找关键路径。

网络图时间参数的计算方法有 3 种：①公式计算法，即用公式进行网络图时间参数的计算；②图上计算法，即直接在网络图上完成时间参数的计算；③表格计算法，即利用表格完成对网络图时间参数的计算。这 3 种方法都可以计算出各项工作的时间参数，并找到关键工作、关键事项和关键路径，为编制计划提供依据。

5.4.1 事项时间参数的计算

事项时间参数的计算包括事项的最早开始时间、事项的最迟结束时间和事项的时差。

1. 事项的最早开始时间 $t_E(j)$

即从始点起到此事项的最长路线的时间之和。

计算顺序：从始点开始，自左至右，逐个计算，直至终点。

计算公式：

$$\begin{cases} t_E(1) = 0 \\ t_E(j) = \max[t_E(i) + t(i,j)] \end{cases} \quad (j = 2,3,\cdots,n) \tag{5-7}$$

式中，$t_E(j)$ 为箭头事项的最早开始时间；$t_E(i)$ 为箭尾事项的最早开始时间；$t(i,j)$ 为工作 ⓘ→ⓙ 的最早开始时间。

表示方法：事项ⓙ的最早开始时间 $t_E(j)$ 计算出来后，直接标在事项ⓙ的上方，用"□"框起来。

例 5-7 计算例 5-4 中事项的最早开始时间。

解：

$$t_E(1) = 0$$

$$t_E(2) = \max[t_E(1) + t(1,2)] = 0 + 1 = 1$$

$$t_E(3) = \max\begin{pmatrix} t_E(2) + t(2,3) \\ t_E(1) + t(1,3) \end{pmatrix} = \max\begin{pmatrix} 1 + 6 \\ 0 + 8 \end{pmatrix} = 8$$

$$t_E(4) = \max\begin{pmatrix} t_E(2) + t(2,4) \\ t_E(3) + t(3,4) \end{pmatrix} = \max\begin{pmatrix} 1 + 9 \\ 8 + 5 \end{pmatrix} = 13$$

$$t_E(5) = t_E(3) + t(3,5) = 8 + 4 = 12$$

$$t_E(6) = \max\begin{pmatrix} t_E(4) + t(4,6) \\ t_E(5) + t(5,6) \end{pmatrix} = \max\begin{pmatrix} 13 + 7 \\ 12 + 3 \end{pmatrix} = 20$$

将计算结果标在图 5-16 所示的方框中。

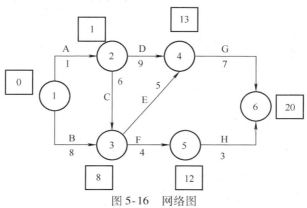

图 5-16 网络图

2. 事项的最迟结束时间 $t_L(i)$

即在这个时间里该事项必须完成，若不能完成，就会影响紧后各项工作按时开始。

计算顺序：从终点开始，自右向左，逐个计算，直至始点。

计算公式：

$$\begin{cases} t_L(n) = t_E(n) \\ t_L(i) = \min[t_L(j) - t(i,j)] \quad (i = n-1, n-2, \cdots, 3, 2, 1) \end{cases} \tag{5-8}$$

式中，$t_L(n)$ 为终点的最迟开始时间；$t_E(n)$ 为终点的最早开始时间；$t_L(i)$ 为箭尾事项的最迟结束时间；$t_L(j)$ 为箭尾事项的最迟结束时间。

表示方法：事项 ① 的最迟结束时间 $t_L(i)$ 计算出来后，直接标在事项 ① 的下方，用三角形"△"框起来。

例 5-8 计算例 5-6 中事项的最迟结束时间。

解：

$$t_L(6) = t_E(6) = 20$$

$$t_L(5) = t_L(6) - t(5,6) = 20 - 3 = 17$$

$$t_L(4) = t_L(6) - t(4,6) = 20 - 7 = 13$$

$$t_L(3) = \min\begin{bmatrix} t_L(5) - t(3,5) \\ t_E(4) - t(3,4) \end{bmatrix} = \min\begin{pmatrix} 17 - 4 \\ 13 - 5 \end{pmatrix} = 8$$

$$t_L(2) = \min\begin{bmatrix} t_L(4) - t(2,4) \\ t_E(3) - t(2,3) \end{bmatrix} = \min\begin{pmatrix} 13 - 9 \\ 8 - 6 \end{pmatrix} = 2$$

$$t_L(1) = \min\begin{bmatrix} t_L(2) - t(1,2) \\ t_E(3) - t(1,3) \end{bmatrix} = \min\begin{pmatrix} 2 - 1 \\ 8 - 8 \end{pmatrix} = 0$$

将计算结果标在图 5-17 所示的三角形框里。

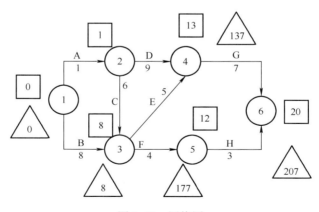

图 5-17 网络图

3. 事项的时差 $S(i)$ 或 $S(j)$

即事项的最迟结束时间 $t_L(i)$ 与最早开始时间 $t_E(i)$ 之差。事项的时差表明一个事项可以推迟多长时间完成，而不至于影响整个工期和下一个事项的最早开工，它表明了该事项有多大的机动时间可以利用。

计算顺序：在网络图上自左至右或自右至左计算。

计算公式：
$$S(i) = t_L(i) - t_E(i) \quad (i = n-1, n-2, \cdots, 3, 2, 1) \tag{5-9}$$

或
$$S(j) = t_L(j) - t_E(j) \quad (j = 1, 2, 3, \cdots, n-1, n) \tag{5-10}$$

用符号表示：
$$S(i) = \triangle - \square$$

例 5-9 计算例 5-6 中事项的时差。

解：

$S(6) = t_L(6) - t_E(6) = 20 - 20 = 0$ $S(5) = t_L(5) - t_E(5) = 17 - 12 = 5$

$S(4) = t_L(4) - t_E(4) = 13 - 13 = 0$ $S(3) = t_L(3) - t_E(3) = 8 - 8 = 0$

$S(2) = t_L(2) - t_E(2) = 2 - 1 = 1$ $S(1) = t_L(1) - t_E(1) = 0 - 0 = 0$

时差为零的事项称为关键事项，结合事项参数的计算，把关键事项串起来，就得到了关键路径。

例如例 5-6 中的关键事项为①、③、④、⑥，关键路径为①→③→④→⑥；总时间为 (8+5+7)d = 20d。即关键路径的路长为 20d，说明完成该项工程所需要的时间为 20d。

用双箭线表示关键路径，其他的路径是"非关键路径"，称"富裕路径"。

如例 5-4 中的路径①→②→④→⑥就是一条富裕路径，其工作时间为 17d，比关键路径少 3d，这 3d 就是该条路径的富裕时间。

一个网络图的关键路径可能不止一条，而且关键路径和非关键路径是相对的，是可以变化的。在编制和执行计划的过程中，采取一定的技术组织措施，可以使非关键路径变为关键路径。

例 5-9 是用公式法计算事项时间参数，求关键线路的。还可以省去公式计算过程，按照图上计算法直接计算，在图上标号，求得事项的时间参数，见例 5-10。

另外，为了使网络图看上去简洁、清晰，引入图 5-18 所示的编号来表示事项 i 的编号、事项 i 的最早开始时间 $t_E(i)$，以及事项 i 的最迟结束时间 $t_L(i)$。

例 5-10 一项工程由 9 个工作组成，有关资料见表 5-6。

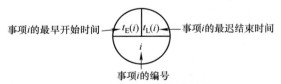

图 5-18 事项时间参数值表示图

表 5-6 某项工程工作分解表

工作名称	紧前工作	工作时间/d	工作名称	紧前工作	工作时间/d
A	—	6	F	C、D	5
B	—	5	G	C、D	3
C	A	7	H	E、F	4
D	B	3	I	G	6
E	B	4			

解：用图上计算法求出网络各事项的时间参数，如图 5-19 所示。

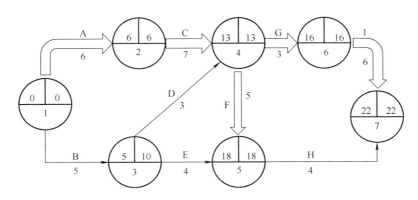

图 5-19 网络图

该网络有两条关键路径：

①→②→④→⑥→⑦
①→②→④→⑤→⑦

关键路径的路长为 22d。

5.4.2 工作时间参数的计算

工作时间参数的计算包括工作最早开始时间、工作最早结束时间、工作最迟结束时间、工作最迟开始时间、工作总时差和工作单时差。

1. 工作最早开始时间 $T_{ES}(i,j)$

任何一个工作都必须在其紧前工作结束后才能开始，紧前工作的最早结束时间，即是该工作的最早可能开始的时间，简称工作最早开始时间，它等于该工作箭尾事项的最早开始时间，即

$$T_{ES}(i,j) = t_E(i) \tag{5-11}$$

例 5-11 计算例 5-10 中各工作的最早开始时间。

解：

$$T_{ES}(1,2) = t_E(1) = 0 \quad T_{ES}(1,3) = t_E(1) = 0 \quad T_{ES}(2,4) = t_E(2) = 6$$
$$T_{ES}(3,4) = t_E(3) = 5 \quad T_{ES}(3,5) = t_E(3) = 5$$
$$T_{ES}(4,5) = T_{ES}(4,6) = t_E(4) = 13$$
$$T_{ES}(5,7) = t_E(5) = 18 \quad T_{ES}(6,7) = t_E(6) = 16$$

2. 工作最早结束时间 $T_{EF}(i,j)$

工作最早结束时间是工作可能结束时间的简称，它等于工作最早开始时间加上完成该工作所需要的工作时间。即

$$T_{EF}(i,j) = T_{ES}(i,j) + t(i,j) \tag{5-12}$$

例 5-12 计算例 5-10 中各工作的最早结束时间。

解：

$$T_{EF}(1,2) = T_{ES}(1,2) + t(1,2) = 0 + 6 = 6$$
$$T_{EF}(1,3) = T_{ES}(1,3) + t(1,3) = 0 + 5 = 5$$
$$T_{EF}(2,4) = T_{ES}(2,4) + t(2,4) = 6 + 7 = 13$$
$$T_{EF}(3,4) = T_{ES}(3,4) + t(3,4) = 5 + 3 = 8$$
$$T_{EF}(3,5) = T_{ES}(3,5) + t(3,5) = 5 + 4 = 9$$
$$T_{EF}(4,5) = T_{ES}(4,5) + t(4,5) = 13 + 5 = 18$$
$$T_{EF}(4,6) = T_{ES}(4,6) + t(4,6) = 13 + 3 = 16$$
$$T_{EF}(5,7) = T_{ES}(5,7) + t(5,7) = 18 + 4 = 22$$
$$T_{EF}(6,7) = T_{ES}(6,7) + t(6,7) = 16 + 6 = 22$$

3. 工作最迟结束时间 $T_{LF}(i,j)$

在不影响工程最早结束时间的前提下，工作最迟必须结束的时间，简称工作最迟结束时间，它等于工作箭头事项的最迟结束时间。即

$$T_{LF}(i,j) = t_L(j) \tag{5-13}$$

例 5-13 计算例 5-10 中各工作的最迟结束时间。

解：

$$T_{LF}(1,2) = t_L(2) = 6 \quad T_{LF}(1,3) = t_L(3) = 10 \quad T_{LF}(2,4) = t_L(4) = 13$$
$$T_{LF}(3,4) = t_L(4) = 13 \quad T_{LF}(3,5) = t_L(5) = 18 \quad T_{LF}(4,5) = t_L(5) = 18$$
$$T_{LF}(4,6) = t_L(6) = 16 \quad T_{LF}(5,7) = t_L(7) = 22 \quad T_{LF}(6,7) = t_L(7) = 22$$

4. 工作最迟开始时间 $T_{LS}(i,j)$

在不影响工程最早结束时间的条件下，工作最迟必须开始的时间，简称工作最迟开始时间，它等于工作最迟结束时间减去完成工作所需要的时间。即

$$T_{LS}(i,j) = T_{LF}(i,j) - t(i,j) \tag{5-14}$$

例 5-14 计算例 5-10 中各工作的最迟开始时间。

解：

$$T_{LS}(1,2) = T_{LF}(1,2) - t(1,2) = 6 - 6 = 0$$
$$T_{LS}(1,3) = T_{LF}(1,3) - t(1,3) = 10 - 5 = 5$$
$$T_{LS}(2,4) = T_{LF}(2,4) - t(2,4) = 13 - 7 = 6$$
$$T_{LS}(3,4) = T_{LF}(3,4) - t(3,4) = 13 - 3 = 10$$
$$T_{LS}(3,5) = T_{LF}(3,5) - t(3,5) = 18 - 4 = 14$$
$$T_{LS}(4,5) = T_{LF}(4,5) - t(4,5) = 18 - 5 = 13$$
$$T_{LS}(4,6) = T_{LF}(4,6) - t(4,6) = 16 - 3 = 13$$
$$T_{LS}(5,7) = T_{LF}(5,7) - t(5,7) = 22 - 4 = 18$$
$$T_{LS}(6,7) = T_{LF}(6,7) - t(6,7) = 22 - 6 = 16$$

5. 工作总时差 $TE(i,j)$

在不影响工程最早结束时间的条件下，工作最早开始或结束时间可以推迟的时间，称为该工作的总时差。即

$$TE(i,j) = T_{LS}(i,j) - T_{ES}(i,j)$$
$$= T_{LF}(i,j) - T_{EF}(i,j) \quad (5\text{-}15)$$
$$= t_L(j) - t_E(i) - t(i,j)$$

工作的总时差越大,表明该工作在整个网络中的机动时间越大,可以在一定的范围内将该工序的人力、物力资源用到关键工作上去,以达到缩短工程结束时间的目的。

6. 工作单时差 FF(i,j)

在不影响紧后工作最早开始时间的条件下,工作最早结束时间可以推迟的时间,称为工作单时差。即

$$FF(i,j) = T_{ES}(j,k) - T_{EF}(i,j) \quad (5\text{-}16)$$

式中,$T_{ES}(j,k)$ 为工序 $i \to j$ 的紧后工序的最早开始时间。

工作总时差为零的工序,开始和结束时间没有机动的余地。由这些工作组成的路径就是网络中的关键路径,这些工作就是关键工作,用计算工作总时差的方法确定网络的关键工作和关键路径是最常用的方法。

以上例题是用公式法和图上计算法求关键路径的。用公式法计算的步骤简单机械,不容易出错。直接在图上进行计算,简便快捷,但在工序很多和网络图复杂的情况下,容易出错和遗漏。除上述两种方法以外,还可以用表格法进行计算。

表格法计算时间参数的步骤是:首先设计表格,然后在表上填写各项工作的工作代号、箭线的起始点、工作时间,按照计算 $T_{ES}(i,j)$、$T_{EF}(i,j)$、$T_{LS}(i,j)$、$T_{LF}(i,j)$、TE 及 FF 的顺序,根据计算各项时间参数的公式,在表格上对逐项工作进行计算。首先是计算 $T_{ES}(i,j)$ 和 $T_{EF}(i,j)$,方法是由始点开始,从上至下逐项工作进行计算;然后是计算 $T_{LS}(i,j)$ 和 $T_{LF}(i,j)$,这时由终点开始,由下而上逐项工作进行计算。最后,计算各项工作的 TE 和 FF,并确定关键工作与关键路径。

例 5-15 用表格法计算例 5-10 中各项工作的时间参数,并确定关键工作和关键路径。

解:用表格法计算,其计算结果见表 5-7。

表 5-7 用表格法计算时间参数

工作代号	事项		时间参数							关键工作
	i	j	$t(i,j)$	T_{ES}	T_{EF}	T_{LS}	T_{LF}	TE	FF	
A	1	2	6	0	6	0	6	0	0	*
B	1	3	5	0	5	5	10	5	0	
C	2	4	7	6	13	6	13	0	0	*
D	3	4	3	5	8	10	13	5	5	
E	3	5	4	5	9	14	18	9	9	
F	4	5	5	13	18	13	18	0	0	*
G	4	6	3	13	16	13	16	0	0	*
H	5	7	4	18	22	18	22	0	0	*
I	6	7	6	16	22	16	22	0	0	*

将关键工作串起来,就可以得到关键路径。与前面所用公式法、图上计算法得到的计算

结果是一样的。

5.5 计划评审技术

5.5.1 计划评审技术概述

计划评审技术（PERT）是一种项目管理方法，由美国海军特别办公室和博思艾伦咨询公司于 1958 年联合开发，主要应用于"北极星"潜艇项目的进度控制和不确定性活动时间的处理。

计划评审技术（PERT）与关键路径法（CPM）都是项目管理中的常用工具，它们可以帮助确定项目的最短完成时间和关键活动。不同的是，PERT 考虑了活动时间的不确定性，它使用三种不同的时间估计来描述活动的可能持续时间：最乐观的时间 a、最可能的时间 m 和最悲观的时间 b，且 $a \leq m \leq b$。然后，根据 β 分布的概率密度函数，计算出各项活动的期望时间 d，以及活动时间的方差 $\sigma^2 = \left(\dfrac{b-a}{6}\right)^2$。

5.5.2 计划评审技术步骤

计划评审技术步骤如下：

1）识别项目中的所有必要活动，并给每个活动分配一个代号和一个描述。

2）根据活动之间的逻辑关系，绘制网络图。

3）对每个活动所需的时间做三点时间估计，计算每个活动的期望时间 d 和方差 σ^2，计算公式为

$$d = \frac{a + 4m + b}{6}, \sigma^2 = \left(\frac{b-a}{6}\right)^2 \tag{5-17}$$

4）根据期望时间 d，确定关键路径，设关键路径长为 T。

5）计算关键路径（总工期）的方差 σ_{cp}^2，在每个活动独立的条件下，关键路径的方差等于关键路径上每个活动方差之和。

6）由中心极限定理（在实际工作中，关键路径上的活动总是大于 30），总工期服从均值为 T、方差为 σ_{cp}^2 的正态分布，即工期 $D \sim N(T, \sigma_{cp}^2)$，计算 Z：

$$Z = \frac{D - T}{\sigma_{cp}} \tag{5-18}$$

根据正态分布测算在 D 时间内完工的概率。

5.5.3 示例

例 5-16 开发一个新产品，需要完成的工作和先后关系，各项工作需要的时间汇总在逻辑关系表 5-8 中。要求编制该项目的网络计划图和计算有关参数。

1）根据表 5-8 中数据，绘制网络图，如图 5-20 所示。

表 5-8 逻辑关系

序号	工作名称	工作代号	工作持续时间/d	紧前工作
1	产品设计和工艺设计	A	60	—
2	外购配套件	B	45	A
3	锻件准备	C	10	A
4	工装制造1	D	20	A
5	铸件	E	40	A
6	机械加工1	F	18	C
7	工装制造2	G	30	D
8	机械加工2	H	15	E
9	机械加工3	K	25	G
10	装配与调试	L	35	B, F, H, K

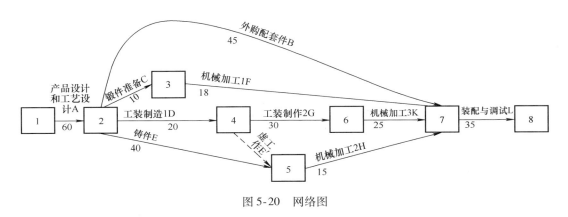

图 5-20 网络图

2）各活动的时间估计见表 5-9，求该项目在 160d 完工的概率。其关键路径为 A→D→G→K→L。

表 5-9 各活动的时间估计

序号	工作名称	工作代号	工作持续时间估计			期望时间 $d=\dfrac{a+4m+b}{6}$	时间方差 $\sigma^2=\left(\dfrac{b-a}{6}\right)^2$
			a	m	b		
1	产品设计和工艺设计	A	40	60	80	60	$44\dfrac{4}{9}$
2	外购配套件	B	40	40	70	45	25
3	锻件准备	C	8	8	20	10	4
4	工装制造1	D	10	20	30	20	$11\dfrac{1}{9}$
5	铸件	E	35	40	45	40	$2\dfrac{7}{9}$
6	机械加工1	F	12	19	20	18	$1\dfrac{7}{9}$
7	工装制造2	G	30	30	30	30	0

(续)

序号	工作名称	工作代号	工作持续时间估计			期望时间 $d = \dfrac{a + 4m + b}{6}$	时间方差 $\sigma^2 = \left(\dfrac{b-a}{6}\right)^2$
			a	m	b		
8	机械加工2	H	12	15	18	15	1
9	机械加工3	K	5	25	45	25	$44\dfrac{4}{9}$
10	装配与调试	L	20	30	70	35	$69\dfrac{4}{9}$

总工期的方差为

$$\sigma_{cp}^2 = \sigma_A^2 + \sigma_D^2 + \sigma_G^2 + \sigma_K^2 + \sigma_L^2 = 44\frac{4}{9} + 11\frac{1}{9} + 0 + 44\frac{4}{9} + 69\frac{4}{9} = 169\frac{4}{9}$$

所以工期服从均值为170、方差为 $169\dfrac{4}{9}$ 的正态分布，即 $D \sim N\left(170, 169\dfrac{4}{9}\right)$

若要求在160d完成项目的概率，即 $D = 160$，则

$$Z = \frac{D - T}{\sigma_{cp}} = \frac{160 - 170}{\sqrt{169\dfrac{4}{9}}} = -0.77$$

查正态分布表或应用 Excel 函数 NORMSDIST 得出：项目在160d内完工的概率 $P\{D \leq 160\}$ = NORMSDIST($-0.77, 1$) = 22%。

5.6 网络图的优化

通过绘制网络图并进行计算，能够确定网络图的时间参数，并找出其中的关键路径，从而制订系统规划或项目开发计划。然而，这样的计划仅仅是一个初始方案，并不能保证是最优的。人们需要通过对初始方案进行调整和改进，以求得最优的计划方案。

最优计划方案是指根据编制计划的要求，综合考虑进度、费用和资源等目标，以实现整体最优化。因此，网络图的优化与控制主要关注以下几个方面：①追求工期最短，即缩短工程进度，以确保项目能够尽早完成；②力求费用最低，即确定成本最低的日程安排，以节约资源投入；③追求资源最优化，即在有限的资源条件下合理安排和利用资源。

为实现这些目标，人们需要优化和控制网络图的结构和关键路径，采取适当的调整措施。这可能包括优化任务的安排顺序，优化资源的分配和利用方式，以及采用合理的调度策略等。通过这些努力，人们可以得到一个整体上最优的计划方案，使项目能够在最短的时间内、最低的成本下，以最优的资源利用效率顺利实施。

5.6.1 缩短工程进度

为了在现有资源允许的条件下尽量缩短工程进度，可以采取以下主要途径。

1. 采取技术措施

通过采用改进的工艺方案、合理划分工序组成、改进工艺装备等措施，来压缩关键工作的工作时间。这些技术措施旨在提高工作效率，减少生产周期，从而缩短工程进度。

2. 采取组织措施

在工艺流程允许的条件下,对关键路径上的各关键工作进行平行作业或交叉作业的组织安排。同时,合理调配工程技术人员或生产工人,以最大限度地缩短各项关键工作的工作时间,从而达到缩短工期的目的。

3. 利用时差

利用时差原理,从非关键工作中抽调部分人力和物力,集中用于关键工作。这样可以加大关键工作的资源投入,提高工作效率,进而缩短关键工作的时间,从而缩短整个工期。

例 5-17 某项工程的有关资料见表 5-10,另外,每天可以安排的人员数只有 10 人,要求工程在 15d 内完成,在现有人力资源条件下,应如何安排工程进度,按期完成任务?

表 5-10 某工程任务分解表

工作名称	紧前工作	工作时间/d	每天需要的人员/人
A	—	4	4
B	—	5	4
C	—	8	3
D	B	5	4
E	A、B、C	9	7
F	C	1	3

解:1)绘制网络图,并求出关键路径,得到初始方案,如图 5-21 所示。图中每条箭线上括号内的数字,是该项工作所需要的人员。

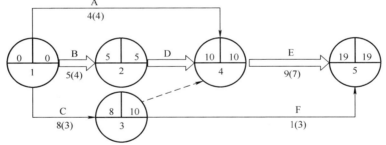

图 5-21 某工程初始方案网络图

关键路径为:①→②→④→⑤。

关键路径的路长为:19d,即工程需要 19d 才能完成,不能满足完工期的要求。

2)画出每天对人员需要量的直方图,如图 5-22 所示。由图 5-22 可知,对人员的需求也不能满足要求,比如,在前 4d,由于 A、B、C 三项工作同时进行,对人员的需要量是 11 人。

3)计划调整。为了在现有人力资源条件下按期完工,所以在保证关键工作人员配置的情况下,要想办法从非关键工作抽调人力,支援关键工作。比如,对计划做如下调整:

① 从非关键工作 A 上抽调人员 2 名,分别支援给关键工作 B 一名和关键工作 D 一名,这样工作 A 的工作时间将延长至 8d,而工作 B 和工作 D 的工作时间都将缩短为 4d。

② 从非关键工作 F 上抽调人员 2 名,支援关键工作 E,这样工作 F 的工作时间将延长至 3d,而工作 E 的工作时间将缩短为 7d。

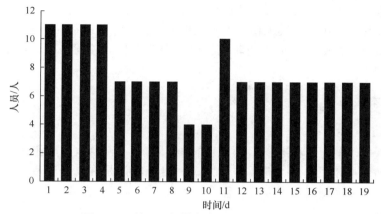

图 5-22　某工程初始方案人员需求直方图

按照上述思路，对初始方案进行调整后，得到第二个方案，如图 5-23 所示。

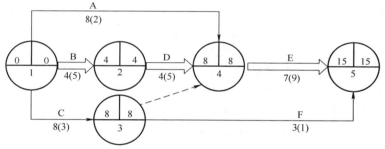

图 5-23　某工程方案二网络图

4）方案二有 3 条关键路径：

① 关键线路径 1：①→④→⑤。

② 关键线路径 2：①→②→④→⑤。

③ 关键线路径 3：①→③→④→⑤。

由图 5-23 可知，此时的工期为 15d，满足题目的要求，且每天对人员的需求量也不超过 10 人，如图 5-24 所示。

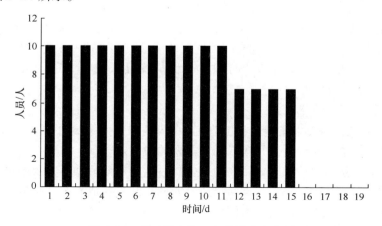

图 5-24　某工程方案二人员需求直方图

采用上述方法缩短工期时，要注意资源的特殊性。有时非关键路径上的工作，虽有机动时间，但其资源却不能用于关键工作，如专业技术人员、特种设备等。另外，抽调非关键路径上的资源要适当，否则会造成矛盾转化，出现新的更长的关键路径，达不到缩短工期的目的。

5.6.2 时间成本优化

1. 基本思想

在工程管理中，缩短工程进度不仅要考虑时间因素，还要综合分析时间、成本等各项因素的影响，以确保整体效益最大化。也就是说，目标应该是在满足工程质量和安全的前提下，实现最短工期和最低成本。一项工程或任务通常包含三种类型的成本：直接成本、间接成本和赶工成本。

（1）直接成本　直接成本是指为完成工程任务而发生的费用，如人工费、材料费、燃料费等。直接成本与每一道工序的工作量和效率密切相关，若要缩短工序的工作时间，相应地就要增加一部分直接成本。

（2）间接成本　间接成本是指为支持工程项目而发生的费用，如管理人员的工资、办公费、采购费等。间接成本与整个工程项目的规模和周期有关，在某些工程项目中，间接成本是按照各道工序所消耗的时间比例进行分摊的。因此，工序的工作时间越短，分摊到该工序的间接费用就越少；工程周期越短，则工程的总间接费用就越少。

（3）赶工成本　赶工成本是指为了缩短工期而增加了人力、物力等资源所需要的额外费用。赶工成本与每一道工序的正常时间和赶工时间之差有关，正常时间和赶工时间之差越大，则赶工成本越高。

所谓网络图的时间成本优化，就是研究如何在保证网络图逻辑关系不变的情况下，以最低的总成本来缩短整个项目周期的问题。在编制网络计划时，需要计算不同完工时间所对应的总成本，并找出使总成本最低的完工时间，称为最低成本日程。无论是以降低总成本为主要目标，还是以尽量缩短项目周期为主要目标，都要计算最低成本日程，从而才能制订出最优计划方案。

那么如何寻找最低成本日程呢？

这里有两个目标：一是尽可能使项目周期最短；二是使完成项目所需的总成本最低。由于项目的周期是由关键路径的时间决定的，也就是由关键活动的时间决定的，所以要缩短项目周期，就要想办法缩短关键活动的时间。同时为了达到使总成本最低的目的，就要想办法缩短单位赶工成本最低的关键活动的时间。这种寻找最低成本日程的方法称作"关键路径-赶工法"。

2. 基本概念

要缩短工程周期，就要在某些工作上赶工。所谓赶工，是相对于正常工作时间而言的。

1）正常时间：指按原计划进行该活动所需要的时间。

2）赶工时间：指通过增加人力、物力等资源后，完成该活动所需要的最少时间。

3）正常成本：指按原计划进行该活动所需要的正常直接成本和间接成本之和。

4）赶工成本：指赶工使该活动时间缩短后所需要的直接成本和间接成本之和。

5）成本斜率：指赶工一天所需要的额外成本，等于赶工成本与正常成本之差除以正常

时间与赶工时间之差，即

$$\text{成本斜率} = \frac{\text{赶工成本} - \text{正常成本}}{\text{正常时间} - \text{赶工时间}} \quad (5-19)$$

要理解以上基本概念，可以参考图 5-25 所示的成本斜率示意图。

工程总成本由直接成本、间接成本和赶工成本三部分组成，即

工程总成本 = 直接成本 + 间接成本 + 赶工成本
(5-20)

下面通过一个例子来说明网络图时间成本优化的步骤和原理。

例 5-18 某工程由 4 项工作组成，其有关资料见表 5-11。

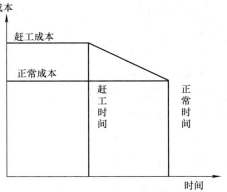

图 5-25 成本斜率示意图

表 5-11 某工程任务分解表

工作名称	紧前工作	工作时间/d		工作费用/千元		成本斜率 /（千元/d）
		正常时间	赶工时间	正常费用	赶工费用	
A	—	3	1	10	18	4
B	A	7	3	15	19	1
C	A	4	2	12	20	4
D	C	5	2	8	14	2

又知，该工程的间接成本为每天 4500 元，试进行时间成本优化（即求最低成本日程）。

解：由题目可知，该工程的直接费用为

（10 + 15 + 12 + 8）千元 = 45 千元

方案一：绘制网络图，并找出关键路径，得到方案一，如图 5-26 所示。

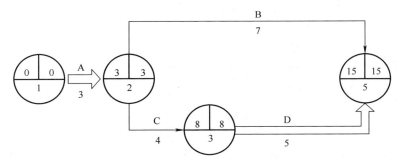

图 5-26 某工程方案一网络图

图 5-26 中关键工作用双箭线表示，将关键工作连起来，得到关键路径：
①→②→③→④

方案一的关键路径路长为 12，故该工程的总工期为 12d。

总费用(成本) = 直接费用 + 间接费用 + 赶工费用
= (45000 + 4500 × 12 + 0)元 = 99000 元

另一条线路①→②→④为富裕路径，工期为 10d，即该条路径有 2d 的富裕时间。

为使工期最短，就要缩短关键路径上关键工作的工作时间；同时，为了使成本最低，就要从成本斜率最低的关键工作上着手来缩短工期。

计算出的各项工作的成本斜率见表 5-11。

方案二： 分析关键路径的关键工作 A、C、D，工作 D 的赶工成本斜率最低，故在工作 D 上赶工。工作 D 最多可赶工 3d，但若赶工 3d，则关键路径①→②→③→④的工期就变为 9d，工期小于路径①→②→④的工期，这是不允许的。故工作 D 最多只能赶工 2d。选择 D 赶工 2d，得到方案二，如图 5-27 所示。

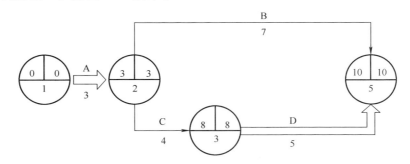

图 5-27 某工程方案二网络图

工作 D 赶工 2d 后，方案二就有两条关键路径了，工期均为 10d。

①→②→③→④；①→②→④

总费用 = (45000 + 4500 × 10 + 2000 × 2)元 = 94000 元
总费用 = (99000 − 4500 × 2 + 2000 × 2)元 = 94000 元

方案三： 是否还能够进一步缩短工期呢？

由于此时有两条关键路径，故若要再缩短工期，就要同时考虑两条关键路径。分析方案二可知，此时可选择的赶工方案见表 5-12。

表 5-12 某工程方案二的赶工方案及成本斜率

赶工方式	成本斜率/(元/d)	赶工方式	成本斜率/(元/d)
方案 1：赶工 1d	4000	方案 3：B、D 各赶工 1d	1000 + 2000 = 3000
方案 2：B、C 各赶工 1d	1000 + 4000 = 5000		

从表 5-12 中可以看到，第 3 种方案的赶工费用最低，故首先选择 B、D 各赶工 1d 的方案，这样关键路径仍然保持不变，工期变为 9d，则

总费用 = (45000 + 4500 × 9 + 2000 × 3 + 1000 × 1)元 = 92500 元

方案四： 由表 5-12 可知，若再要赶工，应选择 A 赶工，A 可以赶工 2d，故在 A 工作上赶工 2d，工期变为 7d，则

总费用 = (45000 + 4500 × 7 + 2000 × 3 + 1000 × 1 + 4000 × 2)元 = 91500 元

此时，可以赶工的方案只剩下 B、C 同时赶工。但若 B、C 同时赶工 1d，赶工费用为

5000元，大于工程每天的间接费用，再继续赶工已经不合算，故方案四为最低成本日程，工期为7d，工程总费用为91500元。

该工程的最低成本日程如图5-28所示。

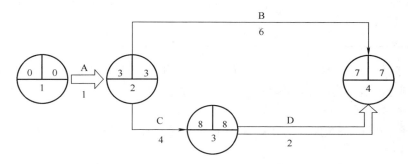

图5-28 某工程最优方案网络图

5.6.3 资源优化

在网络分析中，除了要考虑时间因素，合理安排工期，还要考虑资源的最优分配和利用。所谓资源，就是为完成各项活动而投入的人力、物力、财力等。当工程的工期确定以后，接下来就要确定各项活动对资源的需求情况和限制条件，以便高效地完成预定的目标。

资源优化包括"工期固定，资源均衡"和"资源有限，工期最短"两方面的内容。

1. 工期固定，资源均衡

制订一项计划，总希望对资源的利用能够尽量保持均衡，使计划期内对资源的需求不会出现过大的波动。某一时段，若对资源的需求量过大，可能会造成资源紧缺或浪费；而需求量过小，则可能会使资源闲置或过剩。"工期固定，资源均衡"的目的，就是要在计划工期不变的前提下，实现资源分配的平稳。

2. 资源有限，工期最短

上述时间成本的优化，是假定可供调配的资源能够充足地满足各项活动的需要，但实际上，一项任务或一个工程在一定的期间内所能得到的资源总是有限的。因此，如果网络计算的结果在某些时间段内，对资源的需求量超过了可能供应的上限，就会影响原有计划的实现，必须对整个计划重新安排和调整。

如何最优地使用有限的资源，并使得工程的工期尽可能最短呢？一般来说，由于资源供应的限制，往往使某些活动不可能在某一时段同时进行，而某些活动推迟则又有可能延误工期。因此，在安排资源的时候，就应该分析一下，在不影响关键路径或尽量减少关键路径延长的情况下，应该推迟哪些活动。这就是"资源有限，工期最短"所要讨论的内容。

例5-19 某工程队承担的道路施工项目共有5道工序，其资料见表5-13。

表5-13 道路施工任务分解表

工作名称	紧前工作	工作时间/d	每天所需人力/人
A	—	10	11
B	—	6	8

(续)

工作名称	紧前工作	工作时间/d	每天所需人力/人
C	—	4	9
D	A、B、C	3	8
E	A、B、C	4	11

每天施工队可投入工作的人员有20人，应如何组织施工，才能使工程在14d内完成？

解：1）根据工程资料，绘制网络图，得到初始方案，如图5-29所示。图5-29中每条箭线下括号中的数字，是该工作所需要的人数。

2）求出该网络的关键路径为①→④→⑥，关键路径的路长为14d，即整个工程的工期为14d。

3）根据每天总的劳动力的需要量，画出劳动力分布图，如图5-30所示。

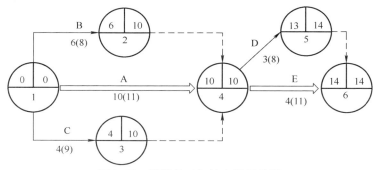

图5-29 道路施工初始方案网络图

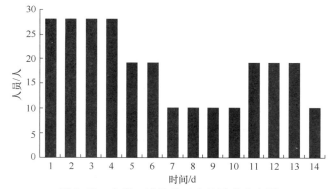

图5-30 方案一道路施工人员需求直方图

4）分析劳动力的分布是否均衡（即资源的分配是否均衡）。

从图5-30中可以看出，工程前4d共需要劳动力28人，而整个工程队只有20人，显然不能如此组织施工。为了在现有人力资源的条件下，使工程按期完工，可以利用工序的时差，进行资源的合理调配。

5）资源调整。

调整原则：①保证关键路径上关键工序的资源需要量；②充分利用各工序的机动时间（时差）来错开各工序的开工时间；③时差大的工序往后推迟开工期，或者在技术规程允许的情况下,延长工序完工期,以减少每天所需要的工人数(或资源数)。

根据上述原则,进行工程劳动力调整:前 4d 劳动力需求量最大,是因为工序 A、B、C 同时开工造成的,所以要想办法错开工序的开工时间。但 A 是关键工序,需优先保证劳动力的需求,故考虑调整工序 B、C。工序 B、C 均有机动时间,其中工序 C 的时差最大,所以让工序 C 尽量推迟开工,如让工序 C 与工序 A 同时完工。即将网络图改为图 5-31 所示的形式,这样每天需要的劳动力分布图就如图 5-32 所示。

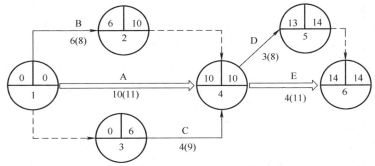

图 5-31 推迟工序 C 开工时间后道路施工网络图

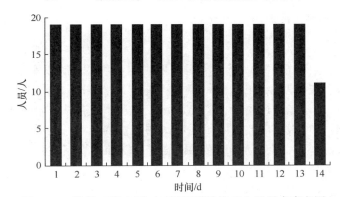

图 5-32 推迟工序 C 开工时间后道路施工人员需求直方图

显然,经过调整后,在现有的人力条件下,可以按时完工。

5.7 网络计划软件及应用

5.7.1 网络计划软件

网络计划技术的发展受到了计算机技术的影响和推动。在 20 世纪 60 年代,由于缺乏计算机支持,网络计划图只能用手工编制,工作量巨大,而且难以及时调整。这给网络计划技术的推广和应用带来了很多困难。1980 年以后,随着计算机的普及和发展,出现了专门用于网络计划的计算机软件。这些软件不断地更新和改进,使得网络计划技术更加方便和高效。目前,网络计划软件已经发展到第五代,大部分软件都可以在 Windows 操作系统上运行,具有表格和图形输入功能,可以绘制各种类型的网络计划图,并进行数值计算。第六代软件则是基于面向对象的图形智能化操作系统,正在不断完善中。我国的梦龙科技有限公司开发的智能项目动态控制软件就是一款第六代软件，它在国内工程领域中拥有众多用户，可以轻松地完成进度计划编制、优化、跟踪、分析和控制等工作。该软件具有多项功能，可以对多个项目进行优化、计划、管理和控制；可以对不同的方案进行分析和比较，实现目标计划的跟踪；可以对项目的进展进行实时的监控；可以利用资源平衡技术来优化资源的分配和使用；可以采用图形化的界面，绘制双代号网络图，并根据不同的需求，自动生成6种不同形式的网络计划图，包括双代号网络图、单代号网络图、逻辑图、单双混合图、横道图、时标网络图，以便于展示工程的各种信息。

网络计划软件的开发和研究也在不断进步。目前，已有100多家企业提供了各种类型的项目管理信息系统软件。用户可以通过访问项目管理协会网站 www.pmi.org 来获取软件的最新信息，例如 Time Line，Project Scheduler，Microsoft Project 等。其中，微软公司和 Primavera 公司是两家领先的企业，它们分别开发了 Microsoft Project 和 Primavera Project Planner 两款知名且常用的软件。Microsoft Project 程序具有优秀的在线指导功能，在中等规模的项目管理中受到欢迎。它与 Microsoft Office Suit 兼容，拥有微软的通信技术和互联网整合功能，可以进行进度管理、资源分配与平衡、成本管理等，并可以生成高质量的图表报告。Primavera Project Planner 则适合于管理大型项目或包含多个子项目的计划。

5.7.2 计算机求解前的准备工作

1. 项目的工作分解结构

项目的工作分解结构（WBS）是将项目按照由粗到细的原则分解为多个层次的树状结构。根据使用者的需求，建议将工作分解得尽可能详细。WBS 是基础工作之一，应保持稳定，避免随意变更。确定工作逻辑后，需要创建工作逻辑关系表。将 WBS 和工作逻辑关系表输入计算机后，软件可根据需要显示不同层次的工作内容，并为每个工作单元分配编号。软件可利用编号进行运算，并自动绘制多种网络计划图和计算相关参数。

2. 数据收集与整理

项目的数据收集和整理是一项基础工作。它包括收集和整理与项目工作分解结构各层次工作相关的数据，例如工作持续时间的计算数据、工作所需资源的定额和技术经济指标、工作费用的计算数据等。这些数据可以用于进行项目的时间 – 费用分析，评估项目的经济效益。

3. 熟悉有关网络计划软件的术语

网络计划软件中的术语有两种类型。一种是基本的，与本章介绍的基本术语相一致或相近，容易理解。另一种是高级的，用于进行更深入的分析，需要专门学习，不同软件的表述可能有所不同。

5.7.3 计算机软件的输出

计算机软件可输出多种报表，如项目清单表、资源清单表、任务清单表、甘特图、网络图、项目分解结构树形图、资源分布图、日历和各种分析报告。这些图表之间的数据动态连接，确保数据一致性。根据输入的项目工作和相关数据，软件能自动绘制甘特图，按照每月或每周的工作日和工作班数，计算出各个工作的最早开始日期、最迟开始日期、最早结束日期和最迟结束日期，并确定关键路径和时差。软件还可进行资源平衡和优化，提高利用率。

用户可根据需要打印不同层次的网络计划图和报表。

(1) 界面　一般软件都采用视窗界面，能显示带有时标的甘特图界面、网络计划图界面、资源平衡界面、可指定日期的日历、资源配置表等，并显示需要的计算结果、关键路线 (CPM)。

(2) 操作　软件启动后，具有操作提示或帮助功能，便于使用。可以修改初始数据，新增加工作或删改已有工作；各工作的细化或合并，在界面上很容易实现；编制需要的计算关系式和设计输出报表的格式；通过人－机交换，进一步分析网络和优化网络等。

(3) 输出结果　打印出网络计划图、甘特图（横道图）、资源平衡图、日历进度计划、分析报表等。有的软件允许使用者自行设计报表的格式和打印需要的内容。

5.7.4　应用举例

例 5-20　用 Microsoft Project 求解例 5-16 中关键路径和网络图。

解：1) 输入任务名称、工期、前置任务，界面右侧显示的是甘特图，如图 5-33 所示。

2) 选择"视图"→"网络图"命令，得到网络图和关键路径，如图 5-34 所示。

图 5-33　参数设置和甘特图

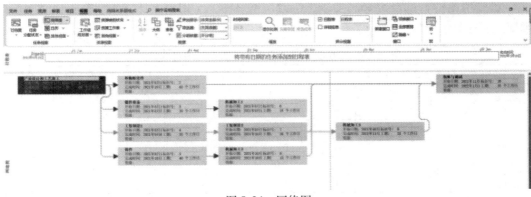

图 5-34　网络图

【重点与难点】

1. 网络图的绘制，包括建立准确的数学模型。
2. 绘制网络图时的流程，按照活动关系，由表到图、由左向右沿时间推进的方向绘制。
3. 检查绘制的网络图是否正确，由图到表、由右向左进行检查。
4. 计算时间参数，通过计算事件的时间参数或活动的时间参数来寻找关键路径。
5. 关键路径的寻找是确定网络图的最长时间和项目进度的关键。
6. 网络图的优化，实现系统的最优控制，是本章的难点内容，需要重点理解和掌握。

【思考与练习】

一、思考题

1. 网络计划技术中常用的图形表示方法有哪些？它们的优缺点是什么？
2. 简述最短路问题的求解方法与步骤。
3. 绘制网络图时需要注意哪些原则？
4. 什么是关键路径？如何寻找关键路径及其作用？
5. 如何对网络图进行分析和优化，以达到最优化的项目进度和成本控制？
6. 如何在交通运输系统中应用计划评审技术？
7. 在网络图优化中，如何确定项目的最短完成时间？
8. 如何使用网络计划软件来绘制网络图和计算时间参数？

二、练习题

1. 已知所给资料见表 5-14，要求：①绘制网络图；②用图上计算法计算各项时间参数；③确定关键路径。

表 5-14　某城市轨道交通运输系统工程网络图资料

工作	紧前工作	工作时间/d	工作	紧前工作	工作时间/d	工作	紧前工作	工作时间/d
A	G、M	3	E	C	5	I	J、K	2
B	H	4	F	A、E	5	J	F、I	1
C	—	7	G	B、C	2	K	B、C	7
D	L	3	H	—	5	L	C	3

2. 已知所给资料见表 5-15，要求：①绘制网络图；②用图上计算法计算各项时间参数；③确定关键路径。

表 5-15　某城市轨道交通运输系统工程网络图资料

工作	紧前工作	工作时间/d	工作	紧前工作	工作时间/d	工作	紧前工作	工作时间/d
A	—	60	G	B、C	7	M	J、K	5
B	A	14	H	E、F	12	N	I、L	15
C	A	20	I	F	60	O	N	2
D	A	30	J	D、G	10	P	M	7
E	A	21	K	H	25	Q	O、P	5
F	A	10	L	J、K	10			

3. 已知某工程所给资料见表 5-16 所示，求出这项工程的最低成本日程。

表 5-16 某工程网络图资料

工作	工作时间/d	紧前工作	正常完成进度的直接费用/百元	赶工费用/百元
A	4	—	20	5
B	8	—	30	4
C	6	B	15	3
D	3	A	5	2
E	5	A	18	4
F	7	A	40	7
G	4	B、D	10	3
H	3	E、F、G	15	6
合计			153	
工程的间接费用			5 百元/d	

4. 已知所给资料见表 5-17，要求：①画出网络图；②指出关键路径，求出项目的期望完成时间；③求出项目 16d 完成的概率。

表 5-17 某工程网络图资料

工作	紧前工作	工期/d		
		a	m	b
A	—	1	3	5
B	—	1	2	3
C	A	1	2	3
D	A	2	3	4
E	B	3	4	11
F	C、D	3	4	5
G	D、E	2	4	6
H	F、G	3	4	5

第 6 章 Chapter 6
交通运输系统模拟

6.1 概述

6.1.1 系统模拟的概念

模拟的本意是"虚构，抽取本质、超越现实"。系统模拟是一种研究、分析和试验系统的方法，它使用系统模型结合实际的或模拟的环境和条件，或者使用实际的系统结合模拟的环境和条件。

人们在研究系统时，特别是那些复杂而庞大的系统时，通常会采用建立模型并在模型上进行试验的方法来认识和了解系统。例如，在工程领域，通过飞机风洞试验、船模水池试验等，利用系统模型在模拟环境和条件下进行试验；在军事领域，军队进行各种战略战术演习，真实的军事系统结合模拟的环境和条件进行试验；在航天领域，使用动物作为生理模型代替人进行宇宙航行的冒险，结合真实的环境和条件进行试验。

系统模拟的目的在于通过在人为控制的环境和条件下改变系统的输入、输出或系统模型的特定参数，来观察系统或模型的响应，以预测系统在真实环境和条件下的品质、行为、性质和功能。

6.1.2 系统模拟的发展过程

模拟的思想在古代就存在，比如中国象棋这个众所周知的游戏就是模仿古代战争的一种形式。因此，模拟并不是一个新概念，人类早就开始使用模拟的方法来认识世界和改变世界。模拟的发展大致经历了以下三个阶段。

(1) 直观模拟阶段　在这个阶段，人们只是对自然物进行直观的模仿。其特点是：只模仿自然物的外部几何形状和由外部形状产生的某些功能。模拟的目的仅仅是研究被模拟的对象（原型），将原型中的某些优点移植到工具或仪器上。由于这种局限性，直观模拟只能为科学的发展提供一些条件，而不能带来根本性的变革。

(2) 模拟试验阶段　在这个阶段，人们开始将模拟方法用于科学试验，用模型模拟原型、研究原型，以便制成比原型更高级的系统。此时，常采用两种手段进行模拟试验：一是物理模拟，即以几何相似或物理相似为基础的模拟；二是数学模拟，即以数学方程相似为基础的模拟。最后，将模拟结果在实践中加以检验。

(3) 功能模拟阶段　在这个阶段，人们以不同系统的功能和行为的相似为基础进行模拟，用不同的系统结构实现相同的系统功能。例如，用计算机模拟人脑的思维功能、人体功能等。在这一阶段,计算机已经成为现代模拟的主要工具,使模拟技术得到了深入发展。

6.1.3 系统模拟的功能

1)对估价系统中的特定部分进行评估。
2)评估系统各部分或子系统之间的相互影响及其对整体性能的影响。
3)比较不同的设计方案,以确定最佳设计。
4)在系统发生故障后进行重演,以便研究故障原因。
5)进行假设检验。
6)对系统操作人员进行培训等。

6.1.4 系统模拟的步骤

1)明确问题,确定模拟对象。要求明确阐明模拟对象的研究主题,建立模拟系统的规模、目的、范围,并确定模拟系统的界限、条件,以及评估系统模拟效果的准则。

2)建立模拟模型。利用已有的数据和资料,建立描述系统的模拟模型,以验证其与实际系统情况的一致性。如果存在差异,及时进行修正,确保建立的模型可靠有效。

3)验证模拟模型。利用建立的模拟模型进行一系列的模拟试验,通过输入不同条件观察其输出情况,了解各种条件变化对实际过程的影响。

4)评估模拟结果。根据模拟模型的评估标准,对验证工作进行评估和比较。如果满足要求,则模拟工作完成;如果不满足要求,则需要反馈进行重新模拟或修改模型。

系统模拟的步骤如图6-1所示。

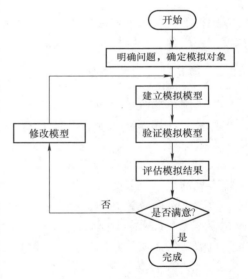

图6-1 系统模拟的步骤

6.1.5 系统模拟的方法

在系统工程中,用于研究系统的模拟模型的建立是首要任务。模拟模型通常可以分为三类:物理模拟模型、数学模拟模型和结合以上两种特征的模拟模型。物理模拟模型即实体模型,而数学模拟模型则可以进一步分为数学解析模拟和蒙特卡罗模拟(计算机模拟)。在本章中,重点介绍蒙特卡罗模拟法。

6.2 蒙特卡罗模拟法

6.2.1 蒙特卡罗模拟法的由来

蒙特卡罗模拟法是由匈牙利数学家冯·诺依曼创建的。蒙特卡罗是摩洛哥的一个地名,位于地中海沿岸。1862年,为了解决经济困境,摩洛哥国王在蒙特卡罗开设了赌场。由于其优越的地理位置和宜人的气候，吸引了来自世界各国的富人，成为西方世界的王公贵族和富豪们寻欢作乐的地方。蒙特卡罗因此而成为著名的赌城。为了找到赌博的赢钱方法，许多人经过长期观察，模拟了赌场的输赢过程，并逐渐探索出一些窍门。随后，经过数学家的推理和论证，逐步形成了一种科学的方法。蒙特卡罗模拟法就是这种模拟方法的产物。

6.2.2 蒙特卡罗模拟法的原理与步骤

（1）原理 蒙特卡罗模拟法又称为统计试验法，是一种以概率论和数理统计为基础的模拟方法。其本质是通过使用一系列随机数来模拟可能发生的随机现象。换句话说，为了解决特定的数学问题，需要构建一个与原问题无直接关系的概率过程，并利用其产生统计现象的方法。由于蒙特卡罗模拟法运用了概率中大数定律的原理，属于统计方法，难免涉及一定的机遇成分。因此，抽取随机数的次数需要较大才能获得准确的结果。

（2）步骤
1）对数据进行分析和处理，以满足建模的需求。
2）构建适当的模拟模型，用于描述现实系统。
3）根据数据处理的结果，进行模型的采样试验，并利用试验结果分析系统变化的规律。

根据上述蒙特卡罗模拟法的原理和步骤，可以得知蒙特卡罗模拟法的关键步骤是建立模拟模型，而建立模拟模型的关键在于确定随机数。

6.2.3 确定随机数的方法

确定随机数时，应满足以下要求：具有良好的随机性；运算速度快，节省时间；循环周期长；易于计算机实现且占用内存较少；避免产生重复的常数。常用的确定随机数的方法有以下几种。

1. 使用随机数骰子确定随机数

常见的骰子一般为6面体，有6个数字，而随机数骰子是20面体，刻有0~9两组数字。若要确定两位数的随机数，可以使用两个随机数骰子，通过这种方式，可以得到00~99的随机数。如果要确定三位数的随机数，可以使用三个随机数骰子，从而得到000~999的随机数。但需要注意的是，使用随机数骰子得到的随机数是均匀分布的。

2. 用电子计算机确定随机数

通过使用计算机程序生成随机数，如MATLAB中的rand函数。以下是一个使用MATLAB中的rand函数生成随机矩阵的示例程序：

%产生一个0~1之间的随机矩阵，大小为1×5；
rand：产生均匀分布的伪随机数
s1 = rand(1,5);

在计算机中确定随机数时，常用的算法包括平方取中法、固定乘数法、移位指令法和加乘同余法等。

（1）用平方取中法求四位随机数 随机选取一个四位数，将其平方得到一个八位数（若不足八位，在前面补零），然后从八位数中提取中间四位数，并再次平方，再从该平方数中提取四位数，再平方，如此循环。通过这种方式可以生成所需数量的随机数。

例如：

$$(1235)^2 = 01525225 \quad 随机数：5252$$
$$(5252)^2 = 27583504 \quad 随机数：5835$$
$$(5835)^2 = 34047225 \quad 随机数：0472$$
$$(0472)^2 = 00222784 \quad 随机数：2227$$
$$(2227)^2 = 04959529 \quad 随机数：9595$$
$$\vdots \qquad\qquad\qquad \vdots$$

目前很少采用此种方法，因为其存在退化现象的风险。一旦出现一个零值，后续生成的结果也将全为零，除非采取其他措施进行修正。此外，该方法生成随机数的速度较为缓慢。

(2) 用固定乘数法求四位随机数　将一个四位数与一个常数相乘，并从乘积中截取后半部分，取前四位数作为随机数。然后，将这个随机数与同样的常数相乘，再次截取后半部分，取前四位数作为下一个随机数。继续这个过程，可以生成所需数量的随机数。

例如：以 5091 为一个四位数，$(6)^7$ 为一固定乘数，与之相乘，求得四位随机数如下：

$$(5091)(6)^7 = 1425154176 \quad 随机数：5417$$
$$(5417)(6)^7 = 1516413312 \quad 随机数：1331$$
$$(1331)(6)^7 = 0372594816 \quad 随机数：9481$$
$$(9481)(6)^7 = 2653073216 \quad 随机数：7321$$
$$\vdots \qquad\qquad\qquad \vdots$$

相对于平方取中法，这种方法生成的随机数周期有所改善，但仍然不够长。在大多数情况下，随机数的分布是均匀的，但有时也可能出现分布退化的情况。

(3) 加乘同余法　加乘同余法是由莱默（Lehmer）设计的一种常用的随机数生成方法。其算法如下：

$$x_{n+1} = (ax_0 + b)(\bmod m), n \geq 0 \tag{6-1}$$

式中，x_0 为初始值；a 为乘子常数；b 为增量常数；m 为模数常数。

例如，取 $x_0 = 33$，$a = 21$，$b = 53$，$m = 100$，求得两位随机数见表 6-1。

表 6-1　求得两位随机数

n	x_0	$ax_0 + b$	$(ax_0 + b)/(\bmod m)$	x_{n+1}
1	33	746	746/100	46
2	46	1019	1019/100	19
3	19	452	452/100	52
4	52	1145	1145/100	45
5	45	998	998/100	98
⋮	⋮	⋮	⋮	⋮

加乘同余法已经在研究领域得到了广泛应用。相较于之前的方法，该方法生成的随机数分布更加均匀，周期更长，并且计算速度更快。然而，加乘同余法偶尔也可能出现循环的情况。

在应用加乘同余法生成随机数时，有几个问题需要注意：

1) 增量常数 b 的选择：增量常数 b 应为奇数，并且通常要求与计算机的二进制有关。

2) 乘子常数 a 的选择：乘子常数 a 应为奇数，且如果 4 是 m 的一个因数，则 $a = 1$ (mod4)；如果 p 是 m 的一个质因子，则 $a = 1$ (mod$p$)。对 a，一个常见的选择是使 $a = 2^s + 1$，对二进制计算机，$s > 2$。

3) 模数常数 m 的选择：模数常数 m 应选择一个较大的数。

4) 初值 x_0 的选择：尽量避免使用零作为初值。

3. 查随机数表以确定随机数

目前存在多种随机数表，例如两位数的随机数表、三位数的随机数表等，可以通过查阅这些表来确定随机数。然而，这些随机数表实际上是由计算机生成的，因此它们只能被称为伪随机数。

利用随机数表确定随机数的方法是从表中的任意行、任意列开始，逐个或按组提取所需数量的随机数。例如，可以以每组 3 个或者每组 10 个的方式提取随机数。

6.2.4 随机模拟

1. 将随机数作为事件出现的随机概率进行模拟

其步骤可以总结如下：

1) 计算模拟事件发生的频率。
2) 计算累计频率。
3) 将累计频率转换为随机概率。
4) 从随机数表中选择任意一个随机数作为起点，逐个进行模拟。

例 6-1 长途车辆进入高速公路一般需先经过收费站进行相关收费工作后才可通行。当前主流的收费方式为半自动收费，具体每辆车的收费时间又因为多种因素而不同。对某高速公路收费站为每辆汽车服务所需要的时间进行统计，共统计了 100 次，各个时间出现的次数见表 6-2，试对收费站为每辆汽车的服务时间进行模拟。

表 6-2 服务时间统计表

服务时间/s	发生次数	分布概率	累计频率	随机数
60	8	0.08	0.08	00~07
70	22	0.22	0.30	08~29
80	40	0.40	0.70	29~69
90	22	0.22	0.92	70~91
100	8	0.08	1.00	91~99

解： 1) 计算每辆汽车所需服务时间的分布概率、累计频率和随机数，见表 6-2。

2) 在 MATLAB 中输入：

% 产生一个 0~100 之间的随机矩阵，大小为 1×50；
s2 = rand([0,100],1,50);

得到 50 个随机数，见表 6-3。

表 6-3 随机数表

序号	随机数									
1	93	95	13	14	92	48	57	14	85	80
2	04	93	76	92	25	53	38	21	12	13
3	77	68	26	98	61	88	86	54	67	56
4	85	23	74	46	22	37	98	45	47	55
5	03	98	59	83	75	21	89	90	65	43

在表 6-3 中任意指定一个数开始模拟服务时间，比如，从第三行第四个随机数 98 开始模拟。98 在表 6-2 中属于随机数 91~99 这个范围，它的服务时间是 100s。接着，表 6-3 中第四行第五个随机数是 22，22 在表 6-2 中属于随机数 08~29 这个范围，它的服务时间是 70s。假如共模拟了 10 个服务时间，则模拟的 10 个随机数与相应的服务时间见表 6-4。

表 6-4 模拟的随机数与相应的服务时间

随机数	93	95	13	14	92	48	57	14	85	80
服务时间/s	100	100	70	70	100	80	80	70	90	90

2. 将随机数加以改造，作为实际发生的事件进行模拟

如果使用模拟随机数的平均数与均方差无法很好地模拟实际事件的发生情况，就需要对随机数进行适当的改造。改造模拟随机数的方法如下：

1）计算实际事件的平均数和均方差。

2）计算模拟随机数的平均数和均方差。

3）比较模拟随机数和实际事件的平均数和均方差。如果模拟随机数的均方差小于实际事件的平均数和均方差，需要增大模拟随机数的均方差；反之，需要缩小模拟随机数的均方差。这样做的目的是使模拟随机数的平均数和均方差与实际事件的平均数和均方差相等。

例如，当模拟设备故障发生的时间来决定维修方式时，可以将随机数视为故障发生的时间间隔；当模拟原材料的供需情况以确定最佳存量时，可以将随机数视为需求量。然而，在这些情况下，由于随机数无法与实际故障发生的时间间隔或原材料的需求量完全相同，因此需要进行适当的改造。

3. 将随机数作为某种特定的标志进行模拟

例 6-2 抛硬币游戏。

在这个游戏中，一个人抛掷硬币，如果正面向上，那么他就赢得游戏，否则他就输了。假设我们想要模拟这个游戏，并计算在多次独立的游戏中获胜的概率。我们可以使用随机数来模拟硬币抛掷的结果。

> 程序设计思想：
> 输入抛掷硬币的次数 total。
> 随机生成 total 个数。
> 随机数大于或等于 0.5 的记作正面。
> 计算正面出现的概率。

基本代码:
total = input("输入抛硬币的次数:");
sum = 0;
for i = 1:total
    a = rand;
    if a >= 0.5
        sum = sum + 1;
    end
end
disp("抛" + num2str(total) + "次硬币出现的概率为" + num2str(sum/total))
输出输入结果:
输入:10000
输出:抛10000次硬币出现正面的概率为0.5041

结论:由此可知,在实际应用中理论上抛硬币出现正面的概率只会随着试验次数的增多不断接近0.5。

以上介绍的是在模拟时应如何运用随机数的问题。在应用的过程中,还要注意以下几个具体的问题:

1)当手头上没有两位随机数表,而要取两位随机数时,也可用四位或多位随机数表进行模拟。一种方法是,不管这个数字有多大,只指定其中的两位数作为想要的随机数;另一种方法是把它们当作一些连续数,每两个作为一组依次使用。例如,1225这个数,可分为12、25两个数;1587634976这个数,可分为15、87、63、49、76五个数。

2)当以随机数作为实际发生的事件进行模拟时,如果随机数的散布情况与事件的散布情况有较大的距离时,如事件的最低值为70,最高值为120,最低值与最高值之间的离差为50,而两位随机数的最低值为00,最高值为99,两者的离差为100,则应将模拟随机数予以合并、平均,求出另一组离差较小的模拟数进行模拟。

例如,可以对模拟的随机数采取两两合并的办法,缩小差距。如表6-5中的67、11、09、48、96、29这6个随机数可以合并、平均为39、28.5、62.5这3个随机数。

表6-5 模拟随机数

序号	随机数									
1	67	11	09	48	96	29	94	59	84	41
2	68	38	04	13	86	91	02	19	85	28
3	67	41	90	15	23	62	54	49	02	06
4	93	25	5	49	06	96	52	31	40	59
5	78	26	74	41	76	43	35	32	07	59

3)当要求均匀随机数符合常态分布时,可查常态随机数表,若无此表,则可用式(6-2)计算:

$$U = \frac{\sum_{i=1}^{N} u_i - \frac{N}{2}}{\sqrt{N/12}} \qquad (6\text{-}2)$$

式中，U 为常态随机数；u_i 为均匀随机数；N 为均匀随机数的个数。

如果 $N=12$，则式（6-2）可写为

$$U = \sum_{i=1}^{12} u_i - 6 \qquad (6\text{-}3)$$

以表 6-5 中 6 个两位数的随机数为一组，根据式（6-3）计算，可得

$U_1 = 6+7+1+1+0+9+4+8+9+6+2+9-6 = 56$

$U_2 = 9+4+5+9+8+4+4+1+6+8+3+8-6 = 63$

$U_3 = 0+4+1+3+8+6+9+1+0+2+1+9-6 = 38$

4）当手头资料不足，无法求出模拟事件的平均值与均方差时，可用式（6-4）和式（6-5）进行估算：

$$\text{平均值} = \frac{\text{最大值} + 4(\text{估计的平均值}) + \text{最小值}}{6} \qquad (6\text{-}4)$$

$$\text{均方差} = (\text{最大值} - \text{最小值})/6 \qquad (6\text{-}5)$$

6.3 交通运输系统模拟问题

随着模拟方法和计算机应用的不断发展，模拟方法的应用范围越来越广泛。甚至那些过去只能通过数学方法解决的问题，现在也开始被模拟方法所取代。据报道，模拟方法在系统工程中的应用范围迅速超过了线性规划和网络技术，成为各项技术中的领先者。

在交通运输系统中如下的一些部门或问题，可以应用模拟方法来解决。

（1）修理部门（如汽车修理厂、修船厂、航修站、修理车间或机修点等）可以利用模拟方法来模拟顾客（车辆、船舶或工件）到达的间隔时间和维修服务的工作时间。根据模拟结果，可以制订未来的工作计划，例如生产计划、劳动力需求计划、潜力挖掘计划和扩建计划等。

（2）物资供应部门 包括企业内部的采购、仓储部门和公司内部的统配物资的计划与分配部门，可以对各项主要物资在不同时期的需求量进行模拟。根据模拟结果，可以确定最佳储存计划和最佳采购计划，以减少占用的空间和加快流动资金的周转速度。

（3）设备管理部门 可以利用模拟方法对各项主要设备的使用情况进行模拟，以纠正由于生产组织不合理而导致的排队问题，并为设备购置计划提供参考。此外，设备管理部门还可以利用模拟方法对某些主要设备的故障发生时间进行模拟，从而制订更为实际可行的设备检修计划。

（4）运输生产部门 例如在缺乏数据来源或数据不完整的情况下，汽车运输部门、港口部门和航运部门可以利用模拟方法来确定运输生产能力、港站规模以及研究车船到发规律和装卸工人的配备等方面的合理设计要求。

（5）某些重大事件 需要对今后的发展状况有所了解才能决策时，也可以应用模拟法。

6.3.1 用随机概率模拟排队论问题

在交通运输系统中，排队现象是非常常见的，例如等待进港的船只、等待加油的汽车、等待装卸的货物等。船舶与港口、汽车与加油站、货物与装卸机械等相互组成了各种排队系统。为了评估排队系统的服务质量、确定最优运营参数以及判断系统结构是否合理并采取改进措施，需要计算排队系统相关的运行指标，而这些指标可以通过模拟方法来计算得出。

1. 一般排队系统的模拟

一般排队系统，即不考虑发展因素的排队系统，在应用模拟方法时，其具体步骤如下：

第一步，计算排队系统的随机概率。根据统计资料，整理出排队系统中顾客的到达时间间隔和服务人员的服务时间长度所出现的频率，并将其换算为随机概率。

第二步，排队系统模拟。用随机数表进行模拟。

第三步，排队系统运行指标计算。根据模拟情况，计算排队系统的各种运行指标。

第四步，排队系统分析。根据排队系统的运行指标，分析、评价排队系统的运行情况。

例 6-3 为提高公交车乘坐满意度，公交公司在公交车到站时间固定条件下对乘客到达车站时间间隔进行分析，根据过去的记录，得知乘客到达时间间隔频率见表 6-6。

表 6-6 乘客到达时间间隔频率

到达时间间隔/min	5	6	7	8	9	10	合计
频率	0.05	0.20	0.35	0.25	0.10	0.05	1.00

试用模拟法求：①乘客的平均等待时间；②乘客平均到达间隔。

解：第一步，将到达时间间隔与到站时间长度的频率加以累计，并根据随机数的要求，将累计频率换算为随机概率，见表 6-7。

表 6-7 乘客到达时间间隔累计频率及随机概率

到达时间间隔/min	频率	累计频率	随机频率	到达时间间隔/min	频率	累计频率	随机频率
5	0.05	0.05	0.00~0.04	8	0.25	0.85	0.60~0.84
6	0.20	0.25	0.05~0.24	9	0.10	0.95	0.85~0.94
7	0.35	0.60	0.25~0.59	10	0.05	1.00	0.95~0.99

第二步，利用随机数进行模拟。在 MATLAB 中输入：

s3 = rand([5,10],1,20);

模拟 20 个乘客来到公交车站的时间，模拟情况见表 6-8。

表 6-8 模拟情况

序号	乘客到达时间间隔/min	乘客到达时间	公交车到达时间	乘客等待时间/min
1	5	8：05	8：10	5
2	7	8：12	8：20	8
3	5	8：17	8：20	3
4	4	8：21	8：30	9

(续)

序号	乘客到达时间间隔/min	乘客到达时间	公交车到达时间	乘客等待时间/min
5	5	8：26	8：30	4
6	8	8：34	8：40	6
7	7	8：41	8：50	9
8	6	8：47	8：50	3
9	5	8：52	9：00	8
10	7	8：59	9：00	1
11	9	9：08	9：10	2
12	10	9：18	9：20	2
13	8	9：26	9：30	4
14	6	9：32	9：40	8
15	5	9：37	9：40	3
16	6	9：43	9：50	7
17	8	9：51	10：00	9
18	8	9：59	10：00	1
19	6	10：05	10：10	5
20	9	10：14	10：20	6
合计	134	—	—	103

第三步，根据表6-8中的有关数据，求该排队系统的有关指标。

乘客的平均等待时间为

$$103\,\text{min}/20 = 5.15\,\text{min}$$

乘客平均到达时间间隔为

$$134\,\text{min}/20 = 6.7\,\text{min}$$

第四步，排队系统分析。根据上述各项排队系统指标，进一步分析、评价该排队系统的运行状况，如该公交时间间隔的设置是否合理；工作效率如何；要不要缩短到站时间，以减少乘客在车站的等待时间等。

2. 考虑发展因素的排队问题

对需要考虑发展因素的排队系统进行模拟时，上述排队问题的模拟方法可能不再适用，因为它无法准确反映实际情况。在模拟发展型事件时，需要采用随机概率并结合前期的统计资料进行适当改造后再进行模拟。

一般来说，考虑发展因素的排队问题可以按照以下步骤来解决：

1）定义问题：明确问题的背景、目的和限制条件，确定排队系统的基本特征，包括排队队列的长度、到达率、服务率等参数。

2）建立模型：根据排队系统的特征，建立排队模型，可以使用排队论的公式和方法，也可以使用随机概率模拟的方法。

3）求解模型：计算模型中的各项指标，如平均乘客数、平均等待时间、平均停留时间等。

4）进行分析：根据模型计算结果，对排队系统进行分析，找出瓶颈和改进方案。

5）验证模型：根据排队系统的实际数据，验证模型的准确性和可靠性。

在建模过程中，需要注意考虑排队系统可能存在的不确定性和变化，如到达率和服务率的波动、排队队列长度的变化等因素。同时，还要考虑排队系统可能存在的复杂性和非线性特征，例如多个服务台、优先级顾客等情况。下面举例说明。

例 6-4 某加油站有四台加油机，来加油的汽车按泊松分布到达，平均每小时到达 20 辆。四台加油机的加油时间服从负指数分布，每台加油机平均每小时可给 10 辆汽车加油。求：

1）前来加油的汽车平均等待的时间。

2）汽车来加油时，四台加油机都在工作，这时汽车平均等待的时间。

解：此为一个 $M/M/4$ 系统，$\lambda = 20$，$\mu = 10$，$\rho = \dfrac{\lambda}{\mu} = 2$，系统服务强度 $\rho^* = \dfrac{2}{4} = 0.5$，所以 $p_0 = \left(\sum\limits_{k=0}^{3} \dfrac{2^k}{k!} + \dfrac{2^k}{4!} \dfrac{1}{1 - 1/2} \right)^{-1} = 0.13$。

1）计算前来加油的汽车平均等待的时间 W_q。因为

$$W_q = W - \dfrac{1}{\mu} = \dfrac{L}{\lambda} - \dfrac{1}{\mu} = \dfrac{L}{20} - \dfrac{1}{10}$$

而

$$L = \dfrac{\rho^c \rho^* p_0}{c!(1-\rho^*)^2} + \rho = \dfrac{2^4 \times 0.5 \times 0.13}{4!(1-0.5)^2} + 2 = 2.17$$

故

$$W_q = 0.0085\text{h} = 0.51\text{min}$$

2）汽车来加油时，四台加油机都在工作，设这时汽车平均等待的时间为 W^*，则 $W^* = \dfrac{W_q}{\sum\limits_{k=c}^{\infty} p_k}$，因为 $p_1 = \rho p_0 = 0.26$，$p_2 = \dfrac{\rho^2}{2} p_0 = 0.26$，$p_3 = \dfrac{\rho^3}{3!} p_0 = 0.17$，$c = 4$，$\sum\limits_{k=4}^{\infty} p_k = 1 - \sum\limits_{k=0}^{3} p_k = 0.18$，所以

$$W^* = \dfrac{W_q}{0.18} = \dfrac{0.51}{0.18}\text{min} = 2.83\text{min}$$

6.3.2 用模拟随机数模拟方案论证问题

1. 利用模拟随机数，模拟设备购置方案的论证

所谓模拟随机数，是指根据模拟事件的特点加以改造了的随机数。在某些情况下，为了直接模拟事件的进行状态，需要利用模拟随机数进行模拟。下面举例加以说明。

例 6-5 假设某工厂需要购置一批机器人用于生产某种产品。共有两种机器人可供选择，分别为 A 型和 B 型，每种机器人的购置费用和运行费用见表 6-9。

表 6-9 每种机器人的购置费用和运行费用

机器人类型	购置费用/万元	运行费用/(元/h)
A 型	50	300
B 型	70	200

工厂需要购置的机器人数量为 10 台,且两种机器人的使用寿命均服从指数分布,平均使用寿命分别为 5 年和 8 年。另外,每台机器人每年需要进行一次保养,保养费用服从正态分布,平均费用为 2000 元,标准差为 500 元。请使用模拟随机数的方法,模拟出两种机器人的购置方案,并比较它们的表现,从而选择最优的方案。

为了模拟这个问题,需要考虑以下几个因素:

(1) 机器人类型和数量 可以使用离散型概率分布模拟机器人类型和数量。本例中需要购置 10 台机器人,可以假设有 5 台 A 型机器人和 5 台 B 型机器人,即 $P(A) = P(B) = 0.5$。

(2) 购置费用和运行费用 可以使用连续型概率分布模拟购置费用和运行费用。本例中购置费用和运行费用分别为定值,因此可以使用确定性分布模拟。

(3) 使用寿命 使用寿命可以使用指数分布模拟。本例中 A 型机器人的平均使用寿命为 5 年,因此其指数分布的参数 $\lambda = 1/5$;B 型机器人的平均使用寿命为 8 年,因此其指数分布的参数 $\lambda = 1/8$。

(4) 保养费用 保养费用可以使用正态分布模拟。本例中平均费用为 2000 元,标准差为 500 元,因此可以使用正态分布的参数 $\mu = 2000$,$\sigma = 500$。

基于上述模型,可以使用随机数生成器模拟出多个不同的购置方案,然后计算每个方案的总成本。重复模拟多次,可以得到一组有关各种方案的数据,然后对这些数据进行统计和分析,以选择最优的方案。

具体来说,可以按照以下步骤模拟购置方案:

1) 生成随机数,模拟机器人的类型和数量。
2) 根据机器人类型和购置费用、运行费用计算总购置费用。
3) 根据机器人类型和使用寿命,计算每台机器人的总运行时间。
4) 根据机器人类型和保养费用的分布,计算保养费用。
5) 计算每个方案的总成本,重复模拟多次,得到一组数据。
6) 对数据进行统计和分析,选择最优的方案。

通过上述步骤,可以得到多个不同的购置方案,并比较它们的表现,最终选择最优的方案。

```matlab
num_robots = 10;
num_A = floor(num_robots/2);
num_B = num_robots - num_A;
cost_A = 50;
cost_B = 70;
run_cost_A = 300;
run_cost_B = 200;
life_A = exprnd(5,[num_A,1]);
life_B = exprnd(8,[num_B,1]);
maint_cost = normrnd(2000,500,[num_robots,1]);
num_sims = 1000;
costs_A = zeros(num_sims,1);
costs_B = zeros(num_sims,1);
```

```
    for i = 1:num_sims
        total_cost_A = num_A * cost_A;
        for j = 1:num_A
            total_cost_A = total_cost_A + life_A(j) * run_cost_A + maint_cost(j);
        end
        costs_A(i) = total_cost_A;
        total_cost_B = num_B * cost_B;
        for j = 1:num_B
            total_cost_B = total_cost_B + life_B(j) * run_cost_B + maint_cost(num_A + j);
        end
        costs_B(i) = total_cost_B;
    end
    mean_cost_A = mean(costs_A);
    mean_cost_B = mean(costs_B);
    fprintf("A 型机器人的平均成本为:%f\n", mean_cost_A);
    fprintf("B 型机器人的平均成本为:%f\n", mean_cost_B);
    if mean_cost_A < mean_cost_B
        fprintf("最优方案为购置 5 台 A 型机器人和 5 台 B 型机器人。\n");
    else
        fprintf("最优方案为购置 10 台 B 型机器人。\n");
    end
```

此代码将模拟随机数 1000 次，每次模拟随机生成 10 台机器人的类型和数量，然后计算它们的总成本。最后，它会输出 A 型机器人和 B 型机器人的平均成本，并选择最优的方案。

2. 利用随机概率，模拟新建船坞规模方案的论证

例 6-6 某船厂现有两座船坞，一座大坞可修 5000t 以上的船舶，一座小坞只能修 5000t 以下的船舶（包括 5000t 船舶）。近年来，由于修理船舶增多，经船厂领导研究决定，计划建一新船坞。初步估算建大坞的投资要比建小坞超出一倍以上。船厂领导从生产需要出发要求建大坞，但上级领导认为建大坞投资过多，是否先建小坞，不过，尚未做出最后决定。要求船厂提出论据，若建大坞在经济上确属合理，可以建大坞。船厂决定采用模拟方法进行方案论证。

下面是有关模拟计算的数字。

1）船舶待修损失：每吨每天 0.5 元。
2）船坞空闲时维持费损失：大坞每日 500 元，小坞每日 300 元。
3）在大坞中修小船的维持费损失：每日 100 元。

另外，为了计算方便还确定：大船平均每艘按 7000t 计，小船平均每艘按 3000t 计，随机数最后一位数字若为 1、2、3、4、5 是小船，若为 6、7、8、9、0 是大船。

解：对本例拟做 100 艘船的模拟，现分为以下四步进行。

第一步，根据本厂有关统计资料，计算到船间隔及修理时间的概率分布。

（1）到船间隔的概率　到船间隔的概率分布见表6-10。

表6-10　到船间隔的概率分布

到船间隔/d	船舶艘数	频率	累计频率	随机数	到船间隔/d	船舶艘数	频率	累计频率	随机数	到船间隔/d	船舶艘数	频率	累计频率	随机数
0	18	0.18	0.18	0～17	3	10	0.10	0.74	64～73	6	7	0.07	0.96	89～95
1	22	0.22	0.40	18～39	4	8	0.08	0.82	74～81	7	2	0.02	0.98	96～97
2	24	0.24	0.64	40～63	5	7	0.07	0.89	82～88	8	2	0.02	1.00	98～99

（2）修理时间的概率分布　修理时间的概率分布见表6-11。

表6-11　修理时间的概率分布

到船间隔/d	船舶艘数	频率	累计频率	随机数	到船间隔/d	船舶艘数	频率	累计频率	随机数	到船间隔/d	船舶艘数	频率	累计频率	随机数
3	25	0.25	0.25	0～24	6	11	0.11	0.87	76～86	9	3	0.03	1.00	97～99
4	28	0.28	0.53	25～52	7	6	0.06	0.93	87～92					
5	23	0.23	0.76	53～75	8	4	0.04	0.97	93～96					

第二步，从随机数表中选出一组随机数，对船舶到来时间及修理时间进行模拟。为了节约篇幅，本例只模拟30艘，从8月1日开始，模拟的情况见表6-12。

第三步，按模拟结果安排来船进坞，先按方案Ⅰ，即按建小坞的方案安排，然后再按方案Ⅱ，即按建大坞的方案安排，安排的情况见表6-13和表6-14。

第四步，分别计算方案Ⅰ及方案Ⅱ的船舶待修损失、船坞空闲时的维持费损失以及在大坞中修小船的维持费损失，并将它们加以合计，哪个方案的损失总额最小，哪个就是最优方案。

表6-12　模拟情况

序号	随机数	大小船别	到船间隔/d	推算到船日期	修理时间/d	方案Ⅰ的待修天数/d		方案Ⅱ的待修天数/d	
						大船	小船	大船	小船
1	16	大	0	8月1日	3				
2	08	大	0	8月1日	3	3			
3	15	小	0	8月1日	3				
4	04	小	0	8月1日	3				3
5	72	小	3	8月4日	5				
6	33	小	1	8月5日	4				
7	27	大	1	8月6日	4	1		3	
8	14	小	0	8月6日	3		3		1
9	34	小	1	8月7日	4		2		2
10	09	大	0	8月7日	3	4		6	
11	45	小	2	8月9日	4		3		1

（续）

序号	随机数	大小船别	到船间隔/d	推算到船日期	修理时间/d	方案I的待修天数/d		方案II的待修天数/d	
						大船	小船	大船	小船
12	59	大	2	8月11日	5	3		2	
13	34	小	1	8月12日	4		1		2
14	68	大	3	8月15日	5	4		1	
15	49	大	2	8月17日	4	7		1	
16	12	小	0	8月17日	3				1
17	72	小	3	8月20日	5				1
18	07	大	0	8月20日	3	8		1	
19	34	小	1	8月21日	4				1
20	45	小	2	8月23日	4		2		1
21	99	大	8	8月31日	9				
22	27	大	1	9月1日	4	8			
23	72	小	3	9月4日	5				
24	95	小	7	9月11日	8				
25	14	小	0	9月11日	3				
26	31	小	2	9月13日	4		1		1
27	16	大	0	9月13日	3				
28	93	小	7	9月20日	8				
29	32	小	1	9月21日	4				
30	43	小	2	9月23日	4				
待修理天数合计/d						38	12	14	14

方案 I

（1）船舶的待修损失

$$(0.5 \times 7000 \times 38 + 0.5 \times 3000 \times 12) \text{元} = 151000 \text{元}$$

（2）船坞空间损失

$$(500 \times 8 + 300 \times 38) \text{元} = 15400 \text{元}$$

（3）大坞修小船损失

$$(100 \times 3) \text{元} = 300 \text{元}$$

（4）损失金额

$$(151000 + 15400 + 300) \text{元} = 166700 \text{元}$$

方案 II

（1）船舶的待修损失

$$(0.5 \times 7000 \times 38 + 0.5 \times 3000 \times 12) \text{元} = 151000 \text{元}$$

（2）船坞空间损失

$$(500 \times 8 + 300 \times 38) \text{元} = 15400 \text{元}$$

(3) 大坞修小船损失

$$(100 \times 36) 元 = 3600 元$$

(4) 损失金额

$$(151000 + 15400 + 3600) 元 = 170000 元$$

从模拟的计算结果看，采用方案Ⅱ，即建大坞的方案为经济。

表 6-13　方案Ⅰ（建小坞）

日期		8月																														
		1	2	3	4	5	6	7	8	9	10	11	12	13	14	15	16	17	18	19	20	21	22	23	24	25	26	27	28	29	30	31
来船进坞情况	大坞	①	~	~	②			~		⑦	~			⑩	~		⑫	~	~	~		⑭	~		⑮	~	~		⑱	~		㉑
	小坞			③	~		⑤	~			⑧	~	⑪	~				⑯	~			⑲	~		⑳	~						
	新小坞				④	~		⑥	~	⑨	~			⑬	~					⑰	~											
船坞空闲天数	大坞																															
	小坞												1				1												1	1	1	
	新小坞			1													1	1	1					1	1	1	1	1	1	1		
大坞修小船天数																																

日期		9月																											两月合计
		1	2	3	4	5	6	7	8	9	10	11	12	13	14	15	16	17	18	19	20	21	22	23	24	25	26	27	
来船进坞情况	大坞	~	~							㉒	~			㉗	~								㉚	…	…	…			
	小坞			㉓	~				㉔	~									㉘	~									
	新小坞											㉕	~	~	㉖					㉙	~	~							
船坞空闲天数	大坞									1	1	1	1	1	1	1								1					8
	小坞	1	1	1			1	1							1														11
	新小坞	1	1	1	1	1	1	1	1	1						1	1	1				1	1	1					27
大坞修小船天数																							1	1	1				3

注：表中 ~ 表示修船时间，… 表示大坞修小船时间，○ 表示到船序号。

表 6-14　方案Ⅱ（建大坞）

日期		8月																														
		1	2	3	4	5	6	7	8	9	10	11	12	13	14	15	16	17	18	19	20	21	22	23	24	25	26	27	28	29	30	31
来船进坞情况	大坞	①	~	~	⑤	…	…		⑦	~			⑩	~	⑭	~			⑱	~	⑳	~										㉑
	小坞			③	~		④	~	⑧	~		⑪	~		⑬	~		⑯	~		⑰	~										
	新大坞	②	~	~		⑥	~		⑨	~			⑫	~		⑮	~			⑲	~	…	…									
船坞空闲天数	大坞																										1	1	1			
	小坞																									1	1	1	1	1	1	
	新大坞				1																	1	1	1	1	1						
大坞修小船天数					1	2	2	2	2	1	1	1	1								1	1	2	2	1	1						

(续)

日期		9月																											两月合计
		1	2	3	4	5	6	7	8	9	10	11	12	13	14	15	16	17	18	19	20	21	22	23	24	25	26	27	
来船进坞情况	大坞												㉗	~	~										㉚	…	…	…	
	小坞			㉓	~	~							㉔									㉘							
	新大坞	㉒	~	~	~							㉕	…	…	㉖	…	…					㉙	…	…	…				
船坞空闲天数	大坞							1	1	1	1					1	1	1	1	1	1	1					1		15
	小坞	1	1	1						1	1						1												12
	新大坞					1	1	1	1	1	1							1	1	1						1	1	1	19
大坞修小船天数									1	1	1	1	1	1	1			1	1	1	2	2	1	1					36

注：表中～表示修船时间，…表示大坞修小船时间，○表示到船序号。

【重点与难点】

1. 系统模拟的概念、功能、步骤和方法是本章的基础知识。
2. 蒙特卡罗模拟法的原理、步骤和确定随机数的方法是本章的重点内容。
3. 利用蒙特卡罗模拟法进行系统模拟是本章的应用案例，需要深入理解和掌握。
4. 在建立模拟模型时，确定随机数的方法是需要特别注意的问题。
5. 使用计算机来确定随机数，选择合适的初始值、乘子、增量和模数的技巧要掌握。
6. 在使用随机概率模拟排队论问题时，要着重计算排队系统运行指标，注意求解问题。

【思考与练习】

一、思考题

1. 系统模拟的概念是什么？
2. 系统模拟的功能、步骤、方法有哪些？
3. 哪些软件可以生成随机数？生成语句分别是什么？
4. 用随机概率模拟排队论问题的原理是什么？
5. 用模拟随机数模拟方案论证问题时，其中常态随机数的求解方法是什么？

二、练习题

1. 某汽车收费站有收费人员一人负责收费工作，根据过去的记录，得知汽车到达收费站的时间间隔和收费员收费时间长度的频率见表6-15。

表6-15　汽车到达收费站的时间间隔与收费员收费时间长度的频率

到达时间间隔/min	3	4	5	6	7	8	合计
频率	0.05	0.10	0.25	0.35	0.20	0.05	1.00
收费时间长度/min	3	4	5	6	7	合计	
频率	0.10	0.20	0.40	0.20	0.10	1.00	

给出模拟汽车到达间隔的随机数为83，46，54，78，39；模拟收费站收费时间长度的

随机数为 75，40，21，35，56。要求：用蒙特卡罗模拟法模拟排队过程，从上午 8 点开始模拟。求解：①汽车在收费站的平均等待时间；②等待行列的平均汽车数；③收费员的平均服务时间。

在上述计算的基础上，对该排队系统做出评价。

2. 某汽车加油站有一人负责加油工作，根据过去的记录，得知汽车到达加油站的时间间隔和工作人员为汽车加油的时间长度及频率见表 6-16。

表 6-16　汽车到达加油站的时间间隔和加油时间长度及频率

到达时间间隔/min	3	4	5	6	7	8	合计
频率	0.20	0.35	0.20	0.15	0.05	0.05	1.00
加油时间长度/min	3	4	5	6	7	合计	
频率	0.40	0.20	0.15	0.15	0.10	1.00	

给出模拟汽车到达间隔的随机数为 26，46，32，78，12，35，43，87，99，21；模拟加油站为汽车加油时间长度的随机数为 34，80，61，45，73，23，67，98，11，35。要求：用蒙特卡罗模拟法模拟排队过程，从上午 8 点开始模拟。求解：①汽车在加油站的平均等待时间；②等待行列的平均汽车数；③工作人员的平均服务时间；④汽车在加油站的平均消耗时间。

3. 某中小超市收费处有收费人员一人负责收费工作，根据管理人员观察，得知顾客到达收费处的时间间隔和收费员收费时间长度的频率见表 6-17。

表 6-17　顾客到达收费处的时间间隔和收费时间长度的频率

到达时间间隔/min	3	4	5	6	7	8	合计
频率	0.20	0.35	0.25	0.15	0.05	0.05	1.00
收费时间长度/min	3	4	5	6	7	合计	
频率	0.30	0.40	0.20	0.05	0.05	1.00	

给出模拟顾客到达间隔的随机数为 83，46，06，78，91；模拟收费处收费时间长度的随机数为 91，09，72，96，56。要求：用蒙特卡罗模拟法模拟排队过程，从上午 9 点开始模拟。求解：①顾客在收费处的平均等待时间；②等待行列的平均顾客数；③收费员的平均服务时间。

在上述计算的基础上，对该排队系统做出评价。

第 7 章 Chapter 7
交通运输系统评价

7.1 概述

评价是对管理对象进行度量和评判的过程,通过采用确定的度量尺度和评判方法,将所得结果与预定目标进行比较并得出结论。系统评价是基于对复杂事物的理解而产生的,这些事物存在于比它们自身更高级的系统中,它们本身也是一个系统。为了全面了解事物,必须将其作为一个整体来看待,并运用系统分析的视角进行综合认知。由于系统具有多个属性,因此系统评价采用的是多属性评价的方法,即综合考虑多个属性进行评价。

系统评价是在系统设定目标的基础上,通过进行系统调查和可行性研究,综合考虑技术、经济、环境和社会等多个方面,对各种系统设计方案进行综合评价。评价的主要重点是确定方案是否满足需求,并评价方案所需的各种资源消耗和占用情况。最终的目标是选择出技术先进、经济合理、可行实施的最佳或最符合要求的方案。

系统评价是系统工程中必不可少的一环。系统工程的基本方法是将研究对象作为一个整体系统进行分析,然后将分析结果进行综合,并进行系统设计。最后,对系统进行综合评价。系统分析、系统综合和系统评价之间存在着紧密的关系,它们之间相互影响,如图 7-1 所示。

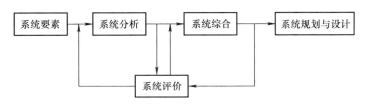

图 7-1 系统分析、系统评价与系统综合之间的关系

7.1.1 系统评价的原则及步骤

1. 系统评价的原则

(1) 确保系统评价的客观性是至关重要的 评价的目的是做出决策,而评价的客观性直接影响决策的科学性。为了确保评价的客观性,需要遵循以下原则:评价资料应全面且可靠,评价人员应具有代表性和客观公正性。

(2) 确保评价方案的可比性是非常重要的 在确保系统基本功能实现的前提下,提出的各种方案应具备可比性和一致性。这样可以更好地进行方案的比较和选择。

(3) 确保评价指标的系统性和合理性是非常重要的　评价指标应该包含涵盖系统目标各个方面的内容，对于一些定性问题，应建立适当的指标体系，以确保评价指标的全面和系统。评价指标应与国家政策方针保持一致，并与相关行业的产业政策相符，以确保评价指标的合理性。

2. 系统评价的步骤

系统评价的步骤是有效地进行系统评价的保证，一般包括以下几个步骤。

(1) 明确系统目的，熟悉系统方案　为了进行科学的评价，需要进行反复的调查，以了解系统的目的，并熟悉所提出的系统方案。此外，还需要进一步分析和讨论已经考虑到的各种因素。这样才能确保评价的准确性和全面性。

(2) 分析系统要素，确定分析项目　根据系统的目标，集中收集相关的资料和数据，并对组成系统的各个要素以及系统的性能特征进行全面的分析，以确定系统评价的项目。系统评价项目通常由构成系统的性能要素来决定，主要包括系统的功能、进度、成本、可靠性、实用性、适应性、寿命、技术水平等要素。通过对这些要素的评价，可以全面了解系统的综合性能和优劣势。

(3) 确定评价指标体系　指标是衡量系统总体目的的具体标志，对于所评价的系统，需要建立能够对照和衡量各个方案的统一尺度，即评价指标体系。评价指标体系的建立主要涉及指标的选择和指标之间的结构关系的确定。对于复杂的系统而言，指标的选择和指标关系的确定并不是一件容易的事情，这既需要对理论有深刻的理解，也需要具备丰富的实践经验。只有在理论和实践经验的支持下，才能建立起科学合理的评价指标体系。

对于交通运输系统的评价指标，一般可以分为两种类型：定性指标和定量指标。定性指标主要从评价目的和原则出发，考虑到指标的充分性、可行性、稳定性、必要性以及指标与评价方法的协调性等因素，由系统分析人员和决策者主观确定指标和指标结构。而定量指标则是通过一系列的检验，确保指标体系更具科学性和合理性。前者可能受到判断者的经验和素质影响，导致判断结果存在较大的偏差；后者可能存在指标信息覆盖不全或指标之间信息重叠的问题，并且统计和处理数据可能会面临困难。

因此，一个科学合理的评价指标体系必须基于系统的目的和考虑系统的特点，并建立在大量的资料分析和细致的研究的基础上。该指标体系必须在科学和客观的基础上，尽可能全面地考虑各种因素，包括组成系统的关键因素以及与系统性能、成本、效果等相关的因素。它由多个单项评价指标组成，并形成一个整体体系。

(4) 制定评价结构和评价标准　在评价过程中，只对系统的目的进行定性描述，而没有进行定量表述，难以做出科学的评价。因此，需要对确定的指标进行定量化处理。由于每个要评价的系统都有其独特的特性和目的，因此存在不同的评价指标体系结构。此外，由于各指标的评价尺度不同，在进行比较时也存在困难。因此，必须对指标体系中的指标进行规范化和制定评价准则，并根据指标反映的各要素状况，确定各指标的结构和权重。这样才能建立一个科学的评价体系。

(5) 选择评价方法　评价方法的选择取决于评价对象的具体要求，不同的评价对象可能需要采用不同的方法。总体来说，选择系统评价方法应考虑系统的目的、系统分析的结果、试验费用、评价效果等方面的因素。评价方法的选择应能够充分满足这些要求，并确保能够全面、准确地评估系统的性能和效果。

（6）进行系统评价　根据系统的目的和要求，以及评价标准为依据，对单项系统进行评价或进行系统综合评价。在此过程中，需要选择最优或最满意的方案，同时要确保方案的可行性和实施可能性。这样的选择需要综合考虑各种因素，以达到系统评价的最佳结果。

系统综合评价的步骤如图7-2所示。

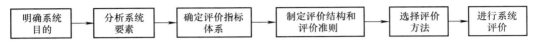

图7-2　系统综合评价的步骤

7.1.2　评价指标体系

1. 指标体系的确定原则

指标是用来衡量系统总体目的的具体标准。为了进行系统评价，必须建立一个有效的评价指标体系。在建立指标体系时，需要遵循一些原则，包括系统性、可测性、层次性、简易性和可比性。

（1）系统性原则　指标体系应该能够全面地反映被评价对象的综合情况，同时捕捉到主要因素，这样既能够反映系统的直接效果，又能够反映系统的间接效果，以确保评价的全面性和可信度。

（2）可测性原则　评价指标的含义要明确，数据的收集应方便，计算方法应简单，并易于掌握。这样能够确保指标的测量具有可操作性，方便进行实际的数据收集和计算。

（3）层次性原则　评价指标体系要有层次性，这样才能为衡量系统方案的效果和确定评价指标的权重提供方便。

（4）简易性原则　在制定评价指标体系时，需要保持其简洁明了，避免过于复杂。同时，应避免在指标中出现明显的包含关系。对于隐含的相关关系，应在模型中采用合适的方法来消除。

（5）可比性原则　指标的选择要保持同趋势化，以保证可比性。

在对交通运输系统进行综合评价时，需要遵循定性指标和定量指标相结合的原则。这种评价不仅包括技术经济指标，还涵盖了社会环境指标。前者较易用定量指标来衡量，而后者则难以用定量化的指标来度量，例如安全性、舒适度、速度和便利性等。为了使评价更加客观，必须坚持同时使用定性和定量指标。这种方法不仅有利于系统模型的处理，还可以弥补纯定量评价的不足和数据本身存在的一些缺陷。

要综合评价交通运输系统的特性，需将绝对指标与相对指标相结合。绝对指标能够反映系统的规模和总量，而相对指标则能够反映系统在某些方面的强度或性能。只有将这两种指标结合起来使用，才能够全面地描述交通运输系统的特性。绝对指标提供了系统整体的量化数据，而相对指标则可用来比较系统在不同方面的相对性能。通过综合运用绝对指标和相对指标，可以更全面地评估交通运输系统，并准确判断其发展状况和性能水平。

2. 交通运输系统评价指标体系

评价指标体系由多个单项评价指标组成，这些指标可以以性质进行分类，以整体的方式反映所要解决问题的各项标准要求。一个好的指标体系应当具备实际性、合理性和科学性，并且应当被相关人员和部门所接受。打造一个实际有效的指标体系，需要综合考虑多方面因素，确保指标的可操作性和适用性，并满足各利益相关方的需求和要求。这样的指标体系才能真正为系统的评价提供有力支持。

指标评价体系通常可考虑如下方面：

1）政策性指标。政府的方针、政策、法规以及发展规划对于国防和国计民生方面的重大项目至关重要，这些项目对于国家的安全和经济发展具有重要意义。同时，法律约束也起着指导和保护的作用，应确保这些项目的顺利进行和合法运行。

2）技术性指标。包括产品的性能、寿命、可靠性和安全性等方面，以及工程项目的地质条件、设备、建筑物和运输等技术指标。

3）经济性指标。包括方案成本（在适当条件下应考虑生命周期成本，包括制造成本、使用成本和维修成本等）、利润和税金、投资额、流动资金占用量、回收期、建设周期以及地方性的间接受益等方面。

4）社会性指标。包括社会福利、社会节约、综合发展、就业机会、生态环境等。

5）资源性指标。包括工程项目中的物资、人力、能源、水源、土地条件等。

6）时间性指标。包括工程进度、调试周期等。

以上六个方面是通常需要考虑的主要类别，在具体情况下可能会有一些增减。至于单项指标的设定，需要全面考虑系统性质、目标要求和系统的特殊性。这些主要指标和子指标构成了一个多层次、多元素的指标体系。在制定指标体系时，还需要注意以下两个问题：

1）指标体系中的大类和数量的问题。一般来说，如果指标范围越广，指标数量越多，那么方案之间的差异就会更加明显，有利于判断和评价；但同时也存在着指标重要程度不同的情况，过于详细可能会偏离方案的本质目的，因此在指标体系的分类上需要特别注意。

2）各个评价指标之间的相互关系问题。在制定单项指标时，需要尽量确保指标之间相互独立、不重复，以提高指标的利用效率。

7.1.3 系统评价的方法

1. 交通运输系统技术评价

交通运输系统技术评价是以技术水平为标准进行的，在系统工程中扮演着至关重要的角色。技术评价是对交通运输系统备选方案所采用的技术在先进性、适用性、可靠性、维护性等方面进行分析、比较和评估的过程，为技术选择和系统方案决策提供科学依据。

无论是宏观技术决策抑或微观技术决策，技术评价都是一项极为重要的研究课题。在宏观层面上，交通运输系统的技术评价必须与国家的相关制度、法规和政策相一致；而在微观层面上，任何交通运输系统技术的选择和开发都不能对当地的资源、自然环境和生态系统造成危害，也不能损害人民群众的基本利益。

通常情况下，技术评价是技术选择的前提和基础，而技术选择则是技术评价的结果。只有进行科学准确的技术评价，才能做出正确合理的技术选择。交通运输系统技术评价的内容包括以下四个方面。

（1）技术的先进性

1）技术水平应当达到较高水平。在选择技术时，应优先考虑那些处于成长期或进入成熟期时间较短的新技术。技术的先进程度应与国际标准、国际水平或国内水平相匹配，绝不能采用处于衰退期的落后技术。我们应该努力采用填补国内或行业空白的新技术和新工艺，以提高我国整体的技术水平。

2）产品质量应该是优良的。产品质量对于投资项目方案的成功至关重要，应确保产品质量符合国际标准、国家标准或行业标准。同时，必须建立完善的质量管理系统和可靠的质量控制系统。

3）生产效率应该是高效的。在选择技术时，应该考虑那些具有较高的生产效率和扩大再生产能力的技术，以实现满意的规模经济效益。

4）能源和材料消耗应该是低的。先进技术应该符合以最少的投入获取最大产出的目标。各种原材料和燃料动力的消耗应该达到国内或国际先进水平。主要原材料的利用率、标准化程度、通用化程度和系列化程度应该在国内处于领先地位，接近或达到国际水平。

（2）技术的适用性

1）符合国情及系统需要。针对交通运输系统投资方案，我们应当选择符合我国国情和本部门实际情况的技术，以满足系统要求，并确保拥有必要的资源和能源条件。

2）便于推广转移。在选择技术方案时，应优先考虑那些能够在较短时间内消化、吸收，并且具备可持续发展和创新能力的先进技术。特别是那些可操作性强、易于推广的新技术，应予以优先考虑。

3）国内容易配套。在选择复杂技术和技术组合时，还需要考虑其对配套工艺和设备要求的难易程度。对于那些易于配套的技术，在国内有较好的适应性。

（3）技术的可靠性

1）技术安全可靠。应该选择经过实践证明安全可靠的先进技术，并确保职工的工作条件、劳动强度、人身安全以及劳动保护等方面符合国家劳动保护部门的相关规定。

2）标准化程度高。在选择采用的技术时，应确保其在基础标准、产业标准、方法标准等方面符合公认的国际标准或国家标准。对于仅适合个别国家标准的技术，其在推广转移和创新发展方面通常会受到许多限制，因此不宜引进和使用。

3）环保措施可靠。在选择技术时，应确保对噪声、粉尘、有害物（如废水、废液、废气、废渣等）采取科学、系统的环保措施和管理办法，以确保卫生与劳动环境的保护符合国家规定的标准或国际标准。

（4）技术的可维护性

1）容易维护修理。在选择技术和工艺设备时，要确保相关的合格证书、操作规程、使用维护说明书和鉴定文件等资料完备。同时，要确保修理所需的备品和配件易于获得，并且技术维护修理的性能达到国内较高水平。

2）维护费用低。维护费用是评估技术选择的一个重要经济指标。在选择技术方案时，不仅要考虑总投资额的大小，还要综合分析每年的维护费用支出，即技术方案的生命周期总费用。选择同时具有较低总投资额和维护费用的技术方案，有利于节约投资资金，降低经营成本，并获得最佳的技术经济效益。

2. 交通运输系统经济评价

交通运输系统经济评价是以货币价值或经济效益为评判标准的，在系统工程中扮演着重要的角色。在规划、设计、施工和经营管理过程中，通常会有多种技术方案可供选择。在完成技术分析后，还需要进行经济分析，以选择效果最佳的最优方案，即在相同收益下资源消耗最少或在相同资源消耗下收益最大的方案。随着社会经济的发展，交通运输系统的作用变得越来越重要,系统本身也变得越来越复杂庞大,因此经济评价和分析变得更加困难,需要以严谨科学的态度来处理。常用的经济评价方法包括现值法、年值法和回收率法。

(1) 复利公式 由于资金具有时间价值,因此在不同的时期,资金的价值也是不同的。现值指的是资金在当前时期所具有的价值,而终值则指的是资金在未来某一时期的价值。通常,现值和终值可以使用现金流示意图来表示,如图7-3所示。

图 7-3 现金流示意图

现金流示意图的解释如下:在图7-3中,水平线代表时间的刻度,从左到右表示时间的延续。每个等分的间隔表示一个时间单位,通常是一年,也可以表示为月、日等。水平线上的点被称为时点,时点通常表示该年的年末,同时也是下一年的年初。零时点即为第一年开始的时点。整个水平线可以被视为要研究的"系统"有效的时间范围。

水平线的垂直线,表示流入或流出该"系统"的现金流量。垂直线的长度根据现金流量的大小按比例画出。箭头表示现金流动的方向,箭头向上表示现金流入(资金增加),箭头向下表示现金流出(资金减少)。

在箭头的上方(或下方)标明该现金流量的金额大小。

设 P 表示现值,F 表示终值,n 表示计算周期数,i 表示某一规定周期(月、日)的利率,则现值与终值之间有如下关系:

1) 单利法。在单利法中,资金的时间价值只与资金的本金有关,在资金的增值过程中,只有本金产生时间价值。而已产生的时间价值不再增值,因而资金在各个时期产生的时间价值是相同的。

单利法的计算公式为

$$F = P(1 + ni) \tag{7-1}$$

2) 复利法。在复利法计算中,资金在增值过程中已产生的时间价值仍继续增值,因而资金在各个时期产生的时间价值是不一样的。

复利法的计算公式为

$$F = P(1 + i)^n \tag{7-2}$$

例7-1 某海运公司向银行借款1000万元,用于船舶更新,年利率为7%,借期为20年,试问20年后,该单位应向银行还多少钱?分别用单利法和复利法计算。

单利法:$F = 1000(1 + 20 \times 0.07)$ 万元 $= 2400$ 万元

复利法:$F = 1000(1 + 0.07)^{20}$ 万元 $= 3869.7$ 万元

可见,用单利法计算与复利法计算,其结果是相差很大的。期限越长,利率越高,则两者之差就越大。在资金投资或贷款计算中,一般都是采用复利法。

3) 复利公式。式(7-1)、式(7-2)是最基本的计算公式,在实际应用中,通常采用由复利法的计算公式(7-2)推导出来的一些计算因数。计算因数如下:

① 一次整付的终值,计算公式为

$$F = P(1+i)^n \tag{7-3}$$

式中，$(1+i)^n$ 为复利终值因数。

② 一次整付之现值，计算公式为

$$P = F(1+i)^{-n} \tag{7-4}$$

式中，$(1+i)^{-n}$ 为复利现值因数。

③ 分期等值支付的终值，计算公式为

$$F = A\left[\frac{(1+i)^n - 1}{i}\right] \tag{7-5}$$

式中，$\frac{(1+i)^n - 1}{i}$ 为年金终值因数；A 为每次支付的资金。

④ 积累基金，计算公式为

$$A = F\left[\frac{i}{(1+i)^n - 1}\right] \tag{7-6}$$

式中，$\frac{i}{(1+i)^n - 1}$ 为积累基金因数。

⑤ 分期等值支付的现值，计算公式为

$$P = A\left[\frac{(1+i)^n - 1}{i(1+i)^n}\right] \tag{7-7}$$

式中，$\frac{(1+i)^n - 1}{i(1+i)^n}$ 为年金现值因数。

⑥ 资金回收基金，计算公式为

$$A = P\left[\frac{i(1+i)^n}{(1+i)^n - 1}\right] \tag{7-8}$$

式中，$\frac{i(1+i)^n}{(1+i)^n - 1}$ 为资金回收因数。

例 7-2 某港口向银行贷款 100 万元进行设施维护，年利率为 9%，从贷款后的第一年开始，平均分 10 年还清，问该港口每年应还款多少万元？

解： 即已知 $P = 100$ 万元，$i = 9\%$，$n = 10$，要求计算资本回收金 A。

由式 (7-8) 计算得

$$A = 100 \text{ 万元} \times \frac{0.09 \times (1+0.09)^{10}}{(1+0.09)^{10} - 1} = 15.5820 \text{ 万元}$$

故该港口平均每年的还款数为 15.5820 万元。

将前面的诸公式进行汇总，见表 7-1。

表 7-1 复利公式汇总表

名称	公式	已知项	所求项	系数符号	系数公式
一次整付的终值	$F = P(1+i)^n$	P	F	$(F/P, i, n)$	$(1+i)^n$
一次整付的现值	$P = F(1+i)^{-n}$	F	P	$(P/F, i, n)$	$(1+i)^{-n}$
分期等值支付的终值	$F = A\left[\frac{(1+i)^n - 1}{i}\right]$	A	F	$(F/A, i, n)$	$\frac{(1+i)^n - 1}{i}$

(续)

名称	公式	已知项	所求项	系数符号	系数公式
积累基金	$A = F\left[\dfrac{i}{(1+i)^n - 1}\right]$	F	A	$(A/F, i, n)$	$\dfrac{i}{(1+i)^n - 1}$
分期等值支付的现值	$P = A\left[\dfrac{(1+i)^n - 1}{i(1+i)^n}\right]$	A	P	$(P/A, i, n)$	$\dfrac{(1+i)^n - 1}{i(1+i)^n}$
资金回收基金	$A = P\left[\dfrac{i(1+i)^n}{(1+i)^n - 1}\right]$	P	A	$(A/P, i, n)$	$\dfrac{i(1+i)^n}{(1+i)^n - 1}$

例 7-3 某高速公路预计 5 年建成，计划投资额为每年 2000 万元，若折现率为 7.15%，试求全部工程投资现值。

解：即已知 $A = 2000$ 万元，$i = 7.15\%$，$n = 5$ 年，求分期等值支付的现值 P。
由式（7-7）计算得

$$P = 2000 \text{ 万元} \times \frac{(1 + 0.0715)^5 - 1}{0.0715 \times (1 + 0.0715)^5} = 8167.6 \text{ 万元}$$

故该工程分期等值支付的现值为 8167.6 万元。

（2）现值法 现值法是进行系统经济分析时最常使用的方法之一。根据使用期相等或使用期不等，现值法可以分为两种情况。它通过将不同方案在不同时间段的投资转化为现值，来对方案进行分析、评估和选择。现值法能够更好地衡量方案的经济效益，从而做出明智的决策。

1）相同使用期的方案比较。在这种情况下，可直接将各方案在各个时期的投资换算成现值，并进行比较，选择投资现值最少的方案为合理的方案。

例 7-4 某货车运输公司计划购置一批新的货车，提出了 3 个购车方案，车辆报废期都是 10 年。方案 A 的初始投资为 1000 万元，年营运费用为 300 万元；方案 B 的初始投资为 1500 万元，年营运费用为 200 万元；方案 C 的初始投资为 1000 万元，第 5 年末再增加投资 1000 万元，年营运费用为 100 万元。资金年利率为 10%，试确定最经济的车辆购置方案。

解：
方案 A：

$$P_1 = 1000 \text{ 万元}$$

$$P_2 = 300 \text{ 万元} \times \frac{(1 + 0.10)^{10} - 1}{0.10 \times (1 + 0.10)^{10}} = 1843.3 \text{ 万元}$$

$$P_A = P_1 + P_2 = (1000 + 1843.3) \text{万元} = 2843.3 \text{ 万元}$$

方案 B：

$$P_1 = 1500 \text{ 万元}$$

$$P_2 = 200 \text{ 万元} \times \frac{(1 + 0.10)^{10} - 1}{0.10 \times (1 + 0.10)^{10}} = 1228.9 \text{ 万元}$$

$$P_B = P_1 + P_2 = (1500 + 1228.9) \text{万元} = 2728.9 \text{ 万元}$$

方案 C：

$$P_1 = [1000 + 1000 \times (1 + 0.10)^{-5}] \text{万元} = 1620.9 \text{ 万元}$$

$$P_2 = 100 \text{万元} \times \frac{(1+0.10)^{10}-1}{0.10 \times (1+0.10)^{10}} = 614.44 \text{万元}$$

$$P_C = P_1 + P_2 = (1620.9 + 614.44) \text{万元} = 2235.3 \text{万元}$$

3个方案的计算结果见表7-2。

表7-2　某港口3个方案的计算结果　　　　　　　　　　（单位：万元）

方案	投资本金	年营运费用本金	总投资本金	总投资现值
A	1000	3000	4000	2843.3
B	1500	2000	3500	2728.9
C	2000	1000	3000	2235.3

从表7-2可以看出，方案C的总投资现值与总投资本金均最少，方案A最大。如果其他条件相同，从经济上看，方案C最合理。

2）不同使用期方案比较。在现值比较法中，必须在相同的使用期内对各个方案进行比较。如果各个方案的使用期不同，那么就需要找出各个方案使用期的最小公倍数，将各个方案的使用期延长，甚至延长数倍，以使各个方案的使用期相等。在延长的使用期内，假设各个方案按照原来的使用期重复投资，并按使用期相同的方法来计算现值，以进行比较和选择。通过这种方法，能够公平地比较不同方案的经济效益，从而做出更明智的决策。

例7-5　某快递驿站拟投资购入一台新设备，现在有两种方案，方案A为购置新设备，价值100万元，使用年限为50年，50年后的残余价值为10万元。方案B为购置二手设备，价值60万元，设计年限为25年，残余价值不计。试比较两方案（资金年利率10%）。

解：两个方案的使用期不同，为了使两者能够比较，就要使两个方案的使用期相同。假设方案B在第25年后再买入一台二手设备，投资仍然是60万元。

方案A的现值为

$$P_A = [100 - 10(1+0.10)^{-50}] \text{万元} = 99.9148 \text{万元}$$

方案B的现值为

$$P_B = [60 + 60(1+0.10)^{-25}] \text{万元} = 65.5378 \text{万元}$$

方案B的现值小于方案A的现值，故方案B较为合理。

（3）年值法　年值法也是一种常用的系统分析、比较方法，它与现值法不同，在年值法中，首先要将方案的各项投资和运转费用换算成现值，然后再用资金回收基金的换算方式[见式（7-8）]换算成等值（等值的年成本），再进行比较，年值最少的方案便是经济上最合理的方案。

使用期相同的方案进行比较时，使用年值法进行比较，不如现值法方便。但当各方案的使用期不同时，年值法比现值法方便得多，年值法中无须将各方案的使用期换算成相等的期限。

例7-6　用年值法比较例7-5中的两个方案。

解：

方案A：

$$\text{投资现值} P_1 = 100 \text{万元}$$

$$\text{残值现值} P_2 = 10 \text{万元} \times (1+0.10)^{-50} = 0.0852 \text{万元}$$

$$总现值 P_A = P_1 - P_2 = 99.9148 \text{ 万元}$$

$$年资金回收基金 A = P_A \left[\frac{i(1+i)^n}{(1+i)^n - 1} \right] = 99.9148 \text{ 万元} \times \left[\frac{0.10 \times (1+0.10)^{50}}{(1+0.10)^{50} - 1} \right] = 10.0814 \text{ 万元}$$

方案 B：

$$总现值 P_B = 60 \text{ 万元}$$

$$年资金回收基金 A = P_B \left[\frac{i(1+i)^n}{(1+i)^n - 1} \right] = 60 \text{ 万元} \times \left[\frac{0.10 \times (1+0.10)^{25}}{(1+0.10)^{25} - 1} \right] = 6.6120 \text{ 万元}$$

比较可得：方案 B 的年资金回收基金小于方案 A 的年资金回收基金，故方案 B 较合理，这个结论与现值法是一致的。

(4) 回收率法

1) 回收率。一项工程建成后，在工程的使用期限内，工程将产生效益，否则这项工程也就失去了意义。回收率和利率具有相似的含义，为了说明回收率的概念，举一个简单的例子，假设某工程初始投资为 A，5 年后，该工程创造一次性收益 B_1。若当初投资 A 不是用于工程投资，而是存入银行，那么 A 在 5 年后的价值可用复利公式计算，其值 $B_1 = A(1+i)^5$，i 是年利率。但在现在的情况中，初始投资 A 投资 5 年后得到的收益（回收价值）是知道的，为 B_1，而它的回收利率（回收率）i 是未知的，那么可用复利公式反算求得。本例中：

$$B_1 = A(1+i)^5$$

则

$$i = \sqrt[5]{\frac{B_1}{A}} - 1$$

投资回收率反映了工程投资的回收效果，回收率大，投资者就愿意投资。显然，只有当回收率大于年利率时，才能吸引投资。

回收率的计算方法有两种：现值计算法和年值计算法。

① 现值计算法。在现值计算法中，先将工程的所有支出与收入全部都换算成现值，然后令支出和收入相等，用试算法反求回收率 i。

例 7-7 某集团公司投资新建一条高速公路，工期为 8 年，建设费分 3 次投资，初始投资 90×10^2 万元，第二年末（即第三年初）投资 80×10^2 万元，第四年末投资 60×10^2 万元，高速公路建成后，该集团公司出卖路权，获收益 550×10^2 万元。试求该工程的投资回收率。

解：a. 先把该工程的各项收入、支出换算成现值：

$$收入 P_1 = 550(1+i)^{-8} \times 10^2 \text{ 万元}$$

$$支出 P_2 = 90 \times 10^2 \text{ 万元}$$

$$P_3 = 80(1+i)^{-2} \times 10^2 \text{ 万元}$$

$$P_4 = 60(1+i)^{-4} \times 10^2 \text{ 万元}$$

b. 令收入等于支出，并求出满足该式的 i 值。

由 $P_1 = P_2 + P_3 + P_4$ 得

$$550(1+i)^{-8} = 90 + 80(1+i)^{-2} + 60(1+i)^{-4}$$

令

$$K = 550(1+i)^{-8} - 80(1+i)^{-2} - 60(1+i)^{-4} - 90 \tag{7-9}$$

对不同的 i 值，就有不同的 K 值：若 $K<0$，说明收入现值小于支出现值，i 值取得偏大；若 $K>0$，说明收入现值大于支出现值，i 值取得偏小；若 $K=0$，说明收入现值等于支出现值，i 值取得比较合适。

c. 以下取不同的 i 值试算，然后选择合适的 i 值。

第一次试算：

令 $i=14\%$，代入式（7-9）得 $K=5.7252$，K 值为正值，说明 i 值偏小，即 i 应大于 14%；令 $i=15\%$，代入式（7-9）得 $K=-4.995$，K 值为负值，说明 i 值偏大，即 i 应小于 15%。由此可知，i 值应在区间 $[14\%,15\%]$ 之间。

第二次试算：

令 $i=14.5\%$，代入式（7-9）得 $K=0.2454$，$K>0$，故 i 值取得偏小；令 $i=14.8\%$，代入式（7-9）得 $K=-2.9285$，$K<0$，故 i 值偏大。由此可知，i 值应在区间 $[14.5\%,14.8\%]$ 之间，且应更接近 14.5%。

第三次试算：

令 $i=14.55\%$，代入式（7-9）得 $K=-0.2911$，$K<0$，故 i 值取得偏大；令 $i=15\%$，代入式（7-9）得 $K=0.0286$，$K>0$，故 i 值偏小。由此可知，i 值应在区间 $[14.52\%,14.55\%]$ 之间，且应更接近 14.52%。

第四次试算：

令 $i=14.523\%$，代入式（7-9）得 $K=-0.0006$，$K<0$；令 $i=14.522\%$，代入式（7-9）得 $K=0.0005$，$K>0$。由此可知，i 值应在区间 $[14.522\%,14.523\%]$ 之间。

注意到此时的 i 值已十分接近，故可采用内插公式求 i 值：

当 $i=14.523\%$ 时，$K=-0.0006$，当 $i=14.522\%$ 时，$K=0.0005$，则使 $K=0$ 的 i 值为

$$\frac{14.523\%-i}{14.523\%-14.522\%}=\frac{0-0.0005}{-0.0006-0.0005}$$

由此求得 $i=14.5225\%$。

至此，回收率的误差已很小，绝对误差为

$$|\Delta i|=\max(14.523\%-14.5225\%,14.5225\%-14.522\%)=0.0005\%$$

所以，可以取 $i=14.5225\%$ 作为该工程的投资回收率。

一般情况下，当 i 的绝对误差小于 0.5% 时，试算就可以结束；否则，继续迭代，直到满足精度要求。

② 年值计算法。回收率的年值计算法是将工程的所有收入与支出，全部换算成年等值，并令工程的收入年值与支出年值相等，用试算法反求回收率。

例 7-8 某收费桥梁初始建造费用为 100 万元，桥梁使用期为 40 年，在使用期内，每年的养护费为 1 万元，每年能收车辆过桥费 10 万元，使用期末桥梁的残余价值为 10 万元。试计算该桥梁的投资回收率。

支出年值为

$$A_1=100\times\frac{i\times(1+i)^{40}}{(1+i)^{40}-1}\text{万元}$$

养护费年值为

$$A_2=1\text{万元}$$

收入年值为
$$A_3 = 10 \text{ 万元}$$
残值年值为
$$A_4 = 10 \times \frac{i}{(1+i)^{40} - 1} \text{ 万元}$$
令支出年值与收入年值相等,则
$$A_1 + A_2 = A_3 + A_4$$
即
$$100 \times \frac{i \times (1+i)^{40}}{(1+i)^{40} - 1} + 1 = 10 + 10 \times \frac{i}{(1+i)^{40} - 1}$$
用与例 7-7 相同的迭代法,即可得到投资回收率为 8.7%。

2) 回收率比较法。回收率比较法是在现值比较法与年值比较法的基础上发展起来的一种经济评价方法。其基本原理是:将各方案的收入与支出都换算成现值或年值,令各方案的收入现值(或年值)等于各方案的支出现值(或年值),用试算法求出回收率;然后,对各方案的回收率进行比较,回收率最大的方案就是最优方案。这种比较法的优点是,事先知道各个比较方案的投资效果,对方案的评价比较确切;缺点是计算比较麻烦。

例 7-9 某港口拟购买运输用货车,初步定了两种车型,从中选择一种。已知这两种车型的有关情况见表 7-3。试问购买哪种汽车比较合理。

表 7-3 两种车型相关参数

车型	A	B	车型	A	B
购买价格/万元	17	20	年修理费/元	5000	7000
使用期/年	10	12	年净收益(未扣修理费)/万元	5	6
使用期末残值/元	5000	6000			

解:因为两种方案的使用期不同,所以用年值法求回收率比较方便。

(1) 方案 A 的回收率
购入投资年值
$$A_1 = 170000 \times \frac{i \times (1+i)^{10}}{(1+i)^{10} - 1} \text{ 元}$$
维修费的年值
$$A_2 = 5000 \text{ 元}$$
残值的年值
$$A_3 = 5000 \times \frac{i}{(1+i)^{10} - 1} \text{ 元}$$
净收益年值
$$A_4 = 50000 \text{ 元}$$
令
$$K = \text{收入年值} - \text{支出年值} = A_3 + A_4 - A_1 - A_2$$
$$= 5000 \times \frac{i}{(1+i)^{10} - 1} + 50000 - 170000 \times \frac{i \times (1+i)^{10}}{(1+i)^{10} - 1} - 5000$$

用试算法求使 $K=0$ 的 i 值,可得方案 A 的回收率 $i_A=23.25\%$。

(2) 方案 B 的回收率

购入投资年值

$$B_1 = 200000 \times \frac{i \times (1+i)^{12}}{(1+i)^{12} - 1} \text{元}$$

维修费的年值

$$B_2 = 7000 \text{ 元}$$

残值的年值

$$B_3 = 6000 \times \frac{i}{(1+i)^{12} - 1} \text{元}$$

净收益年值

$$B_4 = 60000 \text{ 元}$$

令

$$K = \text{收入年值} - \text{支出年值} = B_3 + B_4 - B_1 - B_2$$
$$= 6000 \times \frac{i}{(1+i)^{12} - 1} + 60000 - 200000 \times \frac{i \times (1+i)^{12}}{(1+i)^{12} - 1} - 7000$$

用试算法求使 $K=0$ 的 i 值,可得方案 B 的回收率 $i_B=24.73\%$。

方案 B 的回收率大于方案 A 的回收率,可见方案 B 比 A 合理,故购买 B 型车比较合算。

以上是用年值法计算回收率的例题,用现值法计算可以得到同样的结果。

7.2 层次分析法

7.2.1 产生与发展

许多复杂的评价问题,难以完全采用定量方法或简单归结为费用、效益等指标进行优化分析与评价,也难以做到使评价项目具有单一的层次结构。在这样的背景下,美国运筹学家、匹兹堡大学教授 T. L. 萨迪(T. L. Saaty)于 20 世纪 70 年代初提出了著名的层次分析法(Analytic Hierarchy Process,AHP)。由于该方法具有系统、灵活、简洁的优点,在方案排序、计划制订、资源分配、政策分析、冲突求解及决策预报等领域得到了广泛应用。

7.2.2 基本思想和实施步骤

层次分析法的基本思想是把复杂系统分解成目标层、准则层和方案层,明确每一层的组成要素,建立起一个描述系统功能和特征的递阶层次结构。在给定的评价标准下,相对上一层每一要素而言,下一层各要素之间进行重要性的两两比较,建立判断矩阵。通过判断矩阵的计算,得到下一层要素对上一层要素的权重,最后确定备选方案相对重要性的总排序。整个过程体现了人们分解-判断-综合的思维特征。

层次分析法的特点:分析思路清晰,可将分析人员的思维过程系统化、数学化和模型化。分析时所需要的数据量不大,但要求对问题所包含的要素及其相关关系非常清楚、明确。这种方法适用于多准则、多目标的复杂问题的评价、分析,广泛用于经济发展比较、科学技术成果评价、资源规划分析、人员素质测评等方面。

在运用层次分析方法进行评价和决策时,大体可分为以下五个步骤进行:

1)分析评价系统中各基本要素之间的关系,明确问题,建立系统的递阶层次结构。一般为三层结构,即目标层、准则层和方案层,如图7-4所示。对于复杂的系统可采取目标层、准则层、方案层的三层结构,必要时还可建立子准则层。

图7-4 系统递阶层次结构

① 目标层:这一层次中只有一个要素。一般它是分析问题的预定目标或期望实现的理想结果,是系统评价的最高准则,因此也称目的层或总目标层。

② 准则层:这一层次包括为实现目标所涉及的准则。一般是一层,复杂的系统可以包含多层,即准则层、子准则层。

③ 方案层:表示为实现目标可供选择的各种方案、措施等,是评价对象的具体化。

2)确定评价基准或判断标度。对同一层次的各元素关于上一层次中某一个要素的重要性进行两两比较,构造两两比较判断矩阵 A 如下:

$$A = \begin{bmatrix} a_{11} & a_{12} & \cdots & a_{1n} \\ a_{21} & a_{22} & \cdots & a_{2n} \\ \vdots & \vdots & & \vdots \\ a_{n1} & a_{n2} & \cdots & a_{nn} \end{bmatrix} \quad (7\text{-}10)$$

式中,a_{ij} 表示要素 i 与要素 j 相比的重要性标度。判断矩阵的标度定义见表7-4。

表7-4 判断矩阵的标度定义

标度	含义
1	两个要素相比,具有同样重要性
3	两个要素相比,前者比后者稍重要
5	两个要素相比,前者比后者明显重要
7	两个要素相比,前者比后者强烈重要
9	两个要素相比,前者比后者极端重要
2、4、6、8	上述相邻判断的中间值
倒数	两个要素相比,后者比前者的重要性标度

选择1~9之间的整数及其倒数作为 a_{ij} 取值的首要原因是,它符合人们进行比较判断时的心理习惯。实验心理学表明,普通人在对一组事物的某种属性同时做比较并使判断基本保持一致时,所能够正确辨别的事物最大个数在5~9之间。

3)由判断矩阵计算被比较要素对于上层某要素的相对权重。判断矩阵 $A = (a_{ij})_{n \times n}$ 的最大特征值相应的特征向量 $W = (w_1, w_2, \cdots, w_n)$ 的近似方法可以用根法或和法。

① 根法。根法是通过判断矩阵计算要素相对重要度的常用方法,其计算步骤如下:

A 的元素按行相乘得一新向量：

$$A_i = \prod_{j=1}^{n} a_{ij}, i = 1,2,\cdots,n \quad (7\text{-}11)$$

将所得向量的每个分量开 n 次方：

$$W_i = \sqrt[n]{A_i}, i = 1,2,\cdots,n \quad (7\text{-}12)$$

将所得向量归一化即为权重向量：

$$W_i = \frac{M_i}{\sum_{i=1}^{n} M_i}, i = 1,2,\cdots,n \quad (7\text{-}13)$$

则 $W = (W_1, W_2, \cdots, W_n)$ 即为所求的优先级向量。

② 和法。先将判断矩阵 A 的每一列归一化，得到矩阵 $B = (b_{ij})_{n \times n}$，然后按 B 的行求和，即

$$\omega_i = \sum_{j=1}^{n} b_{ij}, i = 1,2,\cdots,n$$

$$b_{ij} = \frac{a_{ij}}{\sum_{j=1}^{n} b_{ij}}, i,j = 1,2,\cdots,n \quad (7\text{-}14)$$

无论是根法还是和法，作为权重，均应将 W 进行归一化处理。

4) 进行一致性检验，倘若通过一致性检验，说明该矩阵的精确度合乎要求，转入下一步；否则，转入上一步。

一个矩阵若满足：① $a_{ii} = 1$；② $a_{ji} = \frac{1}{a_{ij}}$，即 A 为正互反矩阵；③ $a_{ij} = \frac{a_{ik}}{a_{jk}}$，则该矩阵为完全一致性的矩阵。由于客观世界的客观性和人主观认识的局限性，对高阶矩阵，无法满足一致性的要求；并且矩阵的阶数越大，两两重要性的比对越困难，矩阵的精确性也越差。为了确保矩阵的精确性在一个较合理的水平，提出一致性指标这个概念。一致性检验方法如下：

① 计算一致性指标 CI（Consistency Index）

$$\text{CI} = (\lambda_{\max} - n)/(n-1) \quad (7\text{-}15)$$

$$\lambda_{\max} = \frac{1}{n}\sum_{i=1}^{n} \frac{(AW)_i}{W_i} = \frac{1}{n}\sum_{i=1}^{n} \frac{\sum_{j=1}^{n} a_{ij}W_j}{W_i} \quad (7\text{-}16)$$

式中，CI 为一致性指标；A 为判断矩阵；W 为判断矩阵优先级向量；W_i 为向量 W 的第 i 个分量；$(AW)_i$ 为向量 AW 的第 i 个分量。

显然，当 $\lambda_{\max} = n$ 时，CI = 0，为完全一致性。CI 的值越大，判断矩阵的完全一致性越差。且矩阵的复杂程度和矩阵的阶数有关，矩阵的阶数越大，判断的一致性越差，故应放宽对高阶矩阵一致性的要求。于是引进平均随机一致性指标。

② 查找相应的平均随机一致性指标 RI（Random Index）。平均随机一致性指标 RI 是同阶随机判断矩阵的一致性指标的平均值（见表7-5），其引入可在一定程度上克服一致性判断指标随 n 增大而明显增大的弊端。

表 7-5　平均随机一致性指标表

n	1	2	3	4	5	6	7	8	9	10	11	12	13	14
RI	0	0	0.52	0.89	1.12	1.26	1.36	1.41	1.46	1.49	1.52	1.54	1.56	1.58

③ 计算一致性比例 CR（Consistency Ratio）

$$CR = CI/RI < 0.1$$

即要求一致性比例应在 0.1 以内。如果不满足这个条件，判断矩阵需要重新给定。

5）计算各层要素对系统目的（总目标）的合成（总）权重，并对各备选方案排序。

有了各准则对目标的权重以及各方案对某一准则的权重，就可以计算各方案对目标的总权重，其中权重最大的方案是最优方案，总排序表见表 7-6。

表 7-6　总排序表

| 项目 | B_1 | B_2 | ... | B_j | ... | B_n | V_i |
	W_1	W_2	...	W_j	...	W_n	
C_1	V_{11}	V_{12}	...	V_{1j}	...	V_{1n}	$V_1 = \sum_{j=1}^{n} W_j V_{1j}$
C_2	V_{21}	V_{22}	...	V_{2j}	...	V_{2n}	$V_2 = \sum_{j=1}^{n} W_j V_{2j}$
⋮	⋮	⋮	⋮	⋮	⋮	⋮	⋮
C_m	V_{m1}	V_{m2}	...	V_{mj}	...	V_{mn}	$V_m = \sum_{j=1}^{n} W_j V_{mj}$

注：表中，B_j 为第 j 个准则，$j = 1, 2, \cdots, n$；W_j 为第 j 个准则对目标的权重；C_i 为第 i 个方案，$i = 1, 2, \cdots, m$；V_{ij} 为第 i 个方案对第 j 个准则的权重；V_i 为第 i 个方案的总权重。

例 7-10　A 公司按照到货价格为电器分拨有限公司供应电动机。A 公司负责货物的运输。运输经理有 4 个送货方案可供选择——铁路运输、公路运输、水路运输和航空运输。具体的相关信息见表 7-7。

表 7-7　送货方案

方案	铁路	公路	水路	航空
运送时间/d	16	4	20	1.5
运送时间的变化率/d	1.5	1.8	2.1	0.2
运价/(元/台)	25	44	20	88
订购成本[①]/(元/批)	10000	8000	5000	15000
运输批量/台	10000	5000	20000	6000
破损率（%）	3	5	2.6	1

① 包含装卸费用和其他的站场费用的平均成本。

电器分拨有限公司每年都采购 50000 台电动机，A 公司希望能够选择最合适的运输方式。

解：1）建立递阶层次结构。层次结构的最高层只有一个元素即决策目标：最优的运输模式。中间层次是有关决策的影响因素：运输成本、运输时间、运输服务、运输能力。这些准则可以包括多层子准则，准则受决策目标支配，子准则又受上一层次的准则支配。该公司运输模式选择的层次结构如图 7-5 所示。

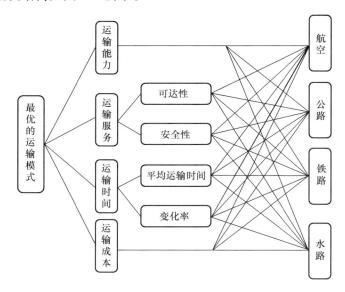

图 7-5 运输模式选择的层次结构

2）构造判断矩阵。建立了层次结构以后，上下层之间元素的隶属关系就确定了。现在需要对同一层级的所有元素进行两两对比，确定其相对重要性。层次分析法中通常采用 9 级标度法来给判断矩阵的元素赋值。

在所有的这些评价指标中，有定量指标，如运输成本、运输时间和安全性；还有定性指标，如运输能力和可达性等。对于定量指标，可以用具体的数值比较，给每种运输方式打分。以运输成本为例，由于提供了平均运输成本，可以直接算出每种运输方式的成本来进行对比。需要指出的是，由于水路、铁路和航空运输不能直接提供"门到门"的服务，所以在计算成本时，还要加上从码头、车站和机场到公司的短途运输和装卸成本费用等，对总成本来进行比较。对一个企业来说，成本越小越好，因此，可以用每种运输方式的成本与所有成本的比值的倒数来衡量，成本越小，倒数越大，其优先级别也就越大。其对比结果见表 7-8。

表 7-8 运输成本有关指标的计算

运输方式	总成本/元	总成本/总计	倒数
铁路运输	1300000	0.14	7
水路运输	2280000	0.25	4
公路运输	1012500	0.11	9
航空运输	4525000	0.50	2
总计	9117500	1	22

运输时间、变化率、平均运输时间以及安全性这四个定量指标的评分和对比的计算过程与运输成本类似，在此不赘述。

对于可达性和运输能力此类定性指标，则要结合该企业的实际情况，根据专家意见和行业经验，对指标进行两两比较来打分。所有指标的两两比较结果和权重系数见表7-9～表7-17。

表7-9 第一层指标相对重要性比较结果

	运输成本	运输时间	运输服务	运输能力	几何平均数	系数
运输成本	1	5/4	1/2	4/5	0.841	0.21
运输时间	4/5	1	3/2	3/2	1.158	0.28
运输服务	2	2/3	1	3	1.414	0.35
运输能力	5/4	1/2	1/3	1	0.676	0.17

表7-10 运输时间有关指标的比较结果

	平均运输时间	变化率	几何平均数	系数
平均运输时间	1	2	1.41	0.67
变化率	1/2	1	0.71	0.33

表7-11 运输服务有关指标的比较结果

	安全性	可达性	几何平均数	系数
安全性	1	3	1.73	0.75
可达性	1/3	1	0.58	0.25

表7-12 运输成本有关指标的比较结果

	铁路运输	水路运输	公路运输	航空运输	几何平均数	系数
铁路运输	1	7/4	7/9	7/2	1.48	0.32
水路运输	4/7	1	4/9	2	0.84	0.18
公路运输	9/7	9/4	1	9/2	1.90	0.41
航空运输	2/7	1/2	2/9	1	0.42	0.09

表7-13 平均运输时间有关指标的比较结果

	铁路运输	水路运输	公路运输	航空运输	几何平均数	系数
铁路运输	1	1/4	5/4	1/10	0.41	0.06
水路运输	4	1	5	3/8	1.66	0.24
公路运输	4/5	1/5	1	1/12	0.33	0.05
航空运输	10	8/3	12	1	4.4	0.65

表7-14 可靠性有关指标的比较结果

	铁路运输	水路运输	公路运输	航空运输	几何平均数	系数
铁路运输	1	6/5	7/5	2/15	0.40	0.06
水路运输	5/6	1	9/8	1/9	0.58	0.09
公路运输	7/5	8/9	1	1/10	0.50	0.07
航空运输	15/2	9	10	1	5.16	0.78

表 7-15　安全性有关指标的比较结果

	铁路运输	水路运输	公路运输	航空运输	几何平均数	系数
铁路运输	1	5/3	7/5	1/3	0.50	0.11
水路运输	3/5	1	1/2	1/5	0.50	0.11
公路运输	5/7	2	1	5/13	0.96	0.22
航空运输	3	5	13/5	1	2.50	0.56

表 7-16　可达性有关指标的比较结果

	铁路运输	水路运输	公路运输	航空运输	几何平均数	系数
铁路运输	1	6/5	2/3	3/2	1.05	0.25
水路运输	5/6	1	5/9	5/4	0.88	0.21
公路运输	3/2	9/5	1	9/4	1.57	0.38
航空运输	2/3	4/5	4/9	1	0.70	0.17

表 7-17　运输能力有关指标的比较结果

	铁路运输	水路运输	公路运输	航空运输	几何平均数	系数
铁路运输	1	2	1/2	5/3	1.14	0.24
水路运输	1/2	1	1/4	5/6	0.57	0.12
公路运输	2	4	1	10/3	2.27	0.49
航空运输	3/5	6/5	3/10	1	0.68	0.15

3）一致性检验。为了衡量决策者做成对比较的一致性，要对指标进行一致性检验。以第一层指标为例，其计算步骤如下。

第一步，将成对比较矩阵中的每一列与该列所对应的系数相乘，然后再相加，得到一个向量加权值。

$$0.21 \times \begin{bmatrix} 1 \\ 4/5 \\ 2 \\ 5/4 \end{bmatrix} + 0.28 \times \begin{bmatrix} 5/4 \\ 1 \\ 2/3 \\ 1/2 \end{bmatrix} + 0.35 \times \begin{bmatrix} 1/2 \\ 2/3 \\ 1 \\ 1/3 \end{bmatrix} + 0.17 \times \begin{bmatrix} 4/5 \\ 2/3 \\ 3 \\ 1 \end{bmatrix} = \begin{bmatrix} 0.871 \\ 1.228 \\ 1.467 \\ 0.689 \end{bmatrix}$$

第二步，将第一步得到的加权值向量除以每个标准的优先级。

运输成本：$0.871/0.21 = 4.147619$

运输时间：$1.228/0.28 = 4.385714$

运输服务：$1.467/0.35 = 4.191429$

运输能力：$0.689/0.17 = 4.052941$

第三步，计算第二步得到的值的平均值，用 A 表示。

$$A = \frac{4.148 + 4.386 + 4.191 + 4.053}{4} = 4.1954$$

第四步，计算一致性指标（CI），$CI = \frac{A - N}{N - 1}$，其中，N 为比较项的个数。可以得到：

$$CI = \frac{4.195 - 4}{4 - 1} = 0.065$$

第五步，计算一致性指标 $CR = \frac{CI}{RI}$，其中，RI 是任意一个成对比较矩阵的平均随机一致性指标。RI 的值取决于该比较项的个数，1~10 阶矩阵的 RI 取值见表 7-18。

表 7-18 平均随机一致性指标

矩阵阶数	1	2	3	4	5	6	7	8	9	10
RI	0	0	0.58	0.90	1.12	1.24	1.32	1.41	1.45	1.49

由此，选定 $N = 4$，可得 RI = 0.90，则一致性指标 CR = 0.065/0.9 = 0.072 < 0.10，因此该一致性是可以接受的。

类似地，可以对所有的成对比较的矩阵进行一致性检验，详细的计算过程如下。

运输成本有关指标的一致性检验：

$$0.32 \times \begin{bmatrix} 1 \\ 4/7 \\ 9/7 \\ 2/7 \end{bmatrix} + 0.18 \times \begin{bmatrix} 7/4 \\ 1 \\ 9/4 \\ 1/2 \end{bmatrix} + 0.41 \times \begin{bmatrix} 7/9 \\ 4/9 \\ 1 \\ 2/9 \end{bmatrix} + 0.09 \times \begin{bmatrix} 7/2 \\ 2 \\ 9/2 \\ 1 \end{bmatrix} = \begin{bmatrix} 1.27 \\ 0.73 \\ 1.63 \\ 0.36 \end{bmatrix}$$

$$CR = \frac{0.29}{0.9} = 0.32 < 0.10$$

平均运输时间有关指标的一致性检验：

$$0.06 \times \begin{bmatrix} 1 \\ 4 \\ 4/5 \\ 10 \end{bmatrix} + 0.24 \times \begin{bmatrix} 1/4 \\ 1 \\ 1/5 \\ 8/3 \end{bmatrix} + 0.05 \times \begin{bmatrix} 5/4 \\ 5 \\ 1 \\ 12 \end{bmatrix} + 0.05 \times \begin{bmatrix} 1/10 \\ 3/8 \\ 1/12 \\ 1 \end{bmatrix} = \begin{bmatrix} 0.2475 \\ 0.9737 \\ 0.2002 \\ 2.4908 \end{bmatrix}$$

$$CR = \frac{0.0034}{0.9} = 0.0038 < 0.10$$

可靠性有关指标的一致性检验：

$$0.06 \times \begin{bmatrix} 1 \\ 5/6 \\ 7/5 \\ 15/2 \end{bmatrix} + 0.09 \times \begin{bmatrix} 6/5 \\ 1 \\ 8/9 \\ 9 \end{bmatrix} + 0.07 \times \begin{bmatrix} 7/5 \\ 9/8 \\ 1 \\ 10 \end{bmatrix} + 0.78 \times \begin{bmatrix} 2/15 \\ 1/9 \\ 1/10 \\ 1 \end{bmatrix} = \begin{bmatrix} 0.3700 \\ 0.3055 \\ 0.3120 \\ 2.74 \end{bmatrix}$$

$$CR = -\frac{0.0473}{0.9} = -0.0526 < 0.10$$

安全性有关指标的一致性检验：

$$0.11 \times \begin{bmatrix} 1 \\ 3/5 \\ 5/7 \\ 3 \end{bmatrix} + 0.11 \times \begin{bmatrix} 5/3 \\ 1 \\ 2 \\ 5 \end{bmatrix} + 0.22 \times \begin{bmatrix} 7/5 \\ 1/2 \\ 1 \\ 13/5 \end{bmatrix} + 0.56 \times \begin{bmatrix} 1/3 \\ 1/5 \\ 5/13 \\ 1 \end{bmatrix} = \begin{bmatrix} 0.7880 \\ 0.3980 \\ 0.7340 \\ 2.0120 \end{bmatrix}$$

$$CR = \frac{0.0221}{0.9} = 0.0246 < 0.10$$

可达性有关指标的一致性检验：

$$0.25 \times \begin{bmatrix} 1 \\ 5/6 \\ 3/2 \\ 2/3 \end{bmatrix} + 0.21 \times \begin{bmatrix} 6/5 \\ 1 \\ 9/5 \\ 4/5 \end{bmatrix} + 0.38 \times \begin{bmatrix} 2/3 \\ 5/9 \\ 1 \\ 4/9 \end{bmatrix} + 0.17 \times \begin{bmatrix} 3/2 \\ 5/4 \\ 9/4 \\ 1 \end{bmatrix} = \begin{bmatrix} 1.0103 \\ 0.8419 \\ 1.5255 \\ 0.6736 \end{bmatrix}$$

$$CR = \frac{0.0003}{0.9} = 0.0003 < 0.10$$

运输能力有关指标的一致性检验：

$$0.24 \times \begin{bmatrix} 1 \\ 1/2 \\ 2 \\ 3/5 \end{bmatrix} + 0.12 \times \begin{bmatrix} 2 \\ 1 \\ 4 \\ 6/5 \end{bmatrix} + 0.49 \times \begin{bmatrix} 1/2 \\ 1/4 \\ 1 \\ 3/10 \end{bmatrix} + 0.15 \times \begin{bmatrix} 5/3 \\ 5/6 \\ 10/3 \\ 1 \end{bmatrix} = \begin{bmatrix} 0.9750 \\ 0.4875 \\ 1.9500 \\ 0.5850 \end{bmatrix}$$

$$CR = -\frac{0.004}{0.9} = -0.004 < 0.10$$

4）选择最佳的运输模式。通过一致性检验可以看出，这次成对比较的设计比较合理，因此可以对每种运输方式进行综合的等级评定。计算过程如下。

铁路运输的总得分：

$0.21 \times 0.32 + 0.28 \times (0.67 \times 0.06 + 0.33 \times 0.06) + 0.35 \times (0.75 \times 0.11 + 0.25 \times 0.25) + 0.17 \times 0.24 = 0.1756$

公路运输的总得分：

$0.21 \times 0.18 + 0.28 \times (0.67 \times 0.24 + 0.33 \times 0.09) + 0.35 \times (0.75 \times 0.11 + 0.25 \times 0.21) + 0.17 \times 0.12 = 0.1588$

水路运输的总得分：

$0.21 \times 0.41 + 0.28 \times (0.67 \times 0.05 + 0.33 \times 0.07) + 0.35 \times (0.75 \times 0.22 + 0.25 \times 0.38) + 0.17 \times 0.79 = 0.276$

航空运输的总得分：

$0.21 \times 0.09 + 0.28 \times (0.67 \times 0.65 + 0.33 \times 0.78) + 0.35 \times (0.75 \times 0.56 + 0.25 \times 0.17) + 0.17 \times 0.15 = 0.400$

从上面的计算可以看出，航空运输的综合优先级别最高，为 0.400，因此，该企业首先应选择的运输方式为航空运输。

7.3 模糊综合评判法

模糊综合评判法（Fuzzy Comprehensive Evaluation Method，FCEM）是模糊数学中最基本的数学方法之一，通过隶属度来描述模糊界限。该方法根据模糊数学的隶属度理论把定性评价转化为定量评价，即用模糊数学对受到多种因素制约的事物或对象做出一个总体的评价。它具有结果清晰、系统性强的特点，能较好地解决模糊的、难以量化的问题，适合各种非确定性问题的解决。

模糊综合评判法是近年来逐渐推广应用的一种系统综合评价方法，是综合运用层次分析法和模糊数学方法而形成的一种综合评价方法。

7.3.1 基本原理

在客观世界中，存在着大量的模糊概念和模糊现象。模糊数学就是试图用数学工具解决模糊事物方面的问题。模糊综合评价是借助模糊数学中的基本概念，对实际问题的综合评价提供一些评价的方法。具体地说，模糊综合评价就是以模糊数学为基础，应用模糊关系合成的原理，将一些边界不清、不易定量的因素定量化，从多个因素对被评价事物隶属等级状况进行综合性评价的一种方法。

"模糊"从字义上理解包含"含糊""不确定""不清楚"的概念。模糊理论是建立在模糊逻辑基础之上，描述和处理人类语言所特有的模糊信息的理论。在数学上常将具有一定特性的事物全体称为集合。在古典集合理论中（相对于模糊集合论）只有两个真值"真"和"假"。任何一个元素只能属于某个集合或者不属于它。例如，若定义18岁以上的人为"成年人"，则一位超过18岁的人属于集合"成年人"。而另外一位不足18岁的人，哪怕只差一天也不属于该集合。在数学上可用下列表达式描述这种隶属关系的强度：

$$\mu_{成年人}(u) = \begin{cases} 1, & u \geq 18 \\ 0, & u < 18 \end{cases}$$

这是一种对事物的二值描述。这种描述适合于具有明确分界线的清晰事物。但世界上更多的事物不具有明确的分界线，它们呈现出模棱两可、含糊不清的特点，在人脑中反映出不确定的数量概念，这就叫模糊概念。例如"热"与"不热"，究竟温度为多少才算"热"或"不热"，并没有一个公认的定量标准或界限。因为气温的变化是逐渐的、连续的，不存在一个突然的转折，致使"热"与"不热"的分界线模糊不清。二值描述在人类主观因素起主导作用的事件中是不合适的。在上述例子中刚刚满18岁的"成年人"和相差一天满18岁的"未成年人"在本质上是没有多大区别的。一个人不会在一夜之间变得完全不同。

模糊逻辑（Fuzzy Logic）是一种新型的分类方法。模糊逻辑模仿人类的智慧，引入隶属度的概念，描述介于"真"与"假"中间的过渡过程。在模糊逻辑中，事件不以集合的极限值分类，而是给每一个元素赋予一个介于0和1之间的实数，描述其属于一个集合的强度。该实数称为元素属于一个集合的隶属度。集合中所有元素的隶属度全体构成集合的隶属函数。在上述例子中，一个人变成"成年人"的过程可用连续曲线或直线表示，如图7-6所示。

每个人以不同的程度属于集合"成年人"。10岁的儿童以隶属度0.1属于"成年人"，18岁的青年50%属于"成年人"（隶属度为0.5）和25岁的人100%属于"成年人"（隶属度为1.0）。集合"成年人"的隶属函数为

$$\mu_{成年人}(u) = f(u), \quad 0 \leq f(u) \leq 1$$

在进行模糊综合评判时，隶属函数的确定是整个模糊综合评判的关键，隶属函数反映了各个评判因素对评语集的隶属度。隶属函数表达式为

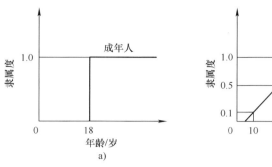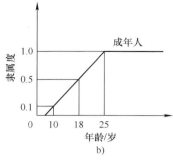

图 7-6 成年人年龄隶属程度

$$\mu(x) = \begin{cases} 0, & x \notin A \\ (0,1), & x \in A \text{的程度} \\ 1, & x \in A \end{cases} \qquad (7\text{-}17)$$

隶属度可以取闭区间 [0, 1] 上的连续值，包括了事物的所有可能取值，清晰地描述了事物之间的模糊性。在模糊数学中，可以选用的隶属函数主要有梯形函数、三角函数、S 型函数和正态函数等。

模糊综合评价是一种常用的方法，用于将定性分析和定量分析综合集成。它已被广泛应用于工程技术、经济管理和社会生活等领域。模糊综合评价利用模糊数学的概念，对由多种因素决定的模糊事物或现象进行综合评价，并提供定量描述。具体而言，模糊综合评价基于模糊数学，考虑多个难以定量化的因素，并根据它们对所评价事物的重要性进行排序，从中选择最优或最差的对象。与其他评价方法相比，模糊综合评价更全面地考虑了多种因素的影响，信息损失少，计算量小，易于实施。

模糊综合评价方法的基本思想是基于以下步骤：确定评价因素、评价等级标准和权值，运用模糊集合变换原理，使用隶属度来描述各因素和因子的模糊界限，构建模糊评判矩阵，通过多层次的复合运算，最终确定评价对象所属的等级。首先，确定因素集和评语集，以确保全面考虑和抓住主要矛盾。否则，可能会漏掉重要因素导致评判不准确，或者过于详细而引起不必要的麻烦。然后，确定单因素评价向量，并由各个单因素评价向量形成评判矩阵。分析权重向量时，要求评判人具有权威性和代表性，并且没有私心。最后，进行模糊变换，并进行归一化处理，得到综合评判结果，以供决策者参考，并进行相应的判断和分析。

7.3.2 模糊综合评判的步骤

模糊综合评判的过程是将评价目标看成是由许多因素组成的模糊集合（称为因素集 u）；设定这些因素所能选取的评判等级，组成评语的模糊集合（称为评判集 v），分别求出某一方案各单一因素对各个评判等级的归属程度（称为模糊矩阵）；根据各个因素在评价目标中的权重分配，通过计算（称为模糊矩阵合成），求出该方案评价的定量解值；通过不同方案值的比较，得出方案的优劣。模糊综合评价的步骤如下：

1. 确定评判因素集和评语集

（1）建立评判因素集　确定评价要素集合，建立由评价对象的各主要影响因素为元素组成的集合，因素集表示由影响评判对象的各种因素组成的集合，记为 $U=(u_1,u_2,\cdots,u_n)$。其中，u_i 表示影响评判对象的第 i 个因素。

（2）建立评判因素的评语集　评语集可依据评判因素的定量指标量化数值，定性指标量化办法，比如评价产品的竞争力难以量化，可用适当的语言进行描述，分为强、较强、中、较弱、弱五个等级。评判因素评语集可对单因素进行模糊判定，评语等级的粗细程度可根据具体情况来确定。

单因素评语集表示因素集中某因素可能得出的所有评判结果组成的集合，记为 $S=(s_1,s_2,\cdots,s_p)$。其中，s_i 表示对某一评判因素做出的第 i 个评判结果。

2. 确定因素的权重集

通常情况下，各因素对事物或问题的影响程度不是完全相同的，有些因素对评判的影响程度可能大些，有些则可能要小些。根据各影响因素的重要程度，对各因素赋予相应的数值 w_i，组成评价要素数量集合：$W=\{w_1,w_2,\cdots,w_n\}$，$\sum w_i=1$（w_i 为权重值）。确定权重集的方法有层次分析法、判断矩阵法、专家评分法等。其中，层次分析法是确定多个权向量的有效方法。

3. 建立评判标准

评语集表示评判对象所有评判结果组成的集合，用 V 表示，其中 v_i 表示对评判对象做出的第 i 个评判结果。

$$V=\{v_1,v_2,\cdots,v_q\} \tag{7-18}$$

4. 建立评价因素模糊判别矩阵

隶属函数的选取是保证评价结果准确的关键，实际应用中较多的依靠经验和统计试验，常用的确定隶属函数的方法有二元对比排序法、模糊统计法、主观经验法、分析推理法等，建立单因素模糊关系矩阵 $\boldsymbol{D}$。

$$\boldsymbol{D}=\begin{bmatrix} d_{11} & d_{12} & \cdots & d_{1m} \\ d_{21} & d_{22} & \cdots & d_{2m} \\ \vdots & \vdots & & \vdots \\ d_{n1} & d_{n2} & \cdots & d_{nm} \end{bmatrix} \tag{7-19}$$

其中，d_{ij} 为认为该方案第 i 个要素隶属于第 j 评价等级的专家人数，$\sum_{j=1}^{m} d_{ij}$ 为专家总人数。进行归一化处理，得到模糊判别矩阵 $\boldsymbol{R}$，其中 r_{ij} 是指多个评价主体对某个评价对象 i 因素对应 j 等级的可能性大小（可能性程度）。

$$\boldsymbol{R}=\begin{bmatrix} r_{11} & r_{12} & \cdots & r_{1m} \\ r_{21} & r_{22} & \cdots & r_{2m} \\ \vdots & \vdots & & \vdots \\ r_{n1} & r_{n2} & \cdots & r_{nm} \end{bmatrix} \tag{7-20}$$

$$r_{ij}=d_{ij}\bigg/\sum_{j=1}^{m} d_{ij}$$

5. 计算模糊综合评判向量

根据多因素下的权重系数组成的权重向量 $\boldsymbol{A}$、模糊判别矩阵 $\boldsymbol{R}$，计算模糊综合评判向量

B，模糊综合评价的模型为

$$B = W \times R = (w_1, w_2, \cdots, w_n) \times \begin{bmatrix} r_{11} & r_{12} & \cdots & r_{1m} \\ r_{21} & r_{22} & \cdots & r_{2m} \\ \vdots & \vdots & & \vdots \\ r_{n1} & r_{n2} & \cdots & r_{nm} \end{bmatrix} = (b_1, b_2, \cdots, b_m) \quad (7\text{-}21)$$

6. 确定模糊综合评判结果

一般来说，评判向量 $\sum b_i \neq 1$，还需进行归一化处理（归一化处理后用 **Q** 表示），通过式（7-22）的计算即可得到模糊综合评价的得分值 S。

$$S = Q \times v^{\mathrm{T}} \quad (7\text{-}22)$$

根据最大隶属原则，确定评判得分值属于哪一评判等级的得分区间，得到其客观的评判结论。

对于简单系统可通过一级模糊综合评判即可，对于多属性多指标的复杂系统，可采用二级、甚至多级模糊综合评判。

例 7-11　某生产商欲从以下 5 个角度来初步了解目前客户对公司某新产品的看法：产品质量、产品性价比、送货准时、产品差异度、新技术含量。现采用模糊综合评价法来进行评价。

解：（1）确定模糊综合评价因素　因素集为

$$U = \{产品质量, 产品性价比, 送货准时, 产品差异度, 新技术含量\}$$

（2）建立综合评价的评价集　评价集为

$$V = \{很高, 高, 一般, 差\}$$

进行单因素模糊评价，并求得评判矩阵 **R**。

单独从上述各个因素出发，分别得单因素评判集为

$$R_1 = \{0.2, 0.5, 0.3, 0.0\}$$
$$R_2 = \{0.1, 0.3, 0.5, 0.1\}$$
$$R_3 = \{0.0, 0.1, 0.6, 0.3\}$$
$$R_4 = \{0.0, 0.4, 0.5, 0.1\}$$
$$R_5 = \{0.5, 0.3, 0.2, 0.0\}$$

由此得评价矩阵为

$$R = \begin{bmatrix} 0.2 & 0.5 & 0.3 & 0.0 \\ 0.1 & 0.3 & 0.5 & 0.1 \\ 0.0 & 0.1 & 0.6 & 0.3 \\ 0.0 & 0.4 & 0.5 & 0.1 \\ 0.5 & 0.3 & 0.2 & 0.0 \end{bmatrix}$$

（3）建立评判矩阵，进行综合评判　假定公司将新产品定位为以性价比和质量取胜，那么各因素的权数可确定如下：

$$A = (0.35, 0.30, 0.10, 0.10, 0.15)$$

本例中采用 $M(\wedge, \vee)$ 算子，即先取小再取大。于是，评判模型为

$$B = A \times R = (0.35, \ 0.30, \ 0.10, \ 0.10, \ 0.15) \times \begin{bmatrix} 0.2 & 0.5 & 0.3 & 0.0 \\ 0.1 & 0.3 & 0.5 & 0.1 \\ 0.0 & 0.1 & 0.6 & 0.3 \\ 0.0 & 0.4 & 0.5 & 0.1 \\ 0.5 & 0.3 & 0.2 & 0.1 \end{bmatrix}$$

第一列：

$(0.35 \wedge 0.2) \vee (0.3 \wedge 0.1) \vee (0.1 \wedge 0) \vee (0.1 \wedge 0) \vee (0.15 \wedge 0.5) = 0.2 \vee 0.1 \vee 0 \vee 0 \vee 0.15 = 0.2$

第二列：

$(0.35 \wedge 0.5) \vee (0.3 \wedge 0.3) \vee (0.1 \wedge 0.1) \vee (0.1 \wedge 0.4) \vee (0.15 \wedge 0.3) = 0.35 \vee 0.3 \vee 0.1 \vee 0.1 \vee 0.15 = 0.35$

第三列：

$(0.35 \wedge 0.3) \vee (0.3 \wedge 0.5) \vee (0.1 \wedge 0.6) \vee (0.1 \wedge 0.5) \vee (0.15 \wedge 0.2) = 0.3 \vee 0.3 \vee 0.1 \vee 0.1 \vee 0.15 = 0.3$

第四列：

$(0.35 \wedge 0) \vee (0.3 \wedge 0.1) \vee (0.1 \wedge 0.3) \vee (0.1 \wedge 0.1) \vee (0.15 \wedge 0.1) = 0 \vee 0.1 \vee 0.1 \vee 0.1 \vee 0 = 0.1$

则

$$B = A \times R = (0.2, \ 0.35, \ 0.3, \ 0.1)$$

将上述评价指标归一化得：

$$B' = (0.211, \ 0.368, \ 0.316, \ 0.105)$$

这一评判结果表明，客户对这一新产品的评价为：21.1%的人评价为"很高"，36.8%的人评价为"高"，31.6%的人评价为"一般"，10.5%的人评价为"差"。

7.4 数据包络分析法

数据包络分析（Data Envelopment Analysis，DEA）法是运筹学、管理科学和数理经济学研究的一个新领域，它是由A. Charnes和W. W. Cooper等人于1978年创建的。DEA法是以相对效率概念为基础，用于评价具有相同类型的多投入、多产出的决策单元（Decision Making Unit，DMU）是否技术有效的一种非参数统计方法。

7.4.1 DEA法的工作步骤

在应用DEA法进行评价时，为获得一个比较可靠的结果需要在下面几个步骤上多次反复，有时可能还要结合其他定性或定量方法。这个过程可以简单地用图7-7表示出来。

1. 明确问题阶段

为使DEA法所提供的信息更具准确性和科学性，这一阶段需要完成以下工作：

1）需要明确评价的目标，并围绕评价的目标对评价的对象进行分析，包括辨识主目标和子目标以及影响这些目标的因素，并建立一个层次结构。

2）确定各种因素的性质，如把因素分为可变的或不变的、可控的或不可控的，以及主

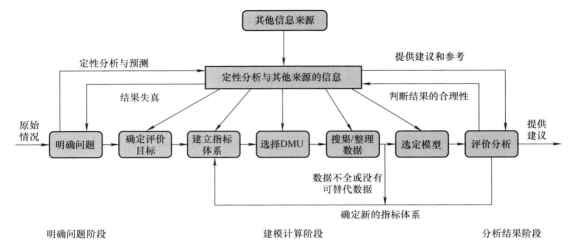

图 7-7 DEA 法的工作步骤与流程

要的或次要的等。

3）考虑因素间可能存在的定性与定量关系。

4）由于有些决策单元是开放性的，因此，有时还要辨明决策单元的边界，对决策单元的结构、层次进行分析。

5）对结果进行定性的分析和预测。

2. 建模计算阶段

这一阶段要完成的工作如下：

1）建立评价指标体系。根据第一阶段的分析结果，确定能全面反映评价目标的指标体系，并且把指标间的一些定性关系反映到权重的约束中。同时，还可以考虑输入/输出指标体系的多样性，将每种情况下的分析结果进行比较研究，然后获得比较合理的管理信息。

2）选择 DMU。选择 DMU 本质上就是确定参考集。因此，DMU 的选取应满足以下几个基本特征，即具有相同的目标、任务、外部环境和输入/输出指标。DMU 的选取要具有一定的代表性。

3）收集和整理的数据具有可获得性。

4）根据有效性分析的目的和实际问题的背景选择适当的 DEA 模型进行计算。

3. 分析结果阶段

这一阶段要完成以下工作：

1）在上述工作的基础上，对计算结果进行分析和比较，找出无效单元无效的原因，并提供进一步改进的途径。

2）根据定性的分析和预测的结果来考察评价结果的合理性，必要时可应用 DEA 模型采取几种方案分别评价，并将结果综合分析，也可结合其他评价方法或参考其他方法提供的信息进行综合分析。

总之，在 DEA 法的应用过程中，要根据具体情况灵活应用，深刻理解问题的本质，并深入思考模型与问题的匹配程度，切不可机械地模仿和使用。有时为了得到比较可靠的结果，可能还需要在上面几个步骤上多次反复。

7.4.2 DEA 基本模型——C^2R 模型

C^2R 模型是数据包络分析（DEA）法的第一个基本模型，也是学习 DEA 法必须首先掌握的基础知识。一个经济系统或一个生产过程可以看成是一个单元在一定的可能范围内，通过投入一定数量生产要素并产生一定数量的产品的活动，虽然这种活动的具体内容各不相同，但其目的都是尽可能地使这一活动取得最大的效益。由于产出是决策的结果，所以，这样的单元被称为 DMU，一般认为，同类型的 DMU 是具有相同目标和任务、相同外部环境和相同输入/输出指标的决策单元。DEA 法只适用于评价同类决策单元的相对有效性。

假设有 n 个决策单元，每个决策单元都有 m 种类型的“输入”（表示该决策单元对“资源”的耗费）以及 s 种类型的“输出”（它们是决策单元在消耗了“资源”之后，表明“成效”的一些指标），各决策单元的输入和输出数据可由图 7-8 给出。

			决策单元	1	2	…	j	…	n			
v_1	1	→		x_{11}	x_{12}	…	x_{1j}	…	x_{1n}			
v_2	2	→		x_{21}	x_{22}	…	x_{2j}	…	x_{2n}			
⋮	⋮			⋮	⋮		⋮		⋮			
v_m	m	→		x_{m1}	x_{m2}	…	x_{mj}	…	x_{mn}			
				y_{11}	y_{12}	…	y_{1j}	…	y_{1n}	→	1	u_1
				y_{21}	y_{22}	…	y_{2j}	…	y_{2n}	→	2	u_2
				⋮	⋮		⋮		⋮		⋮	⋮
				y_{s1}	y_{s2}	…	y_{sj}	…	y_{sn}	→	s	u_s

图 7-8 决策单元的输入和输出数据

图 7-8 中，x_{ij}为第 j 个决策单元对第 i 种输入的投入量，$x_{ij}>0$；y_{ij}为第 j 个决策单元对第 r 种输出的产出量，$y_{ij}>0$；v_i为对第 i 种输入的一种度量（或称权）；u_r为对第 r 种输出的一种度量（或称权）。其中，$i=1，2，\cdots，m$，$r=1，2，\cdots，s$，$j=1，2，\cdots，n$。为方便起见，记

$$\boldsymbol{x}_j=(x_{1j},x_{2j},\cdots,x_{mj})^{\mathrm{T}},j=1,2,\cdots,n$$

$$\boldsymbol{y}_j=(y_{1j},y_{2j},\cdots,y_{mj})^{\mathrm{T}},j=1,2,\cdots,n$$

$$\boldsymbol{v}=(v_1,v_2,\cdots,v_m)^{\mathrm{T}}$$

$$\boldsymbol{u}=(u_1,u_2,\cdots,u_s)^{\mathrm{T}}$$

对于权系数$\boldsymbol{v}\in \boldsymbol{E}^m$ 和 $\boldsymbol{u}\in \boldsymbol{E}^s$（即$\boldsymbol{v}$为 m 维实数向量，$\boldsymbol{u}$ 为 s 维实数向量），决策单元 j 的效率评价指数为

$$h_j=\frac{\sum_{r=1}^{s}u_r y_{rj}}{\sum_{i=1}^{m}v_i x_{ij}}$$

总可以适当地选取权系数$\boldsymbol{v}$和 $\boldsymbol{u}$，使其满足

$$h_j\leqslant 1,j=1,2,\cdots,n$$

当对第$j_0(1 \leq j_0 \leq n)$个决策单元的效率进行评价时,以权系数$\boldsymbol{v}$和$\boldsymbol{u}$为变量,以第j_0个决策单元的效率指数为目标,以所有决策单元的效率指数为约束,构成如下的C^2R模型:

$$(\overline{P}_{C^2R}) \begin{cases} \max \dfrac{\boldsymbol{u}^T y_0}{\boldsymbol{v}^T x_0} = V_{\overline{P}} \\ \text{s.t. } \dfrac{\boldsymbol{u}^T y_j}{\boldsymbol{v}^T x_j} \leq 1, j=1,2,\cdots,n \\ \boldsymbol{v} \geq 0 \\ \boldsymbol{u} \geq 0 \end{cases}$$

下面用一个例子说明 DEA 有效性的定义是有其工程技术方面背景的。

例 7-12 考虑由煤燃烧产生一定热量的某种燃烧装置。燃烧装置的效率用燃烧比E_r来刻画,其计算公式为

$$E_r = \frac{y_r}{y_R}$$

式中,y_R为燃烧给定数量为$x(x>0)$的煤所能产生的最大热量(所产生热量的理想值);y_r为燃烧装置燃烧相同数量为$x(x>0)$的煤所能产生的热量(产生热量的实测值)。显然有$0 \leq E_r \leq 1$。当利用C^2R模型研究设计的燃烧装置时,可以得出效率指数的含义就是燃烧比E_r。

实际上,上述问题对应的$(\overline{P}_{C^2R})$模型如下:

$$(\overline{P}_{C^2R}) \begin{cases} \max \dfrac{\boldsymbol{u} y_r}{\boldsymbol{v} x} = V_{\overline{P}} \\ \text{s.t. } \dfrac{\boldsymbol{u} y_R}{\boldsymbol{v} x} \leq 1 \\ \dfrac{\boldsymbol{u} y_r}{\boldsymbol{v} x} \leq 1 \\ \boldsymbol{u} > 0 \\ \boldsymbol{v} > 0 \end{cases}$$

假设$\boldsymbol{v}^*$,$\boldsymbol{u}^*$是分式规划$(\overline{P}_{C^2R})$的一个最优解,由$y_r \leq y_R$以及

$$\frac{\boldsymbol{u}^* y_R}{\boldsymbol{v}^* x} \leq 1$$

可得到

$$\frac{\boldsymbol{u}^*}{\boldsymbol{v}^*} \leq \frac{x}{y_R} \leq \frac{x}{y_r}$$

可以证明$(\overline{P}_{C^2R})$的最优解$\boldsymbol{v}^*$,$\boldsymbol{u}^*$满足

$$\frac{\boldsymbol{u}^*}{\boldsymbol{v}^*} = \frac{x}{y_R}$$

因此,$(\overline{P}_{C^2R})$的最优值(效率指数)为

$$V_{\overline{P}} = \frac{\boldsymbol{u}^* y_r}{\boldsymbol{v}^* x} = \frac{x}{y_R} \frac{y_r}{x} = \frac{y_r}{y_R} = E_r$$

这就是说,对于燃烧装置的最优效率评价指数$V_{\overline{P}}$就是燃烧比E_r。可见,C^2R模型将科学

工程效率的概念推广到了多输入、多输出系统的情况。

【重点与难点】

1. 系统评价的原则及步骤。
2. 系统评价指标的确定原则。
3. 交通运输系统经济评价的技术参数分析。
4. 层次分析法的基本思想和实施步骤。
5. 模糊综合评判法的评判步骤。
6. 数据包络分析法的基本思想与实施步骤。

【思考与练习】

1. 评价指标体系的确定原则有哪些？
2. 简述交通运输系统经济评价的基本方法，并说明其特点。
3. 模糊数学中的隶属度函数如何确定？
4. 简述层次分析法解决实际问题的基本步骤。
5. 简述层次分析法的优缺点。
6. 简要说明模糊综合评判法的特点及其基本步骤。
7. 简要说明数据包络分析法的特点及其基本步骤。

第 8 章 Chapter 8
交通运输系统决策

8.1 概述

决策是人们生活和工作中普遍存在的一种活动，是为了解决当前或未来可能发生的问题选择最佳方案的过程。举例来说，某人要出门办事，天阴了，他需要决定是否带上雨具。如果不带雨具，可能会因下雨而受到损失；如果带上雨具，而天不下雨，就会感到累赘。因此，需要通过对天下雨和天不下雨这两种自然状态下带雨具和不带雨具这两种方案进行选择，也就是做出决策。同样地，一个企业在面对某种新产品市场需求状况不清楚的情况下，有好、中、差三种自然状况，好的情况下能盈利，差的情况下可能亏本。在这种情况下，企业需要相关人员做出是否投产新产品的决策。个人的决策关乎个人的成败得失，组织的决策关乎组织的生死存亡，国家的决策关乎国家的兴衰荣辱。然而，一个人或一个群体做出的决策结果很少完全符合预期，总是或多或少地偏离原来的设想，有时甚至完全相反。即使是高明的决策者，也只能在重大决策问题上尽量避免较大的偏离，缩小这种偏离正是决策研究的目标和潜力所在。

8.1.1 运输决策

因为人类社会的活动范围广泛且多样化，所以相关的决策问题和决策活动也是多样化的。无论是在宏观层面上，如政治、军事、经济、文教、科技和艺术方面的决策，还是在微观层面上，如企业和部门的日常生产经营方面的决策，都存在着各种各样的决策活动。

交通运输系统决策问题是指与交通运输活动相关的决策问题。这些问题涉及运输经济、运输科技、运输发展等方面。对于运输企业的长远发展，决策者需要考虑是否增加新的投资、扩大运输规模以及引进新技术、新工艺和新设备。而在日常管理工作中，决策者需要确定适当的运输价格，并判断何时以及如何更新运输设备。所有这些决策都要求决策者能够做出合理、适时、科学和正确的决策。在交通运输投资决策方面，如果不按照科学规律行事，违背科学的决策程序，就可能导致一些交通运输建设项目在缺乏充分论证的情况下匆忙启动，从而影响运输投资效益的发挥，并引发重大决策失误。

以上海港十六铺码头的重建工程为例。旧上海港十六铺客货运码头作为新中国成立前的市政设施，已经使用了超过半个世纪的时间。然而，不论是房屋建筑还是装卸设备，都已经非常陈旧和落后，无法满足不断增长的运输需求。因此，决策者最终决定进行全面的拆除和重建工作。在新港规划阶段，提出了客货分流制的方案，即将原有的客货两用码头改为单一的客运码头，同时计划在新码头附近建设一个货运码头。然而，在货运码头场地尚未确定的情况下，匆忙拆除了原有的码头，这导致原有的货运系统严重受损。这一决策失误给国家造成了巨大的经济损失。据估计，由于新码头没有考虑货运设施，船只在到达和离开新码头时需要移泊到军工路、东昌路等码头进行货物装卸，以解决沿海和内河两大系统八个省市的货运问题。因此，需要增加一系列费用，包括移泊费、移泊事故赔偿损失费、空仓损失费、压仓损失费，以及铁路和驳船运输费。据综合估算，每年的经济损失约达8000万元。这些损失累计多年来已经超过了客运码头建筑工程投资的几倍。

由此可见，正确的决策有多么重要。特别需要注意的是，重大决策的影响往往不是暂时性的，而是具有长远的影响。例如经济决策、科技决策、文化教育决策等，由于其惯性和响应时间较长，一旦造成损失，往往是严重且难以弥补的。对于一个重大问题，决策失误会造成巨大的损失。而对于那些具有关键性影响的问题，决策的影响更为严重和深远。即使局部工作做得再好，如果关键性决策出错，整体仍然难以成功。而且，其影响还会扩展到相关的各个方面。要从根本上改变我国交通运输业目前的"瓶颈"状况，我们需要深入认识我国交通运输业的现状、问题和根源，纠正认识上的偏差，修正决策上的失误，将交通运输建设置于优先位置，加强科学决策，逐步实现交通运输基础设施、技术装备，以及管理方法和手段的现代化。

8.1.2 运输决策的构成要素

在进行运输规划、设计和运营时，以下是企业必须考虑的运输决策的关键构成要素。

1. 运输方式

供应链网络中，运输方式指的是将产品从一个位置移动到另一个位置所采用的方式。厂商在选择运输方式时有以下六种基本选择。

1）航空运输：这是最昂贵、最快捷的运输方式。
2）公路运输：这是较快速、较廉价、灵活性高的运输方式。
3）铁路运输：适用于大宗货物的廉价运输方式。
4）水路运输：这是最慢的运输方式，通常是大宗海外货运的经济选择。
5）管道运输：主要用于输送石油和天然气。
6）多式联运：结合多种运输方式，以实现更高效、经济和可靠的货物运输。

电子运输是一种最新的、电子化的运输方式，通过互联网完成。它使得原本只以物态形式流通的商品，如音乐等，可以以电子形式进行运输。

2. 路径和网络选择

管理者还必须做出另一个主要决策，即产品运输的路径和网络。路径指的是产品运输的路线，而网络则指的是产品运输的地点和路径的综合。在供应链设计阶段，厂商需要决定是直接将产品送到顾客手中，还是通过一系列的配送者进行运输。此外，厂商还需要在日常或短期内做出运输路径决策。

3. 内部化还是依靠外部资源

过去大部分运输职能在公司内部完成，如今许多运输职能（甚至整个交通运输体系）都依赖于外部供应商。在分销商品时，企业面临着一个重要的运输决策：是委托运输还是自行运输。自行运输在企业内部实施，有利于控制，但要实现低成本和高效率的自行运输，需要企业内部各部门之间的广泛合作和沟通。企业之所以选择自行运输，主要是考虑到承运人可能无法提供所需的服务水平。通常企业拥有自己的车队的原因包括：①服务的可靠性；②订货提前期较短；③应对意外事件的能力强；④与客户的合作关系。委托运输减轻了企业的负担，使其能够专注于新产品开发和产品生产，但委托运输需要处理与外部承运商的关系，增加了交易成本，也增加了运输控制的难度。因此，委托运输还是自行运输的决策不仅是运输决策，更是财务决策。

4. 对反应能力与盈利水平的全面权衡

平均运输时间（速度）、运输时间的变化幅度（可靠性）和服务成本是决策运输服务水平的基础，需要在服务质量和服务成本之间进行权衡。客户服务是交通运输管理的重要目标，每个运输管理活动都会对客户服务水平产生影响。服务水平包括可靠性、运输时间、市场覆盖程度（提供到户服务的能力）、柔性（处理多种产品和满足托运人的特殊要求）以及运输货物的损耗等服务特性。不同的服务特性具有不同的重要程度，其中成本、速度和可靠性是最重要的因素。因此，运输决策的最根本权衡就是在给定产品的运输费用（盈利水平）和运输速度（反应能力）之间进行。

8.1.3 运输决策的分类

1. 按决策的作用范围分类

（1）战略决策　战略决策是为了适应外部环境变化，对组织整体长期发展进行的全局性决策。它涉及运输经营目标、经营方针、技术改造以及运输系统的长远发展规划等关键方面。战略决策通常由组织最高层管理者负责制订，具有关系组织整体的重大问题的特点。其执行时间较长，对组织的长远发展起着指导作用，但风险性也较高。

（2）管理决策　管理决策是为了实现战略目标而做出的具体决策，也可称为战术决策或策略决策。它主要由系统内各职能管理部门负责，在贯彻全局性决策的过程中制订具体或局部的决策。管理决策直接涉及为实现战略决策所需的资源的合理组织和利用。例如，制订各种运输计划、选择运输设备更新等方面的决策。

（3）业务决策　业务决策是组织为解决日常工作和业务活动中的问题而做出的决策，也可称为日常管理决策。它针对短期目标，考虑当前条件下做出的决定。大多数业务决策属于常规性、技术性的决策，影响范围较小，直接关系到组织的生产经营效率和工作效率的提高。因此，业务决策通常与作业控制相结合。例如，运输部门间的经营协作、运输生产组织的局部调整、劳动定额的制订以及生产任务的日常分配等方面的决策。

2. 按决策者的层次分类

按决策者的层次，不同层次的决策如图8-1所示。

（1）高层决策　高层决策由组织最高层管理者做出，旨在解决组织整体性与外界环境相关的重大问题。大部分高层决策属于战略决策和战术决策，只有极少数属于业务决策。

（2）中层决策　中层决策是由组织内中层管理人员进行的决策。它涉及的问题通常是安排组织一定时期的生产经营任务，或者是为了解决一些重要问题而采取必要措施的决策。大部分中层决策属于战术决策，部分属于业务决策。在个别情况下，中层决策也可能参与战略决策的制订。

（3）基层决策　基层决策是由组织内基层管理人员进行的决策。它旨在解决作业任务中的问题，主要包括两方面内容：一是经常性的作业安排，二是生产经营活动中偶然需要解

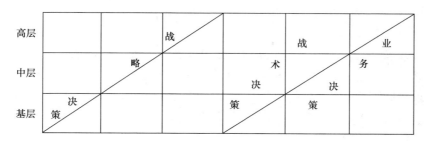

图 8-1　不同层次的决策

决的问题。这类决策问题强调技术性，要求及时解决，不能拖延时间。

3. 按决策时间长短分类

（1）中长期决策　中长期决策是指在较长时间内，通常为三五年或更长时间才能实现的决策。这类决策更多属于战略决策，需要较大规模的投资，并具有长时间实现和较高风险的特点。

（2）短期决策　短期决策是指在短时间内，通常为一年以内实现的决策。这类决策更多属于战术决策或业务决策，不需要大规模投资，并具有时间较短的特点。

4. 按决策问题的不同性质或决策的重复程度分类

（1）程序化决策（Programmed Decision）　程序化决策又称为规范性决策或重复性决策，是指对经常重复发生的常规问题做出的决策。这类决策的目标明确，已有可供选择的方案，可以通过一般的程序化方法找到最佳方案。它主要属于业务决策。由于这类决策问题的重复性，涉及一些例行活动，因此可以制订一定的程序，建立固定的决策模式，并按照规定的程序、方法和标准进行处理，甚至可以由计算机处理。此类决策是管理人员根据上级制定的规章进行的决策，相对较为简单，通常在基层工作中最常见。例如，材料的订购、常规的生产作业计划制订等方面的决策。

（2）非程序化决策（Non-programmed Decision）　非程序化决策也称为一次性决策，指对不经常重复发生的业务工作和管理工作所做的决策。这类决策比较复杂，无法用一般的程序化方法解决问题。非程序化决策是非例行性决策，通常是由偶然发生或首次出现且具有重要性的问题引起的。这类决策受到多种因素的影响，无法建立一套通用的决策模式。由于解决这类问题缺乏经验，很大程度上取决于决策者的知识、经验和判断力。一般来说，高层管理者所做的决策多属于非程序化决策。例如，新技术的开发、多元经营的开拓等方面的决策。

5. 按决策目标的多少分类

（1）单目标决策　决策目标只有一个的决策被称为单目标决策，例如决策目标是提高经济效益。

（2）多目标决策　多目标决策是指决策问题同时考虑了两个或两个以上的目标，其解决方案必须同时满足这些目标的要求。例如，现代城市交通线路规划问题就需要同时考虑运输效率、市民便利、安全可靠、经济效益、市容美化等多个因素。在多目标决策中，任何方案只有满足了与这些因素相关的目标准则的不同程度，才能被视为令人满意的解决方案。

对于管理中的实际问题来说，单目标决策往往可以简化问题，并专注于核心矛盾，忽略对企业没有明显影响的次要因素，从而集中资源以实施企业的核心战略。然而，当环境发生变化、企业战略调整或从不同角度研究问题时，决策目标可能发生变化。

6. 按参与决策的主体分类

（1）个体决策　优点：效率高；缺点：效果通常低于群体决策。

（2）群体决策　优点：决策质量高，决策方案易于接受；缺点：效率或时效性较低。

个体决策和群体决策各有优缺点，并不能适用于所有情况。对于复杂、重要且需要广泛接受的决策问题，组织最好采取群体的决策方式。而对于简单、次要或无需体现共同意志的决策，个体决策方式可能更合适。

7. 按决策的可靠程度分类

（1）确定型决策　确定型决策是指在实施各种备选方案后，只存在一种确定无疑的自然状态的决策。在这类决策中，可供选择的方案条件已知且确定，各方案未来预期结果明确，通过比较各个方案的结果，就可以选择满意的方案。确定型决策问题相对较简单，可以使用现有的数学方法（如函数极值法、线性规划、非线性规划、动态规划、图论等）求解，并得到确定的最优解。

（2）风险型决策　风险型决策的各种备选方案可能存在两种或更多的自然状态，无法确定哪种状态将发生，但可以通过测定各自然状态发生的概率来进行决策。这种决策也被称为统计型决策或随机型决策。在这种决策中，所有决策结果都是建立在"概率"基础上的。概率只能说明某种自然状态出现的可能性大小，而不能确定一定会出现或不出现某种状态。因此，决策者无法准确判断未来的情况，选择任何方案都会存在一定的风险。

（3）不确定型决策　不确定型决策是指在各种备选方案中存在两种或更多可能出现的自然状态，但无法确定这些状态出现的概率，因此称其为不确定型决策。在这种决策中，存在许多不可控因素，决策者无法确定每个方案的执行后果，主要依靠个人经验进行估计来进行决策。即方案的实施可能会出现不可预料的自然状态或所带来的后果，是无法进行预测的决策。不确定型决策与风险型决策相比较，两者都面临两种或更多的自然状态，但不同之处在于前者对即将出现的自然状态的概率一无所知，而后者则掌握了它们出现的概率。由于不确定型决策所掌握的信息较少，因此分析不确定型决策比分析确定型决策更加困难。目前的决策分析方法中，不确定型决策分析方法比确定型决策分析方法要少得多。

8. 按决策面对的自然状态的性质分类

（1）竞争型决策　竞争型决策是指决策者面对一个有理智且善于采取合理行动的竞争对手的决策情境。

（2）非竞争型决策　非竞争型决策是指决策者面对的决策情境是客观的自然环境或社会环境。

本章主要讨论确定型决策、风险型决策、不确定型决策和竞争型决策。

8.2　运输可靠程度决策

8.2.1　确定型运输决策问题

1. 确定型决策的主要特征

确定型决策是指可以计算出各方案的损益值，从中选出最优决策。其主要特征如下：

1）存在决策者希望达到的明确目标，例如最大化收益或最小化损失。
2）存在一种确定的自然状态。
3）存在两个或更多可供选择的决策方案。
4）不同方案在确定的状态下的益损值可以计算出来。

2. 确定型决策的方法

在确定型决策问题中，决策者可以选择两种或更多的可行方案，同时自然状态是确定的，没有随机因素的影响。由于每个方案都有确定的结果，因此可以直接比较各个方案的损益值来判断方案的优劣，从而做出最终的决策。

给定某个建设项目，有三种投资方案可供选择，分别是 A_1、A_2 和 A_3，每种方案的年获利不同。具体而言，方案 A_1 的年获利为 50 万元，方案 A_2 的年获利为 60 万元，方案 A_3 的年获利为 55 万元。问题是如何选择最佳方案。

在这个问题中，没有具体涉及特定的自然状态，且结果是确定的。因此，可以判断该问题属于确定型决策问题。方案 A_2 具有最高的年获利，因此可以确定 A_2 为最优方案。

确定型决策问题虽然表面上看起来很简单，但在实际工作中往往十分复杂。可供选择的方案数量较多，仅仅通过直观比较很难确定最优方案。举例来说，对于一个具有 m 个产地和 n 个销售地的运输问题，当 m 和 n 较大时，可能存在大量的运输方案。要确定最低运输费用的合理方案，就需要采用线性规划等方法来解决。常见的决策方法包括线性规划、非线性规划、动态规划、目标规划、整数规划、投入产出数学模型和确定型库存模型等。这些方法可以帮助决策者更有效地处理复杂的确定型决策问题。

此外，决策者面临的问题往往涉及多个目标的情况。在这种情况下，可以使用多目标规划方法来解决问题，同时也可以采用以下方法进行决策。

假设在企业的经营管理中，要求实现的目标有 K 个，行动方案有 L 个，对于第 i 个可行方案的第 j 个目标所能得到的效益值为 C_{ij}，令第 j 个目标的权数为 W_j，则

$$W_1 + W_2 + \cdots + W_k = \sum_{j=1}^{k} W_j = 1$$

第 i 个可行方案达到 K 个目标时，其总的效益值是

$$A_i = W_1 C_{i1} + W_2 C_{i2} + \cdots + W_k C_{ik} = \sum_{j=1}^{k} W_j C_{ij}$$

最优方案为 $\max\{A_1, A_2, \cdots, A_i, \cdots, A_L\}$。

对于各个目标的权重，可以根据各个目标在整个任务中的重要程度来确定，可以使用专家打分法或平均数法等方法来进行权重的确定。

8.2.2 不确定型运输决策问题

在确定型决策问题中，决策者面临两个或更多的可行方案，并且自然状态是确定的，不包含任何随机因素。由于每个方案都有确定的结果，因此只需直接比较各方案的益损值，即可确定方案的优劣，从而做出决策。

而在不确定型决策问题中，决策者可选择两个或更多的可行方案，并且存在两个或更多

的可能自然状态。所谓不确定是指,在实施决策方案之后,可能发生的状态是未知的,无法确定具体发生哪种状态,也无法确定状态发生的概率。因此,不确定型决策具有以下基本特征:

1) 存在决策者希望实现的明确目标。
2) 存在两种或更多可能的自然状态。
3) 存在两个以上供决策者选择的决策方案。
4) 不同方案在不同状态下的益损值可以计算。

在这种情况下进行决策,主要取决于决策者的主观愿望和要求。常用的决策方法包括悲观准则、乐观准则、折中准则、遗憾值准则和等概率准则。这些方法可根据决策者对风险和不确定性的态度,以及对不同结果的偏好,来做出最终的决策。

1. 悲观准则(极大极小决策标准)

悲观准则(极大极小决策标准)是由瓦尔德(Wald)提出的决策标准,也被称为瓦尔德决策准则或小中取大决策准则。当决策者对决策问题缺乏明确了解时,他们对决策失误带来的损失非常敏感。因此,在做决策时,他们会保持小心谨慎的态度,始终保持悲观的思维,从最坏的情况出发,力求在不利情况下取得最佳结果。悲观准则的特点是首先考虑不利情况,找到最坏的可能结果,然后在不利情况下选择最优的方案。

(1) 决策步骤

1) 判断决策问题可能出现的几种自然状态 $\theta_1, \theta_2, \cdots, \theta_n$。
2) 拟订备选方案 $\alpha_1, \alpha_2, \cdots, \alpha_m$。
3) 推测出各方案在各自然状态下的收益值 $a_{ij}(\alpha_i, \theta_j)$,编制决策益损表。
4) 选出各方案在不同自然状态下的最小收益值 $\min_j \{a_{ij}\}$。
5) 在这些最小收益值对应的决策方案中,选择一个收益值最大的方案 $\max_i \{\min_j \{a_{ij}\}\}$ 作为备选方案。

(2) 决策原则 小中取大是一种保守的决策准则,其核心思想是在最坏情况下争取最好的结果。这种准则适用于企业规模较小、资金薄弱的情况,或者当决策者认为最坏状态发生的可能性较大,对好的状态缺乏信心等情况。在这些情况下,决策者更倾向于采取较为保守的策略,以最小化潜在的损失并争取较好的结果。

例 8-1 某运输企业与某建设单位签订合同,包运甲地至乙地的物资若干吨,承包期两年。车辆由乙地返回甲地的货运量缺乏可靠的投资测算。大致估计往返行程利用率可能有四种情况,即80%、70%、60%、50%。四种情况可能出现的概率无法测出来。该企业现有营运车辆任务已经饱和,承运这批物资必须增加车辆。初步考虑增加车辆有四个方案:A_1,购置新车;A_2,购置旧车;A_3,以利润分成方式包用其他运输单位的车辆;A_4,以定额租金的形式租用车辆。四个方案两年的益损值见表 8-1。

解:1) 求各方案在不同行程利用率时的最小收益值 $\min_j \{a_{ij}\}$,见表 8-1 最后一列。

2) 计算各方案最小收益值中最大者 $\max_i \{\min_j \{a_{ij}\}\}$,见表 8-1 最后一行。

表 8-1　各方案在不同自然状态下的益损值及悲观准则决策　　（单位：万元）

方案	自然状态				最小收益值$\max_{j}\{a_{ij}\}$
	行程利用率				
	80%	70%	60%	50%	
A_1	60	40	−15	−35	−35
A_2	80	35	−30	−70	−70
A_3	35	22	5	−10	−10
A_4	40	25	9	−12	−12

$$\max_{i}\left\{\min_{j}\{a_{ij}\}\right\} = -10$$

$\max_{i}\left\{\min_{j}\{a_{ij}\}\right\} = -10$，相对应的决策方案是 A_3。所以应用悲观准则进行决策结果为：应采用方案 A_3（以利润分成方式包用其他运输单位的车辆），益损值为 −10 万元。

2. 乐观准则（极大极大决策标准）

乐观准则（极大极大决策标准）是与悲观准则相对应的决策标准。该准则的主要特点是实现方案选择的乐观原则。在做决策时，决策者不放弃任何一个能够获得好结果的机会，并且倾向于追求最大化的利益，充满乐观和冒险精神。决策者对收益非常敏感，在做决策时总是持有乐观的态度，考虑的是最有利的情况。乐观准则可以应用于那些决策者更加乐观、风险承受能力较高的情况下，他们倾向于追求较大的收益和较高的风险回报。

（1）决策步骤

1）判断决策问题可能出现的几种自然状态 θ_1，θ_2，…，θ_n。

2）拟订备选方案 α_1，α_2，…，α_m。

3）推测出各方案在各自然状态下的收益值 $a_{ij}(\alpha_i, \theta_j)$，编制决策益损表。

4）选出各方案在不同自然状态下的最大收益值 $\max_{j}\{a_{ij}\}$。

5）在这些最大收益值对应的决策方案中，选择一个收益值最大的方案 $\max_{i}\left\{\max_{j}\{a_{ij}\}\right\}$，作为备选方案。

（2）决策原则　大中取大是一种乐观的决策准则，其核心思想是在最好情况下争取最佳结果。这种准则适用于企业规模较大、风险抵御力强或决策者对企业的前景充满信心，持乐观的态度。在这些情况下，决策者更倾向于追求较大的利益和回报，并愿意承担一定的风险。大中取大决策准则强调乐观的冒险精神，决策者不会错过任何可以获得最好结果的机会。

例 8-2　用乐观准则决策例 8-1 中的最优方案。

解：1）求出的各方案在不同行程利用率时的最大收益值 $\max_{j}\{a_{ij}\}$，见表 8-2 最后一列。

2）计算出的各方案最大收益值中最大者 $\max_{i}\left\{\max_{j}\{a_{ij}\}\right\}$，见表 8-2 最后一行。

表 8-2　各方案在不同自然状态下的益损值及乐观准则决策　　　（单位：万元）

方案	自然状态				最大收益值$\max_j\{a_{ij}\}$
	行程利用率				
	80%	70%	60%	50%	
A_1	60	40	-15	-35	60
A_2	80	35	-30	-70	80
A_3	35	22	5	-10	35
A_4	40	25	9	-12	40

$$\max_i\left\{\max_j\{a_{ij}\}\right\}=80$$

$\max_i\left\{\max_j\{a_{ij}\}\right\}=80$，相对应的决策方案是 A_2，所以应用乐观准则进行决策的结果为：应采用方案 A_2（购置旧车），益损值为 80 万元。

3. 折中准则（乐观系数决策标准）

折中准则（也称为 Hudrwicz 决策法）是介于乐观决策准则和悲观决策准则之间的一种决策标准。折中准则实际上是一种指数平均法，既不像悲观准则那样保守，也不像乐观准则那样冒险，而是通过折中的方式找到一个平衡的标准。在进行决策时，折中准则要求决策者确定一个折中系数 β，且满足 $0<\beta<1$ 的条件。决策步骤如下：

1）判断决策问题可能出现的几种自然状态 $\theta_1, \theta_2, \cdots, \theta_n$。
2）拟订备选方案 $\alpha_1, \alpha_2, \cdots, \alpha_m$。
3）推测出各方案在各自然状态下的收益值 $a_{ij}(\alpha_i, \theta_j)$，编制决策益损表。
4）确定一个表示决策者乐观程度的折中系数 $\beta(0<\beta<1)$。
5）计算各方案的折中益损值 Z_i：

$$Z_i = O_{\max}\beta + O_{\min}(1-\beta)$$

式中，$O_{\max}$ 为同一方案的最大收益值，$O_{\max}=\max_i\left\{\min_j\{a_{ij}\}\right\}$；$O_{\min}$ 为同一方案的最小收益值，$O_{\min}=\min_j\{a_{ij}\}$。

比较计算结果，选择最大折中益损值 $\max_j\{Z_i\}$ 对应的方案为最优方案。

说明：当 $\beta=1$ 时，为乐观（极大极大）准则；当 $\beta=0$ 时，为悲观（极大极小）准则。

例 8-3　用折中决策准则求例 8-1 中的最优决策方案，取折中系数 $\beta=0.7$。

解：1）求各方案在不同行程利用率时的最大收益值 $O_{\max}$ 和最小收益值 $O_{\min}$ 见表 8-3。
2）计算各方案折中益损值 Z_i，见表 8-3 最后一列。
3）计算各方案折中益损值中的最大值 $\max_j\{Z_i\}$，见表 8-3 最后一行。

表 8-3　各方案在不同自然状态下的益损值及折中准则决策　　　（单位：万元）

方案	自然状态				最大收益值$O_{\max}$	最小收益值$O_{\min}$	折中益损值Z_i
	行程利用率						
	80%	70%	60%	50%			
A_1	60	40	-15	-35	60	-35	31.5
A_2	80	35	-30	-70	80	-70	35.0
A_3	35	22	5	-10	35	-10	21.5
A_4	40	25	9	-12	40	-12	24.4

$$\max_j\{Z_i\}=35$$

$\max_j\{Z_i\}=35$,相对应的决策方案是 A_2,所以应用折中准则进行决策结果为:应采用方案 A_2(购置旧车),益损值为 35 万元。

由上述计算过程可以看出,β 越大越乐观,β 越小越悲观。

4. 遗憾值准则(大中取小决策标准)

遗憾值准则又称萨凡奇(Savage)准则,是决策过程中的一种准则,它要求在可能发生的各种自然状态下,决策者首先选择具有最大收益值或最小损失值的方案作为最优方案。

遗憾值准则是一种为了避免将来后悔而设计的决策方法,如果决策者因为失误而未选择具有最大收益的方案,而选择了其他方案,决策者会感到遗憾和后悔。遗憾值即是这两个方案的收益值之差。遗憾值决策准则的主要目标是选择使决策者产生最小后悔感的方案。通常,将一个方案在各自然状态下的最大遗憾值作为该方案的遗憾值,并从各方案的遗憾值中选择具有最小遗憾值的方案作为最优方案。

(1)决策步骤

1)判断决策问题可能出现的几种自然状态 $\theta_1,\theta_2,\cdots,\theta_n$。

2)拟订备选方案 $\alpha_1,\alpha_2,\cdots,\alpha_m$。

3)推测出各方案在各自然状态下的收益值 $a_{ij}(\alpha_i,\theta_j)$,编制决策益损表。

4)用每个状态下的最大益损值减去其他方案的益损值,得出每个方案的遗憾值:

$$R(a_{ij})=\max_j\{a_{ij}\}-a_{ij}$$

5)逐一找出各方案的最大遗憾值 $\max_j\{R(a_{ij})\}$。

6)从每个方案的最大遗憾值中找出最小的遗憾值 $\min_i\{\max_j\{R(a_{ij})\}\}$,该值所对应的方案即为最佳方案。

(2)决策原则 大中取小是指以最大遗憾值中的最小值对应的方案作为最优方案。这种决策准则一般适用于中小企业,因为这类企业具备一定的基础,既能够承担一定的风险,又不能抵挡大的灾难。对于这样的企业,采用遗憾值准则进行决策可以实现稳中求发展的目标。此外,在势均力敌的竞争中,企业竞争者之间应采用这种决策准则。这是因为各竞争者已经具备一定的实力,需要以此为基础进一步开拓市场,不可错失机会。然而,过于激进的决策可能导致目标的难以实现,危及基础。因此,在竞争激烈的环境下,采用遗憾值决策准则既能稳定现有地位,又能将市场开拓机会的丧失降到最低限度。

例 8-4 用遗憾值决策准则求例 8-1 中的最优决策方案。

解: 1)从决策益损值表中用"*"标出不同自然状态下的最大收益值,见表 8-4。

表 8-4 各方案在不同自然状态下的益损值及最大收益值　　　　　　(单位:万元)

方案	自然状态			
	行程利用率			
	80%	70%	60%	50%
A_1	60	40*	-15	-35
A_2	80*	35	-30	-70
A_3	35	22	5	-10*
A_4	40	25	9*	-12

2）用每列带有"*"的最大收益值减去各个方案的收益值，得出每个方案在不同自然状态下的遗憾值，见表8-5。

表 8-5 各方案在不同自然状态下的遗憾值 （单位：万元）

方案	自然状态				最大遗憾值
	行程利用率				$\max_{j}\{R(a_{ij})\}$
	80%	70%	60%	50%	
A_1	20	0	23	25	25
A_2	0	5	39	60	65
A_3	45	18	4	0	45
A_4	40	15	0	2	40
	$\min_{i}\{\max_{j}\{R(a_{ij})\}\}=25$				

3）从表 8-5 中每个方案的遗憾值中找出最大的遗憾值 $\max_{j}\{R(a_{ij})\}$，见表 8-5 中最后一列。

4）从每个方案的最大遗憾值中选出最小的遗憾值，见表 8-5 中最后一行。

$\min_{i}\{\max_{j}\{R(a_{ij})\}\}=25$，相对应的决策方案是 A_1，所以应用遗憾值准则进行决策结果为：应采用方案 A_1（购置新车），益损值为 25 万元。

5. 等概率准则（拉普拉斯决策标准）

等概率准则（拉普拉斯决策标准）的基本思想是假设未来各种自然状态发生的概率相同，决策者对所有自然状态采取一视同仁的态度。如果有 n 个自然状态（$n=1,2,3,\cdots$），则每个自然状态发生的概率为 $1/n$。接着，计算各个行动方案的期望收益值，并选择具有最大期望收益值的方案作为最优方案，在等概率决策准则下进行决策。

（1）决策步骤

1）判断决策问题可能出现的几种自然状态 $\theta_1,\theta_2,\cdots,\theta_n$。

2）拟订备选方案 $\alpha_1,\alpha_2,\cdots,\alpha_m$。

3）推测出各方案在各自然状态下的收益值 $a_{ij}(\alpha_i,\theta_j)$，编制决策益损表。

4）计算每个方案在不同自然状态下的等概率期望益损值 $E_i = \dfrac{\sum_{j=1}^{n} a_{ij}}{n}$。

5）比较各方案的期望益损值 E_i，找出最大的期望益损值 $\max_{i}\{E_i\}$，该值所对应的方案即为最佳方案。

（2）决策原则 假设在等可能性条件下，期望值最大准则是一种决策方法。这种方法全面考虑了一个行动方案在不同自然状态下可能获得不同结果的情况，将非确定性问题转化为风险问题进行处理。不同的是，在这个方法中，决策者将各种自然状态发生的机会假设为相等的。然而，在现实情况下，各种状态发生等概率的情况非常罕见，因此这种方法很难与实际情况相契合。

例 8-5 用等概率决策准则求例 8-1 中的最优决策方案。

解：1）计算各方案在不同行程利用率时的期望益损值 $E_i = \dfrac{\sum_{j=1}^{n} a_{ij}}{n}$，见表8-6最后一列。

2）计算各方案期望益损值中最大者 $\max\limits_{i}\{E_i\}$，见表8-6最后一行。

表8-6　各方案在不同自然状态下的益损值及等概率准则决策　　（单位：万元）

方案	自然状态				期望益损值 $E_i = \dfrac{\sum_{j=1}^{n} a_{ij}}{n}$
	行程利用率				
	80%	70%	60%	50%	
A_1	60	40	−15	−35	12.5
A_2	80	35	−30	−70	3.75
A_3	35	22	5	−10	13
A_4	40	25	9	−12	15.5
				$\max\limits_{i}\{E_i\}$ = 15.5	

$\max\limits_{i}\{E_i\} = 15.5$，相对应的决策方案是 A_4，所以应用等概率准则进行决策结果为：应采用方案 A_4（以定额租金的形式租用车辆），益损值为15.5万元。

以上对不确定型决策的五种决策准则进行了讨论，可以看出，不同的决策准则得出的决策结果并不完全一致。在具体决策过程中，选择哪种方法应根据主客观条件来决定。从主观条件来看，如果决策者对自然状态的信息掌握较多，可以选择乐观准则或折中准则；如果决策者对自然状态的信息掌握较少，可以选择悲观准则或遗憾值准则。从客观条件来看，如果经济实力较强，可以冒更大的风险以获取更大的收益，这时可以选择乐观准则；如果经济实力较弱，无法承受失败的打击，应选择悲观准则。也可以同时使用几个准则，将选中次数最多的方案作为备选方案。例如，在例8-1~例8-5中，五种决策准则的结果见表8-7。可以看出，A_2（购置旧车）为最优次数最多的方案，因而可以方案选择 A_2。

表8-7　不同决策准则的决策结果

决策准则	决策方案				期望收益/万元
	A_1 购置新车	A_2 购置旧车	A_3 利润分成方式包用车辆	A_4 定额租金形式租用车辆	
悲观准则			√		−10
乐观准则		√			80
折中准则		√			35
遗憾值准则	√				25
等概率准则				√	15.5

8.2.3　风险型运输决策问题

风险型决策是指在决策问题中，决策者不仅了解未来可能出现的各种状态，还知道这些状态出现的概率分布。这类问题适用于人们对未来有一定程度的认知，但不能确定的情况下。实施方案可能会面临多种不同的情况（自然状态），每个自然状态都有可能发生，并且各个自然状态的发生与否与其对应的概率有关。在这些条件下，计算各个方案的益损值时，必须考虑各种自然状态发生的概率的期望收益，这与未来的实际收益并不完全相等。因此，基于这种计算而制订的运输决策具有一定的风险，因此被称为风险型决策，也被称为统计型决策或随机型决策。此类决策具备以下五个条件。

1）存在明确定义的目标，决策人希望实现最大收益或最小损失。
2）存在两种或更多的自然状态。
3）存在两个或更多可供选择的决策方案。
4）可以计算出不同方案在各种状态下的益损值。
5）在 n 种自然状态（$n=1, 2, 3, \cdots$）中，决策者无法确定哪种状态会发生，但可以通过历史数据进行统计分析或经验评估来预测各种自然状态发生的概率（可能性）。

风险型决策问题是介于确定型和不确定型之间的一种决策问题。在不确定型决策中，自然状态和每个可行方案所得到的结果都是不确定的。而在风险型决策中，决策者无法确定未来会出现哪种自然状态，但通过调查、经验或主观估计可得出各种自然状态发生的概率。风险型决策主要应用于长期目标的战略决策或存在较多随机因素的非程序化决策，例如投资决策、产品开发决策和技术改造决策等。风险型决策常用的方法有最大可能准则法、期望值准则法、决策树法等。

1. 最大可能准则法

最大可能准则法的基本思想是将风险型决策问题转化为确定型决策问题。在风险型决策中，每种自然状态的发生都具有一个概率值，较高的概率表示该状态发生的可能性更大。根据这个思想，在风险型决策中，如果某种状态的概率远远大于其他状态，就可以忽略其他状态，只考虑概率较大的这一种状态，从而将风险型决策问题转化为确定型决策问题。

决策步骤如下：从各自然状态的概率值中选择最大值，找出概率最高的状态，该状态被认为是最有可能出现的状态。由于只在最大可能状态下做出决策，而不考虑其他状态，因此将决策问题视为确定型决策问题，并根据该状态下各方案的益损值来做出决策。

例 8-6 以例 8-1 中所述问题为例，说明最大可能准则法的决策过程。

解：假设根据统计资料分析，该企业出现往返行程利用率为 80%、70%、60%、50% 的概率分别为 $P_1=0.2$，$P_2=0.5$，$P_3=0.2$，$P_4=0.1$。其相对应的益损值见表 8-8。

表 8-8 各方案在不同自然状态下的益损值及概率　　　　（单位：万元）

方案	自然状态			
	行程利用率			
	80%	70%	60%	50%
	概率			
	$P_1=0.2$	$P_2=0.5$	$P_3=0.2$	$P_4=0.1$
A_1	60	40	−15	−35
A_2	80	35	−30	−70
A_3	35	22	5	−10
A_4	40	25	9	−12

出现往返行程利用率为70%的概率最大,认为企业在运输承包期内,往返行程利用率肯定为70%,其他状态不会出现。原来的风险型决策问题转化为确定型决策问题。

在行程利用率为70%的情况下,在4个方案中进行决策,方案A_1的收益最大,因此,确定方案A_1为最优方案。

确定型决策可看作是风险决策的一个特例,使用最大可能准则法来决策风险问题相对方便,但该方法的适用范围有限。一般情况下,在一组自然状态中,如果某个自然状态的发生概率远大于其他状态,并且它们的益损值差别不大,那么使用这种方法进行决策可以获得较好的效果。相反,如果一组自然状态的发生概率都很小且相近,采用这种方法进行决策效果可能不佳,甚至可能导致严重后果。

2. 期望值准则法

(1)益损期望值　在风险型决策问题中,未来的自然状态是不确定的,它是一个随机事件,每个可行方案所获得的收益也是一个随机事件,但是获得特定收益的概率是可知的。期望值准则法是以益损矩阵为基础,分别计算每个可行方案的期望值(期望收益或期望损失值),然后选择期望值最优(期望收益最大或期望损失最小)的方案作为最佳方案。

所谓期望值是通过概率加权计算的平均值,它表示了决策的预期结果,但并不代表某个事件的实际结果。因此,每个可行方案对应的益损值的期望值可以表示为

$$E(A_i) = \sum_{j=1}^{n} P_j a_{ij}$$

式中,$E(A_i)$为第i个可行方案的益损期望值(A_i为第i个可行方案);P_j为出现自然状态j的概率;a_{ij}为可行方案A_i在自然状态j下的益损值。

在所有方案中,益损期望值最大的就是最优方案。

决策步骤如下:从各自然状态的概率值中选择最大值,找出概率最高的状态,该状态被认为是最有可能出现的状态。由于只在最大可能状态下做出决策,而不考虑其他状态,因此将决策问题视为确定型决策问题,并根据该状态下各方案的益损值来做出决策。

例8-7　以例8-6所述问题为例,采用益损期望值进行方案决策。

解:1)采用$E(A_i) = \sum_{j=1}^{n} P_j a_{ij}$计算各方案的益损期望值,见表8-9最后一列。

2)找出各方案期望益损值中最大者$\max\{E(A_i)\}$,见表8-9最后一行。

表8-9　各方案的益损期望值　　　　　　　　(单位:万元)

方案	自然状态				益损期望值$E(A_i)$
	行程利用率				
	80%	70%	60%	50%	
	概率				
	$P_1 = 0.2$	$P_2 = 0.5$	$P_3 = 0.2$	$P_4 = 0.1$	
A_1	60	40	−15	−35	25.5
A_2	80	35	−30	−70	14.5
A_3	35	22	5	−10	18
A_4	40	25	9	−12	21.1
	$\max\{E(A_i)\} = 25.5$				

通过上面计算可知,方案 A_1 的益损期望值最大,方案 A_1 为最优方案。

最大的益损期望值表示在平均意义下取得的最大收益。因此,期望值准则法适用于多次重复进行的决策情况。

将期望值准则与不确定型决策中的等概率准则进行比较。在等概率准则中,假设各种自然状态出现的概率相同,即 $P_1 = P_2 = P_3 = P_4$。

假设有 n 个方案,则 $P_1 + P_2 + \cdots + P_n = 1$,因此,$P_1 = P_2 = \cdots = P_n = 1/n$。所以,

$$E(A_i) = \sum_{j=1}^{n} P_j a_{ij} = \frac{\sum_{j=1}^{n} a_{ij}}{n} = G_i$$

每个可行方案益损值的期望值 $E(A_i)$ 就是平均值 G_i。可见,等概率准则是期望值准则的特例,它假设了各个自然状态出现的概率相等。

(2)后悔值期望值 当决策者制订决策后,如果事实情况与理想情况不符,决策者可能会感到后悔。在每种自然状态下,总有一个方案可以达到最好的结果或取得最优值,选择其他方案则无法达到最优值,在每种状态下,各方案都有一个后悔值。在应用期望值准则时,除了计算可行方案的益损期望值外,也可以根据各方案的后悔值计算后悔值的期望值。从后悔值的期望值中选择最小值,对应的方案即为最优方案。决策步骤如下:从各自然状态的概率值中选择最大值,找出概率最高的状态,该状态被认为是最有可能出现的状态。由于只在最大可能状态下做出决策,而不考虑其他状态,因此将决策问题视为确定型决策问题,并根据该状态下各方案的益损值来做出决策。

例 8-8 以例 8-6 所述问题为例,说明采用后悔值期望值进行决策的过程。

解:1)首先按照计算各方案在不同自然状态下的遗憾值(见大中取小)的最小值对应的方案作为最优方案。

2)采用 $E(A_i) = \sum_{j=1}^{n} P_j a_{ij}$ 计算各方案后悔值期望值,见表 8-10 最后一列。

3)找出各方案后悔期望值中最小者,见表 8-10 最后一行。

表 8-10 各方案在不同自然状态下的遗憾值　　　　　　　　(单位:万元)

方案	自然状态				后悔期望值 $E(A_i)$
	行程利用率				
	80%	70%	60%	50%	
	概率				
	$P_1 = 0.2$	$P_2 = 0.5$	$P_3 = 0.2$	$P_4 = 0.1$	
A_1	20	0	23	25	11.1
A_2	0	5	39	60	16.3
A_3	45	18	4	0	18.8
A_4	40	15	0	2	15.7
				$\min\{E(A_i)\} = 11.3$	

由以上计算可知,方案 A_1 的后悔期望值最小,确定该方案为最优方案。

对于同一个决策问题,采用期望值准则分析益损期望值和后悔值期望值得到的结果是相

同的。

3. 决策树法

决策树法的决策准则仍然是期望值准则，不同之处在于决策树法使用树状图来表示期望值准则的决策过程，使其更加直观且便于判断，特别适用于分析复杂问题中的多级决策。

（1）决策树的结构　决策树法是一种利用树形结构图来描述和解决风险决策问题的方法。该方法将备选方案、可能发生的状态以及决策结果按逻辑关系绘制成一棵树形图，在图上进行各种方案的计算、分析和选择。决策树由四个部分组成，其结构如图8-2所示。

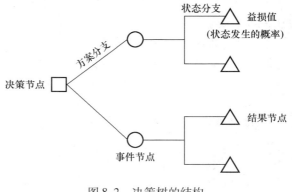

图8-2　决策树的结构

1）决策节点。在决策树中，决策节点用"□"表示，表示决策者在该节点进行决策。决策节点是决策树的起始点，每个从该节点引出的分支表示决策者可能选择的一种策略（也称为方案分支）。

2）事件节点。也被称为状态节点，在决策树中用"○"表示，位于方案分支的末端。从事件节点引出的分支代表后续状态，分支上括号内的数字表示该状态发生的概率（也称为概率分支）。

3）结果节点。在决策树中，结果节点用"△"表示，它表示在某种可能情况下的决策问题的结果，旁边的数字表示该情况下的益损值（也称为末端值）。

4）分支。在决策树中，分支由连接两个节点的线段表示。根据分支的位置不同，可以分为方案分支和状态分支。连接决策节点和事件节点的分支称为方案分支，连接事件节点和结果节点的分支称为状态分支。

（2）决策树法的步骤

1）绘制决策树。绘制决策树的过程实际上是建立决策问题的模型。这种模型不是使用数学公式描述，而是使用树形图来表示。

① 提出各种可行行动方案，并绘制方案分支。

② 预测方案实施后可能发生的自然状态（事件）及其发生的概率，并绘制相应的状态分支，并在分支上标记状态概率值。

③ 计算各种方案在各种自然状态下的益损值，并标记在相应的结果节点上。

2）计算期望益损值。在决策树中，从末端节点（结果节点）开始，按照从右向左的方向，逐列计算每个事件和决策节点的期望益损值，并将其标记在相应的节点上。

3）比较、剪枝、决策。在决策树中，比较决策节点的期望益损值，进行方案的选择。

① 若决策问题的目标是效益、利润、产值等，则选取对应最大期望收益值的方案作为最优方案。

② 若决策问题的目标是费用、成本、损失等，则选取对应最小期望损失值的方案作为最优方案。

③ 将具有最大收益（或最小损失）的期望值标记在相应的决策节点上，表示该方案为

决策选择的方案。而其余的方案用"‖"号删除，即进行剪枝操作。最终所保留的方案即为选定的最优方案。

（3）单级决策问题　单级决策问题是指在一个决策问题中只有一个层次的决策。在决策树模型中，这意味着只有一个决策节点来表示。

例 8-9　将例 8-7 中的问题用决策树方法进行决策。

解：1）画出决策树，如图 8-3 所示。

2）各方案的益损期望值计算结果见表 8-9。比较各方案的益损期望值，方案 A_1 为最优方案。

（4）多级决策问题　多级决策问题是指在一个决策问题中存在两个或更多的层次决策。在决策树模型中，这意味着有两个或更多的决策节点。单级决策问题可以使用决策表法或决策树法求解。然而，由于多级决策问题的层次较多，直接使用决策表法求解往往较困难，通常会使用决策树法进行求解。

在绘制多级决策问题的决策树时，常从第一级决策问题开始绘制，逐渐发展到第二级决策问题，直至最后一级决策问题。其结构与单级决策问题并无本质区别，只是比较复杂。下面以两级决策问题说明该方法。

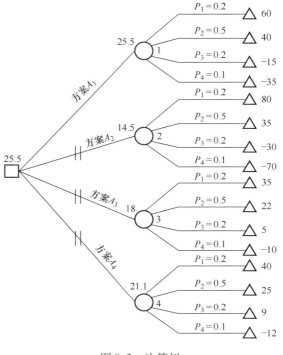

图 8-3　决策树

例 8-10　某企业将修建一条公路，计划从某月 1 日开始，至该月底完成。天气预报在该月 15 日以后将出现下雨天气。该月 15 日以后天气变化的概率及对施工任务的影响如下：

无雨 W_1，$P(W_1)=0.3$，施工任务按计划完成；下雨 W_2，$P(W_2)=0.7$，施工任务延期 5 天。

如果在 15 日以前加班突击完成任务，则每天需增加 1000 元加班费；如果延期，每天的经济损失为 5000 元。在延期期间加班，每天需增加 2500 元加班费。

企业目前需要进行决策，选择一个方案。

方案 X_1：前 15 天加班，突击完成任务，相应的经济损失为增加的加班费 15000 元。

方案 X_2：正常施工。如果天气好则施工任务按时完成，无经济损失；如果出现下雨天气，则延误 5 天。到时企业需要做是否采取紧急加班措施的新决策，如果紧急加班（Z_1），得到的结果有三种可能情况：节省 1 天，概率为 0.5；节省 2 天，概率为 0.3；节省 3 天，概率为 0.2。如果正常施工（Z_2），则延期 5 天。

解：这是一个风险型决策问题，可以利用决策树法解决。

1）计算任务延误期间总的经济损失。在延误期间，通过加班直至完成施工任务所能节省的天数、可能性以及总的经济损失（总经济损失 = 延期经济损失 + 加班费）见表 8-11。

表 8-11 延误期间总的经济损失

天气	方案	节省天数	概率	总经济损失/元
下雨	紧急加班	节省1天	0.5	$4 \times 5000 + 4 \times 2500 = 30000$
		节省2天	0.3	$3 \times 5000 + 3 \times 2500 = 22500$
		节省3天	0.2	$2 \times 5000 + 2 \times 2500 = 15000$
	不加班	0	1.0	$5 \times 5000 = 25000$

2）画该决策问题的决策树，如图 8-4 所示。

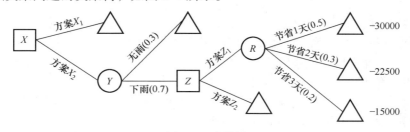

图 8-4 决策树

从决策树可以看出，这是一个两阶段决策问题，前 15 天为第一阶段，下雨延误期是否加班为第二阶段。

解决此类问题，先对第二阶段的问题（决策点 Z）进行决策，然后对第一阶段的问题进行决策。对于两个决策点，可以视为单级决策问题。

3）Z 点决策，如图 8-5 所示。

方案 Z_1 的期望值 $E(Z_1) = [0.5 \times (-30000) + 0.3 \times (-22500) + 0.2 \times (-15000)]$ 元 $= -24750$ 元。

方案 Z_2 的期望值 $E(Z_2) = -25000$ 元。

$E(Z_1) > E(Z_2)$，可见方案 Z_1 优于方案 Z_2，在决策点 Z 应该选择方 Z_1（紧急加班）。

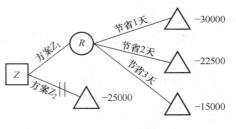

图 8-5 Z 点决策树

第二阶段的决策结束后，进行第一阶段决策。将第二阶段的决策点 Z 作为第一阶段决策的结果节点。

4）X 点决策，如图 8-6 所示。

方案 X_1 的期望值 $E(X_1) = -15000$ 元。

方案 X_2 的期望值 $E(X_2) = [0.3 \times 0 + 0.7 \times (-24750)]$ 元 $= -17325$ 元。

$E(X_1) > E(X_2)$，可见方案 X_1 优于方案 X_2，在决策点 X 应该选择方案 X_1，即在 15 日前加班突击完成任务。

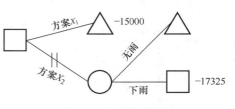

图 8-6 X 点决策树

该决策过程也可一次完成，由右向左逐步推算，如图 8-7 所示。

风险型决策问题与不确定型决策问题的本质区别在于：前者利用自然状态出现的概率分布，以期望收益值最大为决策目标，所得到的结果比较能够符合客观情况；而后者则是对未来的自然状态一无所知。其决策受主观意志的影响很大，带有一定的盲目性。

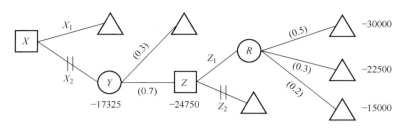

图 8-7 方案决策过程

在风险型决策问题中,确定未来状态出现的概率是非常重要的。各种自然状态出现的概率,可以用统计资料、试验结果得出,但大多数情况要凭经验、知识甚至是预感,对未来的情况进行估计,这样得出的概率值称为主观概率。对同一事件,不同的人做出的主观概率的估计是不同的,因此,所得出的决策结果也是不同的。

对于不确定型决策,只要决策者对未来状态出现的可能性不是全然不知,就总可以做出一些估计,因而即可转化成风险型的决策问题。

在风险型决策中,所有的决策结果都是建立在"概率"基础上的。概率只能说明未来出现某种自然状态的可能性的大小,而不能说就一定会出现某种状态或一定不出现某种状态。如 A、B 两事件,出现 A 事件的概率为 70%,出现 B 事件的概率为 30%,实际情况中,要么出现 A 事件,要么不出现 A 事件,不存在折中的情况。因此,风险型决策方法带有一定的风险。

例如,采用期望值准则进行风险型决策时,期望值是多次重复事件收益的可能平均值。如果在一段时间内多次重复这种决策,那么相应决策的收益平均值是接近期望值的,决策结果是合理的。但在实际当中,常常是在只发生一次可能事件的情况下进行决策,这时决策后得到的收益不会刚好等于期望值。对于一次性的决策问题,以期望收益值最大作为最优决策是存在一定风险的。但是,由于实际发生什么状态是随机的,因此从统计的观点来看,以期望收益最大作为最优决策是合理的。

例 8-11 某道路交叉口需要改造,可以采用的方案有 3 种:A_1,修建互通式立交桥;A_2,修建普通立交桥;A_3,改建原有交叉口交通设施,调整车流运行方式。预测未来该交叉口交通量的增长有 4 种可能:W_1,年增长率 >20%;W_2,年增长率在 15%~20% 之间;W_3,年增长率在 10%~15% 之间;W_4,年增长率 <10%。交通量增长各种情况出现的概率分别为 0.1、0.2、0.5、0.2。各方案在不同交通量情况下获得的经济效益表 8-12。

表 8-12 交叉口风险决策表　　　　　　　　　　（单位:万元）

方案	自然状态			
	年增长率			
	W_1	W_2	W_3	W_4
	概率			
	$P_1 = 0.1$	$P_2 = 0.2$	$P_3 = 0.5$	$P_4 = 0.2$
A_1	150	130	90	60
A_2	130	110	100	80
A_3	70	75	80	90

解：这是一个风险型决策问题，分别采用最大可能性准则、期望值准则、决策树法解决。

1）最大可能性准则。从表 8-12 中可以看出，W_3（年增长率在 10% ~ 15% 之间）发生的概率最大，认为必然发生。按照最大可能性准则决策，在 W_3 下 A_2 收益最大，因此 A_2 为满意方案。

2）期望值准则：

$E(A_1) = (0.1 \times 150 + 0.2 \times 130 + 0.5 \times 90 + 0.2 \times 60)$ 万元 = 98 万元

$E(A_2) = (0.1 \times 130 + 0.2 \times 110 + 0.5 \times 100 + 0.2 \times 80)$ 万元 = 101 万元

$E(A_3) = (0.1 \times 70 + 0.2 \times 75 + 0.5 \times 80 + 0.2 \times 90)$ 万元 = 80 万元

通过上面的计算可知，方案 A_2 的益损期望值最大，方案 A_2 为最优方案。

3）决策树法。

① 画出决策树，如图 8-8 所示。

② 各方案的益损期望值计算结果如图 8-8 所示。比较各方案的益损期望值，方案 A_2 为最优方案。

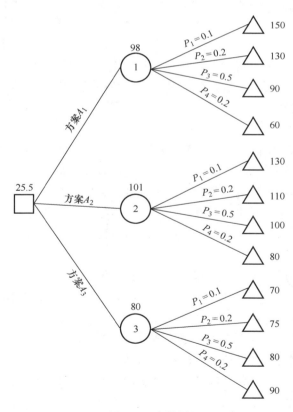

图 8-8 决策树

8.3 运输方式决策

8.3.1 运输方式决策概述

运输方式的选择会影响产品的价格、配送的准时性和商品抵达时的质量，而这些又直接关系到顾客的满意度。企业在选择运输方式时，必须综合考虑运输费用、交货速度、发货频率、运输工具的运载能力、安全性和可靠性等因素。所选择的运输方式还会影响供应链中的库存水平和设施布局。举例来说，某公司选择空运亚洲的零部件，虽然能降低库存水平，提高响应能力，但运输成本也因此增加，相比海运要更昂贵。因此，合理选择运输方式对企业提高供需匹配度、降低成本至关重要，对企业的发展有着重要的影响。

8.3.2 影响运输方式决策的因素

各种运输方式都有自己的优点和缺点。在企业做出运输方式选择时，需要考虑经营特点和要求、商品性能、市场需求的紧急程度，以及各种工具的运载能力、速度、频率、可靠性、可用性和成本等因素，并进行综合考虑和合理筛选。在交通运输总成本中，运输成本的比例较大，因此必须做出正确的运输决策，以降低运输成本、降低交通运输总成本，提高经济效益。在选择运输方式时，可以根据具体条件考虑以下因素做出判断。

1. 商品性能特征

这是影响企业选择运输工具的重要因素。一般来说，对于粮食、煤炭等大宗货物，水路运输是较为适宜的选择；而水果、蔬菜、鲜花等鲜活商品，电子产品、宝石以及具有节令性的商品等，则更适合选择航空运输；至于石油、天然气、碎煤浆等，则适宜选择管道运输。

2. 运输速度和路程

货物的运输速度和运输距离决定了运输时间的长短。在途运输的货物就像是企业的库存商品，会占用资金。运输时间的长短对于能否及时满足销售需求和减少资金占用具有重要影响。运输速度和路程是选择运输工具时需要考虑的重要因素。一般来说，对于批量大、价值低、运距长的商品，适宜选择水路或铁路运输；对于批量小、价值高、运距长的商品，适宜选择航空运输；对于批量小、运距短的商品，适宜选择公路运输。

3. 运输的可得性

对于自用型运输来说，运输的可得性指的是运输能力，一般以能够满足某一特定时期的最大业务量为标准。运输能力的大小对于企业的分销影响很大，特别是对于一些季节性商品，其运输需求在旺季时将达到高峰。若运输能力不足，无法合理高效地安排运输，将导致货物积压，阻碍商品及时送达目的地，进而使企业错失销售机会。对于营业型运输企业而言，运输的可得性涉及业务的性质、运输能力以及运输服务覆盖的范围。不同运输方式的运输可得性也存在显著差异，公路运输的可得性最高，其次是铁路运输，水路运输和航空运输只在港口城市和航空港所在地可得。

4. 运输的一致性

运输的一致性指在多次运输中，完成特定运输任务所需的时间与原定时间或前 N 次运输时间的一致性。这反映了运输的可靠性。近年来，货主已将一致性视为高质量运输的最重要特征。假如特定运输服务在第一次需要两天，而第二次需要六天，这种意外变化将给生产企业带来严重的运输问题。制造商通常首先追求实现运输的一致性，然后才会提高交付速度。如果运输缺乏一致性，就需要进行安全备货，以应对意外的服务故障。运输的一致性还会影响买卖双方承担的库存义务和相关风险。

5. 运输的可靠性

运输的可靠性涉及运输服务的质量特征。对于质量而言，关键是准确衡量运输的可得性和一致性，以确定总的运输服务质量是否达到预期的服务目标。为了持续满足客户的期望，运输企业需要承诺不断改进。运输质量并非易事，它需要经过仔细规划、培训、全面评估和不断改进的支持。在客户期望和需求方面，基本的运输服务水平应该实际一些。必须意识到客户是多样化的，提供的服务必须与其需求相匹配。对于无法始终如一地满足的不现实、过高的服务目标，必须予以排除，因为对不实际的全方位服务轻易做出承诺会严重损害企业的声誉。

6. 运输费用

企业在进行商品运输工作时，需要投入一定的财力、物力和人力资源，而使用各种运输工具都需要支付相应的费用。因此，在做出运输决策时，企业会受到其经济实力以及运输费用的限制。举个例子，假如企业的经济实力有限，就可能无法承担高昂的运输费用，例如航空运输。

7. 市场需求的缓急程度

在一定情况下，市场需求的紧迫程度也会影响企业选择适合的运输工具。如果市场急需某种商品，企业应该选择速度较快的运输工具，例如航空或公路直达运输，以避免错失时机；相反，如果市场需求不紧迫，企业可以选择成本较低但速度较慢的运输工具。

8.3.3 运输方式决策的基本原则

合理选择运输方式是确保运输质量和提高运输效益的重要方面。不同的运输方式具有各自的特点，不同类型的货物对运输活动的要求也不完全相同。当存在多种可选的运输方式时，就需要进行优选决策。运输方式的选择是一个非规范化的决策问题，很难制订统一的标准，只能按照一定原则根据地区的实际情况进行选择和调整。

通常，人们会使用安全性、及时性、准确性、便利性和经济性这五个标准来评估运输活动的优劣，这也是实现运输合理化的目标，因此也被视为选择运输方式的基本原则。

1. 安全性原则

要求在运输过程中，确保人员、货物和运输工具的安全。保障运输的安全性是选择货物运输方式时的首要原则。为了确保运输的安全性，首先需要了解所运货物的特性，例如重量、尺寸、价值、内部结构以及其他的物理和化学特性（例如易碎性、易燃性、危险性等），然后选择安全可靠的运输方式。

2. 及时性原则

确保将商品及时送达目的地。运输的及时性是由运输速度和可靠性决定的，能否准确及时地交付是选择运输方式时考虑的另一个重要原则。运输速度的快慢和交货的及时与否不仅决定着物资的周转速度,还对顺利进行社会再生产至关重要。研究表明,在交通运输管理决策优化问题中,以家电制造企业为例,交货时间延误会导致用户需求的物资短缺,有时还会给国民经济造成重大损失。因此,应根据货物的紧急程度选择适当的运输方式。

3. 准确性原则

确保将商品准确无误地运送到交货地点,包括正确处理各种与运输相关的单证,确保货物与运输单据相符,准确计算并支付运费及其他杂费,避免出现收款错误或漏收、付款错误或漏付的情况。货物运输的准确性在很大程度上取决于发货和收货环节,并与所选择的运输方式有一定的关系。汽车运输可以实现"门到门"运输,中转环节较少,不容易出现错误和事故。铁路运输受客观环境因素影响较小,容易准时到达。

4. 便利性原则

便利性原则是选择运输方式时的一个基本原则,它要求在综合考虑出行者和货物所有者的需求、交通运输系统的效率和可达性、运输方式的灵活性和可持续性以及经济性的基础上,选择最符合需求的运输方式。

首先,便利性原则要求在选择运输方式时要考虑到出行者和货物所有者的需求。不同的出行者和货物所有者对于运输方式的需求可能不同,有些人可能更注重快速到达目的地,而有些人可能更注重舒适和安全。因此,在运输方式决策中,需要综合考虑不同类型用户的需求,选择最符合他们需求的运输方式。其次,便利性原则还要考虑交通运输系统的效率和可达性。交通运输系统的效率是指在给定的时间和资源条件下,交通运输系统能够提供多少服务。而可达性是指人们能够方便地到达各个目的地的程度。因此,在选择运输方式时,需要综合考虑交通运输系统的效率和可达性,选择能够提供高效、便捷的运输方式。此外,便利性原则还要考虑运输方式的灵活性和可持续性。灵活性是指运输方式能否适应不同的交通需求和变化的市场环境。可持续性是指运输方式对环境和资源的影响是否可持续。在选择运输方式时,需要考虑运输方式的灵活性和可持续性,选择能够适应未来交通需求和环境保护要求的运输方式。

5. 经济性原则

要求节约运输费用和管理费用。货物运输的经济性是衡量运输效果的综合指标,安全性、及时性、准确性和便利性四项原则在一定程度上都关联到经济因素。在这里,经济性原则强调从运输费用的角度考虑选择成本较低的运输方式。运输费用是影响交通运输系统经济效益的主要因素之一,因此经济性原则是选择运输方式时应遵循的主要原则。

根据以上原则选择运输方式,实际上是一个多目标决策问题。然而,这种多目标决策通常相对简单,不需要进行复杂的定量计算,只需要进行定性分析和简单的计算即可达到满意的结果。一般认为,运费和运输时间是最重要的选择因素,具体选择时应从不同的角度综合考虑。在做出决策时,通常是在保证运输安全的前提下权衡运输速度和费用。一般来说,运输费用和运输速度是相互矛盾的指标,费用较低的运输方式通常速度较慢,而速度较快的运输方式费用较高。

8.3.4 各种运输方式的比较

1. 各种运输方式优缺点比较

企业可按各自的实际情况,参考表 8-13 有选择地进行运输决策。

表 8-13　各种运输方式优缺点比较

运输方式	优点	缺点
铁路运输	大批量运输、长距离运费便宜、事故少、安全性好	近距离运费高、无法应急运输
公路运输	门到门的联合运输服务、受外力冲击小、包装可简化、适合近距离运输	长距离运费高、不适合大宗运输
水路运输	大量运输散装货物、装卸作业合理化、适合大型货物运输	码头装卸费用高、受天气影响大、安全性和准时性差
航空运输	运输速度非常快、小批量、中长距离运输、包装比较简单	不适合廉价商品、重量尺寸受到限制、不适合远距离机场托运
管道运输	可连续运输、不受气候影响、送达货物可靠性高、运输量大、安全性高	仅限于某些商品、灵活性差

2. 各种运输方式的成本结构

各种运输方式的成本结构比较见表 8-14。

表 8-14　各种运输方式的成本结构比较

运输方式	固定成本	变动成本
铁路运输	高	低
公路运输	高	适中
水路运输	适中	低
航空运输	低	高
管道运输	最高	最低

如果考虑固定成本和变动成本的平衡，最低的运输成本通常是水路运输。因此，在远距离大宗产品的运输中，水路运输经常被使用，例如国际长途运输中的海运。其次是管道运输和铁路运输，尽管管道运输仅限于某些特殊商品（如石油、煤炭、液体和粉末产品），而铁路运输受限于包装便利性、直达性和运输网络等因素。在国内运输中，公路运输仍普遍使用，除非距离过长才会选择铁路运输而放弃公路运输的门到门便利性。

3. 各种运输方式的速度、成本、便利性和运载能力综合比较

按速度、成本、便利性和运载能力来比较各种运输方式并加以排列，可得到表 8-15。

表 8-15　各种运输方式速度、成本、便利性和运载能力综合比较

比较项目	排列 1	排列 2	排列 3	排列 4	排列 5
速度	航空	公路	铁路	水路	管道
成本	水路	管道	铁路	公路	航空
便利性	公路	铁路	航空	水路	管道
运载能力	水路	铁路	管道	公路	航空

通过进一步排列表 8-15，得到表 8-16。综合考虑运输方式的各种因素，公路运输被视为首选，其次是铁路、航空、管道和水路运输。因此，一般情况下，企业会优先选择公路运

输作为货物运输的首选方式。只有在进出口大宗货物的情况下，才会使用水路运输。当距离较远时，企业可能会选择铁路运输。对于价值高、体积小、易腐烂或客户要求迅速交货的产品，则可能选择航空运输。

表 8-16　各种运输方式综合特征评分表（分数越低越好）

比较项目	铁路	公路	水路	航空	管道
速度	3	2	4	1	5
可行性	2	1	4	3	5
可靠性	3	2	4	5	1
能力	2	3	1	4	5
频率	4	2	5	3	1
总分	14	10	18	16	17

8.3.5　选择运输方式的方法

1. 简单比较的方法

一般在选择运输方式时，需要考虑两个基本因素：速度和费用。对于交通运输服务来说，速度快是基本要求，但速度快的运输方式通常费用较高。在考虑运输的经济性时，不能只关注运输费用，还需要考虑加快速度缩短备运时间所带来的效益，例如减少必要库存从而降低保管费用等。因此，在选择运输方式或工具时，应该综合考虑上述因素，寻求运输费用和保管费用最低的方式或工具。这种关系可以通过图 8-9 来表示。为了更加清晰和形象地说明运输方式的选择决策，可以仔细观察运输数量和运输距离之间的函数关系决策模型，具体如图 8-10 所示。

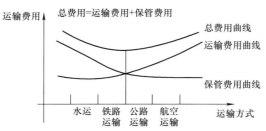

图 8-9　运输方式与运输费用的关系

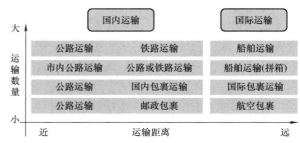

图 8-10　运输数量与运输距离的函数关系决策模型

2. 运输成本比较法

运输成本比较法是对运输方式决策进行量化分析的实际方法。如果将运输服务视为竞争手段，那么通过平衡服务成本和服务水平所导致的间接库存成本之比，可以得到最佳的服务方案。运输的速度和可靠性会影响托运人和买方的库存水平（包括订货库存和安全库存）以及在途库存水平。如果选择速度慢、可靠性差的运输服务，就需要有更多的库存存在于交通运输渠道中。这将增加库存持有成本，可能抵消运输服务成本的降低。因此，最合理的方案应该既能满足顾客需求又能使总成本最低。

例 8-12　某公司欲将产品从坐落于位置 A 的工厂运往坐落于位置 B 的公司的自有仓库，

年运量 D 为 700000 件,每件产品的价格 C 为 30 元,每年的存货成本 I 为产品价格的 30%,各种运输服务的有关参数见表 8-17。

表 8-17 运输服务参数

运输服务方式	运输费率 R/(元/件)	运达时间 T/天	储存点存货量 Q/件
铁路	0.10	21	100000
水路	0.15	14	50000
货车	0.20	5	50000
航空	1.40	2	25000

解:在途运输的年存货成本为 $ICDT/365$,两端储存点的存货成本各为 $ICQ/2$,但其中的 C 值有差别,工厂储存点的 C 为产品的价格,购买者储存点的 C 为产品价格与运费率之和。运输服务方案比较结果见表 8-18。

表 8-18 运输服务方案比较结果 (单位:元)

成本类型	计算方法	铁路	水路	货车	航空
运输	RD	$0.10 \times 700000 = 70000$	$0.15 \times 700000 = 105000$	$0.2 \times 700000 = 140000$	$1.4 \times 700000 = 980000$
在途存货	$ICDT/365$	$(0.30 \times 30 \times 700000 \times 21)/365 = 362466$	$(0.30 \times 30 \times 700000 \times 14)/365 = 241644$	$(0.30 \times 30 \times 700000 \times 5)/365 = 86301$	$(0.30 \times 30 \times 700000 \times 2)/365 = 34521$
工厂存货	$ICQ/2$	$(0.30 \times 30 \times 100000)/2 = 450000$	$(0.30 \times 30 \times 50000 \times$ **0.93**$)/2 = 209250$	$(0.30 \times 30 \times 50000 \times$ **0.84**$)/2 = 189000$	$(0.30 \times 30 \times 25000 \times$ **0.80**$)/2 = 90000$
仓库存货	$ICQ/2$	$(0.30 \times 30.1 \times 100000)/2 = 451500$	$(0.30 \times 30.15 \times 50000 \times$ **0.93**$)/2 = 210296$	$(0.30 \times 30.2 \times 50000 \times$ **0.84**$)/2 = 190260$	$(0.30 \times 31.4 \times 25000 \times$ **0.80**$)/2 = 94200$
总成本		1333966	766190	605561	1198721

注:黑体字是考虑运输服务改进和年发运批量增加的因素。

由表 8-18 中的计算结果可知,在 4 种运输方式的方案中,货车运输的总成本最低,因此,应选择货车运输方案。

3. 竞争因素决定法

如果运输方式选择直接涉及竞争优势的问题,那么应该采用考虑竞争因素的方法。当买方通过供应渠道从多个供应商处购买商品时,交通运输服务和价格会对买方对供应商的选择产生影响;反过来,供应商也可以通过供应渠道的运输方式选择来控制交通运输服务和价格等因素,从而影响买方。

对于买方来说,良好的运输服务(较短的运输时间)意味着能够保持较低的存货水平并制订确定的运营计划。为了获得理想的运输服务并降低成本,买方给予供应商唯一的激励——增加与该供应商的业务合作。买方通过将更大的采购份额转移到能够提供更好运输服务的供应商那里,促使供应商利用从销售的增加中获得的额外利润来支付由于提供更好运输服务而增加的成本。这一激励机制鼓励供应商寻求更适合买方需求的运输方式，而不仅仅追求低成本。因此，运输服务方式的选择成为供应商和买方共同决策的一部分。当然，当一个供应商为了吸引买方选择较好的运输方式时，其他参与竞争的供应商也可能做出竞争反应。例 8-13 阐述了在不考虑供应商竞争对手反应的情况下，买方向能提供较好运输服务的供应商转移更多交易份额的程度。

例 8-13 某制造商分别从两个供应商处购买了共 3000 个配件，每个配件单价 100 元。目前这 3000 个配件是由两个供应商平均提供的，如果供应商缩短运达时间，则可以多得到交易份额，每缩短一天，可从总交易量中多得 5% 的份额，即 150 个配件。供应商可从每个配件中赚得配件价格（不包括运输费用）20% 的利润。

于是供应商 A 考虑，若将运输方式从铁路运输转到货车运输或航空运输是否有利可图。

解：各种运输方式的运输费率和运达时间见表 8-19。

表 8-19 运输费率和运达时间

运输方式	运输费率/(元/件)	运达时间/天
铁路	2.50	7
货车	6.00	4
航空	10.35	2

显然，供应商 A 只是根据它可能获得的潜在利润来对运输方式进行选择。表 8-20 是供应商 A 使用不同的运输方式可获得的预期利润。

表 8-20 供应商 A 使用不同运输方式的利润比较 （单位：元）

运输方式	配件销售量	毛利	运输成本	净利润
铁路	1500	30000	3750.00	26250.00
货车	1950	39000	11700.00	27300.00
航空	2250	45000	23287.50	21712.50

如果制造商承诺给予能提供更好运输服务的供应商更多的交易份额，那么供应商 A 应该选择货车运输。然而，供应商 A 同时也需要密切关注供应商 B 可能会做出的竞争反应，因为这可能削弱供应商 A 可能获得的利益。如果供应商和买方有一定的了解并建立了合作基础，这将促进双方进一步有效合作。需要注意的是，这里没有考虑运输方式决策对供应商存货的间接影响、运输费率、产品种类、库存成本的变化以及竞争对手可能采取的应对措施等因素。

在选择运输方式时，应该综合考虑各种目标要求，并采取定性分析和定量分析相结合的方法，以选择出合理的运输方式。根据不同的目标，选择的方法也会有所不同。层次分析法是一种常用的方法，通过建立货物运输方式选择的综合评价模型，为运输决策者提供决策方法。这种方法可以避免决策者盲目决策的问题，确保决策的科学性和合理性，具有一定的实用价值。

8.4 车辆运行调度决策

8.4.1 车辆运行调度的概念

车辆运行调度指的是根据承接的运输任务和具体的运输方案，对车辆进行调度、组织运行以及进行管理和监督。其目的是在满足客户要求的前提下,合理安排运输车辆,按照最佳行驶路线依次完成配送任务,并确保实现最短距离、最省时间和最低运营成本等目标,以提高运输车辆的利用率,降低物流成本,并提升服务水平。在车辆运行过程中,驾驶人、装卸工人、车辆、道路、运输对象、环境等因素经常变化并相互影响和制约。因此,运行调度是协调交通运输系统各因素关系、组织车辆运输、实现连续和均衡生产的重要工作,它是指挥监控配送车辆正常运行、协调配送生产过程以及实现车辆运行作业计划的重要手段。

8.4.2 车辆运行调度工作的内容

1. 编制配送车辆运行作业计划

这项工作的核心是必须了解运输供求的动态,以制订相对准确的运行作业方案,包括编制配送方案、配送计划、车辆运行计划总表、每日配送计划表和单车运行作业计划等。在力求满足社会和国民经济各部门对客货运输需求以及提高运输质量的前提下,根据不同货物的特点,选择经济合理的车型,及时调度所需车辆,组织车辆的合理运行,并监控其运行过程和货物的装卸情况,以确保安全、及时、快速和经济地完成运输任务。

2. 根据运行作业计划,下达执行运行作业计划的命令

在这个过程中,需要按照运行作业计划的要求,将运输流程中各个环节所需的设备进行调度。举例来说,当运输车辆被调度到达某一个作业现场时,如果装卸设备不能按时到达,将会影响运输作业计划的执行。这是运输调度的核心职责,关键是确保调度指令和信息反馈的畅通和准确。

3. 根据外部环境变化,调整运行作业计划并现场指挥

在实施运行作业计划时,由于外部环境的变化可能会影响原计划,有时需要对作业计划进行调整甚至进行较大的改动。在这种情况下,现场调度的角色变得十分重要。调度部门应尽可能采用先进的调度方法和工具,以提高车辆的行程利用率和载重量利用率,最大限度发挥车辆的运营效率,节约能源并降低运输成本。根据货物的配送计划、车辆运行作业计划和车辆动态分派配送任务,按计划调度车辆并签发行车路单;勘察配载作业现场,做好装卸车的准备;督促驾驶人按时出车;监督车辆按计划进行维修和保养。

4. 监控作业执行情况

监控环节的目的是及时了解运行作业计划与实际执行情况之间的差异。现场调度员(或沿线调度员)负责现场调度和车辆装卸工作,当发生事故时应立即向值班调度员报告并执行相应的处理措施。如果发现问题,应积极采取措施,及时解决和消除,尽量减少配送中断的时间,以确保车辆按计划正常运行。值班调度员的主要任务是组织发车,监督车辆运行,处理途中临时发生的问题。

8.4.3 车辆运行调度的原则

运输调度的核心是保证运行作业计划的落实。车辆运行计划在组织执行过程中常会遇到一些难以预料的问题,如客户需求发生变化、装卸机械发生故障、车辆运行途中发生技术障碍、临时性路桥阻碍等。针对以上情况,需要调度部门有针对性地加以分析和解决,随时掌握货物状况、车况、路况、气候变化、驾驶人状况、行车安全等,确保运行作业计划顺利进

行。此时，按照调度原则进行处理是顺利完成调度工作的保证。车辆运行调度工作应贯彻以下原则。

1. 统一指挥、逐层分解、落实到人（制度保证）

各级调度人员在没有极特殊的情况下必须按照统一的方案执行，不得擅自改变调度方案。如遇特殊的变故，应该及时向总调度反馈相关情况，切莫自作主张。

2. 系统思考、综合分析、安全第一（目标明确）

在制订运行作业计划时，把各个层面的相关信息进行充分的解析，是必须要做的一项工作。在此基础上才能制订出合理可行的运行作业计划。在上述过程中，首先必须始终树立安全第一的思想，其次才是考虑效益问题。也就是说如何降低运输成本和提高运输效益，必须在安全运行的前提下。

3. 顾全大局、先重后轻、协调缓急（原则清晰）

在执行运输调度时，尤其是执行多种运输方式联合调度时，一定要有全局观，局部调度必须服从全局。在具体执行中，还要优先执行重要的和紧急的调度环节。例如，大型船舶在有些港口需要乘潮进出港，因此，整个调度应以大型船舶为核心展开，其他运载工具、集疏系统都应该配合船舶调整，甚至必要时其他船舶要让出航道、港池等。

4. 重视计划、结合实际、灵活调度（方法得当）

运输调度工作有比较强的计划性，并以科学理论为依据，但在千变万化的实际作业中，会出现不合理的地方。在这种情况下，既要避免机械、教条地执行计划，又要避免随意、盲目地调整作业计划。此时，现场调度的水平就显得尤为重要，将计划与实际进行有原则的结合是灵活调度的体现。

8.4.4 车辆运行调度的方法

车辆调度方法多种多样，可以根据客户货物要求、配送中心站点和交通线路布局选择不同的方法。对于简单的运输任务，可以采用定向专车运行调度法、经验调度法、运输定额比法、循环调度法、交叉调度法等。当配送运输任务量大且交通网络复杂时，可以利用数学方法或人工智能方法进行调度。从本质上讲，这些方法可以分为精确算法和启发式算法两类。精确算法是指可以求得最优解的算法，包括分支定界法、割平面法、网络流算法、动态规划法等。然而，精确算法的计算量通常随问题规模的增大而呈指数增长，在实际应用中受限较大。因此，专家们主要致力于设计高质量的启发式算法。启发式算法是根据确定性或概率性规则构建或搜索可行解，常用的方法包括禁忌搜索算法、模拟退火算法、遗传算法、人工神经网络算法和蚁群算法等。这些方法通常基于直观或经验构建，以合理的代价给出次优解，可以较好地处理现实中面对车辆运行调度问题的许多约束条件。

1. 经验调度法和运输定额比法

经验调度法是调度人员根据自己的经验和技巧来安排车辆的运行，并解决在运行过程中出现的问题。当存在多种不同的车辆时，经验调度法的原则是尽可能地使用能够满载运输的车辆。例如，如果需要运输5t货物，就会安排一辆5t载重量的车辆来进行运输。在能够保证满载的情况下，优先使用大型车辆，并首先运输大批量货物。一般而言，大型车辆能够提供更高的运输效率和更低的运输成本。

例 8-14 某建材配送中心，某日需运送水泥 580t、盘条 400t 和不定量的平板玻璃。该中心有大型车 20 辆、中型车 20 辆、小型车 30 辆，各种车每日只运送一种货物，运输定额见表 8-21。

表 8-21 车辆运输定额 [单位：t/(日·辆)]

车辆种类	运送水泥	运送盘条	运送玻璃
大型车	20	17	14
中型车	18	15	12
小型车	16	13	10

解： 根据经验调度法，车辆安排的顺序为大型车、中型车、小型车。货运量安排的顺序为水泥、盘条、玻璃。经验调度法得出的方案见表 8-22，共完成货运量 1080t。

表 8-22 经验调度法

车辆种类	运送水泥	运送盘条	运送玻璃	车辆总数
大型车	20			20
中型车	10	10		20
小型车		20	10	30
货运量/t	580	400	100	

经验调度法方便快捷，但是运输的货运量不能确定是否最大化。根据运输定额比法，对于以上车辆的运送能力可以计算每种车运送不同的定额比，结果见表 8-23。

表 8-23 车辆运输定额比

车辆种类	运水泥/运盘条	运盘条/运玻璃	运水泥/运玻璃	…
大型车	1.18	1.21	1.43	
中型车	1.2	1.25	1.5	
小型车	1.23	1.3	1.6	

其他种类的定额比都小于 1，不予考虑。在表 8-23 中，小型车运送水泥的定额比最高，因此要先安排小型车运送水泥，其次由中型车运送盘条，剩余的由大型车完成。得到表 8-24 所示的派车方案，共完成运量 1106t。

表 8-24 定额比优化派车方案

车辆种类	运送水泥车辆数	运送盘条车辆数	运送玻璃车辆数	车辆总数
大型车	5	6	9	20
中型车		20		20
小型车	30			30
货运量/t	580	400	126	

通过以上两种方法的比较，运输定额比法要比经验调度法多运输货物。

2. 循环调度法

循环调度法是当车辆在目的地卸货完毕后，安排车辆空驶到其他地点装货，而不直接回出发地的调度方法，它比专车调度提高了里程利用率（里程利用率＝载重里程/循环总里程）。

例 8-15 有 A、B、C 三个货运点，A→B 为重载，B→C 为空驶，C→A 为重载，如图 8-11 所示。

解：
$$循环调度里程利用率 = (20+25) \div (20+30+25) = 60\%$$
$$专车调度里程利用率 = (20+25) \div (20+20+25+25) = 50\%$$

因此，采用循环调度法提高了 10% 的里程利用率。

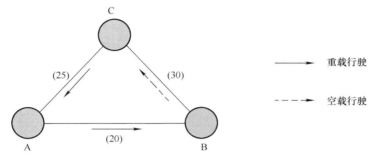

图 8-11 循环调度图（单位：km）

3. 分区配送法

1) 分区配送算法的方法。两阶段法是求解车辆运行问题的一种常用的启发式算法。两阶段法主要有以下两类。

第一类是先确定运输路线，然后进行分段。具体做法是先利用旅行商方法为客户确定最佳的巡回运输路径（阶段 1），然后根据特定的条件（如车辆限制、运输次数限制、最大驾驶时间限制等），将这条路线分成若干段，然后按照利用旅行商方法确定的运输路线，使车辆在规定的时间内行驶（阶段 2）。

第二类是先划分运输区域，然后确定车辆行驶路线。具体做法是首先根据各种约束条件进行运输区域的划分（阶段 1），然后在每个小区域内使用优化算法求解行车路线（阶段 2）。

表面上看，这两种算法的求解顺序不同，但实际上它们得到的计算结果往往有很大的区别。研究表明，第一类算法不能够获得渐进最优解。因此，除了少数早期的启发式算法采用第一类算法外，绝大多数启发式算法都采用第二类算法。由于在第二类算法中，划分运输区域的问题至关重要，因此也称该类算法为分区配送算法。

2) 用分区配送算法求解车辆运行调度问题的步骤。

第一步，根据配送总量（即全部客户需求的总和 $\sum q_i$）和车辆的限制装载（即车辆的最大载重 Q_{max}）按下面的公式确定最少运输路线条数 m：

$$m = \left[\frac{\sum q_i}{Q_{max}} \right] + 1$$

式中，$[f]$ 表示取小于 f 的最大整数。

第二步，置未处理客户的集合 V 为全部客户，置各条运输路线上客户的集合 S_k（$k=1$，$2,\cdots,m$）为空集，置各条运输路线上车辆的装载量 Q_k 为 0，置各条运输路线上车辆的行驶离 D_k 为 0，置各条运输路线的客户数 L_k 为 0。

第三步，选取 m 个初始客户，分别加入 m 条运输路线中，并分别与配送中心构成运输回路，并根据上述运输路线更改 V、S_k、Q_k、D_k、L_k。

研究表明，上述初始客户的选择对车辆运行调度问题的最终解会产生很大影响。费希尔（Fisher）和贾玛（Jaikumar）对此专门进行了研究，并提出了一些选取初始客户的方法，如交互法［即交由运输计划制订者决定自动法（即由计算机程序根据某些规则自动设定）］等。

第四步，在未处理客户集 V 中，依次选取一个客户 i，利用最近插值法，计算该客户加入各运输路线后所增加的最小运输距离 c_{ij}（称为最小插入费用）。如果某客户加入某条运输路线后，该线路的车辆装载量超过车辆的最大载重量或车辆的行驶距离超过车辆一次运送的最大行驶距离，则说明该客户不能加入该运输路线，令其加入后运输距离为无穷大。如果该客户加入所有运输路线的费用均为无穷大，即取 $m = m + 1$，然后返回第三步重新计算。

第五步，对未处理的客户计算其最小插入费用与次小插入费用的差值，并选择差值最大的客户加入其最小插入费用的路线中。将该客户加入相应的运输路线后，根据上述新的运输路线更改 V、S_k、Q_k、D_k、L_k。

第六步，当所有的客户处理完毕，即 V 为空集时，转向第七步，否则，转向第四步。

第七步，输出计算结果，包括总运输距离、运输路线条数及各条运输路线上客户的排列顺序等。

【重点与难点】

1. 运输系统决策构成。
2. 不确定型运输决策。
3. 风险型运输决策。
4. 运输方式分类。
5. 运输方式决策。
6. 车辆运行调度决策。

【思考与练习】

1. 简述车辆运输决策内容和构成要素。
2. 根据运输合理化原理，分析不合理运输现象，并对其进行合理化安排。
3. 简述基本运输方式的种类及各自的特点、应用条件。
4. 简述运输路线选择的不同类型与步骤。
5. 简述车辆运行调度决策的方法。
6. 图 8-12 所示为一张公路网络示意图。其中，A 是始发点，I 是终点，B、C、D、E、F、G、H 是网络中的节点，节点与节点之间以线连接，线上标明了两个节点之间的距离，以运行时间（min）表示。要求确定一条从原点 A 到终点 I 的最短运输路线。

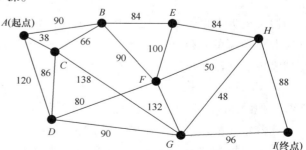

图 8-12 公路网络示意图

第 9 章 交通运输决策支持

9.1 决策支持系统基础理论

9.1.1 基本概念

在 20 世纪 70 年代初，麻省理工学院的 Scott Morton 教授首次在《管理决策系统》一文中提出了决策支持系统（Decision Support System，DSS）的概念。这一概念描绘了一种基于高级计算机信息系统的辅助决策功能，其发展基于管理信息系统，并深化了该系统的应用。虽然至今还没有一个公认的 DSS 定义，但以下几个有代表性的定义为人们理解 DSS 提供了不同的角度：

1）R. H. Spraque 和 E. D. Carlson 将 DSS 定义为具有交互式计算机系统特性的系统，旨在帮助决策者利用数据和模型解决半结构化问题。他们提出 DSS 应当具备以下能力：解决高层管理者面临的半结构化和非结构化问题；将模型或分析技术与传统的数据储存和检索功能结合；以对话方式使用 DSS；能够适应环境和用户需求的变化。

2）P. W. Keen 在 1978 年提出了 DSS 的定义："决策支持系统是一个计算机系统，该系统对决策有影响，其中计算机及其分析辅助工具是有作用的，但管理者的判断仍是决策制订的基础"。他强调辅助决策制订的过程是 DSS 的主要功能，并认为理想的 DSS 应具备主动提供选择方案甚至于决策被选方案的能力。

3）S. S. Mittra 认为，"决策支持系统是从数据库中找到必要的数据，并利用数学模型的功能，为用户产生所需要信息"。他指出 DSS 应具备以下功能：用户可以试探集中"如果，将如何"的方案以做出决策；DSS 必须具备数据库管理系统、一组数学工具和一个能为用户开发 DSS 资源的联机交互系统；DSS 结构是由控制模块将数据存取模块、数据变换模块和模型建立模块连接起来的，实现决策问题。

4）Bonczek 则将 DSS 定义为一个由语言系统、问题处理系统和知识系统组成的计算机系统，他的定义确定了 DSS 的核心结构框架。

这些定义都从多角度地描绘了决策支持系统（DSS）的丰富含义。虽然在不同的历史时期，由于目标和技术的差异，构建的决策支持系统可能有细微的区别，但所有这些系统都拥有一个共有的关键特征，那就是提供决策支持。这进一步强调了 DSS 不仅是一种实用工具，更是一个专注于构建决策支持系统的学术领域或管理信息技术领域。DSS 将计算机技术运用于管理决策的理论、方法和技术，并包含了管理科学、计算机科学、运筹学等多个领域的理论和实践方法。因此，DSS 能够适应复杂且不断变化的决策环境和问题，构建高效的决策支持系统，为决策者在决策过程中提供必要的帮助。

9.1.2 决策支持系统的结构和功能

1. 决策支持系统的基本结构

DSS 是一个由多种功能协调配合而成的、以支持决策过程为目标的集成系统。DSS 的基本结构形式如图 9-1 所示。

"人机交互与问题综合系统（综合部件）"可以被解释为实际决策问题处理与人机交互的集成效果。在决策支持系统（DSS）被引入之前，已经存在利用多模型组合来辅助决策的方法，这涉及在计算机中运行各种模型的程序，并通过人工方式来实现这些模型之间的联系。在这样的情况下，模型之间的数值计算和数据处理只能在计算机外部由人工完成，因为各个模型并没有被设计为能够考虑与其他模型之间的连接问题。因此，这种连接工作必须由人工来完成。然而，随着 DSS 的出现，这种模型间的处理可以由"人机交互与问题综合系统"部分进行，这使得多模型组合能够在计算机内

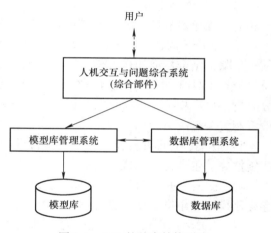

图 9-1　DSS 的基本结构形式

部自动进行。这样的多模型组合形成了系统的解决方案，可以应对更复杂的问题，并且多模型组合的自动运行为更改解决方案中的模型和数据提供了便利。在系统解决方案中，采用不同模型或数据的组合将生成不同的解决方案。因此，决策支持系统使解决半结构化问题成为可能。

为使决策支持系统有效自动运行，决策支持系统对语言系统的功能要求比较高，即它应具有调用模型运行能力、数据库存取能力、数值运算能力、数据处理能力和人机交互能力 5 种综合能力，称它为决策支持系统语言，它不同于数值计算语言（如 FORTRAN、C 等），它还要有很强的数据处理能力。决策支持系统语言应是两类语言（数值计算语言和数据库语言）的综合。

决策支持系统语言是使原来不能在计算机上实现的问题，即多模型组合辅助决策问题（即半结构化问题）能在计算机的帮助下完成。

可见，决策支持系统是技术进步的产物，它是在管理信息系统和运筹学的基础上发展起来的。运筹学的重点在于建立模型，没有考虑多模型的组合。决策支持系统要进行多模型的组合，这样必须要有模型库，模型之间的联合是通过数据来完成的，这些数据就不能放在模型所私有的数据文件中，必须放在大家共享的数据库中。这样，决策支持系统中既需要模型库，又需要数据库。所以决策支持系统用三部件结构来描述是很合理的，它构成了决策支持系统的基本结构。

2. 决策支持系统的功能

为了满足决策支持系统（DSS）的使命——帮助管理者有效地制订决策，DSS 应具备以下关键功能：

1）维护和即时提供与决策相关的内部组织信息。这包括从管理决策数据中提取信息，对数据进行分类、合并、总结和整理，实现数据的增值。这些处理后的数据应存储在独立的数据仓库中，与实时信息处理系统隔离，从而提高信息处理效率，增强 DSS 的灵活性和可扩展性。例如，处理的信息可能涉及订单需求、库存状态、生产能力和财务报告等。

2）收集、管理并提供与决策相关的外部组织信息，如政策法规、经济统计、市场动态、同行信息和科技发展等。

3）进行数据挖掘和数据分析，通过使用决策系统的分析工具揭示企业现有数据间的关系和潜在规律，从而预测其未来发展趋势，或在特定条件下可能产生的结果。

4）在 DSS 的各个数据模块基础上组织和分析数据，通过抽样、探索、修改、建模和评估等步骤，结合标准的运筹学方法（如线性规划、运输问题、网络流问题、分配问题等）、质量管理工具（如排列图、鱼骨图等）、数理统计分析算法（如回归分析、方差分析、主成分分析、典型相关分析、判断分析、因子分析、聚类分析等），使 DSS 的数据能助力企业决策者制订关键决策。

5）收集、管理并提供决策方案执行反馈信息，如订单或合同执行进程、物料供应计划实施情况、生产计划完成情况等。

6）采用一种可行的方式存储和管理与决策问题相关的各种数学模型，如定价模型、库存控制模型和生产调度模型等。

7）能灵活运用模型和方法对数据进行处理、汇总、分析和预测，从而得到所需的综合信息和预测信息。

8）提供 DSS 数据分析图表，主要包括直方图、饼图、雷达图、散点相关图、线图、三维曲面图和地理地图等。

9）具有易用的人机交互和图像输出功能，能满足随机的数据查询要求，回答"如果……那么……"之类的问题。

10）提供优质的数据通信功能，确保及时收集所需数据并将处理结果传递给用户。

11）保证用户可以接受的处理速度和响应时间，避免影响用户的体验。

12）DSS 通常利用模型来分析决策问题，建模功能使 DSS 能在不同的框架下，对不同策略进行试验和评估。

13）DSS 能够访问和获取不同来源、格式和类型的数据，包括面向对象的数据。

9.1.3 决策支持系统的分类和特征

1. 决策支持系统的分类

DSS 的设计流程、运行和实施受其所面临的多种情况影响，以下列出了几种重要的 DSS 类型，需要注意的是，这些分类在某些情况下可能会相互交叉。

（1）面向文本的 DSS　在这类 DSS 中，信息（包含数据和知识）通常以文本的形式储存，供决策者获取。由于可搜索信息的量呈指数级增长，因此高效表示和处理文本文件及片段是必要的。面向文本的 DSS 通过追踪决策所需的文本形式信息，为决策者提供支持。它允许根据需要创建、修改和阅读文件。诸如文件关联、超文本和智能代理等信息技术可嵌入面向文本的 DSS 中。现代基于网络的系统为基于文本的 DSS 的发展提供了新的可能。

（2）面向数据库的 DSS　在这类 DSS 中，数据库在 DSS 结构中占据主要位置。与处理面向文本的 DSS 的数据组织方式不同，面向数据库的 DSS 将数据组织成高度结构化的形式（关系型或面向对象）。早期的面向数据库的 DSS 主要使用关系数据库结构，关系数据库处理的信息通常具有大量的、描述性的、严密结构的特点。面向数据库的 DSS 具有报告生成和查询功能。

（3）面向电子表格的 DSS　电子表格是一种允许用户编写模型并执行 DSS 分析的建模语言。它可以创建、查看和修改过程知识，还可以指导系统执行内含指令。电子表格广泛应用于面向终端用户的 DSS 开发，其中最流行的工具包括 Microsoft Excel 和 Lotus 1-2-3。

（4）面向求解器的 DSS　求解器是一种可以用计算机程序描述的算法或过程，用于解决特定类型的问题。

（5）面向规则的 DSS　DSS 的知识组件通常包含在专家系统的过程和推理规则中，这些规则可以是定性的或定量的。

（6）组合型 DSS　这是一种混合系统，包含以上两种或更多类型的系统。组合型 DSS 可以通过将独立的 DSS 集合在一起构建，每个 DSS 用于一个专门的领域（例如基于文本和基于求解器），或者也可以使用单一的、紧密集成的方式构建。

还有一些其他的分类方式，包括：

（1）机构 DSS　这类 DSS 常用于处理重复出现的决策，例如证券管理系统，常用于大型银行的投资决策。由于机构 DSS 重复用于解决相同或类似的问题，所以机构 DSS 可以通过开发，或者通过多年的系统使用来精炼。

（2）特定的 DSS　这类 DSS 常用于处理不能预料或不重复发生的特定问题。特定决策常包含战略规划问题，有时也包含管理控制问题。这种 DSS 一般只使用一两次，这也是 DSS 开发的主要问题之一。

2. 决策支持系统的特征

（1）决策支持系统的基本特征

1）对准上层管理人员经常面临的结构化程度不高、说明不够充分的问题。
2）把模型或分析技术与传统的数据存取技术及检索技术结合起来。
3）易于为非计算机专业人员以交互会话的方式使用。
4）强调对环境及用户决策方法改变的灵活性及适应性。
5）支持但不是代替高层决策者制订决策。

（2）决策支持系统的结构特征

1）模型库及其管理系统。
2）数据库及其管理系统。
3）方法库及其管理系统。
4）交互式计算机硬件及软件。
5）对用户友好的建模语言。

9.1.4　决策支持系统的发展

自决策支持系统（DSS）首次被定义以来，它在理论和实践中都取得了显著的发展，引入了诸多新技术并孕育出多种形式。DSS 的发展大致可以划分为以下四个阶段。

1. 萌芽发展期（1960—1970 年代）

在这个时期，现代决策理论和模型初步发展并催生了 DSS 的诞生。Simon 在 1960 年左右提出了其著名的决策模型，即情报、设计、选择三阶段模型，他也将组织决策行为划分为程序化决策和非程序化决策，这为 DSS 理论提供了坚实的基础。十年后，Gorry 和 Morton 基于 Simon 的决策理论提出了 DSS 的概念，定义其为遵循 Simon 模型并支持结构化和半结构化决策的信息系统。此后，首批以模型为主导、功能相对简单的个人决策支持系统（PDSS）应运而生。

2. 高速发展期（1980 年代）

1980 年代，决策支持系统的研究进入了高速发展期。这个时期，群体决策支持系统（GDSS）和分布式决策支持系统（DDSS）相继出现。GDSS 的提出主要是为了弥补 PDSS 在多人决策支持方面的不足，为多人协同决策提供了新的可能。而 DDSS 则强调将决策者与 DSS 物理位置分离，利用大型主机为多个远程用户终端提供服务。智能决策支持系统（IDSS）在 20 世纪 80 年代末诞生，它填补了早期 DSS 处理复杂决策问题的能力空白，使得 DSS 可以更好地解决半结构化问题和复杂逻辑问题。自此，IDSS 成为 DSS 领域的研究焦点。

3. 优化发展期（1990 年代）

在 1990 年代初，出现了新型的决策支持系统。这个时期的 DSS 研究引入了三种新技术：数据仓库（DW）、联机分析处理（OLAP）和数据挖掘（DM）。结合这些技术，诞生了许多基于 DW + OLAP + DM 的新型决策支持系统，这些被称为新型决策支持系统，而将旧的 IDSS 定义为传统决策支持系统。新型决策支持系统从数据中获取信息和知识，而传统决策支持系统主要依靠模型驱动和知识辅助决策。在 1990 年代中期，综合决策支持系统（SDSS）开始出现，许多研究者认为需要融合各种 DSS 及其技术以满足实际需求，并将新型 DSS 与传统 DSS 结合的综合决策支持系统视为未来多年的发展方向。在 1990 年代末，基于 Web 的 DSS（WDSS）应运而生，它采用浏览器/服务器（B/S）架构为不同用户提供远程服务，用户无需安装额外的软件，极大地提高了用户的使用便利性。

4. 稳定发展期（21 世纪至今）

进入 21 世纪，DSS 的发展步伐相对稳定。研究者更多地将关注点放在具体应用的开发上，而不是对基础理论、模型和算法的探讨，大部分 DSS 仍然在使用 1990 年代初期引入的 DW 和 OLAP 等技术。在 2002 年左右，基于服务导向架构（SOA）的 DSS（SOADSS）出现，研究者开始以服务化、模块化的方式设计 DSS 或对现有 DSS 进行改造。SOADSS 具有更强的可扩展性，并且能更方便地与其他系统进行集成。

9.2 智能决策支持系统

9.2.1 专家系统

1. 专家系统的定义和特点

专家系统是一种计算机程序系统，它装载有大量的专业知识，并能应用这些知识来处理特定领域中的实际问题。当人们提到处理实际问题，是指通过推理方法进行的处理。也就是说，专家系统采用知识推理方法，利用众多的专家知识来解决特定领域的实际问题。这样的系统使得计算机软件达到了解决问题的专家水准。

专家系统可视为一种知识驱动的决策支持工具。它与决策支持系统的三元结构（语言系统、问题处理系统、知识系统）保持一致。换言之，专家系统可被视为一种知识型的决策支持系统。

2. 专家系统的结构原理

（1）专家系统的结构　专家系统的结构如图9-2所示。

专家系统的核心是知识库和推理机。

知识库实质上是专家系统的信息存储中心，负责储存以特定方式表述的专家知识。这些专业知识需要经过知识工程师的处理，将专家的原始知识转化为专家系统可以理解和利用的格式。值得注意的是，许多专家并非具备计算机操作技能，因此知识工程师在此环节起着至关重要的桥梁角色。

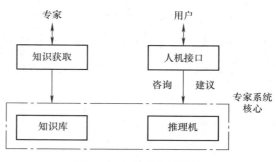

图9-2　专家系统的结构

推理机则为专家系统的心脏部位，具备利用知识库中的知识进行推理的能力，以模拟专家的思维过程解决问题。此外，人机接口在系统中也发挥着不可或缺的作用，它负责将用户的查询与专家系统的建议及结论之间进行有效的翻译和转换。

专家系统的基本构成可以用一个简洁的等式来表示：专家系统 = 知识库 + 推理机。

（2）产生式规则知识的推理机　在产生式规则知识的推理过程中，深度优先搜索和规则前提的匹配是两大关键环节。简单来说，产生式规则的推理机可以被定义为：推理机 = 搜索 + 匹配（即假言推理）。

在整个推理过程中，搜索和匹配是并行进行的。匹配过程依赖于找寻有效事实，这些事实既可以来源于规则库中的其他规则，也可以通过向用户提问获得。

匹配过程可能结果为成功或失败。当匹配失败时，将引发搜索过程中的回溯，即从一条路径回溯到上一个节点，再尝试另外的路径。这显示出搜索过程中回溯的特性，以确保所有可能的规则都被充分探索。

（3）产生式规则推理的解释　在推理过程中，搜索和匹配的环节如果被适当地跟踪和展示，就形成了一个向用户解释的机制。一个优质的解释机制应当避免展示那些导向失败路径的跟踪信息。这是因为，对于用户来说，关注有效路径和成功结果比了解失败路径更为重要，通过这种方式，可以增强用户的理解度并提高系统的易用性。

3. 专家系统与决策支持系统

虽然专家系统和决策支持系统属于不同的学科领域，它们所采用的解决问题的方法也不同，前者运用的是知识和推理，后者运用的是数据和模型，但两者在管理学的应用中都有其独特的角色和贡献。尽管专家系统有着深厚的知识和推理能力，决策支持系统以其数据和模型驱动的优点正在崭露头角，但它们之间并非相互独立，反而可以相互结合、相互渗透，其结合会将计算机决策支持技术提升至全新的高度。

智能决策支持系统（IDSS）融合了专家系统解决定性分析问题的知识推理优点，以及决策支持系统利用模型计算解决定量分析问题的特色。这使得定性分析和定量分析能有机结合，进而提升解决问题的能力和范围。

智能决策支持系统集成的结构形式如图9-3所示。

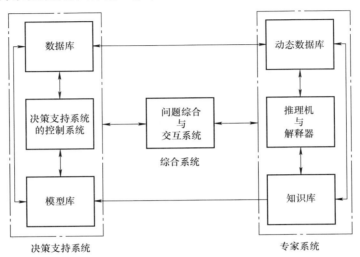

图9-3 智能决策支持系统集成的结构形式

在智能决策支持系统的结构中，决策支持系统和专家系统的融合主要体现在三个方面：

（1）总体结合 通过集成系统将决策支持系统和专家系统有机地结合在一起，实现两者的一体化。

（2）知识库与模型库的结合 将模型库中的数学模型和数据处理模型作为知识的一种形式，即过程性知识，融入知识推理过程中。

（3）数据库与动态数据库的结合 决策支持系统中的数据库可以看作是相对静态的，它为专家系统中的动态数据库提供初始数据。专家系统推理结束后，动态数据库中的结果再送回决策支持系统中的数据库中。这种方式实现了数据库资源的优化利用，并增强了系统的实时响应能力。

9.2.2 神经网络专家系统

1. 神经网络专家系统概念

神经网络专家系统运用神经网络原理解决一些类似于常规专家系统的问题。这种系统结合了专家系统的特点，并赋予其自身独特的属性。

与常规的专家系统一样，神经网络专家系统也由知识库和推理机构成。然而，神经网络专家系统展示出以下独特的特性。

（1）神经元网络知识库 神经元网络知识库的信息是通过神经元间的连接强度（权值）体现的。这种分布式存储的方式适合并行处理。每个节点的信息是由多个与其连接的神经元的输入信息以及连接强度的组合。

（2）推理机 推理机基于神经元的信息处理过程，以McCulloch – Pitts（MP）模型为基础，采用数值计算方法。这意味着实际问题的输入和输出都需要转化为数值形式。

（3）成熟的学习算法　神经元网络具备成熟的学习算法。学习算法与所采用的规则有关，基于 Hebb 规则，如感知机的 Delta 规则、反向传播模型的误差下降以及隐藏节点误差的反向传播。通过反复的学习，权值逐步修正，以适应给定的样本。

（4）强大的容错性　由于信息是分布式存储的，即使个别单元出错或丢失，所有单元的总体计算结果可能并不会发生改变。这与人在丢失部分信息后仍具有对事物正确判断的能力相似。

随着神经网络的发展，神经网络专家系统正在广泛使用。在分类问题上，神经网络专家系统比产生式规则专家系统具有显著优势，对于其他类型的问题，神经网络也正在逐步展现其优势。

神经网络专家系统进一步发展的核心问题在于学习算法的改进和提高，以及如何更有效地将这些算法应用于解决实际问题。

2. 神经元网络专家系统的结构

神经元网络专家系统的结构由两部分组成：开发环境和运行环境。其结构形式如图 9-4 所示。

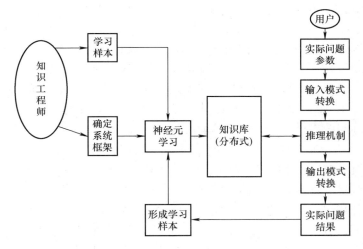

图 9-4　神经元网络专家系统的结构形式

开发环境由 3 部分组成，通过样本例子进行学习得到知识库，具体组成为：确定系统框架、学习样本和神经元学习。

运行环境实质是专家系统，用来解决实际问题。它由 5 部分组成：实际问题参数、输入模式转换、推理机制、知识库和输出模式转换。

（1）确定系统框架　在构建神经网络的结构设计时，涉及以下几个主要方面：

1）神经元数量：神经元代表不同的变量和各自的值。

2）神经元网络层次：通常包含输入层和输出层。对于更复杂的系统，可能需要引入一层或多层的隐藏节点。

3）网络单元的连接：一般采用分层全连接结构，即相邻两层之间的每个节点都有连接。

在神经元网络设计中，神经元的活性函数通常采用两种形式：阶梯函数和 S 型函数。阶梯函数简单直观，易于计算和理解；S型函数则具有平滑性，其输出在0到1之间，适用于处理连续性问题，也更接近生物神经元的激活行为。选择合适的活性函数是网络设计的关键因素之一，需要根据实际问题的需求和网络的结构来进行决定。

在神经网络中，阈值的设定是关键的一环。阈值可以被设定为固定值，如 $\theta_i = 0$ 或 $\theta_i = 0.5$，使得神经元在其输入总和达到某一特定水平时被激活。然而，阈值也可以通过学习算法，例如反向传播，进行动态调整。反向传播算法能根据网络的预测结果与实际结果之间的差距，自动调整阈值，从而优化神经网络的预测性能。

(2) 训练样本集　训练样本集是由具有已知结果的实例、普遍接受的原则、规则或事实组成，这些在实际问题中具有重要价值。

训练样本集可分为线性样本和非线性样本两种类别。

线性样本涉及的问题，其输出可以通过输入的线性组合得到。非线性样本则需要采用更复杂的学习算法来处理。例如，在处理非线性样本时，神经网络的层级结构需要包含隐藏层（如反向传播模型），或者需要增加输入节点（如函数型网络），以便更好地适应复杂的非线性关系。

(3) 学习算法　根据网络模型的不同，选取适合的学习算法，这些算法大多基于Hebb的学习规则。例如，在感知机（Perceptron）模型中，通常采用delta规则进行学习；而在反向传播（Back Propagation，BP）模型中，则通常利用误差反向传播的方法进行学习和调整。这些学习算法的选择和应用，对于神经网络的训练效果和模型精度起到了关键的作用。

(4) 推理机制　推理机制代表了神经网络的核心计算过程，其主要功能是通过对神经元间信息的处理，实现从输入到输出的映射关系。这一过程在很大程度上依赖神经元之间的连接强度（权值）和神经元的激活函数。推理机的作用体现在对输入信息的整合、加工和输出，为解决实际问题提供了强大的计算能力。

(5) 知识库　知识库在神经网络专家系统中扮演重要角色，其主要职责是保存神经元间的连接权值。这些连接权值，作为网络的"知识"，记录了网络对于过去学习过程的记忆，也是网络进行新一轮推理的基础。不同于传统专家系统中结构化和明确的知识形式，神经网络的知识以分布式、隐式的方式存储在权值中，使得它具有强大的学习和适应能力。

(6) 输入模式转换　在处理实际问题时，输入数据常常以概念形式呈现。然而，为了在神经网络中进行计算，这些概念需要被转换为数值，这就是输入模式转换。它是将实际问题中的输入数据从一种形式（如概念、语言、文字等）转化为另一种形式（如数值）。这种转换的目的是让神经网络能接收并处理数据，从而得出解决问题的答案。

要创建两个向量集：

1) 实际输入概念集：这是包含所有输入节点具体物理意义的集合。一般而言，该集合采用表格的形式呈现，为每一个输入节点赋予明确的实际含义。

2) 神经元输入数值集：这个集合包含所有输入节点的数值。在神经网络的运行过程中，输入节点的数值是通过将实际输入概念转换为数值形式获得的。这个过程对于神经网络的功能至关重要，因为它将复杂的现实世界问题转化为可以通过算法处理的数值问题。

(7) 输出模式转换　实际问题的解决方案或输出，通常以概念形式表达。然而，神经元的输出则通常以数值形式存在，这些数值通常介于 [0，1] 区间内。因此，将这些数值输出转换为实际概念是必要的。这个转换过程允许神经网络的输出与现实世界的问题解决方案相对应，从而使神经网络在实际应用中具有实用价值。

9.2.3 智能决策支持系统

1. 智能决策支持系统的概念

智能决策支持系统（Intelligent Decision Support Systems，IDSS）是一种融合了决策支持系统与人工智能技术的复杂系统。人工智能技术，主要是以知识处理为中心，利用推理技术处理知识，完成定性分析的智能行为。这种人工智能技术在决策支持系统中的应用，增强了决策支持系统的知识推理能力，使得决策支持系统能够结合定量分析和人工智能的定性分析，从而提升辅助决策和决策支持的效果。

智能决策支持系统被认为是决策支持系统的重要发展方向，其研究和应用在我国于20世纪90年代初期达到了高潮。同时，建立了大量的智能决策支持系统，产生了众多研究文献。

从智能决策支持系统的发展历程来看，1981年，R. H. Bonzek首次提出了由语言系统、问题处理系统和知识系统组成的决策支持系统的三系统结构。由于结构中含有知识系统，这使得一部分学者将决策支持系统划入人工智能范畴，并从三系统角度研究决策支持系统。在研究过程中，知识表示与知识推理成了重要的研究内容，这使得这些学者开始接触到专家系统（Expert System，ES）。

传统的决策支持系统主要以模型技术和数据处理技术为基础。1980年，R. H. Sprague提出的由模型部件（模型库与模型库管理系统）、数据部件和用户界面部件组成的决策支持系统三部件结构是典型代表。当知识部件（知识库、知识库管理系统与推理机）被添加到决策支持系统中时，决策支持系统进化为智能决策支持系统。

知识部件中的知识库管理系统主要负责知识的查询、浏览、增加、删除、修改和维护等管理任务，而推理机负责对知识的推理。这种推理过程通常是从初始概念到目标概念的推理链，例如在医疗领域，"咳嗽"和"发烧"是初始概念，通过推理可能得出"肺炎"或"肺结核"等目标概念。在知识部件中，推理机是一个重要的组成部分，是使用知识的重要工具。知识部件由知识库、知识库管理系统和推理机三者组成，这使得知识部件与模型部件和数据部件有所不同。

2. 智能决策支持系统的结构

（1）人工智能的决策支持技术　智能决策支持系统结合了各类人工智能技术，其中与决策支持相关的主要包括专家系统、神经网络、遗传算法、机器学习以及自然语言理解。

1）专家系统。专家系统是一种以大量专业知识解决特定领域问题的计算机程序。这种系统利用多种知识表示形式，如产生式规则、谓词公式、框架以及语义网络等，其中，产生式规则是最常用的。推理机制主要依赖于"搜索"和"匹配"，采用深度优先的搜索方法以及假设推理的匹配方式。通过借助专家的定性知识进行推理，专家系统可达到领域专家解决问题的效果。

2）神经网络。神经网络是通过模仿神经元信息传播模型进行学习与应用。信息传播是多输入、单输出的结构，神经元间的连接强度由权值表示，它们是神经网络的知识，并通过大量样本学习获得。神经网络的推理即为信息传播模型，包括前馈式神经网络、反馈式神经网络以及自组织神经网络，其中，前馈式神经网络使用最广泛。前馈式神经网络通过大量标准样本进行学习，获得网络权值，进而利用这些知识识别新实例，完成推理过程。

3）遗传算法。遗传算法是一种模拟生物遗传过程的优化搜索方法。这种算法处理的对象是问题参数编码形成的个体，通过选择、交叉、突变等算子模拟遗传过程，并优选后代群体，经过若干代的遗传，可以获取满足问题目标要求的优化解。遗传算法已广泛应用于各类优化问题和分类学习问题。

4）机器学习。机器学习意味着计算机模拟和实现人类学习过程，获取解决问题所需的知识。机器学习方法主要包括归纳学习和类比学习。目前，成功的机器归纳学习方法有覆盖正例排斥反例的 AQ 系列方法、决策树 ID3C5 和 IBLE 方法、粗集方法以及概念树方法等。

5）自然语言理解。自然语言理解旨在使计算机理解和处理人类使用的自然语言。由于自然语言的二义性、感情色彩等复杂因素，计算机无法直接使用自然语言。当前，计算机可使用的语言如 C、PASCAL 等高级语言，FoxPro、Oracle 等数据库语言，都属于上下文无关文法或正则文法，与短语文法和上下文有关文法相比仍存在较大的差距。然而，在人机交互中，对于简单的自然语言，其理解和处理还是可行的。自然语言处理的过程包括对文本符号串的词法分析、句法分析以及语义分析，最终将自然语言转化为计算机操作，如数据库查询等。

（2）智能决策支持系统的结构形式　智能决策支持系统是决策支持系统与人工智能技术结合的系统。智能决策支持系统的基本结构如图 9-5 所示。

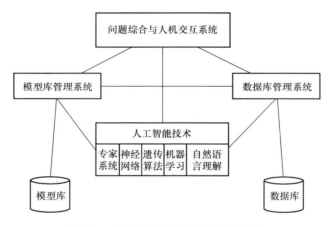

图 9-5　智能决策支持系统的基本结构

在智能决策支持系统的架构中，模型库系统（包括模型库和模型库管理系统）以及数据库系统（包括数据库和数据库管理系统）构成了决策支持系统的基础。人工智能技术的范畴包括专家系统、神经网络、遗传算法、机器学习和自然语言理解等。其中，专家系统的核心是知识库和推理机；神经网络涉及样本库和网络权值库（也可称为知识库），神经网络的推理机采用了 MP 模型；遗传算法的核心由选择、交叉和突变这三个算子组成，可以将其视为遗传算法的推理机，它处理的对象是一个动态库，即群体；机器学习包含多种算法库，算法可以被看作一种推理方式，通过对实例库进行算法操作来获取知识；自然语言理解需要语言文法库（也可称为知识库），其处理对象是语言文本，对语言文本的推理采用了推导和归约两种方式。由此可见，这些人工智能技术可以总结为推理机、知识库等组成的智能决策支持系统的简化结构，如图 9-6 所示。

智能决策支持系统中的人工智能技术种类较多，这些智能技术都是决策支持技术，它们可以独立开发出各自的智能系统，发挥各自的辅助决策作用。智能技术和决策支持系统结合起来形成了智能决策支持系统。各种智能技术在智能决策支持系统中发挥的作用是不同的。一般的智能决策支持系统中的智能技术只有一种或两种。

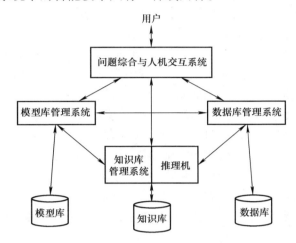

图 9-6　智能决策支持系统的简化结构

9.3　数据仓库决策支持系统

9.3.1　数据仓库决策支持系统的原理和结构

1. 数据仓库型决策支持系统的原理

在 20 世纪 90 年代中期，数据仓库技术、联机分析处理技术和数据挖掘技术在国外迅速发展，为决策支持系统提供了全新的方向。数据仓库技术是在数据库技术的基础上发展起来的，数据库用于管理业务，而数据仓库主要用于决策分析。联机分析处理技术将数据的组织由二维平面结构扩展到多维空间结构，提出了多维数据分析方法。数据挖掘技术是在人工智能和机器学习领域中发展起来的，是从数据库中发现知识（Knowledge Discovery in Databases，KDD）过程的核心。数据仓库技术、联机分析处理技术和数据挖掘技术的结合，创立了决策支持系统的新方向。

（1）数据仓库在决策支持中的角色　数据仓库是为了辅助决策而建立的。其中包含大量的轻度综合数据和高度综合数据，这些数据反映了企业或部门的宏观状况，为决策者提供了综合信息。此外，数据仓库还保存有大量历史数据，通过预测模型可以得到预测信息。

数据仓库在决策支持中的主要功能包括查询与报表、多维分析与原因分析、预测未来、实时决策和自动决策等。其中，多维分析与原因分析利用了联机分析处理的功能，预测未来则利用了数据挖掘的功能。在数据仓库系统结构中，联机分析处理和数据挖掘是数据仓库的前端分析工具。只有充分利用这两个工具，数据仓库才能发挥更大的决策支持作用。

（2）联机分析处理在决策支持中的角色　联机分析处理在决策支持中的主要功能包括切片和切块、向下钻取和向上钻取、旋转等。这些功能主要是对多维数据从多个不同的视角进行分析。切片和切块是通过各个维度间的差异来发现问题，向下钻取则是寻找问题的原因，向上钻取是查看数据的综合和聚集，以获得宏观的情况，旋转则是改变角度来分析数据。通过广义的联机分析处理方法，可以获取更多有用的信息。

（3）数据挖掘在决策支持中的角色　数据挖掘在决策支持中的主要功能包括关联分析、时序模式、聚类、分类、公式发现、偏差检测、预测等。关联分析是通过挖掘关联规则来获取数据项之间的相关知识。聚类是将没有类别的数据按距离聚集到多个类别中，以便对数据进行宏观理解。分类是在已有类别的基础上，找出各个类别的特征描述，以利用分类知识对新实例进行分类。公式发现是在数值数据库中找出数据项之间的数学公式，得出数据中的规律性。预测是利用历史数据建立回归方程，预测未来的情况。

（4）数据仓库、联机分析处理和数据挖掘的结合　数据仓库技术、联机分析处理技术和数据挖掘技术各自都具有决策支持的能力。将它们组合起来，相互补充，可以发挥更大的决策支持效果。这三种技术结合形成的决策支持系统被称为基于数据仓库的决策支持系统。

基于数据仓库的决策支持系统以数据仓库为基础，充分利用数据资源，发挥联机分析处理的多维数据分析能力和数据挖掘获取知识的能力，为决策者提供快速和有效的辅助决策信息和知识。

2. 数据仓库型决策支持系统的结构

数据仓库增加联机分析处理和数据挖掘等分析工具后，能够显著提高决策支持能力。将数据仓库与联机分析处理及数据挖掘结合的决策支持系统，即 DW + OLAP + DM 的决策支持系统，是以数据仓库为基础的，称为数据仓库型决策支持系统。这种系统与基于模型库和知识库的传统智能决策支持系统完全不同，其结构如图 9-7 所示。

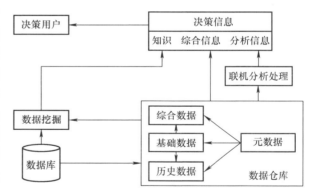

图 9-7　数据仓库型决策支持系统的结构

数据仓库型决策支持系统的特点是从数据中获取辅助决策的信息和知识，而这些数据是企业或部门已经发生过的事件的记录。可以说，数据仓库型决策支持系统是发现已发生过的事件中的规律，从而指导今后将采取的行动。

9.3.2　数据仓库型决策支持系统简例

本小节以航空公司数据仓库型决策支持系统为实例进行说明。

1. 航空公司数据仓库系统的功能

航空公司数据仓库系统拥有多重功能模块。其中包括市场分析（分析国内、国际、地区航线上的各项生产指标），航班分析（分析特定市场上所有航班的生产情况），班期分析（对特定市场上各班期的旅客、货运分布情况进行分析），时段分析（分析一段时间范围内每天不同时段的流量分布），效益分析（分析航线、航班的效益），机型分析（分析不同机型对客座率等关键指标的影响),以及因素分析(分析某个关键指标变化对其他指标的影响程度)。

2. 数据仓库系统的决策支持

航空公司数据仓库系统可以提供多方面的决策支持。例如,分析某特定市场在一段时间内的市场占有率、同期比较以及增长趋势,进行各条航线的收益分析,评估计划完成情况;进行流量、流向分析,分析航线上各项生产指标变化趋势,汇总航线上按班期分析的各项趋势,按航班时刻分析航线上各项指标,比较航线上不同航班性质,比较航线上运力投入结构,进行按机型的航线运输统计,统计飞机利用率,对比城市流量、流向,进行航向分机型收益比较,进行航班计划评估,以及分析航线上不同机型的舱位利用情况。

3. 决策支持系统简例

通过查询北京到各地区的航空市场情况,发现西南地区总周转量出现了最大负增长量。该决策支持系统简例就是完成对此问题进行多维分析和原因分析,找出问题出现原因。

具体步骤如下:

1)查询全国各地区的航空总周转量并比较去年同期状况。从数据仓库的综合数据中,按地区切片查询,查出北京到国内各地区航空周转量并与去年同期比较增长量,制成直方图进行显示,如图9-8所示。从图9-8中看到,从北京到国内各地区的总周转量以及与去年同期的比较情况,发现"北京—西南地区"出现的负增长最大,其次是东北地区。

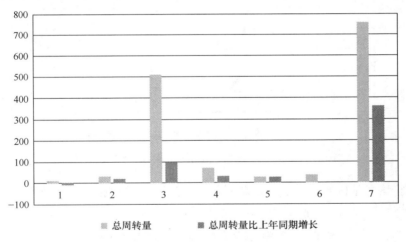

图9-8　全国各地区航空周转量与上年对比状况

2)查询全国各地区客运周转量以及和去年同期相比。从数据仓库的总周转量数据中向下钻取到客运周转量并与上年同期比较增长量,制成直方图显示,如图9-9所示。

从图9-9中看到,客运周转量及与上年同期比较,西南地区负增长在全国是最大的,其次是东北地区。

3)查询全国各地区航空货运周转量及和去年同期比较。从数据仓库的总周转量数据中向下钻取到货运周转量并与上年同期比较增长量,制成直方图显示,如图9-10所示。

从图9-10中看到,货运周转量及与上年同期比较,华东地区负增长在全国是最大的,西南地区也有负增长。

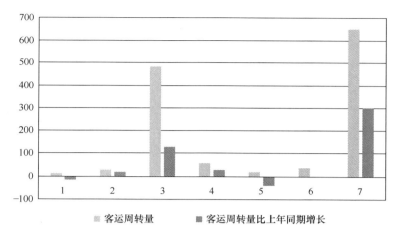

图 9-9　全国各地区航空客运周转量与上年同期比较

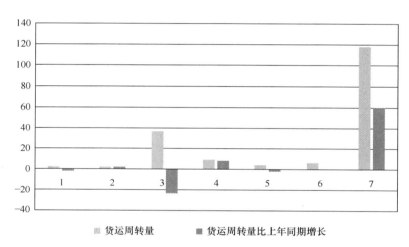

图 9-10　全国各地区货运周转量及与上年同期比较

4）查询全国各地区客运、货运、总周转量及其上年同期比较的具体数据。从数据仓库综合数据中进行切片操作，直接取数据制成表格显示，见表 9-1。

表 9-1　客运、货运、总周转量及与上年同期比较

地区	客运周转量	对比上年增长量	货运周转量	对比上年增长量	总周转量	对比上年增长量
东北地区	11.86	−5.1	1.29	−1.5	13.15	−6.6
华北地区	34.88	15.03	1.11	0.75	36	15.78
华东地区	479.30	126.52	36.16	−25.59	515.46	100.93
西北地区	51.60	18.05	9.0	7.2	60.6	25.25
西南地区	15.43	−19.35	3.29	−0.56	18.72	−19.91
新疆地区	29.02	0	5.85	0	34.87	0
中南地区	643.43	295.86	116.85	60.70	760.28	356.56

从表 9-1 中可以看出航空客运、货运、总周转量以及与上年同期比较的具体数据。西南地区总周转量的负增长主要是客运负增长为主体。

5)查询西南地区昆明、重庆两地航空总周转量以及与上年同期比较。从数据仓库总周转量向下钻取到西南地区昆明、重庆两地的总周转量以及与上年同期的比较,制成直方图显示,如图9-11所示。

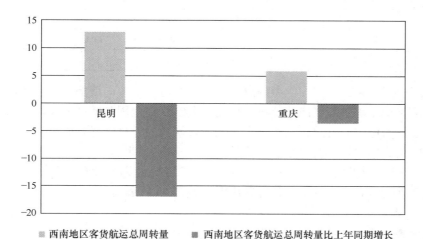

图9-11　西南地区昆明、重庆两地航空总周转量以及与上年同期比较

从图9-11中看出,西南地区航空总周转量下降最多的是昆明航线。

6)查询昆明航线按不同机型显示各自的总周转量并比较上年同期情况。从数据仓库中西南地区昆明总周转量的数据向下钻取,取出按机型维度的各自机型的总周转量以及比较上年同期增长量,用柱形图显示,如图9-12所示。

从图9-12中可以看出,昆明航线中200～300座级机型(D)负增长最大,其次是150座级机型(A)也有较大的负增长,而200座级(B)以及300座级以上机型(C)保持同上年相同航运水平。

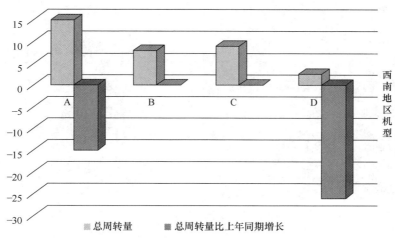

A为150座级;B为200座级;C为300座级以上;D为200～300座级

图9-12　昆明航线各机型总周转量以及与上年同期比较

7) 查询昆明航线按不同机型的周转量并比较上年同期的具体数据。从数据仓库中对昆明航线进行切片操作，直接取数据制成表格显示，见表 9-2。

表 9-2　昆明航线各机型总周转量以及与上年同期比较的数据

级别	总周转量	对比上年增长量	级别	总周转量	对比上年增长量
150 座级	12.99	−16.83	300 座级以上	10.07	0
200 座级	10.07	0	200～300 座级	2.91	−26.9

从表 9-2 中可以看出，不同机型的总周转量以及对比上年同期增长的具体数据。

以上决策支持系统过程已成功分析并概述了航空公司全国各地区的总周转量情况。相对于上年同期，西南地区的总周转量经历了最大的负增长。通过详尽的多维分析和深入的原因剖析，昆明航线被确定为主要负增长源头，尤其在 200～300 座级和 150 座级机型的周转量上出现显著的下降。特别是 200～300 座级的负增长情况最为严重。这些信息提供了关键的决策参考，帮助决策者更准确地定位并解决西南地区的负增长问题。

4. 决策支持系统的结构

将以上决策支持系统过程用决策支持系统结构图表示，如图 9-13 所示。

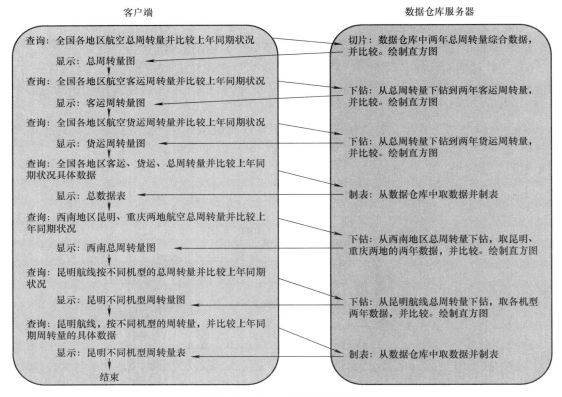

图 9-13　决策支持系统结构图

5. 决策支持系统的应用

以上决策支持系统不仅可以找出西南地区航运负增长问题是由昆明航线上 200～300 座级以及 150 座级机型的负增长所直接造成的，还可以通过分析昆明航线上航班时间以及其他方面，找出其他可能的原因，为决策者提供更全面的辅助决策信息。

与此同时，可以从其他地区的航空市场状况中找出总周转量大幅提高的原因，如同期增长显著的中南地区。这种正反两方面的多维度分析和原因分析，可以提供更多的辅助决策信息，从而有助于减少负增长，增大正增长，从而进一步提高利润。采用这种多角度分析的大型决策支持系统，可以发挥更大的辅助决策效果。

9.4 综合决策支持系统与网络型决策支持系统

9.4.1 综合决策支持系统

综合决策支持系统的构建基于数据仓库、联机分析处理、数据挖掘、模型库、数据库和知识库等多个关键组成部分。它在基础层面上汇聚了传统决策支持系统和新型决策支持系统的优势，形成了一个更为高级和全面的决策工具。这样的系统被称为综合决策支持系统。

综合决策支持系统的主要优势在于，它能够发挥和强化传统决策支持系统以及新型决策支持系统的优势，从而实现更为有效的辅助决策功能。其实现这种优势的方式在于，它利用了这两种系统间的互补性。例如，传统决策支持系统的强大处理和分析能力，可以与新型决策支持系统的灵活性和易用性结合，从而让决策者在处理复杂问题时更有自信，更有效率。

综合决策支持系统通过对数据的深度处理和分析，能够洞察隐藏在庞大数据之下的信息，为决策者提供科学的、数据驱动的决策依据。同时，它也具备知识库的特性，可以用来存储和管理以前的决策案例，为未来的决策提供参考。

此外，综合决策支持系统还有着出色的扩展性和灵活性，能够随着组织的需求和环境的变化进行调整和优化。这样的特性使得综合决策支持系统不仅能够适应当前的决策需求，同时也能为未来的决策环境做好准备。

总的来说，综合决策支持系统是一个充分利用数据和知识资源，为决策者提供高效、科学决策辅助的高级系统。它通过整合各种决策支持工具的优势，实现了决策效果的最大化。

综合决策支持系统的结构如图9-14所示。

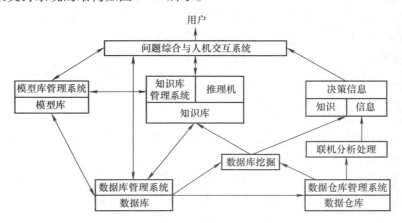

图9-14 综合决策支持系统的结构

综合决策支持系统的架构构筑在三个核心组件上。

首先，模型库系统和数据库系统的联合构成了该系统的基础，它提供了量化分析，即模型计算，以便为决策问题提供辅助信息。这种量化分析可以处理各种数学和统计模型，将抽象问题转化为可量化、可分析的形式，以便于处理和理解。

其次，数据仓库和联机分析处理从庞大的数据仓库中提取和分析数据和信息，这些数据和信息反映了海量数据背后的本质规律和模式。通过这一层，决策者可以从大量的原始数据中提取出有用的信息，以辅助其决策。

最后，知识库、推理机和数据挖掘的结合则提供了一个基于知识的决策支持方式。数据挖掘方法可以从数据库和数据仓库中提取出隐含的知识，以丰富知识库。而知识库和推理机形成的专家系统，则提供了另一种基于知识的决策支持方式。这两种方式都是利用知识资源进行定性分析，以辅助决策。

综合决策支持系统的这三个主体，可以根据实际问题的规模和复杂程度进行选择和组合使用。它们既可以相互补充以提升决策效果，也可以相互结合以处理更复杂的决策问题。不论是使用单一组件进行决策支持，还是使用两个或三个组件的组合进行决策支持，都可以根据具体的决策环境和需求进行灵活选择。

9.4.2 网络型决策支持系统

1. 网络型决策支持系统的原理

在基于服务器的客户机/服务器网络中，所有共享数据集中存储于服务器，供客户机访问以获取数据服务。这些数据可以为管理业务提供服务，也可以辅助决策过程。辅助决策的一个重要资源是模型资源。大量的数学模型、数据处理模型以及人机交互的多媒体模型在决策支持系统中以模型库的形式进行存储，并提供相关服务。这种方式与数据库服务器建立模型库服务器（也称为模型服务器）相似，为构建网络型决策支持系统提供基础。决策支持系统的综合部分（即问题综合与人机交互系统）由网络中的客户机完成。

（1）网络型决策支持系统的基本结构　模型服务器向用户提供各种模型服务。因为模型是一个运行程序，它需要在数据的支持下完成模型的运算。这些模型需要调用数据库服务器来存取数据，并在模型服务器内完成模型运算。在这种情况下，相对于数据库服务器，模型服务器扮演客户机的角色。然而，当模型运算出结果并提供辅助决策信息给用户时，模型服务器则起到服务器的作用。这种关系构成了三层的客户机/服务器架构。

综合部分的客户机不仅要利用模型服务器中的模型提供服务，也要利用数据库服务器中的数据提供服务。这种在网络环境下形成的决策支持系统结构，包含了客户/模型/数据的三层客户机/服务器架构，以及客户/数据的两层客户机/服务器架构。这种混合形式构成了一个三角形的客户机/服务器结构，如图 9-15 所示。

从网络型决策支持系统的基本结构中可以观察

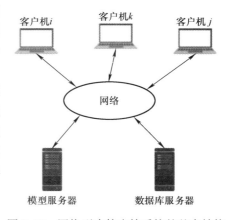

图 9-15　网络型决策支持系统的基本结构

到，决策支持系统由三个基本组件构成，它们分别以客户机和服务器的形式在网络上出现。

模型库系统在网络环境下表现为模型服务器，类似于数据库系统在网络环境下表现为数据库服务器，模型服务器也能为多个不同的客户机同时提供服务。作为决策资源的模型资源与数据资源在网络环境下，能够为多个不同的客户机同时提供服务，形成多个不同的决策支持系统。这样，决策资源的共享性在网络环境下得到了极大的提升。

数据库服务器在单用户的数据库系统（数据库管理系统数据库）的基础上增加网络通信、通信协议、并发控制以及安全机制等服务器功能而形成。模型服务器同样在模型库系统（模型库管理系统和模型库）的基础上，增加了网络通信、通信协议、并发控制以及安全机制等服务器功能而构成。

模型库系统的演化为模型服务器，是一种质变，这种变化使得模型这一决策资源在网络上提供远程服务和多用户并发服务。由模型服务器和数据库服务器与客户机组合构成的网络型决策支持系统，是单机决策支持系统的质的提升，构建了远程的并发决策支持系统。

（2）网络型决策支持系统的运行方式　决策支持系统是在多模型的组合与数据库存取的基础上建立的决策方案，通过对不同方案计算结果的比较来获取辅助决策信息。

模型服务器中的模型和数据库服务器中的数据都是共享的决策资源。网络型决策支持系统是根据不同的决策问题，在客户机上完成系统控制程序，通过网络通信，实现对模型服务器中多模型的组合和数据服务器中数据库的存取，整合为决策支持系统方案。网络型决策支持系统的运行方式如图9-16所示。

在决策方案的构建中，选择不同的模型或数据，或者对模型的不同组合方式，都会导致决策方案的改变。不同的决策方案将产生不同的计算结果。因此，决策支持系统需要通过比较不同决策方案的计算结果来获取辅助决策信息。

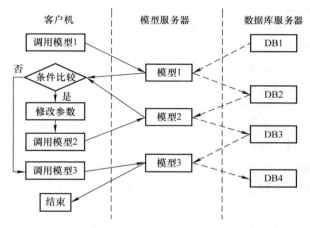

图9-16　网络型决策支持系统的运行方式

网络型决策支持系统通过改变客户机上的系统控制程序来实现决策方案的变化。这种变化主要体现在模型的选择、数据的选取以及模型的组合方式上，从而适应不同的决策环境和决策需求。

2. 网络型决策支持系统的体系

综合决策支持系统是由传统决策支持系统与新型决策支持系统两部分融合而形成的。在网络环境下的复合决策支持系统则由网络型传统决策支持系统与网络型新型决策支持系统组合构成。这三种决策支持系统形式共同构筑出了一个网络决策支持系统的全面框架，整体称为网络型决策支持系统。

（1）网络型传统决策支持系统　在传统决策支持系统中，除模型库系统之外，知识库系统和推理机也是核心组成部分。知识库系统与模型库系统在决策过程中起到相似的重要角色，它们都是决策资源的核心，并且具有共享性。通过在网络环境下构建知识服务器，可以为决策过程提供知识服务，其作用与模型服务器类似。然而，它们在决策辅助过程中的作用机制却有所不同，知识主要以定性的方式通过推理过程发挥决策辅助作用；而模型，尤其是数学模型和数据处理模型，则是通过定量方式，基于数值计算来起到决策辅助作用。这两者的结合构成了一个智能化的决策支持系统，也就是传统的决策支持系统。在网络环境中，模型服务器和知识服务器作为共享决策资源，根据客户端用户的决策问题需求，组合模型计算和知识推理，形成了网络型传统决策支持系统，其结构如图9-17所示。

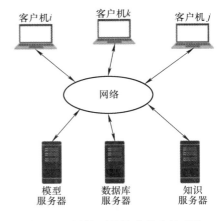

图9-17 网络型传统决策支持系统

知识服务器的构建基于知识库管理系统（KBMS）、知识库（KB）、推理机等基础组件，通过增加网络通信、通信协议、并发控制以及安全机制等服务器功能，形成一个完整的系统。知识库系统（KBMS + KB）与推理机的集成进一步发展成为知识服务器，这大大提高了知识的共享性，使其能在网络环境中提供远程服务和多用户并发服务。知识推理作为人工智能的基础技术和专家系统的核心，通过与共享智能技术，如神经网络、遗传算法、机器学习、自然语言理解等的结合，将进一步提高知识服务器在决策辅助过程中的效果。

在网络环境中，知识服务器与客户机之间形成了两层的客户机/服务器结构，其中知识库是知识服务器的主体部分，知识库管理系统和推理机则位于知识库的上层。而模型服务器、数据库服务器与客户机之间则形成了三层的客户机/服务器结构。

（2）网络型新决策支持系统　数据仓库，相比于传统的数据库，具有更高的决策价值，因为它拥有更大的共享性，通常在网络环境下进行构建，以服务器的方式为用户提供服务。在使用数据仓库的决策支持系统中，一般采用两层客户机/服务器结构以满足信息使用者的需求。

构建数据仓库的决策支持系统时，需借助联机分析处理以及数据挖掘工具来获取更深层次的决策辅助信息。将这些分析和挖掘工具以服务器形式独立于数据仓库服务器之外，可以更便于实现决策支持系统，这构成了三层客户机/服务器结构，如图9-18所示。

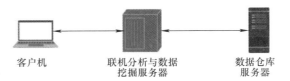

图9-18 网络型新决策支持系统的结构

在这种三层客户机/服务器结构中，进行联机分析处理或数据挖掘的过程中，需要从数据仓库服务器中抽取大量数据，传送到联机分析处理与数据挖掘服务器，形成临时的数据仓库。然后将分析结果通过客户机呈现给用户。客户机的主要任务是根据用户的决策需求，生成操作联机分析处理工具或数据挖掘工具的命令语言或控制程序，并在网络环境中将这些命令或程序传递给联机分析处理与数据挖掘服务器，从而进行数据的分析。

（3）网络型综合决策支持系统　网络型综合决策支持系统是将网络环境的传统决策支持系统和网络型新决策支持系统进行再一次的综合集成。具体来说，传统决策支持系统包括模型服务器、知识服务器以及数据库服务器这三个部分，由客户机完成它们的综合集成。而网络型新决策支持系统涉及数据仓库服务器以及联机分析处理与数据挖掘服务器,由客户机完成这三者的综合集成。这一网络型综合决策支持系统的结构如图 9-19 所示。

由图 9-19 可知,该结构由三大部分组成。

1) 客户机 - 模型服务器 - 数据库服务器部分:这是基础的决策支持系统结构,实现以模型为辅助的网络型决策。

2) 客户机 - 知识服务器部分:这是智能技术辅助决策的结构,实现以知识为辅助的网络型决策。

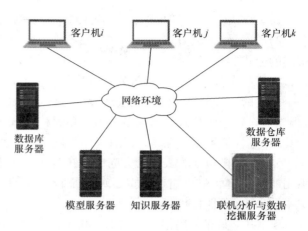

图 9-19 网络型综合决策支持系统的结构

3) 客户机 - 联机分析与数据挖掘服务器 - 数据仓库服务器部分:这是以数据仓库为基础的新决策支持系统结构,通过联机分析处理与数据挖掘进行辅助决策分析的网络型决策。

在这种结构中,客户机不仅可以直接与各个服务器进行交互,还能够综合利用各种资源,提供更全面、更深入的决策分析支持。

9.5 运输决策支持系统应用实例

9.5.1 Excel 决策支持分析

Excel 作为一个决策支持系统的开发工具,以其效率和便捷性塑造了定量分析工具的一种理想形态。这款软件提供的数据分析和辅助决策工具,尤其在运输决策领域,能够提供巨大的帮助。

Excel 拥有广泛的分析工具和公式,能处理大量数据并进行精细的计算。同时,其强大的数据可视化功能,如图表和透视表,使得复杂数据的解读和理解变得更加直观。特别是在运输决策中,Excel 可以通过预测、优化和模拟等高级分析方法,帮助人们做出最有效、最经济的决策。

1. 基于 Excel 的建模

电子表格具有丰富的功能,包括大量强大的函数、宏中的可编程命令序列、what - if 分析以及目标搜索等,因此已成为最受欢迎的终端客户建模工具之一。其中,Microsoft Excel 和 Lotus 1 - 2 - 3 是当前最常用的电子表格软件包。下面以 Excel 为例,介绍如何进行"模拟分析"与"规划求解"。

在工作表中输入公式后,就可以进行假设分析,即改变公式中某些变量,观察结果的变化情况。模拟运算表格提供了一种查看所有变化的途径。模拟运算表是一个可以展示替换公式中不同值结果的单元格区域。在 Excel 中,模拟运算表分为两种:单变量输入模拟运算表和双变量输入模拟运算表。单变量输入模拟运算表基于一个输入变量,测试其对公式计算结果的影响。具体操作步骤如下:

1) 在一列或一行中输入要替换工作表中的输入单元格的数值序列。

2) 如果输入数值被排成一列，在第一个数值上一行且处于数值列右侧的单元格中输入所需的公式。在同一行中，在第一个公式的右边分别输入其他公式。如果输入数值被排成一行，在第一个数值左边一列且处于数值行下方的单元格内输入所需的公式。在同一列中，第一个公式的下方分别输入其他公式。

3) 选定包含公式和将被替换值的单元格区域。

4) 选择"数据"菜单，然后选择"模拟运算表"命令，会弹出"模拟运算表"对话框。

5) 如果模拟运算表是列方向的，在对话框中的"输入引用列的单元格"文本框中输入引用的输入单元格。如果模拟运算表是行方向的，在对话框中的"输入引用行的单元格"文本框中输入引用的输入单元格。

例 9-1 某企业向银行贷款 10000 元，期限 5 年，则可以使用模拟运算表工具来测试不同的利率对月还款额的影响，步骤如下：

1) 设计模拟运算表结构，如图 9-20 所示。

2) 在单元格 B7 中输入公式"＝PMT（B5/12，B4，B1）"。

3) 选择包括公式和需要进行模拟运算的单元格区域 A7：B16。

4) 选择"数据"菜单→"模拟运算表"命令，弹出"模拟运算表"对话框，如图 9-21 所示。

5) 由于本例中引用的是列数据，故在"输入引用列的单元格"中输入"＄B＄5"，单击"确定"按钮，即得到单变量的模拟运算表，如图 9-22 所示。

图 9-20 设计模拟运算表结构　　图 9-21 "模拟运算表"对话框　　图 9-22 单变量的模拟运算表

2. 双变量输入"模拟运算表"

双变量输入"模拟运算表"是指公式中两个输入变量同时变化。双变量模拟运算表就是考虑两个变量的变化对公式计算结果的影响，在财务管理中应用最多的是长期借款双变量分析模型，具体做法是：

1) 在工作表的某个单元格内输入所需引用两个输入单元格的公式。在公式下面同一列输入一组输入数值，在公式右边同一行输入第二组输入数值。即在双变量模拟运算表中，设置公式的单元格应位于行变量和列变量交汇的左上角。

2）选定包含公式以及数值行和列的单元格区域。选择"数据"菜单→"模拟运算表"命令。

3）在"输入引用行的单元格"文本框中输入要由行数值替换的输入单元格的引用。在"输入引用列的单元格"文本框中输入要由列数值替换的输入单元格的引用。

例 9-2 假设某人想通过贷款购房改善自己的居住条件，可供选择的房价有 20 万元、30 万元、40 万元、50 万元、60 万元、80 万元和 100 万元；可供选择的按揭方案有 5 年、10 年、15 年、20 年和 30 年。由于收入的限制，其每月还款额（以下称为月供金额）最高不能超过 3000 元，但也不要低于 2000 元，已知银行贷款年利率为 6%。现用双变量模拟运算表帮助其选择贷款方案，方法如下：

1）新建一个 Excel 工作簿，打开一张工作表，在 B2 单元格中输入房价"600000"（此单元格将被设置为行变量），在 B3 单元格中输入年利率"6%"，在 B4 单元格输入按揭年数"5"（此单元格将被设置为列变量）。

2）在 C6：I6 区域输入不同房价，在 B7：B11 区域输入不同按揭年数。

3）在 B6 单元格建立公式：=PMT（B3/12，B4*12，B2），按 Enter 键确认，即可在 B6 单元格得到房价 60 万元 5 年按揭的月供金额。

4）选取区域 B6：I11，建立模拟运算表。选择"数据"菜单→"模拟运算表"命令，打开"模拟运算表"对话框。

5）分别指定B2 为"引用行的单元格"（即行变量），B4 为"引用列的单元格，（即列变量），单击"确定"按钮，随后，在 C7：I11 区域便显示不同还款期限、不同房价的房屋月供金额。例如 F9 单元格的数值表示 50 万元房价、15 年按揭的月供金额。

6）工作表中有 6 套方案满足月供不超过 3000 元同时也不低于 2000 元的条件，可供购房时选择，如图 9-23 中加粗显示的部分。

	A	B	C	D	E	F	G	H	I
1									
2	房价(元)	600000							
3	年利率	6%							
4	按揭年数	5							
5						房价(元)			
6		¥-11,599.68	200000	300000	400000	500000	600000	800000	1000000
7		5	-3866.56	-5799.84	-7733.12	-9666.4	-11599.7	-15466.2	-19332.8
8		10	**-2220.4**	-3330.62	-4440.82	-5551.03	-6661.23	-8881.64	-11102.1
9	按揭年数	15	-1687.71	**-2531.6**	-3375.43	-4219.28	-5063.14	-6750.85	-8438.57
10		20	-1432.86	**-2149.3**	**-2865.7**	-3582.16	-4298.59	-5731.45	-7164.31
11		30	-1199.1	-1798.65	**-2398.2**	**-2997.8**	-3597.3	-4796.4	-5995.51
12									

图 9-23 双变量模拟运算表实例（一）

例 9-3 利用双变量模拟运算表功能，计算想贷款 15 万元买房，统计在不同年利率和不同贷款年限下，每月应该偿还的金额。步骤类似，不再赘述。结果如图 9-24 所示。

9.5.2 车辆路径决策支持系统

1. 车辆路径问题

在实际问题中，有些条件往往不是完全确定的，需要根据实际需求和环境进行参数的设

图 9-24 双变量模拟运算表实例（二）

定和调整，引入更多的条件和因素，以期更准确地解决实际中的问题。

车辆路径问题的一般定义如下：在满足特定约束条件（如货物需求量、配送时间窗口、车辆载重限制等）的前提下，合理规划车辆的配送路线，使得车辆依次经过一系列顾客点（位置已知或可预测），并且尽可能地达成既定目标（如最短行驶距离、最低成本、最短行驶时间、最少使用车辆数等）。

通常满足下列条件：

1）每个顾客只接受一个设施的货物。
2）每个顾客恰好被车辆访问一次。
3）所有车辆路径都始于并终止于一个车辆配送中心。
4）满足某些边约束，常见的边约束包括：

① 载重量约束：每个顾客点上都有一个非负的货物需求量，但每条车辆路线上的货物量总和不超过车辆装载量。如果此约束不满足，则引入惩罚函数。
② 车辆路径上的顾客数量限制：每条车辆路径上的顾客数不得超过预定值。
③ 总运行时间的约束：路径的长度或车辆的总运行时间不得超过规定值。此约束的设置是为了满足顾客的配送时间要求，以及确保货物的品质。
④ 时间窗口的约束：车辆访问每个顾客点只能在给定的时间窗口内访问。
⑤ 优先关系约束：在特定的情况下，某些顾客点必须被优先访问，例如，顾客 A 必须在顾客 B 之前被访问。

2. 节约里程计算法

节约里程计算法的基本理念源自几何学中的一个核心原理：在三角形中，任意一边的长度总小于其余两边之和。此方法的核心思路在于依次将物流问题中的两个运输环路合并为一个环路。在每次合并过程中，目标是使得合并后的总运输距离尽可能地减少，直至达到一辆运输车的载重限制为止。然后，再对下一辆车的路径进行优化。这一优化过程主要包括两种方式：并行优化方式和串行优化方式。

在并行优化方式中，多辆车的路线会同时被优化，直到无法进一步减少总运输距离为止。而在串行优化方式中，每辆车的路线会逐一被优化，即先对一辆车的路线进行优化，然后再对下一辆车的路线进行优化，直至所有车辆的路线均被优化为止。

节约里程计算法旨在有效减少运输车辆的总行驶距离，从而降低运输成本并提高运输效率。

例如一家配送中心 DC 向两个用户 A、B 运货，配送中心的最短距离为 L_{AB}，A、B 两个用户的货物需求量分别是 Q_A 和 Q_B，且 $Q_A + Q_B$ 小于运输装载量 Q，如果配送中心分别送货，那么需要两个车次，总里程 $L_1 = 2(L_A + L_B)$，如图 9-25a 所示。

如果改用一辆车对两个用户进行巡回送货，则只需一个车次，行走的总里程 $L_2 = L_A + L_B + L_{AB}$，如图 9-25b 所示。

由三角形的性质可知：$L_{AB} < L_A + L_B$，所以第二种配送方案明显优于第一种，且行走总里程节约量 $\Delta L = (L_A + L_B) - L_{AB}$。如果配送中心的供货范围内还存在着 3，4，5，…，n 个用户，在运载车辆载重和体积都允许的情况下，可将它们按着节约里程的大小依次连入巡回线路，直至满载为止，余下的用户可用同样方法确定巡回路线另外派车。

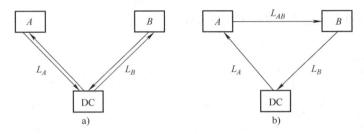

图 9-25 配送中心线路图

设配送中心向 7 个用户配送货物，其配送路线网络、配送中心与用户的距离以及用户之间的距离如图 9-26 所示，图中括号内的数字表示用户的货物需求量（单位：t），线路上的数字表示两结点之间的距离（单位：km），现配送中心有 2 台 4t 货车和 2 台 6t 货车两种车辆可供使用。

1）试用节约里程法制订最优的配送方案。

2）设配送中心在向用户配送货物过程中单位时间平均支出成本为 450 元，假定货车行驶的平均速度为 25km/h，试比较优化后的方案比单独向各用户分送可节省的费用。

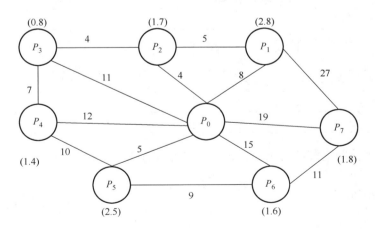

图 9-26 配送网络

1）计算最短距离，见表 9-3。

表 9-3 最短距离

货物需求量/t	P_0							
2.8	8	P_1						
1.7	4	5	P_2					
0.8	8	9	4	P_3				
1.4	12	16	11	7	P_4			
2.5	5	13	9	13	10	P_5		
1.6	14	22	18	22	19	9	P_6	
1.8	19	27	23	27	30	20	11	P_7

2）计算节约里程，见表 9-4 中括号内数据。

表 9-4 节约里程

货物需求量/t	P_0							
2.8	8	P_1						
1.7	4	5（7）	P_2					
0.8	8	9（7）	4（8）	P_3				
1.4	12	16（4）	11（5）	7（13）	P_4			
2.5	5	13（0）	9（0）	13（0）	10（7）	P_5		
1.6	14	22（1）	18（0）	22（0）	19（7）	9（10）	P_6	
1.8	19	27（0）	23（0）	27（3）	30（1）	20（4）	11（22）	P_7

3）节约里程排序，见表 9-5。

表 9-5 节约里程排序

序号	路线	节约里程/km	序号	路线	节约里程/km
1	P_6P_7	22	7	P_4P_5	7
2	P_3P_4	13	8	P_1P_2	7
3	P_5P_6	10	9	P_2P_4	5
4	P_2P_3	8	10	P_1P_4	4
5	P_1P_3	7	11	P_5P_7	4
6	P_4P_6	7	12	P_4P_7	1

4）根据载重量约束和节约里程大小，顺序连接各用户节点，形成配送路线，如图 9-27 所示。

节省的配送时间为

$$\Delta T = \frac{\Delta S}{v} = \frac{53}{25}\text{h} = 2.12\text{h}$$

节省的费用为

$$P = \Delta T \times F = 2.12 \times 450 \text{ 元} = 954 \text{ 元}$$

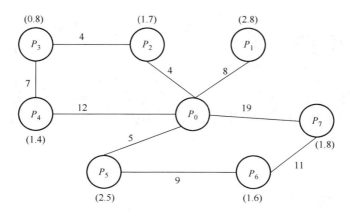

图 9-27　配送路线

【重点与难点】

1. 决策支持系统的组成及功能。
2. 决策支持系统的分类和特征。
3. 决策支持系统的典型技术。
4. 交通运输决策支持系统的构成。

【思考与练习】

1. 什么是决策支持系统？其作用和功能是什么？
2. 决策支持系统中常用的模型有哪些？它们的优缺点是什么？
3. 专家系统和神经网络专家系统的区别和联系是什么？
4. 智能决策支持系统的局限性和挑战是什么？如何解决这些问题？
5. 什么是数据仓库决策系统？其结构和工作原理是什么？
6. 综合决策支持系统的构成要素有哪些？它与传统决策支持系统的区别是什么？
7. 综合决策支持系统和网络型决策支持系统的未来发展趋势是什么？
8. Excel 决策支持分析方法具体步骤是什么？

第 10 章 公路交通运输系统中的信息技术

10.1 信息技术概述

10.1.1 信息与信号

信息技术是指用于收集、存储、加工、传递和提供信息的技术方法的总称。它包括通信技术、计算机技术、网络技术、地球空间信息技术等多个领域。这些技术都是以信息和信号为基础，通过各种设备和系统来实现信息的处理和传输。

1. 信息

信息论是研究信息存在于一切事物中的理论，它涉及信息的交换、传递、变换、存储和提取。这门学科是由科学家和工程技术人员，如香农和维纳等奠定、创立和发展起来的。

信息可以被视为关于现实世界的新数据所包含的意义。只有理解数据的含义并对其进行解释，才能得到数据所蕴含的信息。数据可以是数字化的或直接记录下来的可识别符号，包括数字、文字、符号、图形、图像以及各种可以转换成数据的概念。因此，数据的范围比信息更广泛。

信息具有客观性、适用性、可传输性和共享性等特点。

1) 客观性意味着信息与客观事实相关，确保了信息的准确性和精度。

2) 适用性是指从大量数据中收集、组织和管理有用的信息，根据建立信息系统的目的来决定。

3) 可传输性指信息可以以一定的形式或格式在系统内或用户之间传输和交换。随着网络技术的发展，信息的可传输性变得越来越重要。

4) 信息的共享性是可传输性的结果，使得信息可以被众多用户共享。

2. 信号

信息可以通过不同的形式来表达，包括语言、文字、图像和数字等。这些形式被称为消息。而将传递消息的媒介，如光、声、电等物理量，则被称为信号。信号可以是时间或空间的函数，也可以是时间和空间的多元函数，一般记为 $f(t)$、$f(X, Y, Z)$ 及 $f(X, Y, Z, t)$。信息的交换、传送、存储和提取需要借助信号来完成。信号是一种物理量，它的传输、存储和处理需要使用物理设备来实现。因此，为了使信息能够流动，需要有一条传输路径和一个携带信息的载体，以及能够将信息载入载体的设备。这些设备满足了信息传输的不同环节的需求：信源→编码器→信道→译码器→信宿。

1) 信源：信息或信息系统的起点被称为信源，它产生消息作为输出。

2) 编码器：编码器是将消息转换为适于传输的信号的过程，完成这一转换的设备称为编码器。它的输入是消息，输出是信号。编码有两种类型：信源编码和信道编码。信源编码的目的是将消息转换为一种信号，以提高传输的效率。信源编码通过消除原始消息中的冗余部分来实现。信道编码将信源编码器输出的信号转换为适合在信道中传输的信号，以提高信息传输的可靠性。因此，信道编码也被称为可靠性或抗干扰编码，而对应的信源编码被称为有效编码。

3) 信道：在信息系统中，将信号从一个地点传输到另一个地点的介质被称为信道。它可以是一对导线、一条同轴电缆，或者是发射天线等。

4) 译码器：信号经过信道从发送端传输到接收端后，必须将信号转换为消息，并从消息中获取信息。这种将信号转换为消息的过程称为译码，它是编码的逆过程。实现译码的设备称为译码器。译码也分为两种类型：信道译码和信源译码。信道译码将信道中的信号转换为与信源编码器输出类似的信号；而信源译码将信道译码器输出的信号转换为消息。

5) 信宿：信宿也称为终端或接收者，信宿通过消息获取信息。它可以是人或某种设备。

10.1.2 现代通信技术

目前，现代通信技术正朝着光电子技术的方向发展。同时，计算机和软件技术的广泛应用，推动了图像信息服务的普及。信息技术的发展也彻底改变了制造技术。这些趋势主要分为以下几个方面。

1. 数字技术

在信息时代，数字通信成为通信和主要形式。计算机数据通信、光纤通信和程控交换等都采用数字通信方式。因此，数字技术变得至关重要。

(1) 数字通信的优点

1) 可以构成灵活的系统。

2) 通过导入纠错编码等技术，改善接收端特性。

3) 可以形成具有抗干扰特性优点的系统。

4) 容易保密，防止窃听。

5) 可以实现大容量、高速度传输。

6) 容易实现LSI（大规模集成电路）化，能做到机电小型化、低功耗化。

(2) 编码与调制的结合　由于传统的纠错编码技术改善误码性能的方式是牺牲有效信息传输速率，对于多进制数字调制系统而言，常规意义上的纠错编码也无法达到系统性能的最佳状态。因此，将调制与编码作为一个整体考虑，从统一的观点出发设计调制和纠错编码，以获得能够使信号点间的自由欧氏距离最大化的编码方式，以实现整个系统性能的最佳化。

(3) 数字信号处理器　随着超大规模集成电路技术的迅速发展，人们专门开发和研究了适用于数字信号处理的单片计算机，称为数字信号处理器（DSP）。DSP配备有硬件乘法器和一组专门支持数字处理中常见的加权累加和延迟运算的软件，完成一个乘法只需100～200ns的指令周期。数字信号处理器具有计算速度快、体积小、功耗低等特点，极大地推动了数字信号处理在通信领域的应用。这种应用主要体现在语音压缩编码、数字回声消除、数字滤波、语音合成与识别、图像压缩编码等方面。

2. 软件技术

现代通信的特点之一是通信与计算机的融合，特别是数字信号的交换和处理，对计算机和软件的应用越来越依赖。

其中，一种常见的应用是程控时分数字交换。随着电子计算机的问世，电话交换机越来越多地采用了电子式存储控制的时分数字交换技术，也被称为程控交换。与过去的机电式交换机相比，程控交换具有体积小、功耗低、服务功能丰富等优点，这主要依靠程序软件的发挥。

另一种为在20世纪60年代初，由Paul Baran提出并发展的一种适用于数据通信特点的新型交换技术，即分组交换（Packet Switching）技术。这种技术的基本特点是将数据分成较短的分组，并以断续的方式占用信道进行传输。随着分组交换技术的应用，出现了一种新型的数据通信技术，即分组通信（Packet Communication）技术。

在分组通信网络中，计算机终端存储了各种通信和联络的操作程序。这些程序可以自动进行各种呼叫和联络，并自动监测信道的空闲状态。如果信道未被占用，终端会自动将发送设备置于发送状态，并发送数据分组。

3. 微电子技术

电子技术的重要突破始于1947年半导体晶体管的发明，而在20世纪60年代，利用半导体硅制造晶体管和电子元件的集成电路的出现再次取得了重大进展。到了20世纪80年代，超大规模集成电路（VLSI）的实现成为微电子技术的巅峰。

超大规模集成电路的计算机辅助设计（CAD）技术和集成电路的微加工技术，使得通信设备和元器件的集成制造成为可能。这不仅可以提高产品质量和降低成本，还为新的通信技术应用和先进通信设备的推出奠定了基础。

4. 光子技术和光电子技术

光纤通信的成功标志着光子技术发展的开端。现代通信技术的趋势之一是将传输技术从同轴电缆转向光纤光缆。为了实现通信设备的小型化、性能的改善和可靠性的提高，人们开始将光子器件与电子元器件集成在一个芯片上，这就是光电子集成（OEIC）技术。相较于微电子的集成电路（IC）和集成光路（IOC），光电子集成技术更加先进。

（1）光纤通信　光纤通信是以光波作为信息载体，以光导纤维作为传输介质的一种先进的通信手段。与其他通信技术相比，它有以下几个较突出的优点。

1）频带宽，通信容量大，比微波通信容量提高10万倍。

2）传输损耗低（0.2dB/km），适用于长途传输。

3）体积小，重量轻，功耗低，可绕性强。

4）输入与输出之间电隔离，可抗电磁干扰。

5）无漏信号和串音，安全可靠，保密性强，耐腐蚀。

（2）光电子集成　为了实现设备的小型化、性能的改善和可靠性的提高，需要将光源器件（如激光管和发光二极管）及其驱动电路、光检测器（如PIN或APD）、预放大器和主放大器电路都集成在同一芯片上。这种将光子器件与电子元器件集成在一起的技术被称为光电子集成（OEIC）。在光电子集成中，常用的材料是Ⅲ-Ⅴ化合物半导体，如GaAs或InP。

光电子集成技术使得语音、数据和图像的电信号能够转换为光信号，或者反过来，即光纤通信系统的终端设备、发送机和接收机可以通过光电子集成芯片来实现。与独立的光器件和电子元器件相比，光电子集成芯片最明显的优点是数字传输的速度更快，可以达到5Gbit/s，并且具有低噪声和较低的误码率（可达到$10^{-9} \sim 10^{-10}$），可以用于多路通信中的几个不同波长。此外，光电子集成芯片还具有尺寸小、更可靠以及批量生产后成本降低等优点。

5. 微波技术

微波通信是一种无线通信技术，它利用无线电电磁波在空间中传播来实现信息传输。微波波段指的是波长在1m～1mm、频率在300～30000MHz之间的电磁波。微波通信可以分为微波中继通信和卫星通信两类。

（1）微波中继通信 如果要在地面上使用微波波束进行远距离通信，就必须使用中继方式。这是因为地球是一个椭圆体，地面是一个曲面，而微波具有类似光线的直线传播特性。另外，由于传播过程中会有损耗，需要使用中继站逐段收集、发送和放大信号，以实现远距离的传输。

（2）卫星通信 卫星通信是通过利用人造地球卫星作为中继站来转发无线电信号，在地面站之间进行通信。在当前的国际通信中，卫星通信已经成为承载75%以上通信业务的主要方式，并且正在逐渐普及到普通家庭使用。

卫星通信可以看作是微波中继通信的一种特殊形式。它利用卫星（也称为转发器）作为微波中继站，将地球站（也称为终端站）设置在地球上，从而形成传输距离长达几千千米甚至几万千米的中继线路。地球站实际上是卫星系统与地面公众网络之间的接口。地面用户通过地球站与卫星系统相连，实现通信连接。

卫星通信系统由通信卫星和地球站组成，用于直接进行通信。除此之外，为了确保系统的正常运行，卫星通信系统还需要配备测控系统和监测管理系统。尽管卫星通信系统的类型各不相同，但其基本组成通常如图10-1所示。

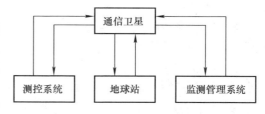

图10-1 卫星通信系统的基本组成

卫星通信与其他通信方式相比，有以下特点：

1）卫星通信覆盖面大，通信距离远。

2）组网灵活，便于多址连接。

3）通信容量大，卫星通信工作在微波频段，可用频带宽（500MHz以上）。再加上采用频分多址（FDMA）和时分多址（TDMA）等接入方式，可使卫星通信容量达到上万条话路。

4）通信质量好，可靠性高。

5）经济效益、社会效益显著。

10.1.3 计算机网络技术

1. 局部网络技术

局部网络是指在有限地理区域内搭建的计算机网络。根据IEEE的定义，局部网络技术是将分散在一个建筑物或相邻几个建筑物中的计算机、终端、带有大容量存储的外围设备、控制器、显示器以及用于连接其他网络的网络连接器等互相连接起来，以高速度（1～20MB/s）进行通信的方式。局部网络具有结构简单、灵活、成本低、可行性好等特点，可成为交通管理业务信息系统和办公自动化应用领域中的重要组成部分。其结构如图10-2所示。

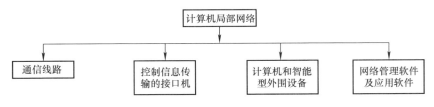

图 10-2　局部网络的结构

（1）局部网络中通信系统的组成　局部网络中通信系统的功能要可靠、快速传输信息，它一般由以下几部分组成。

1）信息传输介质。信息传输的介质包括双绞线、同轴电缆、光缆等，还可以利用微波和红外通信技术。光缆，尤其是采用光导纤维管作为线芯的光缆，目前发展迅速，其传输带宽可达每秒数千兆字节的高速率。

2）网络的拓扑结构。局部网络的拓扑结构指的是网络节点的位置和它们之间的几何布局。局部网络中的计算机软盘、打印机等设备都可以被视为网络中的一个节点，也被称为工作站。一般来说，局部网络的拓扑结构可以采用总线结构或环形结构，根据特定的应用需求，也可以选择星形结构或树形结构。

3）信息传输方式。信息传输方式包括以下几个方面的设计。

① 信号变换方式：将逻辑信号"1"和"0"转换为适合在传输介质上传输的物理形式。

② 差错控制方式：由于各种原因会导致信息传输错误，因此需要采取检错和纠错措施来处理差错，差错通常以突发性和成群性形式出现。

③ 同步方式：局部网络常使用同步通信方式来确保信息的高速传输。可以采用多种方式来实现同步，例如按位取同步时钟的位同步、按字符取同步的字符同步，以及识别每个传输组的起始和终止的帧同步。

④ 可行性对策：在环状局部网络中，节点相互串联，为了提高网络的可靠性，需要采取多种对策来处理故障。此外，还需考虑信号变换部分与传输线路的阻抗匹配和接地电平的分离等因素。

（2）局部网络的访问控制方式　为了实现高速的信息传输，局部网络必须采用适当的访问控制方法来解决访问冲突。目前，大多数局部网络采用两种主要的访问控制方式：CSMA/CD（带冲突检测的载波监听多路访问）方式和Token Passing（令牌传递）方式。

（3）局部网络的通信协议　在局部网络中，工作站之间需要进行相互通信和对话。为了确保通信的正确进行，双方需要事先达成一些约定，这些约定被称为通信规程或通信协议。

国际标准化组织（ISO）推荐了用于计算机网络的开放系统互连（OSI）参考协议，将整个协议分为7个层次。每个层次都独立实现自身的功能，并与其他层次相互联系，形成低层和高层之间的关系,如图 10-3 所示。此外,还有 IEEE 802 局部网络协议等其他协议。

图 10-3　ISO/OSI 通信协议的 7 层模型

2. 计算机通信网络

(1) 概念　计算机通信网络是将具有独立功能的多台计算机、终端及其附属设备连接起来的通信系统,通过通信链路和相应的网络软件实现资源共享。

在实际的通信中,计算机通信网络可以利用现有的通信链路将计算机和终端连接成简单的计算机通信网络。同时,也可以利用远距离的通信链路将数百台计算机和终端连接起来,构建全国甚至全球范围的通信网络,以实现网络中的资源共享。

(2) 网络的基本组成　计算机通信网络由多个拥有计算资源的节点和一组可用于通信的节点交换计算机组成。计算机通信网络可以分为用户子网和通信子网两部分。用户子网的主要功能是提供共享的硬件、软件和数据等资源,并进行数据处理。通信子网的主要功能是进行数据传输、交换和通信控制等操作。

(3) 网络资源与功能　计算机通信网络中的"资源"包括各种硬件设备(例如计算机、终端和其他配套设备)、软件(如规程、协议、程序和操作系统)以及数据等。资源共享是指网络内的所有用户都可以自由地享受和使用网络中的任何一部分或全部资源。

计算机通信网的基本功能有以下几个方面。

1) 提供(远程)资源共享。
2) 提供进程间的通信。
3) 利用备份和冗余提高网络的可靠性。
4) 提供处理功能的分配。
5) 为地理上的分布式系统提供集中控制。
6) 提供主处理机、有关数据库、网络资源及传输设备等的集中管理和分配。
7) 提供不同设备和软件的兼容性。
8) 为网络用户以最低成本提供最佳性能。

(4) 网络的分类　计算机通信网络一般有两种类型。

1) 线路交换型。类似于电话(话声)网,在进行传输信息之前先建立呼叫和信息路由。
2) 信息交换型。信息逐条链路地通过通信网,在某些节点上或许还要排队等待。

(5) 网络的硬件设备、网络协议及通信软件　一个计算机通信网络应该具有能实现资源共享的硬件设备、网络协议及软件。

1) 硬件设备。计算机通信网络的硬件设备一般包括以下几个方面。

① 计算机系统（中心）。在计算机中心配置的是联机系统中的计算机主机，另外还配备外围设备。

② 终端。终端是设在远程用户处的设备，一般为微型计算机，是联机系统与用户联系最重要的工具。

③ 通信控制装置。计算机中的通信控制装置和远程用户终端控制装置均称为通信控制装置。

④ 通信设备。通信设备的关键部件包括调制解调器（MODEM）和通信线路（传输介质）。调制解调器最基本的功能是进行数据/语言互相转换，同时具有均衡、自动呼叫、应答、纠错、加密和自诊断测试等功能。

2) 网络协议及软件。计算机通信网络的协议及软件包括网络协议、网络通信软件、网络协议软件和网络操作系统。

① 网络协议。网络协议是为了实现计算机通信网络中，不同主机之间、不同操作系统之间，以及两个计算机的进程之间的通信，所确定的全网成员必须共同遵守的一系列"约定"，具体内容实际上是一组信息的传送、输入/输出格式和信息控制的有关协定。

典型的网络协议有 ARPA 型网络协议、X.25 型网络协议，以及上面介绍的 ISO/OSI 等。图 10-4 所示为 4 层网络结构及其相应的网络协议。

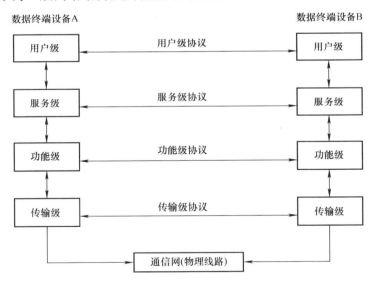

图 10-4 4 层网络结构及其相应的网络协议

② 网络通信软件。网络通信软件是计算机通信网络中的重要组成部分。除了实现计算机通信网络中协议的通信功能，主机还需要通过网络通信软件与通信网络之外的对象或无协议的用户进行通信。具体实现方法是，在计算机操作系统中使用远程通信的存取方法，实现通信和数据处理的输入、输出的进程管理。

③ 网络协议软件。网络协议软件是实现网络协议的一种程序。尽管网络协议给出了网络的互相约定和共同遵守的规则，但用户更关心如何实现这些协议。这就需要使用网络协议

软件来完成。网络协议软件包括 I/O 驱动程序、线路控制模块程序、网络控制模块程序、用户应用程序和计算机操作系统等。

④ 网络操作系统。网络操作系统是计算机通信网络中用户与网络之间的媒介。它扮演着用户与网络中所有主机操作系统之间的桥梁作用。与普通操作系统不同，网络操作系统的功能包括用户通信数据迁移、网络作业的执行和网络作业的控制等。

10.1.4 地球空间信息技术

地球空间信息技术是指在地球空间信息的采集、处理、分析、表达、传播和应用过程中使用的一系列技术方法。它是确保地球空间信息从采集到应用的技术保证，并能满足人们在自动化、时效性、详细程度和可靠性等方面的需求。

地球空间信息技术是地球空间信息科学的重要组成部分。它的建立依赖于地球空间信息科学的基础理论及相关科学技术的发展，其中包括卫星全球定位系统技术、地理信息系统技术和遥感技术，以及它们的集成技术。在交通运输系统管理中，主要应用卫星全球定位系统技术、地理信息系统技术和它们的集成技术。

10.2 GPS 技术

10.2.1 GPS 技术简介

1. GPS 的特点

GPS 是全球定位系统（Global Positioning System）的简称，是一种基于卫星的无线电测时定位和导航系统。它是在美国军方的第一代导航系统 Transit 的基础上发展起来的第二代导航系统。GPS 具有快速、实时或准实时、高精度、全球性和全天候的特点，因此在航天、航空、陆地和海洋等领域得到了广泛应用。

GPS 技术不仅在陆地和近海的测绘定位中发挥作用，还扩展到海洋和外层空间。它从静态扩展到动态，从单点定位扩展到局部与广域差分，从事后处理扩展到实时（准实时）定位与导航。GPS 技术的精度也得到了极大的提升，从米级、厘米级乃至亚毫米级。因此，GPS 技术的应用范围被大大拓宽，并在各行各业发挥着重要的作用。

GPS 技术的特点主要有以下几个方面。

（1）观测简便　经验表明，使用 Trimble 4000 SST 双频接收器进行定位测量时，测量人员只需将天线正确安装在测站上，接通电源并启动接收单元即可开始测量。在测量结束时，只需测量天线的高度，关闭电源并收起接收器，这样就完成了野外数据采集任务。

如果需要在一个测站上进行较长时间的连续测量，还可以实现无人值守的数据采集。通过数据通信方式，将采集到的 GPS 定位数据传输到数据处理中心，实现全自动化的 GPS 测量。

（2）定位精度好　美国试验表明，对于 3000km 以内的站间距离，GPS 相对定位数据经过精细的处理，可达到 $(6mm \pm 1 \times 10^{-8} D)$ 的距离（D）精度，以及 $\pm 3cm$ 左右的三维位置精度。这充分说明，GPS 卫星定位测量能够获得厘米级的定位精度。采用动态载波相位测量的定位精度可达到厘米级甚至毫米级。

（3）经济效益高　GPS 的经济效益主要表现在不需要站点之间的视线通畅，无须建立昂贵而耗时的觇标。此外，GPS 接收器的发展趋势是朝着高精度、多功能、超小型和集成化的方向迅速发展。因此，GPS 技术将广泛应用于各个行业，并逐渐融入人们的日常生活，推动人类文明的快速进步。

2. GPS 的基本组成

GPS 包括 GPS 卫星星座（空间部分）、地面监控系统（地面控制部分）和 GPS 信号接收机（用户设备部分）三大部分。

（1）GPS 工作卫星及其星座　GPS 卫星系统由 24 颗卫星组成，它们均匀分布在高度 20200km、与赤道面夹角为 55°的 6 个轨道平面内。各个轨道平面之间的交角为 60°。当地球自转一周（360°）时，这些卫星绕地球运行两圈，大约需要 12h。人们可以在大约 5h 内看到卫星在地平线上运行。位于地平线上的卫星数量会因时间和地点的不同而有所变化，最少可以看到 4 颗卫星，最多可以看到 11 颗卫星。在进行 GPS 导航定位时，为了计算测站的三维坐标，必须观测到至少 4 颗 GPS 卫星，称为定位星座。这 4 颗卫星在观测过程中的位置分布，也就是它们的几何结构，会对定位精度产生一定影响。根据特定的时间和位置，有可能只能看到 4 颗卫星，而这 4 颗卫星所构成的几何图形可能会导致比通常情况下差很多的定位精度，甚至无法得到准确的坐标。这种情况被称为"间隙段"。在 GPS 中，GPS 卫星的作用可概括为以下几点。

1）GPS 不断向广大用户发送导航定位信号（即 GPS 信号），并通过导航电文报告自身的当前位置以及其他在轨卫星的大致位置。

2）当飞机飞越注入站上空时，它会接收到由地面注入站通过 S 波段（10cm 波段）发送给卫星的导航电文和其他相关信息。飞机会通过 GPS 信号将这些信息转化为电文，并及时发送给广大用户。

3）人们可以接收到地面主控站通过注入站发送给卫星的调度命令。这些命令可以及时进行运行偏差的校正，或者启用备用时钟等操作。

尽管在某些特定的地点和时间，GPS 工作星座可能会出现短暂的间断，但从全球的绝大多数地区来看，它能够实现全天候、高精度、连续实时的导航定位测量。因此，它能够满足海陆空三个领域内广大用户的需求，并具有极为广阔的应用前景。

（2）地面监控系统　对于导航定位而言，GPS 卫星是一种动态的已知点，其位置信息通过卫星发送的星历进行计算。星历是一系列描述卫星运动和轨道的参数。每颗 GPS 卫星的星历由地面监控系统提供。GPS 卫星的设计寿命为 7 年半，在卫星进入轨道后，需要通过地面设备进行监测和控制，以确保卫星上的设备正常工作，并且按照预定的轨道运行。地面监控系统还起到了保持卫星之间时间同步的重要作用，即 GPS 时间系统。为此，地面设站对各个卫星的时间进行监测，并计算出相应的改正数，然后通过导航电文发送给用户，以确保处于 GPS 时间系统中。

地面监控系统由 1 个主控站、3 个注入站和 5 个监测站组成。主控站位于美国科罗拉多州斯普林斯，3 个注入站分布在大西洋、印度洋和太平洋上的美国军事基地，除此之外，还设有 1 个位于夏威夷的监测站。主控站配备了大型计算机以及数据采集、计算、传输和诊断设备，其主要功能包括收集各监测站测得的观测数据、编算导航电文、诊断卫星状态和协调卫星任务。注入站的任务是使用 10cm 波段将主控站传输的导航电文注入卫星。监测站的主要任务是为主控站提供观测数据,用于编算导航电文。

(3) GPS 信号接收机 GPS 卫星发射的导航定位信号是一种可供许多用户共享的宝贵资源。为了接收、跟踪、转换和测量这些信号,需要使用一种称为 GPS 接收器的设备。根据使用目的的不同,用户对 GPS 接收器的需求也各不相同。总体而言,GPS 接收器主要分为静态定位和动态定位两大类型。

1) 在静态定位中,用户的天线在跟踪 GPS 卫星的过程中保持固定不变。接收机通过高精度地测量 GPS 信号的传播时间,并结合已知的 GPS 卫星轨道位置,计算出用户天线的三维坐标。静态定位的特点是观测量较多,可靠性高,定位精度也较高。

2) 在动态定位中,用户天线位于运动载体上,相对于地球而言进行移动。接收机实时通过 GPS 信号测量运动载体的状态参数。运动载体可以是陆地车辆、船舶、飞机、宇航器等。根据运动速度的不同,动态定位可以分为低动态(每秒几米至几十米)、中等动态(每秒一百米至几百米)和高动态(每秒几千米)三种形式。动态定位的特点是逐点测量运动载体的状态参数,观测量较少,精度相对较低。尽管导航和动态定位难以严格区分,但导航更强调"引导",通常需要测量运动载体的七维状态参数(三维位置、三维速度和时间)。因此,导航可以被视为广义的动态定位。

根据 GPS 信号的用途分类,GPS 信号接收机可以分为导航型、测地型和守时型三类。根据 GPS 信号的应用场景不同,可以分为袖珍式、背负式、车载式、船用式、机载式、弹载式和星载式 7 种类型的 GPS 信号接收机。尽管 GPS 信号接收机的种类众多,但从仪器结构的角度来看,可以概括为天线单元和接收单元两个主要部分,如图 10-5 所示。

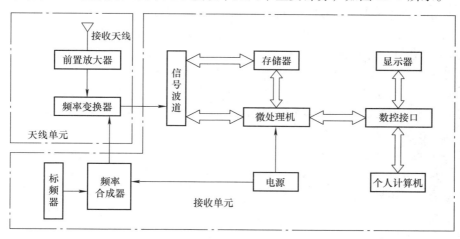

图 10-5 GPS 信号接收机的基本结构

天线单元主要由接收天线和前置放大器两个组成部分构成。接收天线的类型包括全向振子天线、小型螺旋天线和微带天线。微带天线是目前最常用的 GPS 信号接收机天线,因其具有重量轻、体积小、制作成本低和定位精度高的优点。接收单元主要由信号波道、存储器、计算与显示、电源 4 个部分组成。信号波道是接收单元的核心,它不仅是一个简单的信号通道,还是一个由软件和硬件相结合的有机整体,其功能包括变频、压缩频带以及提取卫星电文等。存储器用于存储定位现场采集的伪距、载波相位测量和人工测量的数据,以及解译的 GPS 卫星星历,为差分定位和相对定位提供后续数据。显示器通常由一个视频显示窗口和一个控制键盘组成。通过键盘按键，用户可以从视频显示窗口中获取所需的数据和信息。这些数据和信息是由微处理机和相应软件提供的。GPS 信号接收机通常使用蓄电池作为电源。

10.2.2 GPS 定位原理简介

1. GPS 静态定位原理

具体来说，静态定位和动态定位的主要区别在于待定点在观测期间是否发生显著位移，以及这种位移是否会对定位结果产生重要影响。在静态定位中，待定点的位置可以被视为常数，观测期间的位移量相对较小且可以忽略不计，因此可以建立稳定的数学模型进行定位。而在动态定位中，待定点在观测期间可能发生较大的位移，这种位移会对定位结果产生重要影响，需要采用更复杂的模型和算法来处理。

（1）伪距法定位　伪距法定位是一种用于导航和低精度测量的定位方法。它具有快速计算和无多值性问题的优点，其精度已经足以满足部分用户的需求。

在伪距法定位中，卫星根据自己的时钟发送一种特定结构的测距码，这个测距码经过时间传播后到达接收机。接收机根据自己的时钟生成一组完全相同结构的测距码，即复制码，并通过时延器将复制码延迟一段时间 τ。然后，将这两组测距码进行相关处理，如果自相关系数 $R(t)$ 不等于 1，则继续调整延迟时间 τ，直到自相关系数 $R(t)$ 等于 1 为止。此时，复制码已经与接收到的来自卫星的伪噪声码对齐，复制码的延迟时间 τ 就等于卫星信号的传播时间。将延迟时间 τ 乘以光速 c，就可以得到卫星到接收机的伪距。因此，伪距是通过测量卫星信号从发射时刻到接收机接收时刻的时延，然后乘以光速得到的距离观测量。

（2）载波相位测量　伪距测量是以测量码作为测量信号的，测量精度大约等于一个码元长度的 1%。由于测量码的码元长度较长，P 码（波长为 29.3m）的测量精度约为 30cm，C/A 码（波长为 293m）的测量精度约为 3m，因而测量精度不高。载波的波长要短得多，$\lambda_{L1}=19\text{cm}$，$\lambda_{L2}=24\text{cm}$。因而，如果把载波作为测量信号，对载波进行相位测量，就可以达到很高的精度。但载波信号是一个周期性的正弦波，而相位测量只能测定其不足一个波长的部分，因而存在着整周不确定性问题。

2. GPS 动态定位原理

GPS 动态定位具有广泛的应用前景，可应用于陆地车辆、水上舰船和航空航天飞行器等领域。随着动态用户应用目的和精度要求的不同，GPS 实时定位方法也不尽相同。根据目前的应用和研究，主要可以分为以下几种方法：单点动态定位、实时差分动态定位和后处理差分动态定位。

（1）单点动态定位　单点动态定位是一种利用安装在运动载体上的 GPS 信号接收器，自主测量该载体的实时位置，并绘制出其运行轨迹的方法。因此，它也被称为绝对动态定位。例如，行驶中的火车和装甲车经常使用单点动态定位技术。

（2）实时差分动态定位和后处理差分动态定位　差分动态定位，通常称为差分全球定位系统（DGPS）。差分动态定位是通过同时使用两台接收机在两个测站上测量来自相同 GPS 卫星的导航信号，以联合测得动态用户的精确位置。其中一个测站位于已知点上，该点上安装有 GPS 信号接收机，称为基准接收机。基准接收机和安装在运动载体上的 GPS 信号接收机（称为动态接收机）同时测量来自 GPS 卫星的导航信号。基准接收机测得的三维位置与该点已知值进行比较，从而获得校正值，然后将校正值发送给多个共视卫星用户的动态接收机。经过校正后所测得的实时位置称为实时差分动态定位。如果使用 GPS 校正值对多个共视卫星用户的动态接收机采集的定位数据进行后处理修正，称为后处理差分动态定位。与单点动态定位相比，差分动态定位的精度提高了近一个数量级。

3. GPS 卫星定位误差与精度提高

GPS 定位中出现的各种误差，从误差来源讲大体可分为下列 4 类。

（1）与卫星有关的误差

1）卫星星历误差。卫星位置的广播星历或其他轨道信息与卫星的实际位置之间的差异被称为星历误差。

在观测时间段（1~3h）内，星历误差主要表现为系统误差的特征。星历误差的大小主要取决于卫星跟踪系统的质量，例如跟踪站的数量和分布情况，观测值的数量和精度，以及用于轨道计算的轨道模型和定轨软件的完善程度等因素。

2）卫星钟的钟误差。尽管卫星上使用了高精度的原子钟，但它们仍然存在误差。这些误差包括系统性误差（由钟差、频偏和频漂等引起的误差）和随机误差。尽管系统误差比随机误差更大，但通过建立模型可以进行修正，因此随机误差成为衡量钟质量的重要指标。

3）相对论效应。相对论效应是由于卫星钟和接收机钟所处的状态（运动速度和受到的重力位）不同而引起的现象，这会导致卫星钟和接收机钟之间产生相对钟误差。

（2）与信号传播有关的误差

1）电离层折射。电磁波信号穿过电离层时，传播速度会发生变化，导致测量结果产生系统性偏差，这种现象被称为电离层折射。电离层折射的大小取决于外部条件（如时间、太阳黑子数和位置）以及信号频率。在伪距测量和载波相位测量中，电离层折射的改正项大小相同，但符号相反。

2）对流层折射。卫星信号穿过对流层时，传播速度会发生变化，从而导致测量结果产生系统误差。对流层折射的大小取决于外部条件，如气温、气压和湿度等。对流层折射对伪距测量和载波相位测量产生相同的影响。

3）多路径误差。当卫星信号经过某些物体表面反射后到达接收机时，会与直接来自卫星的信号叠加在一起，导致测量值产生系统误差，这就是多路径误差。多路径误差对伪距测量的影响比对载波相位测量的影响更为严重。该误差的大小取决于测站周围的环境和接收天线的性能。

（3）与接收机有关的误差

1）接收机钟的误差。与卫星钟类似，接收器中的钟也存在钟误差，而且接收器通常使用精度较低的石英钟，因此钟误差更加严重。钟误差的大小取决于钟的质量，并且与使用环境也有一定关系。钟误差对伪距测量和载波相位测量的影响是相同的。当同一台接收器对多颗卫星进行同步观测时，接收器钟差对各观测值的影响是相同的，并且可以视为各接收器钟差之间相互独立。

2）接收机的位置误差。在进行授时和定轨时，接收机的位置（即接收机天线相位中心）是已知的，然而其误差会导致授时和定轨结果的系统误差。这种误差对伪距测量和载波相位测量的影响是相同的。

（4）SA（选择可用性）技术引起的人为误差　　所谓 SA（Selective Availability）技术，

简言之,是一种导致非特许用户(Unauthorized User)不能获得高精度实时定位的方法。实施 SA 技术的目的在于防止敌方对 GPS 信号做精密导航定位的电子干扰。

上述各种误差对于测距的影响可以达到数十米,有时甚至超过百米,因此需要采取措施来消除和减小这些误差,以提高测量的精度。其中,建立误差改正模型是减小这些误差影响的主要方法。

误差改正模型可以通过对误差特性、机制和产生原因进行研究分析,并推导出相应的理论公式来建立。另外,也可以通过对大量观测数据进行分析和拟合,建立经验公式。在许多情况下,使用两种方法同时建立综合模型的效果更好。例如,利用电离层折射与信号频率相关的特性(即电离层色散效应),可以建立双频电离层折射改正模型,这属于理论公式的范畴。而各种对流层折射模型则通常属于综合模型。

1)求差法。经过仔细分析误差对观测值或平差结果的影响后,可以采用求差法来消除或削弱其影响。求差法利用误差在观测值之间或定位结果之间的相关性,通过求差的方式来消除或削弱误差的影响。举例来说,当两个接收站对同一颗卫星进行同步观测时,它们的观测值都包含了相同的卫星钟误差。通过对这两个观测值进行差值计算,就可以消除卫星钟误差的影响。同样地,当一台接收机对多颗卫星进行同步观测时,通过对这些观测值进行卫星间的差值计算,就可以消除接收机钟误差的影响。

2)选择较好的硬件和较好的观测条件。有些误差,比如多路径误差,无法通过求差法来解决,也无法建立改正模型。唯一的方法是选择更好的天线,仔细选择测站,尽量远离反射物和干扰源,以减小多路径误差的影响。

除此之外,还可以结合使用其他方法。例如,可以采用大气传播延迟的改正模型来修正误差,然后再使用求差法来消除那些无法通过模型改正但具有相关性的残余误差。这样的综合应用可以进一步提高定位的准确性。

10.2.3 GPS 在交通运输系统中的应用

1. 汽车自动定位导航系统

目前全球范围内的汽车自动定位导航系统主要分为五种类型,包括自动系统、顾问导航系统、库存系统、车辆管理系统和便携式系统。

(1)自动系统 自动系统是一种装备有地图数据库和定位仪器的独立车辆系统。这种系统使汽车能够在没有与外界进行通信的情况下进行定位。

(2)顾问导航系统 顾问导航系统是一种具有通信功能的自动系统。该系统的车辆可以接收来自控制中心的实时交通和气象等信息报告,并通过差分校正的 GPS 信号来提高车辆的定位精度。

(3)库存系统 在库存系统的车辆上,配备了视频和数字摄像机,用于捕捉空间坐标标记、时间和位置信息等,实现车辆的自动定位和导航。这些车辆可以与控制中心进行通信以保持联系。

(4)车辆管理系统 车辆管理系统由一组与管理控制中心保持联系的车辆组成,这些车辆配备了定位传感器。控制中心将信息从数据库传送给车辆,车辆可以通过数字和声音等方式与控制中心进行联系。

(5)便携式系统 无线、小型、功能集中的车辆设备是当前发展最迅速的系统,也是未来发展的趋势。未来，人们可以通过低能量驱动的接收发送器，在低轨道上实现全球范围的轨迹跟踪。

2. 基于 GPS 的车辆导航系统和车辆运营管理系统

在我国，随着 GPS 卫星导航定位技术和无线电通信网络的进步，基于 GPS 的车辆导航系统和车辆运营管理系统等正在快速发展。

（1）基于 GPS 的车辆导航系统　基于 GPS 的车辆导航系统由 GPS 接收机、微处理机、车辆导航软件、显示器和地理信息系统组成。

GPS 接收机提供车辆的三维坐标，微处理机用于整个系统的数据处理和管理，车辆导航软件则负责处理导航相关的数据。显示器可以实时显示车辆的运行情况，而地理信息系统则存储了电子地图和导航相关的信息。

车辆导航系统的功能如下：

1）查询。车辆导航系统具备提供停车场、主要旅游景点、宾馆等数据库的功能，用户可以通过系统查询并在电子地图上显示它们的位置。查询结果以语音和图像的形式呈现给用户。

2）跟踪车辆位置。车辆导航系统可以实时追踪移动目标，并将其位置准确显示在屏幕上。通过电子地图，用户可以方便地查看车辆的实际位置，同时还可以自由地进行地图缩放、放大、还原以及更换不同的地图视图。

3）行车路线设计。车辆行车路线的设计可以分为人工设计和自动设计两种方法。在人工设计路线中，驾驶人根据目的地选择起点、终点和途经点等，然后系统会自动建立一个路线库。而在自动设计路线中，驾驶人只需确定起点和终点，软件会根据最短行驶路线自动设计行车路线，并自动建立路线库。

4）行车路线导航。通过车辆导航系统，在电子地图上可以清晰地显示所设计的行车路线，并同时显示汽车的运行方向和路径。这样，用户可以方便地查看汽车的行驶轨迹。而且，导航系统还可以记录和保存汽车的运行路线，以便事后进行回放和查看。

在运行路线导航中，导航系统还会显示车辆当前位置的纬度和经度信息，以及到达下一个目的地所剩余的距离。这样，驾驶人可以清楚地了解当前位置和目的地之间的距离，并根据导航系统提供的信息进行导航和行驶。

（2）基于 GPS 的车辆运营管理系统　车辆运营管理系统的主要目的是让车辆运营管理部门和安全保卫部门能够及时了解车辆的运行状况，以便进行指挥和调度。同时，该系统还会为驾驶人提供交通、公安和服务信息，以提升整体的运行效率和安全性。

车辆运营管理系统是一种新型的综合系统，将 GPS、GIS（地理信息系统）、无线电通信网络和遥测遥控等技术融合在一起。通过这些技术的整合，系统能够实现对车辆运营的全面管理。

根据不同的需求，该系统可以根据需要安装导航系统 ADIS（先进驾驶人信息系统），也可以只安装 GPS 接收机，以提供车辆的位置信息。这样，系统可以根据实际情况进行定制和配置，以满足不同用户的需求。

车辆监控中心配备了多台微型计算机、一台工作站和一个大屏幕显示器。为了有效监测和管理车辆，这些计算机内安装了城市道路信息库、车辆运行状态监测软件、重要车辆运行路线优化设计软件、车辆运营调度管理系统软件和车辆报警紧急处理软件等必要的应用程序。

车辆运营管理系统具有以下几个方面的功能。

1）查询与跟踪。通过监控台，控制中心可以查询系统中任意目标的位置。在大屏幕电子地图上，可以以数字形式显示车辆的速度、方向、经纬度以及距离目的地的剩余距离等信息。

系统的大屏幕支持多视口开窗功能，可以同时监视多辆车的运行情况，并能显示和存储车辆的运行轨迹，以供运行评估和指挥调度使用。

2）指挥调度。指挥中心可以监视车辆的运行状况，并根据实时情况使用最佳路径设计软件对车辆进行指挥调度。指挥中心可以随时跟踪目标车辆，将话务指挥与车辆跟踪结合起来，实现现代化的管理方式。

3）应急。该系统对车辆进行分级管理，根据不同的优先级分配不同的时间。监控台可以对遇到危险或发生事故的车辆发出求救信号，并通过电子地图显示和声光报警进行优先处理。

10.3　北斗卫星导航系统

10.3.1　北斗卫星导航系统简介

我国的北斗导航卫星系统（BeiDou Navigation Satellite System，BDS）是为了满足国家安全和经济社会发展的需求而自主建设和运行的全球卫星导航系统。该系统是国家重要的时空基础设施，为全球用户提供全天候、全天时、高精度的定位、导航和授时服务。

自 BDS 提供服务以来，已广泛应用于交通运输、农林渔业、水文监测、气象测报、通信授时、电力调度、救灾减灾、公共安全等领域，为国家重要基础设施提供了保障，取得了显著的经济效益和社会效益。基于 BDS 的导航服务已被电子商务、移动智能终端制造、位置服务等行业采用，广泛进入我国大众消费、共享经济和民生领域。这种应用的新模式、新业态和新经济正在深刻改变人们的生产和生活方式。

我国将继续推进 BDS 应用和产业化发展，为国家现代化建设和百姓的日常生活提供服务，为全球科技、经济和社会发展做出贡献。

BDS 秉承着"中国的北斗、世界的北斗、一流的北斗"的发展理念，致力于与世界各国共享 BDS 的建设成果，推动全球卫星导航事业的繁荣发展，为全球服务，造福人类，展现中国的智慧和力量。BDS 提供重要的时空信息保障，为经济社会发展做出了重要贡献，是中国改革开放 40 多年来的重要成就之一，也是新中国成立 70 多年来的重要科技成就之一，更是中国为世界提供的全球公共服务产品。中国将继续积极推动国际交流与合作，实现与世界其他卫星导航系统的兼容与互操作性，为全球用户提供更高性能、更可靠、更丰富的服务。

BDS 分为三个部分：空间段、地面段和用户段。空间段包括静止轨道卫星、中地球轨道卫星和倾斜同步轨道卫星。静止轨道卫星的位置分别是东经 58.75°、80°、110.5°、140°和 160°；中地球轨道卫星分布在 3 个轨道面上，轨道面之间均匀分布，并相隔 120°。地面段主要由控制端组成，负责接收北斗信号，包括主控站、时间同步/注入站和监测站等。用户段则为用户提供服务,包括应用软件与用户服务系统,以及基础设备如芯片和天线等。

10.3.2 BDS 发展历程

1. 北斗一号

北斗一号系统是在国家经济技术条件艰苦的情况下建设的。2002 年,欧盟启动了伽利略卫星导航计划,开始自主研发导航系统。欧盟看准了中国技术不足的弱点,向中国提出了合作的机会。中国不惜代价,投入巨资,但最终未能获得预期的成果,因此开始将研发重心转移到自主研发上。北斗一号系统采用了有源定位技术,用户端向卫星发射信号,卫星将信号传到地面段进行解算等技术服务,再由卫星传回给用户,为用户提供定位、授时、通信等服务。到 2000 年 10 月和 12 月,北斗一号系统发射了两颗地球静止轨道卫星,并在国内投入使用,使中国走近了世界舞台,并与欧盟从合作走向了竞争。北斗一号系统在技术上创新地提出了双星定位模式,这一突破是与其他卫星导航系统的区别,成为国际上第一个基于双星定位技术研发的有源卫星导航系统。

2. 北斗二号

2004 年 8 月,北斗导航卫星研制团队正式启动北斗二号卫星系统研发建设。经过团队的不懈努力,2007 年我国成功研制出国产的原子钟,并发射了第 4 颗"北斗"一号导航卫星,激活了沉寂的"北斗",实现了弯道超车。2007 年底,我国取得了重大技术突破,成功发射了第一颗"中轨道"导航系统卫星。然而,北斗一号的精度仅能覆盖亚洲地区,实现区域定位。经过 8 年的艰苦研发,2012 年 12 月,我国成功发射了 14 颗卫星,并在北斗一号系统有源定位体制技术的基础上,增加了无源定位体制技术,使北斗二号兼容两种体制。无源定位体制技术允许用户向卫星发射信号,在用户端即可完成解算定位等服务。虽然相比有源定位体制技术,定位速度较慢,但定位精度更高,并采取广播式服务,保留了位置报告和短报文通信服务。与北斗一号相比,北斗二号的定位精度得到了大幅度提升。

3. 北斗三号

北斗三号是真正意义上的全球定位系统。2009 年,我国正式启动北斗三号研发工程,并取得了突飞猛进的进展。截至 2020 年 6 月 23 日,我国成功发射了 55 颗导航卫星。北斗三号搭载了多颗特色卫星,配备了高精度的氢原子钟和铷原子钟,在定位、导航和通信等功能上取得了卓越成果,实现了技术上的新飞跃。2020 年 7 月 31 日,习近平总书记在人民大会堂宣布北斗三号全球卫星导航系统正式开通。在北斗三号的区域扩展中,为了让地面站更高效地接收信息,攻克了海外建站的难题。北斗导航卫星研制团队在发射的卫星上实现了星间链路,使太空中的卫星之间能够进行通信。这一国际技术突破打破了国外技术的垄断和封锁。与北斗一号、北斗二号相比,北斗三号发射的卫星数量更多,技术更先进,服务区域更广泛(逐渐面向全球)。同时,北斗系统实现了与其他系统 [GPS、GLONASS(格洛纳斯导航卫星系统)和 Galileo(伽利略导航卫星系统)] 的兼容。单颗卫星的寿命也延长至 10~12 年。此外,北斗三号的定位精度从区域系统的 10m 提升到 2.5~5.0m。

10.3.3 BDS 在交通运输系统中的应用

随着我国经济不断增长和人民生活水平的提高,卫星导航系统在交通运输领域蓬勃发展。北斗定位技术的快速进步使得越来越多的车辆管理机构和公司将导航技术应用于车辆,通过与后台地图系统结合，可实现对车辆的追踪和监督，大大提高了车辆管理效率。导航技术的研发将促使更多车辆实现无人驾驶，同时在物流运输方面，可以推广无人送货到家的方式。开发新的用户端应用程序，可以监测车辆行驶状态，并让驾驶人和乘客的亲人或紧急联系人及时获取乘车信息，包括上车时间、上车地点、车牌号、车辆负责人信息、下车时间、下车地点等，从而有效保障乘客的人身安全。采用高精度定位等技术，可以实现无人驾驶和高效监管车辆行驶状态，为我国交通运输行业提供更多便利。因此，预计 BDS 在交通运输领域的应用将越来越广泛。

1. 公路监管及大众出行

（1）交通基础设施精细化管理　通过依托高精度地理信息地图，高速公路的全生命周期得以精细化管理。人们快速采集道路设施环境信息和道路设施模型，并通过数字化升级改造，形成一个交通基础设施的数字孪生体。实体道路与数字化虚拟路形成了同步映射、相互验证和同步应用的关系，从而实现了交通设施多维虚拟化的展示、智能化的管理和数字化的控制。这样的管理方式可以满足交通设施规划、设计、建设、运营和维护的全生命周期精细化管理需求。

另外，卫星导航在公路领域的应用非常广泛。在公路基础设施建设和管理方面，卫星导航定位具有全天候、全时段、连续、动态监控的优势。目前国内已有许多相关案例，涉及桥梁、边坡等领域的高精度勘察、数字化施工和高速公路养护及应急救援服务。

在公路工程测量、公路施工机械控制、桥梁和边坡形变监测、公路收费等方面，高精度卫星导航定位已被广泛应用。包括天津、江苏、浙江、福建、湖南、云南、贵州、四川、广东等地区相继开展了基于高精度卫星导航定位的公路边坡形变监测。具体应用案例包括天津永和大桥、江苏苏通大桥、江苏润扬大桥、浙江金塘大桥、温州绕城高速、宜昌神龙溪大桥、南平高速公路、川藏 318 国道和铜黄高速公路等。这些应用为公路的安全性和效率提供了重要保障。

（2）交通基础设施健康监测　北斗卫星导航系统的高精度定位和短报文技术在没有 4G 信号的情况下，可以应用于中大型桥梁、高危边坡等重大交通基础设施的智能化、信息化、自动化在线监测。这种监测系统能够全天候、全时段、连续地监测运营的安全状况，为交通基础设施的建设、日常养护、管理和突发事件应急处置提供巨大的支持和保障。通过北斗卫星导航系统的应用，人们可以实现对交通基础设施的全面掌握，提高其安全性和运营效率。

（3）服务大众便捷出行　在公路收费方面，卫星导航技术的应用可以解决车辆运行轨迹多义性的问题，从而减少车辆停车收费的时间，提高车辆通行的效率。自 2018 年以来，中国交通通信信息中心一直致力于研究北斗卫星导航系统在公路收费领域的应用。研究人员不断进行技术研发，包括利用车辆北斗定位轨迹还原 ETC（电子不停车收费）门架信息、辅助收费稽查和按里程收费等。同时，在江西、海南、广东、云南等省份进行了试点验证，ETC 门架站的准确还原率可达 99% 以上，为北斗辅助公路半自动车道收费（MTC）系统的车辆精准计费工作奠定了良好的基础。

此外，北斗自由流收费管理服务平台与出行导航系统结合，利用高精度地图和高精度定位数据，实现了收费站的无感通行。这为未来的智能驾驶和便捷出行提供了技术支持。例如，在南昌环城道路上，已经完成了 3 个站 8 条北斗试验车道的改造任务，并建设了 3 个地基增强站。这些工作为公路收费系统的现代化提供了重要的基础设施。

在高精度交通专题地图建设过程中，人们可以整合道路养护、占路施工、交通管制、道路拥堵、公路事故多发点段等交通动态环境信息。通过建立公益性精准出行信息，人们可以将这些高精度信息及时推送给营运车辆和私家车，以便实时发出安全预警提示。这样做有两个目的：一方面，提醒驾驶人要安全谨慎驾驶，从而提高人们出行的安全感；另一方面，引导驾驶人合理规划出行路径，避开拥堵路段，以提升出行体验。

（4）公路精准管控　通过使用高精度地图和高精度定位技术，人们可以将车辆的管理由断面级别提升到车道级别，将交通控制由车流级别提升到车辆级别，从而实现交通的智慧化和高效化。

（5）自动驾驶货车编队服务　货车编队行驶，也被称为货车队列行驶或队列跟驰，在此过程中，人们可以利用高精度定位技术为车辆的自动行驶提供决策辅助，从而有效降低成本。

2. 水上航运

在水路和港口应用方面，卫星导航系统主要用于船舶管理、航道测绘、船舶安全进港引航、航道疏浚和智能港口改造等方面。在我国，通过"基于北斗的内河船舶航行运输服务监管示范工程"的实施，将在内河运输重点船舶上推广应用 5000 套北斗高精度定位终端，实现对内河航运船舶的亚米级定位监管服务。此外，国内外一些港口已经基于卫星导航高精度定位技术，成功开展了在能见度不良甚至零能见度条件下完成船舶安全进港引航的示范应用。在航道工程应用方面，我国在 20 世纪 90 年代中期就引进了 GPS 技术用于航道建设与管理，包括航道测绘、航道疏浚和航标精细遥测遥控等方面的应用。在船舶管理方面，通过安装北斗高精度定位终端，并结合高精度江图，可以实现对船舶的智能化管理，有效预防意外事故的发生，如拥堵、撞船、搁浅等。航道测绘应用主要通过高精度卫星导航定位技术，为电子航道图和航道建设工程提供精准的航道地理信息，包括航道水深和河床地形等。在航道疏浚过程中，疏浚船舶需要实时导航和定位，以实现航道疏浚过程的精细化管理。通过利用北斗高精度服务，结合高精度地图，支持港区作业机械的自动化升级改造，实现港内堆场橡胶轮胎门式龙门吊（RTG）的自动行走，以及港内集货车辆在堆场的自动装卸货。这些技术的应用可以实现港口内部生产的自动化控制和调度，提高效率、节约人力资源、避免事故发生，提升整个港口的智能化水平。

在未来，人们将结合交通运输基础设施的建设、养护和管理需求，解决导航信号可用性和可靠性的问题，以打造可信、泛在的精准时空体系。人们将建设覆盖全国的高精度交通空间专题地图新型基础设施，推动行业基础设施的数字化转型。这将形成与实体公路、水路一致且相互映射的数字化专题基础设施，以服务交通基础设施规划、设计、建造、养护和运行管理等全周期需求。人们还将推动实现公路、水路、铁路、航空和邮政等多种运输方式的一体化融合展示和监控，为自动驾驶、车路协同、多式联运和精细化监管等新业态提供高精度交通空间专题地图服务。这将支撑全天候复杂交通场景下的大件运输等专业导航应用的需求。

10.4 云技术

10.4.1 云技术概述

迄今为止,云技术尚未有一个统一的定义。不同的组织从不同的角度给出了不同的定义,据统计,目前关于云技术的定义至少有 25 种以上。例如,根据 Gartner 的定义,云技术是一种使用网络技术,并由 IT(信息技术)使能,以可扩展性和弹性能力为特点,向多个外部用户提供计算服务。而美国国家标准与技术实验室对云技术的定义是:"云技术是通过互联网便捷地访问可定制的 IT 资源共享池的能力,按照使用量付费的模式提供 IT 资源(包括网络、服务器、存储、应用和服务),这些资源能够快速部署,并且只需要很少的管理工作或与服务供应商的交互技术。"随着应用场景的变化和使能技术的发展,关于云技术的定义还在不断涌现新的观点。

云技术将分散在网络上的计算、存储、服务构件和网络软件等资源集中起来,通过资源虚拟化的方式为用户提供便捷快速的服务,实现分布式和并行处理的计算和存储。将"云"视为一个虚拟化的存储和计算资源池,云技术则是基于网络平台为用户提供数据存储和网络计算服务的能力。互联网是最大的"云",其中的各种计算资源共同构成了若干庞大的数据中心和计算中心。然而,云技术不仅是一个简单的技术名词,它不仅意味着一项技术或一系列技术的组合,更重要的是它指向了 IT 基础设施的交付和使用模式。云技术通过网络以按需和可扩展的方式提供所需的资源(包括硬件、平台和软件)。网络提供资源的这种模式被称为"云"。从更广泛的意义上来说,云技术是指服务的交付和使用模式,即通过网络以按需和可扩展的方式获得所需的服务。这种服务可以是 IT 基础设施(包括硬件、平台和软件),也可以是其他任何类型的服务。无论是狭义还是广义,云技术所秉承的核心理念是提供"按需服务",就像人们使用水、电、天然气等资源的方式一样。这也是云计算对于信息通信技术(ICT)领域乃至人类社会发展最重要的意义所在。

10.4.2 云技术的关键业务

1. 云存储

云存储是在云计算(Cloud Computing)概念上延伸和发展出来的一个新概念。与云计算类似,它是指通过集群应用、网格技术或分布式文件系统等功能,将网络中大量各种不同类型的存储设备通过应用软件集合起来协同工作,共同对外提供数据存储和业务访问功能的一个系统。对于普通使用者来讲,云存储并不是一个具体的设备,而是使用整个云存储技术系统获得的数据访问服务。

云存储技术的概念始于 Amazon 提供的一项服务(S3),同时还伴随着其云计算产品(EC2)。在 Amazon 的 S3 服务的背后,还管理着多个商品硬件设备,并捆绑着相应的软件,用于创建一个存储池。新兴的网络公司已经接受了这种产品,并提出了云存储这个术语及其相应的概念。

云存储是一种架构,而不是一种服务。从根本上来看,通过添加标准硬件和共享标准网络(公共互联网或私有的企业内部网)的访问,云存储技术很容易扩展云容量和性能。事实证明,管理数百台服务器,使得其感觉上去就像是管理一个单一的、大型的存储池设备,是一项相当具有挑战性的工作。早期的供应商(如 Amazon)承担了这一重任,并通过在线出租的形式赢利。其他供应商雇用了大量的工程师在其防火墙内部实施这种管理,并且定制存储节点以在其上运行应用程序。由于摩尔定律(Moore's Law)压低了磁盘和 CPU 的商品价格,云存储渐渐成了数据中心中一项具有高度突破性的技术。

2. 云计算

云计算是云技术的一种具体应用,被许多专家认为会改变互联网的技术基础,甚至会影响整个产业的格局。因此,许多大型企业都在研究云计算技术和基于云计算的服务,包括微软、戴尔、IBM、SUN 等行业巨头。在短短几年内,云计算已经从新兴技术发展成为当今的热点技术。

通过将计算分布在大量的分布式计算机上,而不是本地计算机或远程服务器中,企业数据中心的运行变得更像互联网。这使得企业能够根据需求访问计算机和存储系统,并将资源切换到需要的应用上。

云计算具有以下几个主要特征:

1)资源配置动态化。云计算根据消费者的需求动态分配或释放不同的物理和虚拟资源。当需求增加时,可以通过增加可用资源来满足需求,实现快速弹性提供资源。如果用户不再使用这些资源,可以将其释放。云计算为客户提供的这种能力是无限的,实现了 IT 资源利用的可扩展性。

2)云计算提供了自助化的资源服务,使客户能够自动获取所需的计算资源能力,无须与提供商进行交互。同时,云系统为客户提供了应用服务目录,客户可以通过自助方式选择满足自身需求的服务项目和内容。

3)网络访问便捷化。客户可以借助不同的终端设备,通过标准的应用实现对网络的访问能力,使得网络访问无处不在。

4)服务可计量化。在提供云服务的过程中,针对不同的服务类型,通过计量的方法来自动控制和优化资源配置。这意味着资源的使用可以被监测和控制,实现即付即用的服务模式。

5)资源的虚拟化。借助虚拟化技术,云计算将分布在不同地区的计算资源整合在一起,实现基础设施资源的共享。

10.4.3 云技术在道路运输中的应用

(1)道路运输信息云 智能交通系统(ITS)是交通行业发展的新趋势,其中实时交通信息处理是重要研究内容之一。道路运输在智能交通系统中扮演着重要角色,如何处理和利用大量的道路运输信息成为未来智能道路运输信息服务的关键问题。利用现代高速信息网络和强大的计算机信息处理能力,实现高效的交通系统控制和物流运输,优化道路运输车辆的路线导航,提高道路运输组织效率,是道路运输领域和信息处理领域所共同面临的重大挑战。

近年来,云技术成为一种新的信息技术,以其自动化的 IT 资源调度、高速的信息部署和出色的扩展性,成为解决上述问题的关键技术手段。云计算作为云技术的核心,作为一种新兴的计算和商业模式,正在加速信息产业和道路运输信息服务化的进程。加快发展云计算技术在智能道路运输领域的应用，对于提升道路运输信息处理水平、推动产业优化结构升级、促进经济发展方式转变具有重要意义，其市场应用前景广阔。

（2）基于 GPS 的浮动车道路运输信息云　浮动车通常指的是配备无线通信装置和定位系统的车辆。浮动车系统一般由三个部分组成：车载设备、无线通信网络和数据处理中心。浮动车通过无线通信网络将采集到的时间和行车位置等具体信息上传至数据处理中心进行存储和预处理，然后根据相关的算法模型将数据匹配到地图上，计算或预测出车辆的里程数、行驶时间以及行车速度等道路参数。

相比传统的交通数据信息采集技术，如固定型交通检测设备检测技术，浮动车系统具有更多的优势。固定型检测设备采用红外线、磁感应线圈、超声波测量和微波检测等技术，但存在检测范围小、实时性差、检测准确率低等缺点。此外，固定型检测设备的价格昂贵且不易维修。

基于 GPS 的浮动车交通信息采集技术是一种低成本、高效的交通信息采集方式。通过记录车辆在路网上的时间、速度和坐标等状态信息，可以得到路段的区间运行速度和行程时间信息，从而改善了传统交通检测设备的实时性差、投入高、数据精确率低等问题。这种技术不仅可以有效显示车辆的实时速度，保证数据采集的准确性和精度，还可以降低成本，为传统交通信息采集技术提供有益补充。

高速信息网络将计算机、服务器、虚拟机和车载 GPS 装置连接起来，构建成云计算的基础设施。这种网络独特的信息交易体制可以吸引更多的车辆成为交通信息的提供者，使得获取的 GPS 信息能够更全面地反映道路交通状况。同时，车载 GPS 的定位精度和计算能力可以为数据处理中心提供更高质量的定位信息，减轻数据中心的计算压力和复杂程度。云计算机制和强大的计算能力能够深度感知交通状况，通过对采集的数据信息进行处理和反馈，为大量个体提供个性化的动态导航服务。图 10-6 展示了云计算技术在交通 GPS 浮动车信息处理和服务中的应用。

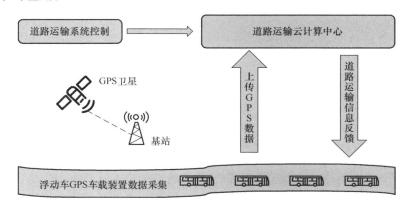

图 10-6　交通 GPS 信息云计算

（3）最优路径诱导服务　交通诱导服务是云计算技术在智能交通中的另一个重要应用领域。该服务以交通数据为基础，通过云计算数据中心对人、车、路等综合交通影响因素进行处理、分析和融合，快速判断路况，并通过广播、电子地图、实时手机短信、车载终端等媒介将信息发布给广大的道路使用者。这样，交通诱导服务可以为用户提供最优路径引导信息和各类实时交通信息帮助，方便驾驶人提前调整行车路线，避开交通拥堵和事故路段，提高通行效率和行车安全。

由于交通行为的诱导高度依赖于交通信息数据，因此对发布的交通信息提出了高效性、准确性和及时性的要求。交通信息的云计算将信息采集和信息服务结合在一起，借助云计算的高效数据处理能力和准确的交通预测，为交通行为的诱导提供了可靠的信息计算基础。

（4）基于云计算的道路物流监控与跟踪系统　随着电子商务的普及，跨地区物品配送量急剧增加，物流运输成为主要的交付方式之一。每个包裹都有一个唯一的条码与之对应，通过条码识别和管理来跟踪整个运输过程。基于交通云计算的物流监控与跟踪系统可以改进现有的系统，它由标签数据采集、通信系统和管理中心系统组成。通过射频标签技术对快件条码信息进行识别和解码，然后通过通信系统传输到管理中心系统。管理中心系统存储和控制采集到的信息，使用户能够可视化地监控和管理物流过程。

采用云计算的集中模式后，公路、铁路、海运和航空等各个地区的数据被集中整合到统一的云计算数据中心中，实现多个系统之间的信息共享、传递和融合，从而实现统一的物流规划、组织管理和调配。

10.5　物联网技术

10.5.1　物联网的概念

物联网最早起源于射频识别（RFID）领域。在1999年，美国麻省理工学院自动识别（Auto－ID）中心，即EPC Global的前身，提出了物联网的概念。当时的物联网是指在每个产品上贴上电子标签，并通过后台信息系统构建一个能够让所有物品互相联系的网络，借助于互联网实现物品的智能识别和管理。

自从1999年提出物联网（Internet of Things）这个概念以来，物联网的定义和概念一直在不断发展和完善。最初的物联网概念源于射频识别（RFID）领域，即在每个物品上贴上电子标签，并通过射频识别技术和通信技术建立信息网络，实现物品的智能识别、定位和监控。然而，物联网的发展很快超越了这个定义，涵盖了传感网、互联网等传统IT领域，吸引了研究团体、大型企业、国际组织和政府的高度关注。物联网的内涵不断丰富，人们对物联网的认识也逐渐深入，甚至有人预测物联网将成为人类社会的第三次信息化浪潮。然而，至今仍没有一个相对统一的定义，新的解释也不断涌现。接下来将介绍目前较为典型的几个物联网概念。

1）1999年，美国麻省理工学院自动识别中心首次提出了物联网的概念，将所有物品通过射频识别（RFID）和条码等信息传感设备与互联网连接起来，实现智能化识别和管理功能的网络。实质上，这是将RFID技术和互联网相结合的应用。

2）2005年，国际电信联盟（ITU）正式定义了物联网的内涵：通过RFID、传感器、全球定位系统和激光扫描器等信息传感设备，使得物品具备自动标识和智能感知能力，实现物理世界与虚拟数字世界的连接。通过物品的智能接口，实现信息网络的无缝结合，进行信息交换与通信，从而实现智能化的识别、定位、跟踪、监控和管理目标。最终实现任何时刻、任何地点、任何物体之间的互联，使其成为一个无所不在的网络并进行无所不在的计算。

3）2009年9月，在北京举办的"物联网与企业环境中欧研讨会"上，欧盟委员会信息和社会媒体司RFID部门负责人Lorent Ferderix博士给出了欧盟对物联网的定义：物联网是一个具有动态性的全球网络基础设施，它能够自组织，并采用基于标准和互操作通信协议。在物联网中，物理和虚拟的物体具有身份标识、物理属性、虚拟特性和智能接口，并与信息网络无缝整合。物联网将与媒体互联网、服务互联网和企业互联网共同构建未来的互联网。

4）2010年，中国政府工作报告所附的注释中对物联网的定义如下：物联网是通过信息传感设备，按照约定的协议，将各种物品与互联网连接起来，实现智能化的识别、定位、跟踪、监控和管理的一种网络。这个定义有两个关键点：首先，物联网的核心和基础仍然是互联网，是在互联网基础上的扩展和延伸；其次，物联网的用户端延伸到了各种物品之间，实现信息交换和通信的目的。

可以看出，从当前物联网的发展现状来看，达成一个被所有各方认可的物联网概念相对困难，各个国家和相关机构对物联网的理解存在一定的差异。然而，可以预见的是，随着物联网技术的逐渐成熟，对其进行统一的定义只是时间问题。

从物联网的上述概念来看，传感网、互联网和物联网的比较见表10-1和表10-2。

表10-1 传感网、互联网和物联网的比较（一）

特征项	传感网	互联网	物联网
物品的标识	可标识	不可标识	必须标识
物品的感知	可感知	不可感知	必须感知
结点的有源性	有源结点	有源结点	无源+有源
联网覆盖范围	局域	广域	广域
联网结点数量	受限	无限	无限

表10-2 传感网、互联网和物联网的比较（二）

特征项	传感网	互联网	物联网
联网方式	自组织	主干网+灵活接入	主干网+自主接入
联网时间约束	无约束	无约束	时序同步
联网数据处理	端结点、汇聚结点	端结点	所有结点
信息相关性	信息相关	信息无关	信息相关
应用相关性	应用无关	应用无关	应用相关
物品语义识别	端结点	不识别	端结点、汇聚结点
物品语义处理	端结点可选	不处理	端结点、汇聚结点
自反馈控制	端结点可选	无	多级自反馈

10.5.2 物联网体系框架

物联网的价值在于赋予物体"智能"，实现人与物、物与物之间的互通。物联网的特点是感知、互联和智能的叠加。因此，物联网由三个主要组成部分构成：感知部分主要以二维码、RFID和传感器为核心，实现对物体的识别；传输网络则通过现有的互联网、广电网络、通信网络等来实现数据的传输；智能传输则利用云计算、数据挖掘、中间件等技术实现物品的自动控制和智能管理等。

目前，业界大致公认物联网体系结构包含三个层次：底层是感知层，用于感知数据；其上是网络层，负责数据传输；最上层是应用层，如图10-7所示。

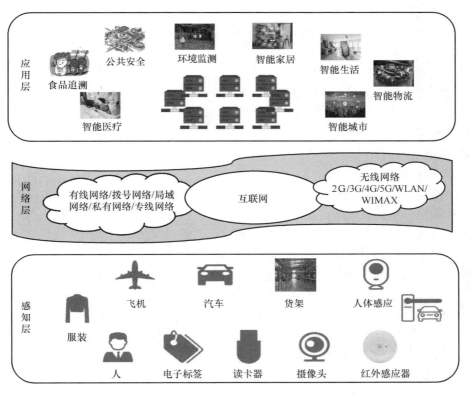

图10-7 物联网体系框架

在物联网的框架中，可以将其三层关系类比为人体的皮肤和五官、神经中枢和大脑以及社会分工的概念，以更好地理解。感知层可以看作是物联网的"皮肤"和"五官"，用于识别物体和采集信息。这一层包括二维码标签和识读器、RFID标签和读写器、摄像头、GPS等设备，主要用于识别物体和采集信息，类似于人体的皮肤和五官的功能。网络层则相当于物联网的"神经中枢"和"大脑"，负责信息传递和处理。网络层包括通信与互联网的融合网络、网络管理中心和信息处理中心等组成部分。网络层负责将感知层获取的信息进行传递和处理，类似于人体的神经中枢和大脑。应用层则是物联网的"社会分工"，通过与行业需求的结合来实现广泛的智能化。应用层是物联网与行业专业技术的深度融合，通过与行业需求的结合来实现行业智能化，类似于人类社会中的社会分工。在这三个层次之间，信息不仅是单向传递，还存在着交互和控制等多种方式。所传递的信息也是多种多样的，其中最关键的是物品的信息，包括能够唯一标识物品的识别码以及物品的静态和动态信息。

下面对物联网三层体系框架的功能和关键技术分别进行简介。

1. 感知层

（1）感知层的功能 物联网是在传统网络的基础上进行扩展，将通信范围从人与人之间扩大到人与物体之间的通信。在物联网中，物体需要满足一定的条件才能被纳入物联网的范围，例如具备信息接收器和发送器、数据传输通路、数据处理芯片、操作系统和存储空间等，并遵循物联网的通信协议，具备可被识别的标识。然而，并非所有现实世界的物品都满足这些要求，因此需要特定的物联网设备来满足条件并加入物联网。

物联网的感知层解决了人类世界和物理世界数据获取的问题，包括各类物理量、标识、音频和视频数据。感知层作为物联网架构的最底层，是物联网发展和应用的基础，具备物联网全面感知的核心能力，发挥着至关重要的作用。

感知层通常包括数据采集和数据短距离传输两个部分。首先，通过传感器、摄像头等设备采集外部物理世界的数据，并通过蓝牙、红外线、ZigBee（蜂舞协议）、工业现场总线等短距离有线或无线传输技术，与网关设备进行协同工作或传递数据。另外，有些情况下仅需进行数据的短距离传输，特别是在仅传递物品识别码的情况下。实际上，感知层的这两个部分有时难以明确区分开。

（2）感知层关键技术

1）传感器技术。传感器是一种检测装置，能够感知被测信息，并将其转化为电信号或其他形式的输出信息，以满足传输、处理、存储、显示、记录和控制等需求。传感器是实现自动检测和自动控制的关键组件。在物联网系统中，物联网传感器是用于采集和处理各种参数信息的设备。传感器可以独立存在，也可以与其他设备集成在一起。无论采用哪种方式，传感器都是物联网中感知和输入部分的重要组成部分。在未来的物联网中，传感器及其构成的传感器网络将在数据采集的前端发挥重要的作用。

2）RFID 技术。RFID 系统由三个主要组成部分构成：电子标签（Tag）、读写器（Reader）和天线（Antenna）。电子标签芯片具有数据存储区，用于存储待识别物品的标识信息。读写器负责将约定格式的标识信息写入电子标签的存储区（写入功能），或以无接触的方式在读写器的阅读范围内读取电子标签内保存的信息（读出功能）。天线用于发射和接收射频信号，通常内置于电子标签和读写器中。

3）二维码技术。二维码技术是物联网感知层中最基本和关键的技术之一。二维码也被称为二维条码或二维条形码，它是一种应用技术，利用特定的几何形状按照一定规律在平面上分布（黑白相间）以记录信息。从技术原理上来看，二维码巧妙地利用了构成计算机内部逻辑基础的"0"和"1"比特流的概念，使用一些与二进制相对应的几何形状来表示数据信息。通过图像输入设备或光电扫描设备的自动识读，实现对信息的自动处理。

4）ZigBee。ZigBee 是一种短距离、低功耗的无线传输技术，它是 IEEE 802.15.4 协议的代名词，介于无线标记技术和蓝牙之间。它的名字来源于蜜蜂使用的通信方式，蜜蜂通过飞翔和抖动翅膀传递信息，构成了群体中的通信网络。ZigBee 采用分组交换和跳频技术，在 2.4GHz 的公共通用频段、欧洲的 868MHz 频段和美国的 915MHz 频段可使用。ZigBee 主要应用在短距离范围内传输数据速率较低的电子设备之间。与蓝牙相比，ZigBee 更简单、速率较慢、功耗和费用更低。由于其低速率和通信范围的限制，ZigBee 适用于承载数据流量较小的业务。

5）蓝牙。蓝牙（Bluetooth）是一种开放性的全球无线数据与语音通信规范，与 ZigBee 类似，也是一种短距离的无线传输技术。它的主要目的是为固定设备或移动设备之间建立通用的短距离无线接口，进一步将通信技术与计算机技术结合起来。蓝牙技术可以在无须电线或电缆连接的情况下，使各种设备在短距离范围内进行相互通信或操作。

2. 网络层

（1）网络层的功能　物联网的网络层是在现有网络基础上建立起来的，与当前主流的移动通信网、国际互联网、企业内部网和各类专网类似，其主要功能是进行数据传输。在物联网中，网络层需要无障碍、高可靠性和高安全性地传输感知层获取到的数据，特别是在远距离传输方面需要解决的问题。同时，物联网网络层需要处理比现有网络更大的数据量和更高的服务质量要求。因此，现有网络无法完全满足物联网的需求，这就意味着物联网需要通过融合和扩展现有网络，并利用新技术来实现更广泛和高效的互联功能。

（2）网络层关键技术

1）Internet。物联网是互联网的进一步延伸，它是以相互交流信息资源为目的的网络系统。物联网采用了与互联网相同的基于 TCP/IP 的通信方式，并通过许多设备和传感器的连接实现信息资源和资源共享。无论是何种类型的计算机，采用何种操作系统，只要能使用 TCP/IP 与物联网中的其他设备进行通信，都可以被视为物联网的一部分。因此，物联网的覆盖范围非常广泛。

2）移动通信网。移动通信网由无线接入网、核心网和骨干网三部分组成。无线接入网主要为移动终端提供接入网络服务，核心网和骨干网主要为各种业务提供交换和传输服务。移动通信网为人与人之间、人与网络之间、物与物之间的通信提供服务。在移动通信网中，当前比较热门的接入技术有 4G、5G 等。

3）无线传感器网络。无线传感器网络（WSN）的基本功能是通过自组织的无线网络连接一系列分散的传感器单元，将它们采集的数据通过无线传输进行汇总。这样可以实现对空间范围内的物理或环境状况进行协作监控，并根据这些信息进行相应的分析和处理。WSN 的目标是通过传感器之间的协作和数据共享，提供全面而准确的监测和分析能力，以满足各种应用领域的需求。

3. 应用层

（1）应用层的功能　应用层是将网络层传输来的数据通过各类信息系统进行处理，并通过各种设备与人进行交互的层级。这一层可以进一步划分为两个子层：应用程序层和终端设备层。应用程序层主要负责数据处理，实现不同行业、应用和系统之间的信息协同、共享和互通功能。它涵盖了电力、医疗、银行、交通、环保、物流、工业、农业、城市管理、家居生活等各个领域，可应用于政府、企业、社会组织、家庭和个人等不同实体，这正是物联网作为深度信息化网络的重要体现。而终端设备层主要提供人机界面。尽管物联网是"物物相连的网"，但最终目的是以人为中心，需要人的操作和控制。然而，这里的人机界面已经超出了传统的人与计算机交互范畴，而是泛指与应用程序连接的各种设备与人的交互反馈。

（2）应用层关键技术

1）M2M。即机器对机器（Machine-to-Machine）的缩写，M2M 是目前物联网广泛应用的形式，也是实现物联网的首要步骤。M2M 业务通过融合通信技术、自动控制技术和软件智能处理技术，实现对机器设备信息的自动获取和自动控制。

2）云计算。云计算（Cloud Computing）是分布式计算（Distributed Computing）、并行计算（Parallel Computing）和网格计算（Grid Computing）的发展，也可以说是这些计算机科学概念在商业上的实现。通过共享基础资源（硬件、平台、软件），云计算将庞大的系统池连接在一起，以提供各种 IT 服务。这种方式使得企业和个人用户不再需要投入巨额的硬件购置成本，而只需通过互联网租用计算力等资源。用户可以在多种场景下，利用各种终端通过互联网接入云计算平台来共享资源。

3）人工智能。目前对人工智能的定义可以大致分为四类，即机器"模拟人类思考""模拟人类行为""理性思考"和"理性行动"。人工智能领域的研究涉及机器人、语音识别、图像识别、自然语言处理和专家系统等。在物联网中，人工智能技术主要用于分析物品所携带的信息内容，以实现计算机的自动处理。

10.5.3 基于物联网的公交智能监控调度

1. 公交智能监控系统

公共交通是城市发展不可或缺的一部分，也是城市生存所必需的重要基础设施之一。作为城市整体发展的关键组成部分，城市公交系统承担着连接社会生产、流通和人们生活的重要纽带。城市公交系统具有运载量大、运输效率高、能源消耗低、环境污染相对较少和运输成本低等优点，因此在城市交通中占据着主导地位。同时，城市公共交通也是解决城市交通拥堵、交通事故频发和环境污染等问题的重要手段，被世界各国公认为解决城市交通问题的最佳策略。

然而，目前许多城市公共交通存在协调能力不足、服务水平下降、信息化服务不完善、运营调度方式较为落后等问题。智能公交系统的建设必将在缓解城市交通压力、减少环境污染、降低交通事故率、改善交通环境、提升公共交通服务水平和运营效率方面取得突破。

基于物联网的公交智能监控调度系统提供了解决目前城市公共交通问题的理想方案。该系统利用物联网技术、全球定位技术、无线通信技术和地理信息技术等综合应用，实现了公交车辆运营调度的智能化、公交车辆运行信息的数字化和可视化，为公众乘客提供了更完善的信息服务，提高了对运营车辆的指挥调度效率，推动了智慧交通和低碳城市的建设。

公交智能监控系统采用了一个数据中心和多个调度客户端的架构模式，并且可以采用二级调度（集中调度模式）或三级调度（线路调度模式）进行智能调度。整个系统由公交车车载GPS终端，电子站牌，公交车IC打卡器，公交车前、后、腰牌系统，数据传输网络和公交智能监控调度平台等组成。图10-8所示为公交智能监控调度系统的结构图。

图10-8 公交智能监控调度系统的结构图

（1）公交车车载 GPS 终端　车载 GPS 终端被安装在受监测的车辆上，它能够采集数据、进行信息交互、显示信息，并与其他设备进行连接和监控。

（2）电子站牌　公交智能监控调度系统能够根据车载 GPS 终端实时上报的运行状态，及时更新电子站牌上的公交车辆到站距离信息。

（3）公交车 IC 打卡器　公交车 IC 打卡器与车载 GPS 终端可通过标准接口（RS232/485、Can2.0、USB2.0）进行连接，打卡信息可通过无线网络上传。

（4）公交车前、后、腰牌系统　公交车前、后、腰牌系统与车载 GPS 终端主要通过标准接口（RS232/485、Can2.0、USB2.0）进行连接，实现远程自动更新或切换公交车路线信息的功能。

（5）数据传输网络　公交车智能监控调度系统与车载终端之间采用移动公司 3G、4G 或 5G 移动通信网实现数据交互，可确保数据传输的稳定性和可靠性。

（6）公交智能监控调度平台　公交智能监控调度平台可以对车载终端上报的数据进行分析处理，并与地理信息系统（GIS）连接，以实现车辆监控、数据信息统计管理、车辆运营调度、自动排班管理和电子站牌信息更新等功能。人们可以通过互联网随时随地访问公交车智能监控调度平台。

2. 公交智能监控系统的功能

公交智能监控系统主要有公交车辆排班、公交车辆的监控和调度、IC 卡无线传输以及公交线路自动切换等功能。

（1）公交车辆排班　系统通过对公交车辆忙/闲时段的统计分析，并结合公交人员管理信息，自动生成公交车辆的运行计划和排班计划。

（2）公交车辆的监控和调度　通过公交智能监控系统可实现区域调度。调度中心可同时对多条公交线路实施调度，并可实现营运车辆跨线路营运、线路间资源调配（人员调配、车辆调配）；也可以通过电子路单和自动报站等系统，对车辆运行实现过程监控。

（3）IC 卡无线传输　IC 卡刷卡机可通过标准数据传输协议与车载 GPS 终端连接，以实时传输 IC 卡刷卡机的数据，实时更新 IC 卡刷卡机的黑名单，同步 IC 卡刷卡机的时间等。

（4）公交线路自动切换　公交车前、后、腰牌系统可通过标准数据传输协议与车载 GPS 终端连接。当需要更换公交车线路时，监控调度中心可以通过远程操作实现公交车前、后、腰牌，智能语音报站，以及电子工单考核的自动变更。

此外，根据公交智能监控系统的服务能力和用户需求，系统还具备以下功能：客流量统计、自动语音报站、班车线路管理、班车路线统计、实时视频监控、超速报警、指定线路行驶、油量监控、驾驶人管理、文字信息显示和图像传输等。

3. 公交智能监控系统主要流程

（1）场站管理流程　场站管理系统是整个硬件系统的控制中心。系统启动后，等待远程服务器发送指令。一旦超高频读写器模块接收到工作指令，它会循环扫描公交车辆进出场站的情况。当有公交车辆进出场站时，读写器会记录该车辆的标签号和相关信息，并通过无线传输将这些信息发送到后台服务器。通过后台服务器对收集到的车辆信息进行处理，实现对公交场站车辆的管理。

该系统能够自动识别公交车辆，实现快速进出场站并自动记录。这提高了公交车辆进出场站的速度，并限制了未被允许的其他车辆的进入。场站管理流程如图 10-9 所示。

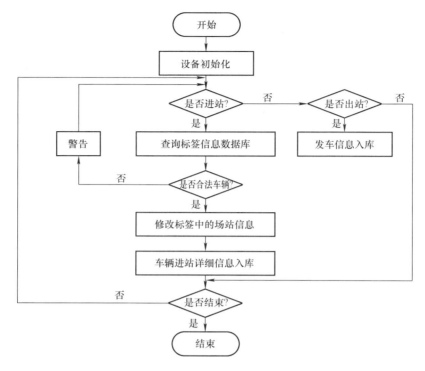

图 10-9 场站管理流程

（2）车辆监控流程　公交车运营过程中的定位与监控通常使用 GPS 车载机来实现。这些车载机会不断采集 GPS 的地理位置信息，并通过 GPRS（通用分组无线服务）定时发送到后台服务器，以实现对公交车辆的监控。然而，在高密度建筑环境中，GPS 信号衰减和定位不准确等问题会存在。随着公交车辆数量的增加，安装 GPS 车载机的成本和 GPRS 通信费用也会增加。为了解决这些问题，可以采用超高频 RFID 技术来实现公交车辆的定位与监控。

考虑到公交线路一般比较固定，公交站点的位置也不会经常变化。因此，可以在每个公交车站的电子站牌上安装一个超高频 RFID 采集终端。当公交车靠站停车时，电子站牌可以通过读写公交车内的 RFID 标签来交换信息。采集器通过读取公交车标签上的信息，可以获得车辆的运营单位、车号、路线号、班次等基本信息，还可以获取车内乘客数量信息。通过电子站牌上配备的 GPRS 数据远传模块，可以将车辆的到站信息和客流信息发送回后台调度终端，从而实现公交车辆的定位和监控。车辆监控流程如图 10-10 所示。

（3）行车计划编制流程　公交行车计划是公交静态调度的基础工作，通过全面分析运营条件和乘客需求，编制出指导公交运营全过程的计划。行车计划包括行车时刻表、车辆计划和劳动配班三个部分，其中以行车时刻表为核心，它是制订车辆计划和劳动配班的主要依据。行车计划编制流程如图 10-11 所示。从图 10-11 中可以看出，公交客流分析在制订行车计划表中起着重要的作用。公交客流分析包括时间不均衡规律分析、站点不均衡规律分析、方向不均衡规律分析和断面不均衡规律分析，这些分析结果是制订行车时刻表的基础。

随着物联网技术的不断发展，智能化和联网化程度将逐渐提高，并在更多领域得到广泛应用，为人们的生活带来更多舒适和环保，实现人与自然的更加和谐。基于物联网技术，公

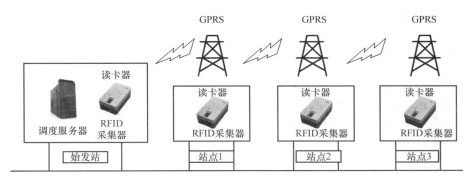

图 10-10 车辆监控流程

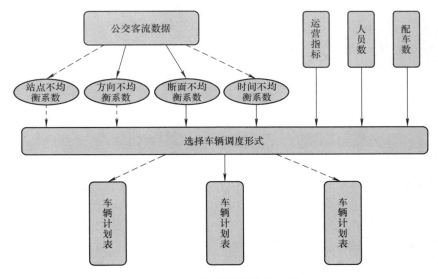

图 10-11 行车计划编制流程

交智能监控系统实现了公交车辆运营调度的智能管理。通过规范驾驶人的安全驾驶行为、监控车辆的安全行驶状况和实时视频监控,该系统进一步保障了乘客的安全。同时,该系统在自动排班、优化到站信息准确率和智能统计客流量等方面提高了公交运能和运营效率,降低了运营成本,提升了公交调度的应变能力和乘客的服务水平,进一步推动了智能交通和低碳城市的建设。目前,类似的系统已经在深圳、西安、广州和成都等城市得到广泛应用。

【重点与难点】

1. GPS 的技术特点及其定位原理。
2. 北斗卫星导航系统的发展历程及在交通运输系统中的应用。
3. 云技术在道路运输中的应用。
4. 物联网的概念及其体系框架。

【思考与练习】

1. 信息的特点是什么？
2. 现代通信技术的构成有哪些？
3. 简述 GPS 技术的定位原理。
4. GPS 的定位误差有哪些？
5. 简述北斗卫星导航系统的特点及其基本组成。
6. 简述北斗卫星导航系统在交通运输系统中的应用。

第 11 章 Chapter 11
交通运输系统大数据技术

11.1 交通大数据概述

11.1.1 交通大数据形态

1. 交通大数据的定义与分类

关于大数据的概念,通常想到的是数据量很大,但实际上它包括的不仅限于此,还涵盖了数据来源多样、数据类型多样以及处理复杂等特点。在"数据科学与大数据的科学原理及发展前景"——香山科学会议第 462 次学术讨论会上,科学家们从科学层面对大数据进行了定义,认为它是一种来源多样、类型多样、大而复杂、拥有潜在价值但在期望时间内难以处理和分析的数据集。因此,可以将大数据视为一种数字化生活时代的新型战略资源,是推动创新的重要因素,正在改变人类的生产和生活方式。上海市科学技术委员会发布的《上海推进大数据研究与发展三年行动计划(2013—2015 年)》中,也强调了大数据是一种大而复杂、无法使用现有数据库管理工具处理的数据集。综合而言,大数据的内涵包括:数据量很大、数据来源多样、数据类型多样、新型的数据处理和分析技术、通过数据分析形成的价值等方面。大数据正在对科学研究、经济建设、社会发展以及文化生活等领域产生革命性的影响。

城市交通大数据是一个庞大的数据集,其中包含了许多与交通直接相关的数据,例如探头数据、全球定位系统(GPS)数据以及可变信息提示板上的拥堵程度等。这些数据汇集在一起,形成了 PB 级别的数据集。此外,城市交通大数据还包括了许多其他相关领域的数据资源以及公众互动的数据资源。通过大数据的技术方法,分析这些数据资源可以为交通建设、交通管理和交通服务提供决策支持。城市交通大数据的多元化来源为人们提供了重要的数据支持,使人们更全面地了解城市交通系统的运行情况和变化趋势,从而帮助决策者制订更有效的交通规划和管理策略。

(1)交通大数据的概念 交通大数据是由许多不同来源、类型和格式的数据组成的数据集。除了直接与交通运行和管理相关的数据外,交通大数据还包括了许多其他行业和领域的数据,如气象、环境、人口、规划、移动通信等。此外,公众互动的数据也是交通大数据的重要组成部分,例如来自微博、微信、论坛、广播电台等的文字、图片、音视频等数据。如图 11-1 所示,这些数据来源的多样性和复杂性使得城市交通大数据在合理时间内难以用传统技术进行管理、处理和分析。因此,利用大数据技术来处理和分析这些数据资源,为交通的建设、管理和服务提供决策支持,具有重要的意义。

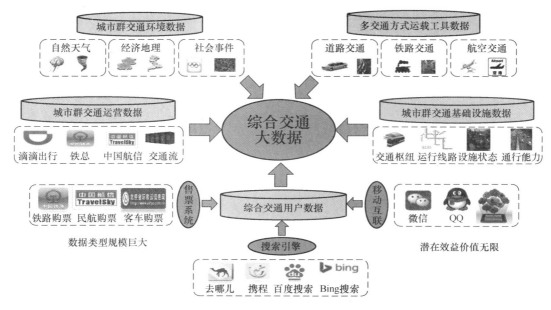

图 11-1　交通大数据

结合大数据的定义,显然交通大数据具有以下特点:

1)城市交通每时每刻都会产生大量的数据,包括视频、图片等非结构化数据,气象、环境等数据。这些数据的汇聚直接导致了城市交通大数据的巨大数据量。例如,仅上海每天产生的结构化交通数据就达到了 30PB。如果再加上道路监控视频和卡口照片等非结构化数据,数据量更是巨大。此外,相关行业和领域的数据以及公众互动提供的数据,也都是非常庞大的。

2)交通大数据的数据种类十分繁杂。交通运输直接产生的数据包括道路交通、公共交通、对外交通等数据。此外,还汇聚和整合了气象、环境、人口、规划、移动通信等多个相关行业的数据,以及政治、经济、社会、人文等领域重大活动关联数据。城市交通直接产生的数据种类超过 30 种,再算上其他行业的各类相关数据,数据种类就更加繁多了。

3)城市交通大数据蕴含丰富的价值。它可以为智慧交通公共信息服务提供实时传递,满足出行者实时准确获取交通出行信息服务的需求。同时,它也为交通管理部门的交通应急决策系统提供有力的数据分析处理层面的支撑,实现对交通紧急突发状况的快速反应及应急指挥,对维护社会稳定和减少经济损失有重大意义。此外,城市交通大数据还可以为城市规划和功能区设置、政府跨部门协同管理提供决策依据。最后,城市交通大数据还可以为交通管理及相关产业的科学研究提供数据。

4)城市交通大数据需要实时或近实时地处理和分析,以便及时采取措施来应对交通拥堵、天气变化、重大活动等情况。这些措施包括通过提示板、交通信号灯控制等手段提前进行分流和疏导,提前预警极端天气状况,在重大活动期间实时干预,以保证交通通畅,防止人群滞留、挤踏。同时,移动终端应用可以根据用户所在地点、附近的交通流量等信息进行实时的出行建议和路径规划等。处理交通大数据需要毫秒级的响应速度,特别是对车辆通过感应线圈、卡口等数据的分析和利用手机信令来分析交通状态。历史数据对于交通管理和城市规划决策的参考价值也不如近期数据高，因此交通管理和城市规划等决策更加注重近期数据的分析。

（2）交通大数据的分类　在一般情况下，大数据的处理需要将不同来源的数据集进行整合和汇聚，打破数据已有的分类。在城市交通大数据中，从某些角度来看，对数据进行分类可以更好地进行分析、理解和利用城市交通大数据。

1）城市交通大数据按照与交通管理和交通信息服务的关联程度进行分类，可以分为四类：交通直接产生的数据、公众互动交通状况数据、相关行业数据和重大社会经济活动关联数据。这四类数据与交通管理、交通信息服务的关联度依次降低。

① 交通直接产生的数据是城市交通大数据中与交通管理最为直接相关的数据，包括交通设施和车载 GPS 产生的数据，能够反映总体和局部的交通状态。

② 公众互动交通状况数据是指公众通过微博、微信、论坛等提供的与交通状况相关的文字、图片、音视频等数据，虽然不由交通设施直接捕获，但能直接反映局部的交通状况，与城市交通紧密相关。

③ 相关行业数据包括气象、环境、人口、规划、移动通信手机信令等间接与交通相关的数据，能更准确地分析和预测交通状况和总体交通状态，与城市交通有关联。

④ 重大社会经济活动信息对交通状况产生一定影响，例如大型文体活动可能引起场馆周边道路的短时拥堵，电商促销活动可能增加高速公路的流量。总体而言，这些活动对交通的影响是局部的、可预见的，在特定场景下与城市交通有关联。

2）城市交通大数据可以按照数据类型进行分类，包括结构化数据、非结构化数据和半结构化数据三类。

① 结构化数据是指数据记录通过确定的数据属性集进行定义，同一数据集中的数据记录具有相同的模式。这种数据具有规范清晰、处理方便等特点。例如，传统的智能交通信息系统采集、加工过的数据，以及感应线圈等传感器产生的数据，以关系型数据库或格式记录文件的形式保存。这些数据具有固定的比特流格式，各字段的比特长度和含义固定，可以视作为比特尺度下的结构化数据。

② 非结构化数据是指数据记录一般无法用确定的数据属性集定义，在同一个数据集中各数据记录不要求具有明显的、统一的数据模式。这类数据能够提供非常自由的信息表达方式，但数据处理复杂。例如，摄像头采集的视频、公众发布在微博上的图片或是微信上的语音信息等，以原始文件或非关系型数据库的形式保存。

③ 半结构化数据是一种数据类型，它在形式上具有确定的属性集定义，但同一个数据集中不同的数据可以具有不同的模式，即不同的属性集。半结构化数据具有较好的数据模式扩展性，但需要数据提供方提供额外的数据之间关联性描述。半结构化数据通常以可扩展标记语言（Extensible Markup Language，XML）文件或其他用标记语言描述数据记录的文件保存。

3）根据数据形式的不同，城市交通大数据可以分为流数据、数据文件、数据库记录、在线文字和图片、音视频流等。

① 流数据是指以数据流形式持续产生的确定格式的数据，无法重复获取之前的数据记录，存在先后顺序。

② 数据文件是以文件形式在介质上持久保存的数据，可以反复获取并随机访问，没有先后顺序要求。

③ 数据库记录是在关系型数据库系统或非关系型数据库系统中以"数据记录"形式保存的数据，提供了处理和计算上的便捷性。

④ 在线文字和图片存在于互联网上，需要通过特定的网络协议获取，以文件形式存在，可以反复获取。

⑤ 音视频流是经过数字化且可以还原的音频或视频信息，与流数据类似但属于非结构化数据，常需复杂算法提取所需信息。

4）根据数据产生和变化的频率，城市交通大数据可以分为基础数据、实时数据、历史数据、统计数据（结果数据）四类。

① 基础数据是指静态的、规范化的、描述城市交通基本元素的数据。其特点是数据定义/产生后基本不会发生变化，例如道路名称、匝道口编号等。

② 实时数据是指随城市交通活动实时产生的、反映城市交通运行情况的数据。其特点是数据会非常频繁地产生和变化，例如感应线圈数据、温湿度气象数据、微博和微信上的公众互动的交通状况等，这类数据对判断短时交通拥堵等具有重要作用。

③ 历史数据是指实时数据按一定时间周期（如按月）归档后产生的数据。其特点是新数据产生和变化的周期性明显，这类数据可以用来预测未来交通状况的变化趋势。

④ 统计数据（结果数据）是指系统根据一定算法或根据使用者的主观需求，经过计算后所产生的数据。其特点是新数据的产生和变化的周期性不明显，例如拥堵指数、路段平均车速、人流量随时间变化趋势图等，这类数据可以为公众出行服务、为管理部门决策做支持。有时候也可以用高频、中频、低频来划分这些数据，基础数据属于低频数据，统计数据和历史数据属于中频数据，实时数据属于高频数据。

综上所述，从这几个角度划分城市交通大数据，可以更好地进行分析、理解和利用城市交通大数据，提高交通管理和交通信息服务的效率和精度。

2. 交通大数据的研究与应用基础

近年来，交通问题一直制约着人们的生活质量和社会发展。智能交通系统在美国、英国、德国、法国、澳大利亚、韩国等国家的研究逐渐受到重视，我国也进行了深入研究。随着互联网的发展，智能交通信息系统已经承载了海量数据和更多用户需求。智慧城市和智慧交通成为热门话题，处理海量信息和提供实时交通服务变得困难。物联网和云计算的提出让智慧城市和智慧交通受到越来越多的关注。当前，城市交通面临严重的拥堵、基础设施老化、资金不足和环境问题，对城市经济竞争力构成巨大压力。在大数据时代，开发和应用新的智能交通系统变得迫切。通过硬件技术、自然语言处理、模式识别、机器学习和数据挖掘等软件技术的突破，智能交通系统可以整合和分析各类大数据，提高城市交通运转效率、促进公共交通资源合理配置和发展，并提升城市交通的智能化管理水平。

（1）交通数据与跨行业数据关联挖掘研究　交通大数据领域包括交通数据、气象和环境等多个方面的数据。利用数据挖掘、人工智能、机器学习、模式识别、统计学、数据库、可视化等技术，可以自动化分析企业数据，从中挖掘出潜在的模式，帮助决策者制订正确的决策。常用的研究方法包括神经网络技术、遗传算法、支持向量机、贝叶斯网络、决策树等方法。

城市交通大数据的研究方向涵盖了传统智能交通系统的领域。例如：城市交通数据与其他行业数据的关联挖掘研究，城市交通是智慧城市的重要组成部分，直接影响城市居民的出行体验。通过整合环境、气象、土地、人口等其他行业领域信息，采用数据挖掘和机器学习等分析处理技术，可以发现环境、气象、土地、人口等与交通状态之间的关系，为交通政策制订、城市规划和环境治理等提供决策依据。同时，神经网络技术、遗传算法、支持向量机、贝叶斯网络、基于规则和决策树、基于模糊逻辑的工具和粗糙集等方法也被广泛应用于城市交通大数据的研究。

（2）交通流预测　城市交通流预测是智能交通领域的重要研究，随着交通信息化的快速发展，可供分析的交通流数据量越来越大。在预测分析中，需要综合考虑各种交通数据、气象数据、手机数据、节假日及特殊突发事件等因素，以更精确地对城市交通状况进行短时预测，更好地指导城市居民的出行。交通流密度、速度、通行时间的预测是交通预测的基础内容，采用不同的预测模型可以提高预测精度。通过分布式存储和计算的方式对海量交通数据提取交通流密度、速度、通行时间等特征参数，建立多个预测模型作为工作流来完成交通参数的预测，从而提高预测系统的鲁棒性和准确性。

（3）城市旅游线路推荐及交通诱导　随着人们对旅游的需求增加，城市旅游线路推荐和交通诱导服务变得越来越重要。通过实时监测城市交通状况，旅游线路推荐可以为旅行者提供最佳路线和预估旅行时间，提高旅游体验和满意度。预测旅行时间是线路规划的关键，通过识别瓶颈、聚类交通数据、生成拥堵地图和实时拥堵搜索算法，可以进行准确的旅行时间预测。轨迹数据可以提供个性化的推荐，包括消费区和景点推荐。利用车辆轨迹数据可以分析出行规律和提供智能推荐，同时可以预测出租车和公交车的位置信息，便捷乘车。云计算可以支持智能出租车呼叫系统和交通路况预测与个性化导航系统的开发，提高交通效率和环保程度。智能交通在中国有广阔的发展前景。

（4）车辆识别系统、交通事故预警及安全监控

1）车辆识别系统。车辆识别系统是交通运输系统工程中的重要组成部分，通过识别车辆的特征，如颜色、车型、车牌等，实现对车辆的管理和监控。其应用广泛，如交通管理、车辆管理、安全监控等，通过摄像头、传感器等设备采集车辆信息，并通过计算机算法实现识别和分类。

2）交通事故预警。交通事故预警系统通过实时监测和分析道路交通流量、车辆速度、车辆密度等信息，预测事故可能性并发出预警。交通事故预警可分为动态预警和静态预警，动态预警实时监测车辆并发出预警，静态预警分析交通信息并提前采取措施。交通事故预警应用广泛，可用于交通管理、安全监控等领域，避免事故发生。

3）安全监控。安全监控通过监控道路、车辆和驾驶人等方面，实现交通安全管理。通过摄像头、传感器等设备采集交通信息，并通过计算机算法进行分析与处理。其应用广泛，可用于交通管理、车辆管理、安全监控等领域，监控交通情况、车辆安全以及驾驶人安全，避免事故发生。

这些系统可通过实时监控和分析交通信息，预测事故可能性并发出预警，避免事故发生；同时，可用于监控和管理交通违法行为、交通拥堵等情况，为交通管理、车辆管理和安全监控领域提供帮助。

（5）交通布局的评价及交通系统规划　交通大数据的应用可以为交通布局的评价提供

有力的支持。交通布局评价是指对交通网络的性能进行评估，以确定是否需要进行改进和升级。在评价交通布局时，可以利用交通大数据对交通流量、交通拥堵情况、交通事故、公共交通服务等方面进行分析和评估。

1) 通过交通大数据分析交通流量，可以预测交通流量的发展趋势和瓶颈区域，进而制订交通规划和设计，如新建道路、铁路、水路等。

2) 通过交通大数据分析交通拥堵情况，可以预测交通拥堵的发展趋势和拥堵点，进而制订交通规划和设计，如开展交通疏导、优化交通信号灯等。

3) 通过交通大数据分析交通事故情况，可以预测交通事故的发生概率和高发地段，进而制订交通规划和设计，如设置交通警示牌、加强交通巡逻等。

4) 通过交通大数据分析公共交通服务情况，可以预测公共交通的使用率和满意度，进而制订交通规划和设计，如增加公共交通线路、提高公共交通服务质量等。

(6) 交通大数据挖掘的可视化　随着城市化进程的加速，交通系统的建设和管理变得越来越复杂。为了更好地管理和优化交通系统，交通大数据挖掘的可视化应用越来越受到关注。交通大数据挖掘是指通过对交通数据进行分析和挖掘，从中发现规律和趋势，为交通管理和规划提供科学依据。而交通大数据挖掘的可视化应用则是将交通大数据挖掘的结果以图表、地图等方式进行展示，让人们更加直观地了解交通状况和趋势，更好地进行决策。

交通大数据挖掘的可视化应用分为三个方面：数据可视化、模型可视化和结果可视化。

1) 数据可视化是将原始的交通数据以图表、地图等形式进行展示，让人们更加直观地了解交通状况。

2) 模型可视化则是将交通大数据挖掘的模型进行可视化展示，让人们更加清晰地了解交通大数据挖掘的过程。

3) 结果可视化则是将交通大数据挖掘的结果以图表、地图等形式进行展示，让人们更加直观地了解交通状况和趋势。

交通大数据挖掘的可视化应用可以应用于交通管理、交通规划和交通安全等方面。

1) 可以帮助交通管理部门更加直观地了解交通状况和趋势，及时进行调整和优化，提高交通系统的效率和安全性。

2) 可以帮助交通规划部门更加直观地了解交通状况和趋势，为交通规划提供科学依据。

3) 可以帮助交通安全部门更加直观地了解交通事故的发生情况和原因，采取相应的措施提高交通安全性。

11.1.2　交通运输系统数据需求

1. 交通运输决策与数据需求

城市交通规划依赖于交通模型分析技术，该技术最初用于支持科学决策，避免经济风险。随着机动化带来的交通问题增加，交通模型分析成为制订交通规划和政策的决策支持工具。传统的城市交通模型基于每5~10年的综合交通调查数据。交通模型工程师使用选定的模型架构进行建模，并根据实测数据标定模型参数。尽管交通模型理论和技术有所进步，但仍存在差距。因为交通模型在传统城市交通决策中占主导地位，对其可信度提出了较高要求。在制订交通规划和政策时，需要综合考虑政策、社会、经济等因素，采用多种手段和技术,实现交通系统的高效、安全、可持续发展。

随着大数据技术的快速发展,交通分析技术迎来了新的机遇。具体来说,大数据技术在以下三个方面为交通分析技术带来了新的助力。

1)在交通需求数据获取方面,新一代交通采集技术如移动通信数据,覆盖范围广、成本低、时效性强、可实现连续跟踪等优势为居民出行数据采集提供了新选择。通过对大样本甚至全样本的连续观测和多源交通检测数据的融合,可以全面描述交通需求现状,并对交通系统发展趋势做出较为准确的判断。

2)在交通分析方法上,随着问题日益复杂化,人们需摆脱交通模型思维束缚,交通数据分析工程师逐渐从后台走向前台,试图从海量数据中寻找更深刻的认识。依托从信息中不断提炼出新知识,可以判断未来的走向和趋势,支持决策判断。

3)在交通规划和建设过程中,大数据技术可以通过持续跟踪交通系统状态、提炼交通系统发展变化特征、评价交通规划和建设方案的实施效果等方式,消除决策判断的不确定性,实现交通战略调控过程的闭环反馈模式,从而提高交通规划和建设的实效性。

2. 交通管理系统数据需求

交通管理包括交通供给和交通需求两个方面。对于交通供给,需要分析交通系统的运行状态,诊断系统存在的问题和瓶颈,通过交通管理和控制技术,疏导交通流,实现交通资源的高效利用,保障交通安全。对于交通需求,需要分析交通需求结构组成,不同出行者的行为偏好特征,通过交通方式的转移和调整,弹性交通需求的抑制和调节,缓解城市交通拥堵。

(1)交通系统运行状态诊断 道路交通可以分为断面、路段、区段和路网四个层次,断面、路段是构成区段和路网的基础,也是交通状态分析的基本单元。

1)断面交通状态识别是根据断面交通流数据确定该断面交通状态所归属的类别(例如拥堵、畅通),因此,需要确定类别划分数量及一个具体断面状态的归属判别方法。

2)根据断面交通状态判别路段交通状态。根据路段上下游检测断面的交通状态判别结果,总体上可将路段交通状态分为四种模式:模式1(上游畅通-下游畅通)、模式2(上游拥堵-下游拥堵)、模式3(上游拥堵-下游畅通)和模式4(上游畅通-下游拥堵),如图11-2所示。

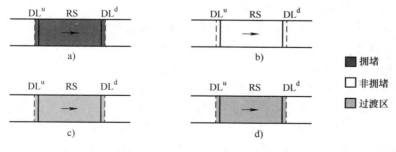

DL^u—路段上游检测线圈 RS—路段 DL^d—路段下游检测线圈

图11-2 路段模式分类示意图

3)道路区段拥堵特征表达。为了更好地描述道路区段的拥堵状态,可以定义两个概念：一是拥堵态势，它采用某种特征指标来描述道路区段的拥堵程度；二是拥堵模式，它是指拥堵程度指标日变曲线的分类。在路段交通状态分析的基础上，可以采用多种指标来描述道路区段的拥堵状态，例如通常所用的密度、速度、延误等。可以采用主因子分析方法来对多个指标进行适当综合，形成拥堵指数。在进行模式分析的基础上，通过对比区段交通拥堵指数曲线与典型拥堵模式的关系，可以检验区段是否出现了异常拥堵。例如，对于某个道路区段，可以采用速度和延误两个指标来描述其拥堵状态，通过主因子分析方法将它们综合成一个拥堵指数。然后，可以将该区段的拥堵指数曲线与典型拥堵模式进行对比，以判断该区段是否出现了异常拥堵。通过这种方式，可以更好地描述道路区段的拥堵状态，为交通管理和规划提供更加准确的数据支持。

（2）交通需求管理与信息分析　由于讨论问题范围的差异性，国内外相关文献对于交通需求管理的定义和概念表述不尽相同。然而，其核心思想是一致的：交通需求管理是在满足资源和环境容量限制的条件下，通过各种管理手段，使交通需求和交通供给达到基本平衡，从而促进城市的可持续发展。

城市交通拥堵的成因可以从多个方面进行分析，包括城市空间布局、车辆拥有和使用、交通基础设施供给、道路交通管控、交通政策调控、公共交通服务水平以及公众现代交通意识等。交通需求管理等政策手段，其实质上是在有限的交通资源之间进行调配，但其正负两面性需要引起重视。为最大限度地争取社会各方面的支持，需要研究如何控制其负面效应，扩大其正面效应，并制订出切实可行的方案。

监测道路交通流量有助于全面把握道路交通态势。例如日本通过对东京都市区部分控制点（断面、交叉口）的流量、大型车率等情况的监测，进一步分析不同区域之间的跨越交通流量、不同时间段的流量分布、不同类型道路的交通量对照、道路交通车种构成以及不同类型道路行程车速变化等，以此反映交通状态的情况。这些监测数据能够提供有关交通状况的实时信息，对于制定交通政策和规划交通基础设施具有重要意义。

3. 交通服务的数据需求

随着社会经济的发展和生活水平的提高，交通出行用户的服务信息需求日趋多样化，通过大数据技术，可以为出行者提供个性化的交通信息服务、交通诱导信息服务和公交出行信息服务；而对于物流企业，可以通过大数据技术分析物流需求的变化、供应链的运行状态和瓶颈，制订有效措施提高物流系统的效率。

（1）个性化交通信息服务数据需求　随着交通数据环境的不断完善，大量基于大数据技术的交通信息服务产品也应运而生，为城市交通出行和区域交通出行提供了多样化、个性化的交通信息服务。

1）城市交通。为了缓解城市交通拥堵，满足居民快捷、便利的出行需求，政府部门出台了各种调控措施，同时产业界也推出了许多新的线上服务产品。在线合乘平台和打车软件是近期出现的比较典型的应用。在线合乘平台提供小客车合乘服务，即出行路线相同的人共同搭乘一辆小客车的出行方式。合乘有效地利用了小客车的闲置资源，一定程度上缓解了交通压力，同时也使私家车车主和乘客达到了双赢的目的。对于乘客来说，合乘能够满足公共交通所不能覆盖的出行需求，也能满足其偶发性的用车需求，免去了养车的负担。对于私家车车主，合乘可以节省养车成本，甚至解决尾号限行等管制措施所带来的不便。

2）区域交通。区域交通出行需求主要体现在旅游和商务两个方面。随着用户需求的多样化和个性化，许多旅行服务公司将高科技产业与传统旅游业成功整合，通过对用户区域出行需求信息、起终点的兴趣点信息以及交通信息等的汇总分析，向用户提供了全方位的旅行服务，包括机票预订、酒店预订、旅游度假、商务管理、无线应用和旅游资讯等。

（2）交通诱导数据需求　交通诱导是指通过各种手段引导驾驶人选择最佳路径，以达到减少拥堵、减少旅行时间、提高路网效率的目的。在交通运输系统工程中，交通诱导数据需求主要包括以下方面：

1）交通流数据。交通诱导需要准确的交通流数据，包括车速、车流量、路段拥堵情况等。这些数据可以通过交通监测系统、车载传感器等手段获取。

2）道路网络数据。道路网络数据包括道路等级、道路长度、道路连接关系等信息，这些数据对于交通诱导系统的路径规划和路线选择至关重要。这些数据可以通过地图或者交通管理部门提供的道路信息系统获取。

3）交通事件数据。交通事件包括事故、施工、天气等，这些事件都会对交通流产生影响，因此，交通诱导系统需要及时获取这些事件信息，并根据事件影响范围和持续时间，及时调整路线规划和交通诱导策略。

4）历史数据。历史数据可以为交通诱导系统提供参考，包括历史交通流数据、历史路况信息、历史事件数据等。这些数据可以帮助交通诱导系统预测未来的交通情况，以及提供更加准确的路径规划和路线选择建议。

5）用户数据。用户数据可以为交通诱导系统提供个性化的服务，包括用户出行时间、出行目的、出行偏好等信息。这些数据可以帮助交通诱导系统更加精准地为不同用户提供交通诱导服务。

总之，交通诱导数据需求是交通运输系统工程中至关重要的一环，只有通过准确、及时、全面的数据获取和分析，才能实现交通诱导系统的优化，提高道路利用效率，提升出行效率，减少交通拥堵，为人们提供更加便捷、高效、安全的出行体验。

11.1.3　交通领域数据资源

1. 道路交通

道路交通是城市交通体系的一个重要组成部分。根据道路的性质，可将其分为地面道路、快速路和高速公路三大类，承载着不同的交通运量，在不同城市中的地位也各具特色。总体而言，在各城市的道路交通体系中，地面道路是基础和根本，快速路是提升和飞跃，高速公路是城郊和城际的骨干。在城市交通信息化发展的进程中，由于建设、管理、运维、技术等不同因素，这三类道路交通数据的类型、采集、存储、处理、应用等也体现出不同的特点。

（1）城市道路

1）数据收集。城市交通数据的收集包括主干道、次干道和支路等不同等级的道路。我国在20世纪80年代引入了悉尼自适应交通控制系统（SCATS）和绿信比周期相位差优化技术（SCOOT）等交通信号控制系统，在地面道路交通管理和服务中发挥了重要作用。然而，现有的交通数据显示出功能的单一性和局限性。因此，采用不同类型的交通数据采集设备，如电感线圈检测器、微波检测器、频率检测器和全球定位系统等，可以获取更多更全面的交通数据和信息。结合实时或历史交通数据，这些数据和信息可以满足不同应用需求，如交流量监测、路况预测、交通拥堵预警、个性化推荐和出行建议、交通规划、智慧公交线路和城市交通管理等。

2）数据应用。通过对地面道路交通原始数据的汇聚和分析挖掘，可以开发出多种应用。实时路况是把握道路运行现状进行应急处置和指挥的第一手信息，而历史路况信息则可以为数据分析和挖掘积累宝贵的资料。交通指数是量化的道路状态，为评判道路服务水平和提供公众出行个性化服务提供了基础。类似于地面道路路段状态，道路交叉口的运行状况也可以用类似的方法表达。事故、事件等报警信息与城市 GIS 的结合可以挖掘出经常发生事故的"黑点"地段，为改善道路通行安全、出行安全提醒等提供支持。这些交通路况、交通指数、事故等信息还可以通过各种方式发布，用作出行者对交通出行方式和路径选择的参考依据。

3）未来发展。地面道路交通信息化工作具有首要位置，但其发展受到物质投入、技术应用和需求明确性等因素的限制。理清信息化发展思路对于地面道路交通非常重要。地面道路交通是支撑公众出行主体的重要组成部分，分析城市地面道路交通的流向、瓶颈和压力点，是解决地面道路交通常见拥堵问题的关键，也为城市交通规划和基础设施建设提供了重要的依据。

（2）城市快速路

1）数据收集。城市快速路是城市交通系统的重要组成部分，可通过高架道路和地面封闭道路两类建设，提供快速、高效的交通服务。数据采集方法包括感应线圈、车辆全球定位系统、牌照识别系统和视频采集系统等设备。不同的采集方法有各自的特点和优势，如感应线圈可获得车流量、车型、速度等信息，而牌照识别系统可有效辨识车辆。合理利用这些采集设备，以取长补短，是有效利用交通数据的重点。

2）数据应用。城市快速路系统的数据可支持运行管理和公众信息服务等需求。快速路交通状况是衡量城市交通运行是否良好的重要指标。感应线圈和 GPS 车速等数据分析可得到快速路的交通状态，通过颜色信息或交通指数来展示路况。管理人员可通过信息共享实现跨部门联动管理，而出行者可通过可变信息情报板了解实时路况，并做出相应决策。快速路出入口控制系统可通过匝道信号灯来调节车流量，提升道路使用效能。车牌识别系统的数据可应用于出行分析、高峰限牌管理等。同时，与道路养护和交通事故数据相结合，可提供公众信息化出行支持和事故分析。

3）未来发展。城市快速路信息化建设迅速发展，采集的交通数据较为全面。加强快速路与地面道路、高速公路的互联互通，促进城市全路网的信息化应用和发展，具有重要意义。加强部门间交通数据共享和交换，发挥快速路的桥梁作用是关键。根据车辆进出快速路的需求变化，及时调整出入口或匝道的开闭，实现跨部门的联动和应急处置。融合和关联不同来源、不同类型的交通数据，可为快速路交通数据的应用提供更广泛的方向。同时，进行基础数据的去伪存真和挖掘应用的优势互补，为管理部门和公众出行服务，为交通信息化的发展提供有力支撑。

（3）公共交通　作为城市交通系统的重要组成部分，公共交通是城市客运交通的主要形式。城市轨交、城市公交和出租汽车构成了城市公共交通体系，这是引领城市交通向集约化发展、解决城市交通拥堵问题的必然途径和手段。同时，城市停车系统也是城市公共交通服务不可或缺的一环。为了不断提升公共交通服务水平，公共交通系统一直在经历信息化和智能化的技术升级,并积累了大量数据,以满足日益增长的城市客运出行服务需求。

1) 公交车。

① 数据收集。城市公共交通是城市交通的重要组成部分,随着城市化进程和交通拥堵的加剧,公共交通优先发展成为城市交通战略的重要组成部分。公交系统数据来源包括公交基础设施资源数据、公交汽电车运行状态数据、公交汽电车运营管理数据和公交客流数据。公共基础设施资源数据描述公交设施的静态基础空间数据,存储在地理信息系统中。公交汽电车运行状态数据包括车辆自动定位信息、实时调度信息、自动计费信息和动态客流信息。公交汽电车运营管理数据与运营效率、安全和成本相关,包括车载终端设备管理、车厢视频监控、机务、票务、车辆燃油管理、线路信息管理等。公交系统的动态运行信息数据种类繁多,数据量巨大。一些智能化公交管理设备获取的视频图像数据具有非结构化特征。随着信息技术的发展,大部分数据能够实时获取,数据量随着系统运行时间的增长而迅速增加。因此,公交系统数据对于分析公共交通运行和提供交通总体运行挖掘分析具有重要价值。

② 数据应用。随着信息化技术和智能公交系统的不断发展,国内的智能公交系统水平和效率得到了长足的提高。在上海,智能公共交通系统实行了公交调度中心、分调度中心和公交车队三级管理,以调度系统为核心,实现了目标指令的自动发布和车辆的自动定位,使其能够实时监测车辆的运行状况,并根据当前的客流信息、交通流量、占有率等数据合理调度车辆。同时,系统还实现了自动车厢乘客信息服务和自动到站预报信息服务。例如,通过智能手机扫描二维码,就可获知车辆离站的距离,这样的线路信息预报二维码覆盖了580多条公交线路所途经的各个站点。

③ 未来发展。随着智能公交系统的发展,其子系统中的数据已经积累了大量信息。通过先进的数据挖掘技术,可以分析这些海量数据,发现公共交通模式和规律,并评价公交系统的总体特征。此外,公共交通卡系统中的交易数据可以详细记录客流情况,为公交运营单位和线路的客流状况提供重要信息。现有数据库中的交易和运营管理数据可以用于估计公交车辆位置、行程时间和站点上下车人数等信息,进一步计算公交动态 OD(起点-终点)矩阵并评估公交系统的可达性。这些技术支持可以为城市交通规划和管理、公共交通运营管理以及乘客出行服务提供帮助。通过深入分析客流数据,可以合理调整公交路线,提高运输效率和乘客出行体验。通过分析运营成本,可以找到降低成本和提高效率的潜在方法。利用轨迹数据,可以为乘客提供个性化的出行建议和交通预测,并开发个性化推荐系统。总而言之,通过挖掘和分析公共交通数据,可以为运营管理和规划提供关键的支持和指导,同时为乘客提供便利和个性化的交通服务。

2) 出租车。

① 数据收集。城市出租车运营系统是城市公共交通的重要组成部分,为城市轨道交通和常规公交客运提供补充,同时满足高层次和特殊出行需求。随着城市规模扩大,出租车数量保持平稳增长。智能化出租监控调度系统通过 GPS 车辆位置信息采集和调度呼叫系统,实现实时调度和提供按时用车服务。随着软件和无线互联网技术的进步,出租车软件也逐渐普及。例如,北京市出租车调度中心与滴滴打车合作,乘客可以通过手机应用发送用车需求,提高了用车便利性。城市出租客运管理相关的数据还包括基础设施信息,如扬招站点位置、停车位数量等。这些数据可以优化出租车运营和服务,提高运营效率,并用于城市交通规划和提供公共交通服务。

② 数据应用。出租车的车载 GPS 终端回传的信息可以确定出租车的起点和终点，以及反映车辆是否载客。处理这些 GPS 数据可以剔除无效数据并为建立有效的数据指标基础。同时，利用出租车的 GPS 数据可以解决许多交通问题，例如出租车运营状况分析、交通拥堵状态分析、交通出行需求空间分布，为交通规划和交通管理提供决策支持依据。通过处理和分析出租车 GPS 数据，可以评估出租车的平均载客时长、平均出行距离、上下客高峰期、时间和里程空驶率等指标。利用 GPS 数据计算出租车停靠站的设置位置与上客空间分布之间的适应性，识别出租车上客热点区域或者路段，可以合理估计乘客最短步行距离，为出租车停靠站的设置方案提供依据。

③ 未来发展。为了满足日益增长的城市公共出租客运需求，未来的城市出租客运系统将向智能化管理和智慧化出行方向发展。智能的出租运营管理系统和出租车辆监控管理系统应至少具备通信、后台监控调度管理、车载检测设备等先进技术。例如，一些城市已经开始推广使用智能出租车系统，其中包括北京市的"北斗星"计划、上海市的"神州专车"以及深圳市的"滴滴出行"等。这些系统可以为乘客提供更加便捷的叫车服务，同时也可以帮助出租车驾驶人提高工作效率。通过在每辆出租车上安装车载终端设备，乘客可以通过系统内嵌的手机打车软件或拨打调度中心的叫车热线电话进行叫车服务。而驾驶人则可以通过提示器进行回单响应，避免用手机进行抢单而造成行车安全隐患。此外，出租车辆上的 RFID 电子标签可以实现车辆的路测定位与身份匹配，驾驶人遇到危险情况时可通过报警按钮及时向平台中心发出报警信息。这些功能不仅可以提高出租车的安全性，还可以提升乘客的出行体验。

(4) 等级公路

1) 数据收集。公路网系统作为连接城市和乡村之间陆路交通的重要纽带，包括高速公路、一级公路、二级公路、三级公路和四级公路等，是进出市域陆路交通的重要组成部分。随着城市公路网信息化建设的不断推进和大力发展，公路管理运营水平和公众出行信息服务质量不断提高。其中，高速公路收费站是公路网数据和信息的重要采集点，可以全面采集过往车辆和其行程信息等数据。而具备条件的高等级公路可以布设线圈、雷达、红外线车辆检测器等设备，全天候、全方位地采集车辆的行驶速度、车辆类型、车辆长度、行驶方向和车流量等信息。数据和信息采集后，通过光缆和电缆，统一传送并汇聚在各信息分中心，经过实时处理将数据转化为运行管理和公众服务所需的信息。公路网信息中心作为公路网信息化架构的顶端，连接各信息分中心，汇总其采集的数据并加以分析和挖掘。各信息分中心能够及时向社会发布公路通行情况、本地养护施工信息、交通事故事件等突发信息、异常天气信息等影响公路安全和畅通的情况。这些信息可以通过网站、出行咨询服务热线、公路情报板、广播电台等方式发布，有效减少交通拥堵，使采集的数据产生实际价值。

2) 数据应用。公路运输是现代物流体系中必不可少的一环。通过对公路网采集的各项数据进行分析，可以为制订管理措施提供依据和参考，提供更高质量的服务。可以通过对车辆 ID 标识、进站位置和时间、出站位置和时间数据进行挖掘，分析车辆的行程车速、车辆类型、出行 OD 等信息，用以评估公路路网的运行效率，定位交通压力关键节点，寻找相应的解决途径等。可以实时监控路网交通运行，及时发现事故、事件等突发问题，提高相应部门的应急反应速度和应急处置水平。实现估算进出城市的车辆和客流的时空分布、规模和总量等信息，为公共安全和国家安全服务提供线索和证据。

3）未来发展。随着城市交通信息化建设和发展进程的加速，公路网交通数据和信息的采集、存储与应用将扮演越来越重要的角色，并在城市交通管理和公众服务中发挥重要作用。在城乡一体化建设中，公路网系统作为城市之间、城市与城郊的通道和桥梁，在信息与数据的交换和共享方面承担着纽带的重要作用。基于公路网系统的城市间数据信息的共享和交换，能够规范统一不同城市交通数据采集格式、采集周期、汇聚内容、共享与通信等，从而突破目前面临的城市交通信息采集存在差异的发展瓶颈。通过此项工作，公路网系统能够更好地服务于城市交通信息化建设和交通管理工作。此外，公路网数据结合了城市交通数据和信息，可以分析并预判出城市车流、客流对公路和城市交通设施、资源的需求，为公路网和城市交通建设与发展提供管理和决策的依据。此外，公路网数据还可以应用于个性化交通信息服务，根据用户出行轨迹和需求，为用户提供更加个性化的交通建议和服务，提高公众出行的便利性和质量。

（5）高速公路

1）数据收集。高速公路的通行能力大、运输效率高、行车安全舒适，以及能够降低能源消耗。然而，高速公路的广泛覆盖和跨度较大的特点使得信息采集难度相对较大。高速公路交通数据的采集主要从以下三个方面展开：①布设适量的感应线圈、监控系统等设施设备，以满足高速公路日常管理的需要；②将数据采集的重点放在收费站，如车牌识别系统、ETC系统车辆行驶OD、行程时间等流水信息；③利用覆盖范围大、数据密集度低的数据采集方式，如手机信令、手机上网数据等。虽然不同省份、不同城市对高速公路管理的权限分工不同，但总的来说，目前全国大部分城市对高速公路入城段、出城段、城市道路网连接段的交通数据采集较为全面。这些数据的采集和整理有助于了解高速公路交通流量、流速、拥堵情况等信息，从而更好地进行高速公路的管理和规划。

2）数据应用。高速公路交通数据的挖掘和应用水平取决于数据采集和汇聚的基础。在高速公路交通数据的挖掘和应用中，需要建立起高速公路出城段与城市快速路、地面道路数据互联共享的联动机制，加强传统的交通数据采集手段和新兴的技术手段的应用，提供个性化的交通信息服务。为了加强出城段或入城段与城市地面道路、快速路交通数据的关联应用，需要建立在高速公路出城段与城市快速路、地面道路数据互联共享基础上的联动。高速公路的出、入城段也可以使用传统的交通数据采集手段，如车辆牌照识别系统、感应线圈、车辆GPS、射频识别技术等，这些手段可以形成面向管理和服务的应用，这与城市快速路和地面道路的数据应用类似。此外，高速公路的出、入城段还可以利用新兴的技术手段，如车道监控系统、热成像传感器、雷达等，进行交通数据采集和汇聚。这些技术手段可以实现对车辆数量、车速、车型、车道占有率、空气质量等多方面数据的实时监测，进一步提高数据采集和汇聚的效率和准确性。

3）未来发展。随着交通数据采集设备成本逐渐降低和高速公路设备布设条件日益完善，高速公路数据采集和汇聚变得越来越可靠。交通数据的应用不再局限于现状，而是逐渐与城市地面道路、城市快速路的信息化管理与服务水平统一起来，从而发挥更好的效用。为了更好地利用交通数据，利用新兴的手机信令或手机上网数据挖掘技术推进高速公路信息化应用，精准估算高速公路的交通运行状态，或检测交通事故的发生，建立个性化交通信息服务系统，基于用户的出行习惯和实时交通情况，为用户提供个性化的出行建议和交通预测。

2. 轨道交通

(1) 城市轨道交通

1) 数据收集。城市轨道交通系统是城市交通运行的主体，也是城市公共交通系统发展的核心。在国家"十五"计划发展纲要中，发展城市轨道交通已被列为拉动国民经济尤其是大城市经济持续发展的重大战略。城市轨道交通数据主要分为两类：由车辆运行产生的运行控制数据和由运营管理产生的业务数据。列车运行控制系统是设置在线路运行控制中心的最主要系统，其包括列车监控、电力供应、车站设备、防火报警、票务管理等运营管理系统。静态数据是一些与属性相关的信息，例如列车车辆类型、列车速度等级、车长等基本信息，车站位置、股道数量和位置，车站信号灯、线路、设备的基本信息，线路类型、长度，以及各站之间的列车运行时分等参数。实时动态数据包括列车的动态信息、车站股道占用情况、车站股道开放情况等车站动态信息，线路、设备状态等线路设备动态信息，以及列车、车站、线路数据交互调整的状态和最终状态由已知的静态数据和动态数据推导得出的中间状态信息，推理过程中的暂时调度数据，最终的时刻表数据及统计数据等。

2) 数据应用。轨道交通数据系统是轨道交通运行过程中产生的，它为运营、管理、信息服务等系统提供了数据反馈和评估。该系统获取来自列车运行控制系统的轨道运行数据，并积累了大量历史数据，为轨道交通安全运行提供了有力的支撑。其中，列车超速防护系统能够采集列车自身运行速度和与前车的追踪间隔距离等信息，来判断列车是否超速运行或是否满足最小追踪间隔条件。列车自动防护系统主要采集测速、测距、列车紧急制动和通信等信息数据，以实现最小追踪间隔防护和列车速度防护，避免列车超速运行和追尾事故的发生。列车自动驾驶系统则通过集中在列车上的车载检测设备，检测获取地面信息，包括线路坡度和曲线半径，以及前行路段的路面状况等，从而实现列车在正常情况下的自动安全驾驶，避免在列车驾驶人失去警觉时发生安全事故。列车自动监控系统则是整个运行控制系统的核心，由现场设备、车载设备和控制中心设备组成。它通过信息采集设备，实时动态显示列车的运行状态和线路设备被占用状况，为列车调度人员和现场工作人员提供清晰真实的动态画面，供其对整个运行系统进行实时监督控制。系统采集的数据包括列车识别与追踪信息、进路控制信息、运行调整信息和运行图管理信息等，实现列车限速和防护的功能，从而实现车速自动调节、车站定点停车、自动开关车门等，提高了轨道交通运行的精准性和安全性。

3) 未来发展。随着城市人口的不断增长和集聚，轨道交通在城市公共交通中的地位日益重要。因此，通过深入挖掘分析设施数据、运营数据和客流数据等信息，建立适应城市总体交通系统运行的轨道交通运行规律和建设管理方案，提供完备准确的乘车服务信息。在轨道交通数据挖掘中，挖掘运营时空数据和客流数据，分析轨道交通路网结构、历史OD客流统计信息和特征、AFC（自动售检票）系统实时检测到的轨道网络中各车站的进出站实时客流量等数据，分析和预测未来短时段的客流OD矩阵，并进行OD分配。这有助于掌握客流产生和吸引时空分布规律，合理规划建设轨道交通信息的诱导方案，及时采取应对措施，制订疏导预案，进一步提升轨道交通服务水平。此外，为了避免盲目拥堵，需要对城市轨道交通线路客流在整个轨道网络中实时分布情况进行分析和掌握，以平衡地铁运营效率和效益。

(2) 铁路

1) 数据收集。铁路运输是城市对外交通的重要组成部分，承担着客流和货流进出市域的重任。铁路推出了12306互联网售票系统，实现了客票数据在全路范围内的互通共享，并支持异地联网购票。这些信息化建设的成果为铁路运输提供了坚实的数字化基础。数据汇聚并集中在铁路总公司、路局等各层面。主要包括客运与货运调度信息、列车时刻表信息、实际发车和到站时间、车次延误信息、客流量和货运量信息等。客运和货运行车调度信息主要包括时间、地点、车速、行车方向等用于车辆运行管理和指挥方面的数据；列车时刻表信息主要指各车次制订好的计划发车时间、计划到站时间等用于车次和时间查询的相关数据。实际发车和到站时间信息主要指根据列车实际运行情况，记录车辆发车和到站的实际时间，并通过与列车时刻表的计划时间比较，获取车次的延误或早到等相关信息。客流量和货运量信息主要指列车所承载的客流、货流数量，以及客运上座率和货运周转量等相关数据和信息。这些数据的收集、处理和分析对于铁路运输的管理和服务具有重要的作用。

2）数据应用。在铁路数据采集和存储的基础上，进一步挖掘数据的潜在规律，并用合适的表现形式展现和运用数据，以提高工作效率，是信息化建设和完善的目标和方向。铁路数据的应用主要分为两个方向：管理决策参考和公众信息服务。铁路数据的高度集中和实时性使其能够很好地支撑这两个方向的需求。在管理决策参考方面，主要有两个层面：一是满足铁路系统内部管理的需要；二是满足城市交通相关管理部门的决策参考。客运和货运行车调度数据可以用于评价车辆调度水平和效率。公众信息服务主要体现在三方面：①在客票售票系统对社会公众的服务上，公众可以从售票窗口、12306互联网售票系统、95105105电话订票以及使用自助服务终端预定、改签和退票；②票务信息的互联互通，还可以与管理系统有机结合；③与火车站的信息化建设相结合，票务服务还可以通过手机APP、软件、售票大厅显示屏等显示终端为公众提供及时的信息发布和推送，满足不同用户的需求。

3）未来发展。铁路总公司正在参考国内外各行业信息化经验的基础上，计划建设一条高性能骨干网，覆盖到所有车站。该骨干网将通过汇聚车站的IT设备到路局铁道部层面，实现设备的物理集中，提高维护效率，减轻车站的维护压力。在不改变应用系统逻辑架构的基础上，铁路总公司和路局将逐步虚拟化服务器和存储设备，构建两个层面的云数据中心。这将使路局内部，以及路局与总公司之间的IT资源动态复用，为类似春运售票等突发业务提供足够的性能支持。铁路云数据中心是继网络融合、IT资源集中之后，铁路信息化发挥巨大作用的关键步骤之一。铁路云数据中心的建设将为铁路系统提供更高效、更可靠、更安全的数据处理和管理能力，为铁路春运高峰期间的突发压力提供充足的性能支持。同时，它还将为跨领域、跨行业的数据应用和共享提供良好的平台和基础，促进各个行业之间的协作和合作，为国家经济的发展和社会的进步做出积极贡献。

3. 航空交通

1）数据收集。民航是目前最高效的国际城际交通运输方式。自20世纪50年代以来，民航服务范围不断扩大，现已成为国家重要的经济部门。民航管理局、机场和航空公司对信息和数据采集在不同层面上有不同需求，反映出管理者、服务商以及社会公众等多方对信息化发展和数据采集的不同需求。例如，机场需要收集和分析旅客的出行数据，以便在高峰期增加机场运力；航空公司需要收集和分析航班数据，以便在未来规划飞行路线和时间表。民航系统采集的数据种类繁多，已经具备了大数据挖掘的基础。在民航管理方面，民航数据交换传输网络为汇聚全国民航数据，制订宏观发展规划以及决策参考准备了数据基础。例如，民航管理部门可以利用大数据分析旅客出行的偏好，从而制订更加符合市场需求的政策。

2)数据应用。目前,民航决策管理和服务体系已经初步实现数字化转型。数据的分析、挖掘和应用已经渗透到民航管理、运营、商业和服务等各个领域。管理和业务系统、信息化平台的使用大大提升了民航系统的整体服务管理水平。国家民航局、各地区管理局、机场和航空公司正在逐步建设数据仓库,并建设相应的民航数据分析和挖掘系统。例如,机载快速存取记录器可以记录飞行过程中的各种参数,如飞机的位置、速度、姿态、气压、温度、湿度和飞行员操纵的每一个细节,以及各种传感器的数据等。通过监控这些数据,可以及时发现不符合飞行标准的不规范动作,避免飞行事故的发生。这些分析可以实现对飞行和运行过程实施精细化管理,提升安全水平和运行质量。空管系统调度数据的积累和分析可以为提升调度效率和指挥水平提供依据。这可以支持智能化调度系统与信息化平台的建设和应用。信息化技术在订座系统、安检系统、行李系统中的应用为乘客购票、安全等需求提供了保障,为公众信息查询和服务提供了便利。

3)未来发展。民航信息化经过多年的发展,已经在系统数量和应用水平方面取得了显著进展。然而,随着信息量的爆炸式增长,各层面的管理、运营和服务信息中心和数据仓库之间尚未形成更有效的合作,一些相对孤立的系统仍有很大的提升空间。随着云平台新一代数据中心的兴起,基于网络支撑的云服务模式不仅能减少系统投资和运行维护人员和费用,还能有效解决数据搬移和信息共享中存在的难题。可以利用云计算技术,将机场、航空公司等信息系统的数据统一存储和管理,实现信息的快速共享和更新,提高信息资源的利用效率和安全性。此外,可以通过云平台技术,实现民航各系统的快速部署和升级,降低系统运营成本和风险。

4. 水运交通

1)数据收集。航运作为水上运输的全方位领域,包括内河航运、沿海航运和远洋航运等主要业务,它涉及客流和物流运输等方面。各种新兴的信息技术在航运信息化进程中进行试点,取得了显著的成果。例如,航运物流信息化条形码技术和航运物流信息化射频识别技术可以提高航运物流企业信息采集效率和准确性。同时,基于网络互联的航运电子数据交换技术也对航运物流信息化企业内外信息传输,实现航运物流信息化订单录入、处理、跟踪、结算等业务处理的航运物流办公无纸化形成重要支撑。此外,航运预先发货通知、航运送达签收反馈、航运订单跟踪查询、航运库存状态查询、航运货物在途跟踪、运行航运绩效监测、航运管理报告等,则是构成第三方航运物流服务的根本。通过提升航运客户财务、航运库存、技术和数据航运管理等方面,航运物流企业可以继而在航运客户供应链管理中发挥出战略性作用。

2)数据应用。随着航运信息化的不断推进,"智慧航运"的概念逐渐崭露头角。通过航运数据分析和挖掘技术的信息化管理、营运和服务等,实现了航运领域的数字化转型。航运信息管理平台、航运信息服务平台、航运运营系统等已经开始建设并逐渐投入使用。这些系统在政府管理与引导、企业管理与营运等多个领域发挥出了重要作用,为行业的高效发展提供了有力支持。建设航运信息化可以加强新技术的研发,拓展系统的适用范围,提高系统的灵活性和可扩展性。此外,航运信息化建设的地域性和行业性较强,可以加强不同系统之间的信息共享和交流,提高航运信息化系统的整合性。

3)未来发展。为了进一步推动航运信息化的发展,需要在现有的信息化系统和应用成果的基础上进行协调和创新。这需要自上而下的设计,同时也需要自下而上的信息化系统握手和对接，这是发展的必然趋势。需要在信息技术层面加强标准化工作，制订统一的数据格式标准和接口协议标准，以便不同系统之间进行数据交换和互操作。同时，需要建立标准化的数据管理和监管机制，以确保数据的质量和安全性。针对管理和运营模式的创新，需要从机制和政策上加以保障和支撑，以实现共赢和多赢的局面。需要加强对技术创新的引导和支持。这包括对新技术的研究和开发，以及新技术在航运领域的应用和推广。

5. 综合交通枢纽

1）数据收集。综合交通枢纽在城市交通系统中起着至关重要的作用，其作为城市对外交通运输的中枢承载着重要的交通功能。它将各种交通方式有机地联系在一起，为市民提供便捷、高效、安全的出行服务。综合交通枢纽包括民航、高速公路、城际铁路、磁浮交通、城市轨道交通、公交巴士、长途客运、出租车、停车场/库等多种交通系统。综合交通枢纽数据采集和信息汇聚模式可分为两种类型。一类是由综合交通枢纽统一进行数据采集和信息化工程建设，另一类是由综合交通枢纽汇聚多个交通部门采集的数据和信息。这两类模式各有利弊，但前提是枢纽信息化建设的管理体制与枢纽现行的管理机制相匹配。枢纽的信息化系统只有与枢纽现行的管理体制和管理模式匹配后，才能更好地为交通枢纽服务目标的实现和日常管理工作的开展发挥积极作用。因此，数据的采集要以信息化管理和服务的需求为主要依据，既要满足信息化管理和服务平台建设应用的需要，又要保证在管理体制和运行机制上切实可行，给系统预留一定的拓展空间。

2）数据应用。综合交通枢纽是多种交通方式的交汇点，汇聚了大量的乘客。为了提高乘客换乘效率，协调各个交通部门，减少驻站时间，实现交通方式的无缝衔接，需要对采集的交通数据进行分析和挖掘，找出规律，及时应对突发状况，实现多种交通方式的协同运营，提升枢纽的综合管理水平。综合交通枢纽的交通数据和信息应用主要有两个层面。第一个层面是数据应用的基础和保障，第二个层面则是综合交通枢纽信息汇聚与应用的重点和难点。首先，满足相应管理和服务部门的基本应用需求，保证乘客在选择特定交通方式时得到最优质的信息服务。其次，由交通枢纽相应部门发挥协调作用，承担不同交通管理和服务间的桥梁纽带，为换乘中的乘客提供相应的信息化服务，实现跨部门的应急处置。此外，综合交通枢纽还需要构建应用支撑平台，实现动态信息服务、周边区域交通诱导、交通信息共享服务、决策支持与应急管理等多个子系统。其中，动态信息服务子系统可以提供枢纽内实时交通信息，包括到站时间、车次信息、换乘指引等，为乘客提供便利的出行信息。周边区域交通诱导子系统可以根据实时交通数据和历史数据，实现智能交通预测和路线规划，提供乘客路线选择建议。交通信息共享服务子系统可以与其他交通系统建立数据共享机制，促进交通信息的共享和整合。决策支持与应急管理子系统可以通过数据和信息的分析，为枢纽管理和应急处置提供科学的依据和支持。

3）未来发展。综合交通枢纽的信息化建设和数据应用，旨在更好地保障枢纽交通的高效运行，提高整体交通效率。在规划和设计阶段，需要考虑信息化建设，以便在多源数据挖掘和应用中实现有效的信息互联与共享。这样可以确保交通枢纽内部多部门的协调联动，从而更好地满足出行需求。同时，综合交通枢纽也是城市的对外交通门户，因此，数据资源的应用和分析需要与城市日常交通管理和服务关联和结合，以实现更高效的城市交通管理。综合交通枢纽和城市日常交通管理和服务部门之间需要实现数据信息的互联互通和实时共享，以便从城市宏观层面上对交通进行协调和管理，更好地发挥出交通枢纽和城市交通数据资源集中的优势。同时，通过轨迹数据的收集和分析，可以为个性化交通信息服务提供更为精准的出行建议和交通预测。

11.2 交通大数据组织与描述

11.2.1 交通大数据要素关系

1. 大数据的主要要素及属性

一般来说，一个要素可以由概念、实例、关系、函数和公理等五种元素组成，即 O = {C, I, R, F, A}，其中 O 表示要素，C 表示概念（Concept），I 表示实例（Instance），R 表示关系（Relationship），F 表示函数（Function），A 表示公理（Axiom）。

交通要素的概念是广义上的概念，可以是具体的概念，也可以是任务、功能、行为、策略、推理过程等。交通要素中的这些概念通常构成一个分类层次。实例是指属于概念类的基本元素，即某概念类所指的具体实体，特定领域的所有实例构成的领域概念类在该领域中的指称域。交通要素中的关系表示概念之间的一类关联，典型的二元关联如子类关系形成概念类的层次结构，一般情况下用 $R: C_1 \cdot C_2 \cdot \cdots \cdot C_n$ 表示概念类 $C_1, C_2, \cdots, C_n$ 之间存在 n 元关系 R。函数是一种特殊的关系，其中，第 n 个元素相对于前 $n-1$ 个元素是唯一的。可以理解为 C_n 可以由 $C_1, C_2, \cdots, C_{n-1}$ 确定。其中，函数用 $F: C_1 \cdot C_2 \cdot \cdots \cdot C_{n-1} \rightarrow C_n$ 表示。公理用于表示一些永真式，即无须证明或推理即可知其断言为真，用来表示交通要素间最基本的相互语义逻辑的集合。更具体地，在许多领域中，函数之间或关联之间也存在着关联或约束，这些约束（Restriction）有时候也被视为公理的一部分。约束公理分为值约束（Value Constraint）和基数约束（Cardinality Constraint）两种，值约束限制属性的取值范围（值域），基数约束限制属性取值的个数。

从语义上分析，实例表示的就是对象，而概念表示的则是对象的集合，关系对应于对象元组的集合。概念的定义一般采用框架结构，包括概念的名称与其他概念之间关系的集合，以及用自然语言对该概念的描述。

2. 大数据的概念间的基本关系

在交通要素中概念间的基本关系有四种：part-of、kind-of、instance-of 和 attribute-of。part-of 表达概念之间部分与整体的关系；kind-of 表达概念之间的继承关系；instance-of 表达概念的实例和概念之间的关系，类似于面向对象中的类和对象之间的关系；attribute-of 表达某个概念是另外一个概念的属性。

kind-of 关系又被称为 subclass-of 关系或 is-a 关系，描述了概念之间典型的二元关系和上下位关系，用于指出事物之间在抽象概念上的类属关系，是概念之间的逻辑层次分类结构形成的基础。例如 kind-of（A, B）表示概念 A 是概念 B 的子类（子概念）；相应地，概念 B 称为概念 A 的父类（父概念）。kind-of 关系表明的是一种继承关系，即子概念自动具有父概念的 attribute-of 类关系，这种关系是可传递的（transitive）。相对父概念来说，子概念更具体，通常体现在对于父概念的某些属性（attribute）来说，子概念的这些属性的值可能是有限制的（包括为固定值）；最常见的情况是，子概念基于父概念的某个属性的值进行分类。例如，图 11-3 表示概念"公交车"和概念"出租车"是概念"交通工具"的子类。

part-of 关系也可以称之为 member-of 关系,描述的是概念之间部分/成员与整体的关系。通常使用 part-of(A,B)表示概念 A 是概念 B 的部分或者概念 A 是概念 B 的成员。这一关系是很容易被误解的,因为严格来说,只有实例之间才能具有部分与整体的关系,两个一般概念之间并不会有 part-of 关系。当说两个一般概念具有 part-of 关系时,实际上说的是前者的所有实例与后者的对应实例具有 part-of 关系;当说一个实例概念和一个一般概念具有 part-of 关系时,实际上说的是实例与后者的某个实例具有 part-of 关系。

instance-of 关系描述的是典型的概念与个体之间的二元关系,而个体则是来自实例集合的一个元素。instance-of(a,A)表示个体 a 是概念 A 的一个实例。与 kind-of 关系不同之处主要有两点:一是实例不能再被继承,即构成了继承关系图中的末端;二是从理论上来说,在一定时空内,实例的属性值是确定的(虽然不一定知道是什么),而概念的属性值通常是无法确定的。例如,图 11-4 表示个体"100 路公交车"是概念"公交车"的一个实例。

图 11-3　kind-of 关系示例　　　　图 11-4　instance-of 关系示例

attribute-of 关系表明的是属性概念与其对应概念的关系,这种关系是不可传递的。例如,A 是 B 的属性概念,B 是 C 的属性概念,A 未必是 C 的属性概念。只有当 A 与 B 是 attribute-of 的关系而 A1 是 A 的子概念(子属性)时,A1 与 B 也具有 attribute-of 的关系。

在实际应用中,不一定要严格地按照概念、实例、关系、函数、公理这五类元素来构造交通要素。同时概念之间的关系也不限于上面列出的四种基本关系,可以根据特定领域的具体情况定义相应的关系,以满足应用的需要。

11.2.2　交通大数据元数据和数据资源描述方法

1. 交通大数据核心元数据定义方法

通过规范化方式来定义和描述城市交通大数据资源核心元数据的元数据实体及元数据元素,需要用到的属性描述包括:中文名称、英文名称、定义、数据类型、值域、短名、注解。

1)中文名称是元数据元素和元数据实体的中文名,如"信息资源名称"等。

2)对应的英文名称,一般用英文全称,要求所有组成词汇为无缝连写。元数据元素的首词汇全部采用小写字母,其余每个词汇的首字母采用大写;元数据实体的每个词汇的首字母大写。

3)定义是用来描述元数据实体或元数据元素的基本内容,给出城市交通大数据资源某个特性的概念和说明。

4)数据类型指元数据元素的数据类型,需要对元数据元素的有效值域及允许的有效操作进行规定。例如，整型、实型、布尔型、字符串、日期等。

5）值域则是元数据元素可以取值的范围。

6）短名是元数据元素的英文缩写名称，具体缩写规则如下：

① 短名在标准范围内应唯一。

② 对存在国际或行业领域惯用英文缩写的词汇等元数据实体或元数据元素对象，采取该英文缩写为其标识符。

③ 对于根据英文名称或其他认知自定义的标识符在保持唯一性的前提下，统一取每个单词前三个字母作为其短名缩写标识。若如此取词不能保证唯一性时，应延展取词位数，通常仅增加一位；若如此仍不能保证唯一性时，如前继续延长取词，直至保证唯一性为止。

④ 对于元数据实体的标识短名的写法是，所有组成词汇的缩写为无缝连写，并且每个词汇缩写的首字母大写。

⑤ 对于元数据元素的标识短名的写法是，所有组成词汇的缩写为无缝连写，首词汇全部采用小写字母，其余每个词汇的缩写的首字母采用大写。

7）有额外需要解释的内容，可用注解对元数据元素的含义进一步解释，包括该元数据元素的约束（必选、可选）和最大出现次数等。约束是用来说明元数据实体或元数据元素是否必须选取的属性，包括以下两种：

① 必选：表明该元数据实体或元数据元素必须选择。

② 可选：根据实际应用可以选择也可以不选的元数据实体或元数据元素。已经定义的可选元数据实体和可选元数据元素，可指导部门元数据标准制定人员充分说明其交通信息资源。可选元数据实体可以包含必选元数据元素，但只当可选实体被选用时才成为必选。如果一个可选元数据实体未被使用，则该实体所包含的元素（包括必选元素）也不选用。

最大出现次数则是指元数据实体或元数据元素可以具有的最大实例数目。只能出现一次的用"1"表示，多次重复出现的用"N"表示。允许不为1的固定出现次数用相应的数字表示，如"2""3"等。

2. 交通大数据核心元数据描述

城市交通大数据资源核心元数据由10个元数据元素和9个元数据实体构成，其中6个为必选，用字母M标明；13个为可选，用字母O标明。19个城市交通大数据资源核心元数据基本名称见表11-1。

表11-1 城市交通大数据资源核心元数据一览表

序号	名称	类型	约束
1	信息资源名称	元数据元素	M
2	信息资源发布日期	元数据元素	O
3	信息资源摘要	元数据元素	M
4	信息资源语种	元数据元素	O
5	数据志说明	元数据元素	O
6	信息资源提供方	元数据实体	M
7	限制信息	元数据实体	O
8	关键字说明	元数据实体	O

(续)

序号	名称	类型	约束
9	信息资源分类	元数据实体	M
10	在线资源链接地址	元数据元素	O
11	信息资源标识符	元数据元素	M
12	时间范围信息	元数据实体	O
13	空间表示信息	元数据实体	O
14	坐标系信息	元数据实体	O
15	服务信息	元数据实体	O
16	信息资源维护信息	元数据实体	O
17	元数据标识符	元数据元素	M
18	元数据维护方	元数据元素	O
19	元数据更新日期	元数据元素	O

3. 城市交通大数据核心元数据扩展原则和方法

在进行元数据扩展时，可以对核心元数据进行扩展，包括增加新的元数据元素和实体、建立新的代码表来代替值域为"自由文本"的现有元数据元素的值域、创建新的代码表元素以扩充值域为代码表的元数据、对现有元数据进行更严格的可选性限制和最大出现次数限制，以及缩小现有元数据的值域。在进行元数据扩展之前，应仔细查阅现有的元数据及其属性，根据实际需求确认是否缺少适用的元数据。对于每一个增加的元数据，应该采用摘要表示的方式，定义其中文名称、英文名称、数据类型、值域、短名、约束条件，以及最大出现次数，并给出合适的取值示例。此外，对于新建的代码表和代码表元素，应该说明代码表中每个值的名称、代码以及定义。

在新建元数据时，需要遵循以下基本原则：

1) 要考虑数据资源单位的特点和工作的复杂度，同时满足交通信息资源利用和用户查询、提取数据的需要。

2) 选取的元数据不仅要满足当前交通行业信息化建设的标准化需求，还应考虑未来可能产生的标准化需求，可以参考国内和国外的先进标准。

3) 新建的元数据不应与已定义的元数据中的现有元数据实体元素代码表的名称、定义相冲突。

4) 增加的元数据元素应按照确定的层次关系进行合理的组织，如果现有的元数据实体无法满足新增元数据的需要，则可以新建元数据实体。

5) 新建的元数据实体可以定义为复合元数据实体，即可以包含现有的和新建的元数据元素作为其组成部分。

6) 允许以代码表替代值域为自由文本的现有元数据元素的值域。

7) 允许增加现有代码表中值的数量，扩充后的代码表应与扩充前的代码表在逻辑上保持一致。

8) 允许对现有的元数据元素的值域进行缩小。

9) 允许对现有的元数据的可选性和最大出现次数施以更严格的限制，如定义为可选的元数据，在扩展后可以是必选的，定义为可无限次重复出现的元数据，在扩展后可以是只能出现一次。

11.3　交通运输系统的大数据技术

11.3.1　交通大数据技术问题

　　近年来，国家和地方在交通信息化建设方面都投入了大量的资源和精力。随着城市智能交通系统建设规模的不断扩大，交通数据的采集范围、广度和深度急剧增加。目前，微波、线圈、GPS、车牌等交通流检测数据、交通监控视频数据，以及系统数据和服务数据等成为海量交通数据的主要来源。

　　在数据量上，传统关系数据库的存储逐渐无法满足海量的数据，达到物理限制的周期在变短，例如原来可以存储一年数据量的设备，逐渐变成存放了半年、三个月的数据就已经没有剩余空间；在数据格式上，不再只是单一的结构化数据，也有来自更多领域大量的非结构化数据，例如公共交通、出租车上的语音记录数据、路上电子警察、车牌识别提供的录像和图片数据等与交通密切相关的数据信息。

　　在处理方式方面，传统的集中式存储和处理方式已变得效率低下，需要把所有数据集中传输到一台或几台计算机上进行处理，这样存在网络传输的问题，并且难以充分利用计算资源。此外，目前在数据可视化方面也缺乏有效的分析工具，无法将结构化和非结构化数据结合起来挖掘出有用的信息，展现给用户。

　　除了以上问题，城市交通大数据还面临自身的特点，例如数据存储分散、数据资源条块化分割、信息碎片化等问题。此外，许多数据来源涉及多个部门，每个部门基于自己的利益原因不愿意共享数据，导致数据很难集聚；而随着信息量增长越来越快，城市交通大数据也面临诸如数据管理、分析和应用等一系列基本问题。

　　1. 数据质量

　　从理论上说，数据并不是孤立存在的，数据之间往往存在着各种各样的约束，这种约束描述了数据的关联关系。数据必须能够满足这种数据之间的关联关系，而不能够相互矛盾。数据的真实性、完备性、自洽性是数据本身应具有的属性，这是保证数据质量的基础。其实从很多事件上都能发现这种约束。战争题材的影视作品总有一个情报室收集从四面八方汇聚来的信息，然后由参谋人员分析汇总，整编情报是否正确，是否可以采纳等，最后在依托这些情报的基础上，做出合理的假设和分析，支撑战争决策。如果信息来源错误，那么影响就是巨大的，甚至会直接导致战争的失败。从根本上说，这也是数据质量的问题。由此可见，人们已经非常注重数据质量的问题了。

　　从现代来看，这个问题更加重要，无论从企业经营还是投资分析，数据质量都是至关重要的。当然在交通领域也一样，大到道路的规划与建设决策，小到每条路的车流量与人流量统计等，都与数据质量分不开。可以说高质量的数据能够引导正确的决策，促使人们的决策行为向好的方向发展。

　　目前，交通领域以前遗留的数据并没有考虑要整合、分析，为后续行为提供决策，所以很大一部分数据在质量上是无法满足要求的。高质量的交通数据是智能交通系统有效发挥其功能的基础，也是进行道路规划与设计、交通信号优化、交通信息发布等的基础，同样也是大数据分析的前提。没有高质量的数据，大数据分析的结果就无法反映现实，因此也就没有了分析的意义。由于进入大数据平台的数据来源不一，涉及部门众多，道路交通、公共交通、对外交通和重大活动交通等，其辖下又细分多种数据来源，而且数据产生的标准不统一，所以目前交通大数据建设面临的第一个问题就是数据质量的问题。为了解决数据质量的问题，要联合与交通相关联的多个部门，制订统一的策略，有效整合，多层清洗，以求达到数据分析的基本要求。

2. 数据储存

在传统交通领域中存在许多存储问题，这些问题起源于以前缺乏统一的规划和管理，每个部门都建立了自己的信息处理系统来管理和计算所需的数据。然而，在信息化建设加速、城市智能交通系统快速发展的背景下，许多交通部门的数据来源和数据量都发生了巨大变化，不仅自动化采集相关数据，还涌现了更多的服务性数据。尤其是由于缺乏规划和预估，这些数据千差万别，大多数据仍存储在以磁盘或磁带为主的存储设备上。目前，磁盘上的数据主要以关系型数据库为主，但受限于关系数据库范式特性，导致产生大量的数据表，极具维护难度。实际上，在当今数据量达到 TB 或 PB 级别时，扩充关系型数据库已经十分困难。此外，磁带库由于顺序读写技术的限制，查询代价极大，因此仅用作数据备份。过去十年间，出现了很多存储技术，如 DAS、NAS、SAN、RAID、iSCSI 和 PCI－E 闪存卡等，这些技术都代表了市场的不同细分。互联网行业的发展也为存储行业带来了很大的外部推动力，特别是固态硬盘和大容量闪存技术在互联网行业的广泛应用，已经开始影响传统企业的存储解决方案。因此，要实现统一的大数据平台，需要解决存储上的两个基本问题：数据来源的统一管理和数据容量的自由扩展。只有解决这些问题，才能为大数据打下扎实的基础。

3. 数据计算

当今社会计算机已经无处不在，时刻影响着人们的生活，自然也包括交通领域。虽然城市交通四通八达，并且各类运输工具层出不穷，为社会的发展带来了极大的便利，但是日益膨胀的城市交通也给人们的出行带来了极大的困扰。因此，人们开始思考如何借助信息技术来解决这些问题。

在十年前，各国城市通过计算机技术的运用实现了监控整个城市的交通运行状况。然而，近年来尤其是国内城市建设发展速度过快、规划却没有跟进，城市普遍受到"大城市病"的影响。虽然国外先前已遇到类似情况，但至今尚未找到有效的解决方法。信息技术的应用虽能缓解这些问题，但远未找到最终的解决之道。随着城市仍在不断发展，基础建设也在不断扩大，采集的交通类数据越来越多，已有的交通解决方案已逐渐无法满足海量数据计算的需求。

在分布式计算出现之前，几乎没有人想过将交通基础数据和服务性数据进行融合。举例来说，如今在讨论行业融合方案时，交通领域的传统技术方案难以实现跨区域、跨部门的交通管理系统集成和组合。问题的关键是因技术瓶颈所致，传统基于关系型数据库的交通数据分析方法，在面对以 GB 为单位的数据量配合高性能的硬件时仍然能够游刃有余地处理；但如果考虑融合其他相关行业的数据，这就变得复杂了。原本交通行业采集的数据已逐步攀升到 TB 或 PB 级别，某些问题甚至难以进行有效分析。再加上其他数倍于自身的行业数据，已有方法难以支持这样庞大的数据开发和利用。

大数据面临的第一大问题便是处理大量数据,其次是数据源问题。传统数据主要存储在数据库中,相对来说比较规整,定义明确,在自身范围内操作较为便捷。但目前需考虑其他服务性数据,由于约束较少,无法实现约定,所以以后的大数据平台要考虑融合计算的问题,以适应不同的数据来源。

4. 数据传输

随着大数据时代的到来,许多数据以松散、无严格约束的格式存储于分布式文件系统中,并利用便利的网络传输。为高效地处理这些分散的数据,人们构建了基于分布式文件系统的分布式处理系统。在此之前,各个企业或机构都需要建立独立的数据中心,集中存储所有数据。但每次执行计算任务都要将数据从存储中心传输到计算中心,当任务集中时,会给网络传输带来巨大压力。随着网络技术飞速发展,人们的需求快速增长。运营商网络承载16%的流量,企业网络承载14%的流量,而70%的流量将全部流向数据中心内部。数据中心流量和带宽需求指数级增长,远超出人们对传统网络的想象。因此,大带宽和高扩展能力成为大数据时代用户最主要的需求。

从x86服务器进入虚拟化时代以来,随着虚拟机数量的不断增加以及虚拟机之间数据交互通信的日益频繁,数据中心对于网络带宽的需求越来越强烈。当数据中心开始进入云计算时代时,所有IT基础架构资源(包括服务器、存储和网络)都趋向于虚拟化。因此,整个数据中心都需要有足够强大的网络带宽来满足这种趋势。当看到百度、腾讯、阿里巴巴等拥有超大型数据中心的用户时,可以深刻地感受到云计算、社交网络、大数据、移动化等趋势浪潮对于数据中心发展的影响。正是有这些变革性的浪潮,使以太网带宽升级的间隔正在大幅缩短。因此,面向云计算和大数据的数据中心新一代核心网络交换机必须要在带宽和容量上具备超强的能力,能够支持更高密度的接口。交通领域现在正处于云计算和大数据建设的前期,根据以往经验,做好城市交通大数据中心网络的规划,有利于应对将要面对的网络问题。

5. 数据格式

数据格式是指数据保存在文件或记录中的编排方式,常见形式包括数值、字符和二进制等类型,使用数据类型及数值长度进行描述。合理的数据格式设计应当满足以下条件:记录内容完整准确;存储效率高,尽可能地利用存储空间;格式标准化,使数据处理系统能够进行交换。

根据数据记录长度的特点,可将数据格式分为定长格式和变长格式。其中,定长格式指的是文件中的记录具有相同的长度,相对于变长格式更加规整稳定;而变长格式则由记录值的长短决定长度,通常适用于数据项长度差异较大或需要频繁增删记录的场合,如数据库等。例如,在银行系统中,某用户账户的信息可能包含其姓名、身份证号码、电话号码和住址等信息,这些信息之间长度不同,因此适合使用变长格式来进行数据存储。

在计算机领域,数据格式并不是一个新概念,但在交通领域,数据格式有着更加丰富的内涵。在大数据概念出现之前,动态交通数据主要以关系型数据表为主,利用关系型数据库如Oracle、IBM DB2、SQL Server等将道路上固定检测设备和移动检测设备的数据转换成标准结构的表文件。然而,随着交通信息获取手段的不断发展,尤其是视频图像、语音记录、交通网站、智能手机等方式的不断增加,存储的交通数据格式也变得更加复杂,不仅包括传统的表文件,还增加了文本文件、视频文件、音频文件、图片、网站等半结构化和非结构化数据。这种数据格式的复杂性带来了数据组织管理和使用方法的改变,单纯依赖关系型数据库已经不能满足大数据交通数据分析的需求。因此,需要引入分布式文件系统和非关系型数据库作为有益补充。城市交通大数据的格式问题是数据分析需要面临的永恒问题。随着物联网、云计算、移动互联网的深度发展和繁荣,大量的智能终端设备都将具备生产数据的能力,千差万别的交通数据种类将会在大数据这个"熔炉"里进行整合淬炼,最终加工出信息产品,服务全社会。例如,可以利用交通流数据、道路网络数据、交通事件数据、历史数据和用户数据等来分析交通拥堵情况、预测出行时间等,同时还可以通过轨迹数据在个性化推荐系统中实现出行建议、交通预测、个性化推荐、安全警示和数据分析等方面的应用。

11.3.2 交通大数据处理技术

城市交通大数据本质上是将"大数据"理念和技术应用于交通行业,重点是面向用户的应用服务和产品生成。而底层的数据库系统和操作系统的基本原理和方法则是"拿来主义"。目前市场上面向大数据应用的数据管理系统层出不穷,受到了广泛追捧。现阶段,在"大数据"的旗帜下开发了大量系统产品,这些产品的基本原理和模式主要是基于 MapReduce 的分布式数据文件存储和计算。本小节将对分布式存储、分布式计算和本地计算进行简要的原理性介绍和说明,并重点介绍 Hadoop 系统的数据管理系统。在交通运输领域,交通流数据、道路网络数据、交通事件数据、历史数据和用户数据等数据需求是非常重要的。例如,交通流数据可以用于优化交通信号和改善拥堵路段的交通流量。历史数据可以用于分析交通事故发生的原因和趋势,以及对未来的交通规划进行预测。另外,轨迹数据在个性化推荐系统中也有广泛的应用,例如出行建议、交通预测、个性化推荐、安全警示和数据分析等方面。基于这些数据和应用,可以开发出智慧公交线路等服务,为市民提供更加便捷、个性化的出行体验。

1. 分布式储存

为了确保大数据的高可用性、高可靠性和经济性,通常采用分布式存储的方式存储数据,并采用冗余存储的方式进一步保证数据的可靠性。目前,Hadoop 分布式文件系统(Hadoop Distributed File System,HDFS)是一种较为流行的数据存储结构,如图 11-5 所示。通过构建基于 HDFS 的云存储服务系统,可以解决智能交通海量数据存储难题,并降低实施分布式文件系统的成本。Hadoop 分布式文件系统是开源云计算软件平台 Hadoop 框架的底层实现部分,具有高传输率和高容错性等特点。此外,它还可以以流的形式访问文件系统中的数据,从而有效地解决访问速度和安全性问题。举例来说,可以构建一个基于 HDFS 的云存储服务系统,用于存储交通流数据、道路网络数据、交通事件数据、历史数据和用户数据等。这样,就能够更好地管理和分析这些数据,为交通运输领域的决策提供更加科学的支持。

2. 分布式计算

城市交通大数据具有强大的计算能力,可以对庞大、复杂且无序的交通数据进行分析处理。为了实现交通数据的建模、时空索引、历史数据的挖掘、交通数据的分布式处理和融合以及交通流动态预测,大数据平台需要拥有分布式计算能力,即高性能并行计算模型 MapReduce。该模型简化了复杂的数据处理计算过程,将数据处理过程分为 Map 阶段和 Reduce 阶段,如图 11-6 所示。通过把对数据集的大规模操作分散到网络节点上,MapReduce 实现了可靠性。每个节点会周期性地将完成的工作和状态更新传回,如果一个节点保持沉默超过

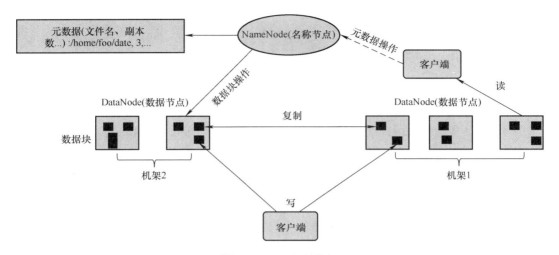

图 11-5　HDFS 的构架

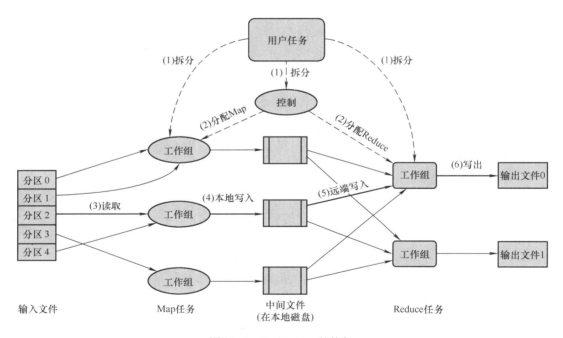

图 11-6　MapReduce 的构架

预设的时间间隔，主节点将把这个节点状态记录为停止状态，并将分配给该节点的任务重新分配给其他节点。MapReduce 是基于数据划分的角度来构建并行计算模型的，因此具有很好的容错能力。例如，当某个节点出现故障时，任务可以自动分配到其他节点上，从而实现无缝衔接的数据处理。

3. 本地计算

分布式计算利用网络完成数据共享和计算，相比之下，本地计算则是一个传统的以数据库为中心的计算模式。这种本地计算模式将软件系统的处理能力和负载主要集中在一两台数据库服务器上。要提高计算处理能力，只能不断提高数据库服务器的硬件水平，从普通双核多核个人计算机到小型机，直至中型机和超级计算机。随着处理能力提高，系统的建设成本也越来越高。

两种计算模式有着鲜明的对比。分布式计算通过软件来管理所有的数据和计算任务，资源都通过网络共享。计算任务下发后被分发到多个计算机上进行计算。而本地计算则把所需要计算的资源全部传输到计算中心的计算机上进行处理。可以发现，二者都是多任务管理，但一个是集中式多任务管理，另一个是分布式多任务管理。在数据量巨大的情况下，它们各有优缺点，形成互补优势。因此，在实际应用中，需要根据需求选取合适的技术。例如，分布式计算适合处理大规模数据和高并发计算，而本地计算则更适用于处理小规模数据和低并发计算。此外，分布式计算还可以通过添加计算节点来提高计算性能，从而更好地应对高负载的情况。

11.3.3 交通大数据可视化技术

在数据分析挖掘领域，有许多成熟的技术，其中包括适用于城市交通大数据的技术。尤其在城市交通大数据分析中，数据检索、数据分类、数据聚类和数据关联等技术应用广泛。本文将着重讨论这些技术在交通数据分析挖掘中的应用，并以一些实际案例来说明它们的使用。虽然城市交通大数据尚处于起步阶段，还没有形成成熟的和普遍认同的城市交通大数据处理方法，但这些案例可以为读者了解这些技术在交通领域应用提供参考。随着大数据技术的快速进步，城市交通大数据分析和挖掘主题的深度交叉和融合，可以创新出更多的新方法、新技术、新流程和新思维。

1. 数据检索

在交通领域，数据检索主要依赖于关系型数据库的库表检索，这是当前主流的数据组织和检索环境。然而，随着越来越多的半结构化和非结构化数据的到来，基于图片、视频流、文本自然语义（例如报警记录）的信息检索将在日常的数据分析中越来越普遍。Hadoop 系统中提及了 HDFS 数据检索模式。现在，对比介绍一下 Oracle 和 HDFS 的数据检索机制。

在关系数据库中，索引是一种与表有关的数据库结构，它可以使得 SQL 语句执行与表的关联更快速。索引的作用相当于图书的目录，可以根据目录中的页码快速找到所需的内容。Oracle 检索是使用 B 树的形式进行的，通过逐层查找，最终找到所需的记录。Oracle 基于 B 树索引原理，如图 11-7 所示。根节点记录 0~50 条数据的位置，分支节点进行拆分，记录 0~10，…，42~50，叶子节点记录数据的长度和值，并由指针指向具体的数据。最后一层的叶子节点是双向链接的，它们以有序的方式链接起来，从而能够快速锁定一个数据范围。

值得一提的是，在 HDFS 中，数据通常被分成一个或多个块，每个块都被存储在不同的数据节点上。HDFS 使用名称节点（NameNode）和数据节点（DataNode）的集合来组成文件系统。在 HDFS 中，文件的名称节点将元数据存储在内存中，这样可以快速获取文件的属性信息。数据节点负责存储数据块，并响应名称节点的要求，以进行读取和写入操作。HDFS 的数据检索模式主要依赖于名称节点的元数据，元数据包含有关文件块的位置信息。在访问文件时，名称节点将返回所需块的位置，并通过数据节点获取块。总之，Oracle 和 HDFS 都有其独特的数据检索机制，每个机制都适用于不同的数据类型和场景。

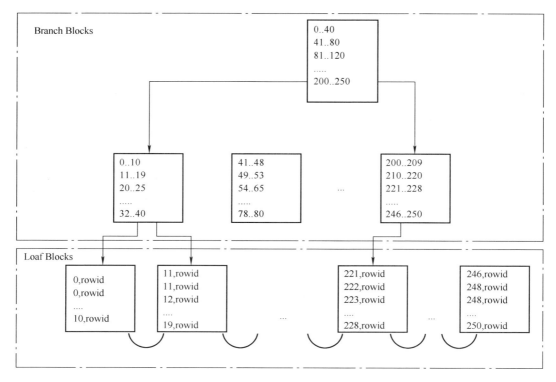

图 11-7　Oracle 基于 B 树索引原理

大数据的检索与 Oracle 不同，其原理是使用多台主机，每台主机中存放部分数据，然后生成多个子任务，子任务分别进行计算，最后统一返回结果。为了进一步的性能提升，可以将磁盘上的数据加载到内存中进行运算。之所以采用 HDFS 的检索机制就是因为其多子任务分别计算的机制，能够在数据文本检索条件下显著提升检索效率，随着数据规模的增大，其启动和准备动作的固有时间消耗占比会越来越小，检索效率的强大性能会显现出来。

2. 分类分析

在交通领域，每天都需要处理大量的连续型、复合型数据，这些数据需要根据其地域、交通流特征和属性进行分类。分类分析的目的就是将这些数据根据内在数据特征划分成若干个类别或组别。为此，可以使用各种数据分类技术，如 K 近邻法（K–NN）、支持向量机、神经网络等。与此同时，数据分类和数据聚类是一对相互关联的技术组合。本文将以决策树为例，介绍其基本原理和构建方法，以帮助大家更好地理解数据分类的工作原理。例如，可以基于车辆轨迹数据，进行交通拥堵预测，并将其分为畅通、缓行和拥堵三类。这样，就可以针对不同的拥堵情况，采取不同的交通管理措施，从而提高道路利用率和交通效率。

（1）决策树算法简介　决策树方法的起源可以追溯到概念学习系统（CLS 算法），之后逐渐发展成多叉树（ID3 算法），并最终演化为可以处理连续值的树 C45 以及 CART（Classification Regression Tree，分类回归树）和 Assistant 等算法。总体来看，决策树方法是基于信息论中的信息增益原理，在示例数据库中寻找具有最大信息量的属性字段，并以此建立决策树节点，然后根据该属性字段的不同取值建立树的分支。这个过程在每个分支集中重复进行，直到建立整个决策树。决策树的根节点是整个数据集合空间，每个分节点是对一个单一变量的测试,该测试将数据集合空间分割成两块或更多块。每个叶节点是属于单一类别的记录。

决策树分为分类树和回归树两种,分类树对离散变量做决策树,回归树对连续变量做决策树。树的质量取决于分类精度和树的大小。一般来说,构造决策树主要由两个阶段组成:建树阶段和调整阶段。在建树阶段,选取部分受训数据建立决策树,按广度优先的方式建立直到每个叶节点包括相同的类标记为止。在调整阶段,用剩余数据检验决策树,如果所建立的决策树不能正确回答所研究的问题,用户要对决策树进行调整(剪枝和增加节点),直到建立一棵正确的决策树。

(2) 决策树构造方法描述　决策树构造的输入是一组带有类别标记的例子,构造的结果是一棵二叉树或多叉树。二叉树的内部节点(非叶子节点)一般表示为一个逻辑判断,形式为 $a_i = v_i$,其中 a_i 是属性,v_i 是该属性的某个属性值,树的边是逻辑判断的分支结果。多叉树的内部节点是属性,边是该属性的所有取值,有几个属性值,该节点下就有几条边。树的叶子节点都是类别标记。

构造决策树的方法采用自上而下的递归构造。以多叉树为例,如果训练例子集合中的所有例子是同类的,则将之作为叶子节点,节点内容即是该类别标记。否则,根据某种策略选择一个属性,按照属性的各个取值,把例子集合划分为若干子集合,使每个子集上的所有例子在该属性上具有同样的属性值。然后再依次递归处理各个子集。这种思路实际上就是"分而治之"的道理。二叉树同理,只是需要选择一个好的逻辑判断。

构造好的决策树的关键在于如何选择好的逻辑判断或属性。对于同样一组例子,可以有很多决策树能符合这组例子。一般情况下,从概率的角度,树越小则树的预测能力越强。要构造尽可能小的决策树,关键在于选择恰当的逻辑判断或属性。由于构造最小的树是一个非定常多项式(Non-deterministic Polynomial,NP)时间复杂性类难题,因此只能采取用启发式策略选择好的逻辑判断或属性。

3. 聚类分析

城市交通大数据常用的另一类数据挖掘技术就是聚类分析。传统的聚类分析方法包括系统聚类法、分解法、加入法、动态聚类法、有序样品聚类、有重叠聚类和模糊聚类等。采用K-均值等算法的聚类分析工具已被加入到许多著名的统计分析软件包中,如SPSS、SAS等。

(1) 聚类分析简介　聚类分析是将数据分成不同的组,并使组与组之间的差距尽可能大,组内数据的差距尽可能小的过程。与分类不同,聚类分析时数据集合的特征是未知的,用户不知道要把数据分成几组,也不知道分组的具体标准。聚类分析采用一定的聚类规则,将具有某种相同特征的数据聚集在一起,这一过程也称为无监督学习。相比之下,分类是有监督学习,用户知道数据可分为几类,将要处理的数据按照分类分入不同的类别。从机器学习的角度来看,簇相当于隐藏模式。聚类是搜索簇的无监督学习过程。与分类不同,无监督学习不依赖预先定义的类或带类标记的训练实例,需要由聚类学习算法自动确定标记,而分类学习的实例或数据对象有类别标记。聚类是观察式学习,而不是示例式学习。

从实际应用的角度来看,聚类分析是数据挖掘的主要任务之一。聚类能够作为一个独立的工具获得数据的分布状况,观察每一簇数据的特征,集中对特定的聚簇集合做进一步分析。聚类分析还可以作为其他算法(如分类和定性归纳算法)的预处理步骤。常用的聚类方法主要包括划分方法 [K-means（均值）、K-medoids（中心点）等]、层次聚类方法、基于密度方法、基于网格的方法以及基于模型的方法。K-means 等算法的聚类分析工具已被加入到许多著名的统计分析软件包中，如 SPSS、SAS 等。

（2）基于 K-means 的快速路交通事件影响等级标定模型　K-means 算法是很典型的基于距离的聚类算法，采用距离作为相似度的评价指标，即认为两个对象的距离越近，其相似度就越大。该算法认为簇是由距离靠近的对象组成的，因此把得到紧凑且独立的簇作为最终目标。

K-means 算法的工作过说明如下：首先从 n 个数据对象任意选择 k 个对象作为初始簇中心，而对于所剩下的其他对象，则根据它们与这些簇中心的相似度（距离），分别将它们分配给与其最相似的（簇中心所代表的）簇；然后计算每个所获新簇的中心（该簇中所有对象的均值），不断重复这一过程，直到标准测度函数开始收敛为止。一般都采用均方差作为标准测度函数，具体定义如下：

$$E = \sum_{i=1}^{k} \sum_{P \in C_i} |P - m_i|^2 \quad (11-1)$$

式中，E 为簇中所有对象的均方差之和；P 为代表簇中的一个点，可为多维；m_i 为簇 C_i 的均值，可为多维。

式（11-1）中所示的聚类标准旨在使所获得的个簇具有各簇本身尽可能地紧凑，而各族之间尽可能地分开的特点。例如将事件对交通的时间影响范围和空间影响范围聚成四类，即 $k=4$，$p=\{时间_p, 空间_p\}$，$m_i=\{时间_i, 空间_i\}$。

聚类分析是交通领域中不可或缺的一项重要技术，尤其对于海量离散时间序列数据集，如交通事故和长时间大面积拥堵等问题，需要在多年历史数据的离散样本中进行聚类，以获得特征集，然后定义事件或拥堵类型。数据分类和聚类分析是交通领域中的重要应用之一。在城市交通大数据时代，它不仅能够为连续型数据集和离散型数据集分别带来更加细致、多样的单项数据区间域，还能够实现多源、多维数据的多元整合和解析，为全样本数据分析和挖掘注入新的活力。

4. 关联分析

从大数据思维的角度来看，积累了大量同时空的跨行业数据时，这些数据之间是否存在关联性就变得尤为重要。对这种关联性进行分析可以打开行业交叉和交通特征的社会化深入分析的"数据通道"。本文将以灰色关联分析（Grey Relational Analysis，GRA）为技术案例，详细说明其基本原理和方法，并引用交通领域中的应用实例，以供参考。在交通领域中，GRA 技术的应用极其广泛，其可以被用于分析交通流数据、道路网络数据、交通事件数据、历史数据和用户数据等。

灰色关联分析是基于灰色系统理论的一种分析方法，研究对象是"部分信息已知、部分信息未知"的"小样本""贫信息"不确定性系统。灰色关联分析的基本思想是根据序列曲线几何形状的相似程度来判断其联系是否紧密，曲线越接近，相应序列之间关联度就越大，反之就越小。

灰色关联分析法的具体计算步骤如下：

1）$X_0 = (X_0(1), X_0(2), \cdots, X_0(k), \cdots, X_0(m))$，$X_i = (X_i(1), X_i(2), \cdots, X_i(k), \cdots, X_i(m))$ 分别为系统的参考数列和比较数列，其中 $i = 1, 2, \cdots, n$。

2）进行无量纲化处理，较为常用的有初值化变换、均值化变换、极差变换以及效果测度变换。对于较稳定的社会经济系统数列做动态序列的关联度分析时，多采用初值化变换，其具体计算公式为

$$X_i = \left(\frac{X'_{i(1)}}{X'_{i(1)}}, \frac{X'_{i(2)}}{X'_{i(1)}}, \cdots, \frac{X'_{i(m)}}{X'_{i(1)}}\right) \tag{11-2}$$

3）求灰色关联系数：

$$\gamma(X_0(k), X_i(k)) = \frac{X(\min) + \xi X(\max)}{\Delta_{0i} + \xi(\max)} \tag{11-3}$$

式中，$X(\min) = \min_i \min_k |X_0(k) - X_i(k)|$；$X(\max) = \max_i \max_k |X_0(k) - X_i(k)|$；$\Delta_{0i}(k) = |X_0(k) - X_i(k)|$；$\xi \in [0,1]$ 为分辨率系数，一般按最少信息原理取为 0.5，即 $\xi = 0.5$。

4）求关联度 $\gamma(X_0, X_i)$。聚集灰色关联系数 $\gamma(X_0(k), X_i(k))$ 在各点 $k = 1, 2, \cdots, m$ 的值，得到灰色关联度计算公式为

$$\gamma(X_0, X_i) = \frac{1}{m} \sum_{k}^{m} \gamma(X_0(k), X_i(k)) \tag{11-4}$$

这样，便可求得灰色关联度 $R[R = \gamma(X_0, X_i)]$，根据比较数列与参考数列的关联度 R 的大小，判断各因子对交通噪声的影响大小，关联度大则意味着该因子的影响较大，为主要影响因子，关联度小则意味着该因子的影响较小，为次要因子。

5. 特异群组分析

特异群组分析是一种新的数据挖掘任务，通过利用特异群组挖掘（Abnormal Group Mining，AGM）算法对数据进行分析处理，找出数据中有别于大多数数据的一群数据。该方法具有广泛的应用领域和重要的应用价值。与聚类和异常挖掘分析类似，特异群组分析也是根据数据对象的相似性来划分数据集的数据。然而，特异群组挖掘的目标与聚类和异常挖掘不同。聚类是将大部分具有相似性的数据对象分到若干个簇中的过程；异常挖掘发现数据集当中明显不同于大部分对象（具有相似性）的数据对象；而特异群组挖掘是发现数据集中明显不同于大部分对象（不具有相似性）的数据对象。因此，在问题定义、算法设计和应用效果等方面都不同于聚类和异常挖掘，不能由现有的聚类、异常等数据挖掘技术实现。

简单来说，特异群组分析就是要在数据中找出有别于大众群体的小群体。这些小群体内的对象具有高度的相似性，即它们之间是类似的。但是，与通常聚类问题给出的簇中的对象数量相比，它们的数量要少得多，有时候相差好几个数量级。此外，它们与异常挖掘所要找的孤立点不同，因为孤立点之间一般不具有相似性。这些小团体被称为"特异群组（Abnormal Group）"。

11.4 交通运输系统数据服务

11.4.1 交通规划建设数据服务

在城市交通规划和建设方面，城市交通大数据提供的服务主要包括以下三个方面：
1）在资料收集阶段，融合多种数据资源的大数据获取和分析技术将逐步取代传统的交

通调查方式。大数据技术从智能手机应用软件和移动通信技术的发展中获取连续出行的"电子脚印"，从而为交通规划和建设提供更为实时可靠的资料。例如，通过收集多维数据，如交通事故率、道路拥堵情况等，大数据技术可以为交通规划和建设提供更加精细的资料。

2）在规划和建设过程中，大数据分析技术和城市交通模型相结合，形成宏观、中观、微观一体化的交通模型体系，提高交通模型的预测精度和解释能力，对交通的需求总量、结构及发展趋势进行准确把握。通过多种交通方式的综合考虑，构建衔接紧密的城市综合交通服务系统，推动城市交通向智能化、绿色化、共享化方向发展。

3）在综合评价方面，大数据分布式计算和交通流信息流的支撑将会使规划和建设方案的评价更加方便。从综合交通系统出发，更加关注交通方式的相互竞争和合作，交通资源和服务的整合。结合人口社会、气象环境等相关领域的数据，还可以对规划建设方案的社会经济、能源环境等外部影响进行估计，促进可持续发展交通系统的建立。例如，大数据技术可以对城市交通拥堵状况进行分析，提出相应的交通改进方案，从而减少车辆排放，降低城市碳排放量，实现可持续发展的目标。

1. 公共交通数据服务

城市交通的可持续发展是交通决策者最关注的问题之一，尤其是如何将个体出行方式（小汽车）转变为公共交通出行方式。交通方式分担结构是多种因素共同作用下的结果，能够说明城市交通模式的整体演变趋势。在城市中，公共交通和个体机动交通的空间分布结构是影响城市交通运输系统的重要因素之一。因此，在城市交通规划和设计中，需要综合考虑公共交通和个体机动交通的空间分布结构，以实现城市交通的高效运行和降低交通排放的目的。

公共交通的空间分布结构主要包括公交线路的布局和站点的设置。公交线路的布局应该根据城市中心城区和周边城区的交通需求进行合理的规划，以尽可能满足市民出行的需求。同时，公交站点的设置也需要根据市民的需求和出行习惯进行科学合理的规划，以便市民能够方便快捷地乘坐公共交通工具，从而减少私家车的使用。公交优先是解决人口产业密集的大城市交通问题的有效途径，但如何提高公交的竞争力、将个体出行方式引导到公交则是交通决策者关心的问题。利用城市交通大数据技术可以采集和分析多种交通方式的运行数据，并进行相似城市的类比，发现公交服务的薄弱环节，并提出针对性的解决方案，从而提高公共交通的竞争力和吸引更多的人选择公共交通出行。

2. 综合交通数据服务

在城市土地资源和通道资源日益紧张的情况下，加强多种交通方式的衔接，形成综合交通服务系统成为城市交通规划和建设的重点。综合交通数据服务是指基于交通运输系统中多种数据来源，通过综合分析和处理，提供全面、准确、实时的交通信息和服务。这种服务不仅提供了交通流数据，还包括道路网络数据、交通事件数据、历史数据和用户数据等方面的信息。

1）交通流数据是综合交通数据服务的基础。通过各类传感器和检测设备，获取到道路上的车辆流量、速度、密度等信息。这些数据可用于交通流量预测、拥堵监测、道路优化等方面。例如，通过交通流数据，可以实现智能交通系统的红绿灯智能调节和智能导航等功能。

2）道路网络数据也是重要的一部分。道路网络数据包括道路等级、道路拓扑结构、道路长度等信息。这些数据可用于路线规划、交通事故分析和道路优化等方面。此外，道路网络数据还可以为智能导航和智能驾驶提供支持。

3）交通事件数据可以提供道路交通事件的发生、位置、类型、持续时间等信息。这些数据可以用于实时的交通事件监测和处理，例如路面施工、事故、拥堵等。通过这些数据，驾驶人可以及时调整路线或避开拥堵区域。

4）历史数据包括历史交通流量、历史拥堵情况、历史交通事件等。这些数据可用于交通预测、历史趋势分析、道路规划等方面。通过历史数据，可以进行交通流量趋势分析，预测未来的交通状况，为交通规划和决策提供依据。

5）用户数据是个性化交通信息服务的重要组成部分。用户数据包括用户位置、出行时间、出行偏好等个人信息。通过分析用户数据，可以提供个性化的交通信息服务，例如出行建议、交通预测和个性化推荐。

综合交通数据服务不仅可以为交通管理部门提供决策支持，还可以为交通参与者提供各种智能交通服务。这些服务可以提高交通效率，降低碳排放量，改善交通状况，提高出行体验。因此，综合交通数据服务在交通运输系统中具有重要作用。对此，可通过引入"定制出行"理念，打造智慧公交线路，以及基于科学的现场调研和人群需求出发，着力解决出行难、车辆空驶等问题，提供实用性和可操作性高的方案设计。

11.4.2 交通管理数据服务

在交通管理方面，城市交通大数据服务主要体现在交通出行需求管理和交通系统运行管理上。

交通出行需求管理方面，大数据服务体现在交通需求的群体细分，以及出行者的交通行为分析，通过错峰、限行、收费、补贴等有针对性的政策和措施，引导和调控交通需求，保障交通系统的通畅，促进交通系统的可持续发展。例如，通过移动通信数据，分析外地游客的交通需求特征，通过运力调配为其提供灵活的旅游交通服务；通过车辆牌照数据，分析城市主干通道的交通构成，为限行、收费等政策的制定提供基础。

交通系统运行管理方面，大数据能为交通管理部门提供更为实时、全面的交通系统运行状况信息，从而帮助管理部门诊断交通瓶颈，优化交通供给资源配置，提高交通系统的运行效率，为出行者提供安全、畅通、准时的交通服务。例如，融合车辆牌照识别数据及浮动车数据，可分析车辆行程时间和波动性；结合公交 GPS 数据可分析公交系统的运行可靠性和服务水平等。

1. 道路交通构成和车辆使用特征分析

车牌数据是交通运输系统工程中的一种重要数据源，通过对车牌数据的分析，可以深入了解道路交通构成和车辆的使用特征。在城市道路上，车辆的使用特征主要包括车辆类型、车速、车流量以及出行时间等方面。通过车牌数据的收集和分析，可以了解到城市道路上车辆类型的分布情况，其中包括轿车、客车和货车等不同类型车辆的占比。同时，还可以了解到车辆在不同时段的流量分布情况，比如早高峰、晚高峰和非高峰时段的车流量变化。另外，通过车牌数据的分析，还可以了解到城市道路上车辆的速度分布情况。不同类型车辆的速度分布情况不同，货车的速度普遍较慢，而轿车和客车的速度相对较快。同时，在不同时间段内，车辆的速度也会有所不同，比如在高峰期间，车辆的速度会明显降低。

最后，通过车牌数据的收集和分析，我们还可以了解到城市道路上车辆的出行特征，包括出行时间、出行目的以及行驶路线等方面。这些信息对于交通运输系统工程的规划和管理具有重要意义。

综上所述，车牌数据是交通运输系统工程中的一种重要数据源，通过对车牌数据的分析，可以深入了解城市道路的交通构成和车辆的使用特征。这些信息对于城市交通规划和管理具有重要意义。

2. 车辆行程时间分析

行程时间表征了从起点到目的地的出行成本，是反映道路交通拥堵、评价道路交通服务质量最直接的指标，也是出行者进行交通方式、出行时间和出行路径选择的依据，在交通规划和管理中具有重要意义。

（1）浮动车数据和车辆牌照识别数据融合的车辆行程时间估计　在检测过程中，浮动车数据存在多种误差，包括 GPS 原始数据误差、路段上浮动车样本量较少以及浮动车"假行驶"现象等，同时，在数据处理过程中，地图匹配算法和基于历史数据的修复算法也存在一定误差。因此，为了减少这些因素引起的数据偏差，需要通过对多源交通信息数据进行处理和融合，实现不同形式信息的互补，以提高交通信息反映路段实际运行情况的准确性。

通过车辆牌照识别数据，可以比较车辆经过两个断面的时间，得到路径行程时间。如果能够确定车辆经过两个断面之间的行驶路径，那么得到的路径行程时间将更加准确。因此，可以利用牌照识别数据获取的行程时间，对浮动车行程时间进行校验和修正，以提高后者的精度。例如，如果车辆经过第一个断面时被记录，然后在第二个断面被重新记录，那么可以通过比较这两个时间戳来计算车辆在这段路程中的行程时间。这种方法可以避免浮动车数据误差和"假行驶"现象的影响，从而更加准确地反映路段交通的实际运行情况。

（2）道路行程时间的波动性分析　道路行程时间的可靠性是出行者选择路线时的关键考虑因素，同时也是交通管理者评估路网交通状态和制订改善措施的重要指标。行程时间的可靠性受到交通需求周期性变化和随机因素的影响，表现出持续稳定性和突变特性。其中，持续稳定性表现为一种稳定的时变特征；而突变特性则由一种稳定状态跳跃式地转变到另一种稳定状态，是由特殊交通需求、交通事件、天气变化等随机扰动引起的。通过长时间的行程时间观测数据，可以识别突变点的位置和影响，从而对发布交通预警信息、评估路网性能和交通需求变化等方面具有重要意义。例如，当出现大型活动、自然灾害和重大交通事故等突发事件时，路网的交通状况可能会发生突变，导致行程时间的不可靠性增加。因此，及时捕捉这些突变点并进行有效的预测和应对，对于提高交通系统的可靠性和稳定性具有重要的意义。

3. 公交运行可靠性分析

公交运行可靠性是公交车辆按照预定的时间表和路线行驶的能力。在交通运输系统工程中，公交运行可靠性是评估公交运输系统质量的重要指标之一。其分析需要收集大量的公交车辆运营数据，包括公交车辆的行驶、到站、停车和发车等。在数据收集过程中，需要预处理数据，确保准确性和可靠性。通过对公交车辆运营数据的统计和分析，计算公交车辆的可靠性指标，如平均到站误差、平均发车间隔时间、平均等待时间等。公交运行的不确定性因素包括天气、交通拥堵和车辆故障等，通过对不确定性因素的分析，可以找出公交运行的瓶颈问题，并提出改进方案。根据公交运行可靠性分析的结果，可以优化公交运输服务，包括优化公交线路、调整公交车辆的发车时间和发车间隔时间等，提高公交运输服务的质量和效率。公交运行可靠性分析对于城市交通运输工作提供了重要的支持和决策依据。

11.4.3 公众智能出行数据服务

公众智能出行融合物联网、互联网和大数据环境下的丰富信息资源及信息处理手段，以汇集和分析交通信息，为用户提供智能化交通信息服务的综合系统。作为构建智能交通的重要组成部分，公众智能出行在提高交通系统运行效率、减少交通事故、缓解环境污染、促进交通管理及出行服务系统信息化、智能化、社会化、人性化水平方面发挥了巨大作用。其有助于最大限度发挥交通基础设施的效能，提高交通运输系统的运行效率和服务水平，为公众提供高效、安全、便捷、舒适的出行服务。举例来说，公众智能出行可以提供实时交通流量、道路状况、车辆位置、公交车到站时间等信息，为用户提供更加个性化的出行建议和服务。

1. 公共智能出行系统分类

从功能上说，智能出行系统可以通过多种信息发布方式，向出行前、出行中或出行后的人们提供相关的交通信息。例如道路的交通状况、施工情况、气象情况等，甚至包括一些路面交通状况的预测等，力求使出行者及时了解交通信息，提高出行的质量。按照系统的适用对象来分类，智能出行系统可以分为对交通系统管理者的应用和对出行者个人的应用两大类。

（1）面向交通管理者的应用　交通管理者需要建立先进的智能指挥控制中心，以实现对交通信息的实时检测，并具备兼容整合分析不同来源交通信息的能力，为交通管理人员提供处理常见交通问题的决策预案和建议。具体而言，智能指挥控制中心通过先进的交通信息采集技术、数据通信传输技术、电子控制技术和计算机处理技术等，将各种道路交通信息和相关服务信息汇集和传输到城市交通指挥中心。城市交通指挥中心利用交通控制与交通组织优化模型对来自交通信息采集系统的实时交通信息进行分析处理和优化，进而制订综合交通管理方案和交通服务信息，并通过数据通信传输设备向各种交通控制设备和交通系统的各类用户传输，或通过发布设备为道路使用者服务，以实现对城市交通的全方位优化管理与控制，为各类用户提供全面的交通信息服务。

智能出行系统中对交通系统管理者的应用主要有：
1）公交线路规划：根据客流需求通过智能算法合理分配公交时刻表。
2）交通诱导：通过交通广播、可变交通信息指示牌引导车流缓解拥堵。
3）电子警察：通过摄像头和视频识别技术识别违章车辆，检测交通状态。
4）信号灯控制：通过传感器检测路口的实际车流，根据交通需求合理分配绿灯时间。
5）收费控制：使用不停车收费（ETC）系统提高效率，利用拥堵收费策略缓解拥堵状况等。

智能出行系统的应用可以帮助交通管理者更加高效地管理和控制城市交通，提高交通系统的运行效率和服务水平，为公众提供更加便捷、安全、舒适的出行服务。

（2）对出行的应用　从出行者和驾驶人的角度来看，需要可靠的出行信息来减少出行时间和压力，提高安全性和可靠性。此外，他们还需要高质量的运输服务和便捷的支付手段。为此，智能出行系统应该提供以下服务：

1）出行信息查询。出行者可以利用互联网查询目的地的信息，例如各种交通方式所需的费用和时间，以便在出行前做好充分准备。同时，智能出行系统还可以提供实时的交通状况，包括路况、交通拥堵程度、车流量等信息，帮助出行者选择最佳的出行路线，从而减少出行时间和压力。

2）实时导航和危险警告。驾驶人可以使用车载 GPS 或智能手机来获取最新的交通信息和实时的导航指引，包括推荐最佳的行车线路、适宜的速度限制等。此外，智能出行系统还能提供实时的危险警告，如道路施工、路面湿滑、交通事故等，帮助驾驶人及时做出反应，提高行车安全性。

3）公共交通信息查询。对于公共交通出行者，智能出行系统可以提供公交车、地铁、飞机等运行状态和等待时间等实时信息，帮助出行者更好地安排出行计划。同时，智能出行系统还可以提供乘车路线规划和换乘建议，提高公共交通使用的便捷性。

综上所述，互联网的普及和智能手机的兴起为智能出行系统提供了实现个性化方案的基础。出行者和驾驶人可以通过智能出行系统获取最新的交通信息和实时导航，从而减少出行时间和压力，提高行车安全性和可靠性。

2. 公共智能出行系统应用

（1）城市出行服务　智能城市出行覆盖了城市公共交通、出租车和私家车等多种交通方式。

1）城市公共交通。城市公共交通作为大众出行的主要方式，不仅提供了便利，更具备了经济环保的显著优点，具有极大的社会效益。因此，一个好的智能出行系统不仅应该提供公交线路规划、车辆监控和车站/路边公交信息系统等功能，还应该根据市民的出行需求，提供个性化的公交出行方案，例如推荐合适的线路、提供公交实时到站信息等，让市民出行更加便捷、舒适、高效。智能城市公交系统应提供以下功能：

① 线路规划。为提高公共交通服务质量和运营效率，公交管理部门需要定期评估和调整线路设置，而公交公司需要实时掌握车流和客流变化，以动态优化线路运力。

② 车辆监控。公共交通因其封闭性、人员密集性，防范难度大，安全问题备受关注。因此，监控每辆车的实时位置成为必要的安全保障措施。可用的技术包括无线技术、路标技术、里程表技术和全球定位系统等。公交系统的监控工作主要涉及场站和运营车辆两个方面。公交场站视频监控系统是一个采用多级管理架构的系统，它能够实现分布监控、集中管理，可远程实时监控、遥控、设置参数等功能。

③ 车站/路边公交信息系统。为方便市民出行，公交公司应该为公交方式出行的乘客提供实时车辆到离站信息和其他静态服务信息。这些信息可以通过车站/路边的电子显示电视等媒介进行传达。随着技术的发展，公交公司还可以通过互联网等方式为市民提供各种信息查询服务。

2）出租车。城市出租车系统是城市公共交通中的重要组成部分。城市出租车系统的效率高低在很大程度上影响着城市公共交通的效率。随着城市人口数量的增加和收入的提高，人们选择出租车出行的概率大大提高。将智能交通技术应用于城市出租车系统，能够有效地整合出行者需求信息与出租车信息，提高城市出租车系统的综合运输能力，降低交通能耗和污染，提高交通安全性，并减少车辆治安事件的发生，从而解决交通堵塞的问题。智能出租车管理系统可以通过车载电台将 GPS 定位信息发送给调度指挥中心，以便调度指挥中心及时掌握各车辆的具体位置，并监测区域内车辆的运行状况，从而对被监控车辆进行合理调度。此外，调度指挥中心可以随时与被跟踪目标进行实时管理，以便在紧急情况下为发生事故或遇有险情的车辆提供紧急援助。监控台的电子地图可以显示报警目标和求助信息，并规划最优援助方案，以报警声光提醒值班人员进行应急处理。因此，将智能交通技术应用于城市出租车系统，不仅能促进整个城市公共交通领域提供优质高效的运输服务，而且对于构建绿色和谐的公共交通体系具有重要意义。

出行者最关心的问题之一是如何能够快速地打到出租车，并尽可能地节约时间和费用。如今，各种手机应用程序正在逐渐实现着对传统服务业和原有消费行为的颠覆。在传统的打车方式中，由于出租车驾驶人与打车者之间信息不对称，导致非高峰时段出租车空载高峰期和恶劣天气下驾驶人拒载等现象频发，而手机打车软件通过加价等手段，提高了打车成功概率，实现了驾驶人和打车者双赢，因而在大城市日益走俏。

3）私家车。车载GPS可以为用户提供主要物标的数据库，例如旅游景点、宾馆、医院等。用户可以在电子地图上根据需要进行查询，查询的资料能以文字、语音和图像的形式显示，并在电子地图上显示其位置。此外，车载GPS还可以提供出行路线规划和导航功能。其中，人工线路设计是由驾驶人根据自己的目的地设计起点、终点和途经点等，以建立线路库。而自动线路规划则由计算机软件自动设计最佳行驶路线，包括最快的路线、最简单的路线或通过高速公路路段次数最少的路线等的计算。线路规划完成后，车载GPS可在电子地图上显示规划的线路，并同时显示汽车运行路径与运行方法。举个例子，当用户选择通过高速公路路段次数最少的路线时，车载GPS会自动规划最优路线，避免拥堵路段，从而提高出行效率。

（2）城际出行服务　城际出行的方式主要包括公路出行（长途车和自驾）、铁路客运和民用航空等方式。

1）公路出行。随着我国高速公路投资规模的不断扩大和建设里程的不断增加，高速公路管理所需的交通工程设施需求量也将不断扩大。特别是高速公路的通信、监控和收费系统，需要更加先进的技术和设施。因此，高速公路智能交通系统应运而生。这是一种以信息技术、数据通信传输技术、电子传感技术控制技术、计算机技术和交通工程等技术为基础的综合性、集成化大系统，主要由监控系统、通信系统和收费系统三大部分组成。在过去的20年中，高速公路投资规模的不断扩大和建设里程的不断增加，使得如何提高高速公路使用效率、安全和舒适程度以及管理水平，降低能源消耗和减少环境污染成为迫切需要解决的问题。因此，建设和利用高速公路智能交通系统成为解决这一难题的主要手段。

智能公路交通系统使用停车诱导、交通预测、路经诱导及交通事故检测等技术，能够依靠先进的技术实时地将道路交通信息在监控中心进行加工处理，并将信息发送至道路管理者及其使用者。这样，就能够实现动态交通分配，以及对交通的有效监管，尽量避免交通阻塞。例如，当交通阻塞发生时，智能公路交通系统能够自动调整路线，引导车辆绕开拥堵区域，从而避免交通拥堵。此外，智能公路交通系统还能够监测交通事故并及时处理，从而保障高速公路的安全。智能出行系统在公路上的应用主要包括：

① 不停车电子收费系统：可以减少传统收费模式带来的时间延误和人工消耗，提高车道的通行能力。

② 路面交通感应器：能够对道路承受压力及应力状况进行实时监控，同时将监测数据传输至管理中心，实时了解道路情况为养护部门提供完备的资料。

③ 可变限速标志及可变信息标志牌：实时显示沿途的路面状况及事故情况，及时发布限速信息，对交通流实时动态管理。

④ 高速公路入口道的交通流控制：利用和监控中心的通信及入口道处的信号灯，对入口匝道交通流实时智能化监管。

⑤ 闭路电视监控：利用闭路电视摄像机，对违章车辆进行实时监控，发现问题可以及时启动应急机制进行处理。

2）民航和铁路。航空和铁路是重要的远距离城际交通方式。智能出行系统在民航和铁路城际出行交通方式的应用非常广泛，包括但不限于以下几个方面：

① 票务管理：目前，我国的铁路和航空售票均已实现网络售票，出行者可以通过网络自助办理购票、退票业务，或查询车次/航班、剩余车票等信息。例如，去哪儿、携程等机票网站整合了多家航空公司信息，方便了出行者对比价格和选择最佳航班。

② 安全管理：安保系统对铁路和航空的安全至关重要。智能出行系统应该能提供联网核对旅客信息的功能，以确保运输安全，并方便公安部门的管理。例如，旅客在购票时需要提供身份证、护照等有效证件，系统会自动核对旅客信息，减少人工审核的复杂度和时间成本。

③ 列车/航班状态查询：出行者可以通过互联网或手机应用实时跟踪列车或航班的状态，方便后续安排出行计划。例如，铁路客户端提供了列车实时位置、到站时间等信息，而航空公司的 APP 则能提供航班延误、取消等信息的推送服务，让出行者不再盲目等待或赶路。

【重点与难点】

1. 交通大数据的主要要素及属性。
2. 交通大数据的技术问题。
3. 交通大数据的处理技术。
4. 交通大数据的数据服务。

【思考与练习】

1. 交通大数据的组成有哪些？
2. 交通大数据处理技术有哪些？
3. 简述公共交通数据服务。
4. 简述交通大数据在公众智能出行服务方面的应用。

第 12 章 Chapter 12
交通运输系统工程前沿技术

12.1 绿色低碳交通技术

绿色交通技术是通过新技术和改变交通系统运作方式来减少环境污染、资源消耗、交通拥堵和事故发生，并提高能源利用效率等目标的交通技术。它是未来交通运输系统工程发展的重要方向之一，也是促进可持续发展的重要举措之一。绿色交通技术的应用范围包括交通运输工具、网络、管理、信息和能源等方面。在交通运输工具方面，电力化、轻量化和智能化是重点。电力化通过电池、超级电容器等储能设备将电能转化为机械能，实现交通工具的零排放、低噪声和高效能。轻量化通过采用新材料、工艺和设计减轻交通工具重量，降低能源消耗和废气排放。智能化通过人工智能、大数据和物联网等技术实现智能化管理和运营，提高交通安全性、降低事故率、减少拥堵和节约能源。绿色交通技术是交通运输系统工程发展和可持续发展的重要方向之一，需要积极推广和应用，为人类社会的可持续发展做出贡献。

12.1.1 绿色低碳新能源汽车技术

绿色交通技术是指在交通运输系统工程中使用的能够减少环境污染、降低能源消耗并且具备可持续性的技术。新能源汽车是绿色交通技术中的重要组成部分，其使用新能源替代传统燃油能源，具有环保、节能等优点。本章将详细阐述新能源汽车在交通运输系统工程中的应用，并且结合实际应用的例子和数据进行说明。

1. 新能源汽车的种类及特点

新能源汽车包括纯电动汽车、混合动力汽车和燃料电池汽车三种类型。纯电动汽车仅靠电池储存的电能驱动车辆行驶，无污染物排放。混合动力汽车利用内燃机和电机混合驱动，兼具燃油经济性和电力环保性。燃料电池汽车通过氢气和氧气的化学反应产生电能驱动车辆，排放物为水蒸气，零排放。新能源汽车的主要特点是能源消耗低、动力系统简单、维护成本低、噪声振动小、驾驶性能出色。纯电动汽车直接从电池获取能量驱动车辆，而传统燃油汽车需要燃料燃烧才能产生动力，因此纯电动汽车在节能减排方面更为出色。混合动力汽车则根据行驶情况自主切换动力来源，提高燃油利用效率。

(1) 纯电动汽车　纯电动汽车是一种综合了汽车技术、电化学、新材料、新能源、微电子学、电力拖动技术和电子计算机智能控制等技术的高新技术产物。相较于传统汽车，纯电动汽车具有简单的基本结构，不需要内燃机发动机，因此几乎不会产生二氧化碳排放，具有无污染、低噪声、高能效和易维修等优点。此外，纯电动汽车的车载电源可以是化石能源如煤炭，也可以是可再生能源如水能、风能、太阳能和热能等，使得其在能源选择上更为灵活。纯电动汽车的关键部件是电机和车载电池，其中电池是最为关键的部件。然而，目前电池单位重量储存的能量较少，充电后续驶里程不理想，而高储量的电池使用寿命较短、成本高，难以实现商业化运营，仅限于一些特定场所的使用。此外，纯电动汽车的推广与一个国家的电力能源生产结构紧密相关，甚至在同一国家的不同地区也存在本质的差异。在目前的煤电结构和技术水平下，纯电动汽车的推广应用虽然可以减少污染物排放，但在一些情况下会使碳排放量成倍增加，因此需要更加注重电力能源的清洁化和可再生化。

（2）混合动力汽车　混合动力汽车（HEV）是一种装配了两个或多个动力源并能够协同工作的汽车。混合动力系统是其关键技术。根据动力系统结构的不同，混合动力汽车可分为串联式、并联式和混联式三种类型。相比传统燃油汽车，混合动力汽车不仅可以减少对环境的污染，而且还具有更好的燃油经济性。在运行过程中，混合动力汽车一般比传统燃油汽车节约燃油30%～50%。此外，混合动力汽车的动力系统具有更高的动力输出和更低的排放水平，可以提高汽车的行驶性能和用户的使用体验。目前，混合动力电动汽车面临的主要技术难点包括电池技术、电机技术、内燃机技术和整车能量管理技术。混合动力汽车效率仍有待提升，而且仍需使用较多汽油或柴油。随着汽车电池技术的不断突破和发展，混合动力汽车将向纯电动汽车方向发展。

（3）燃料电池汽车　燃料电池汽车以燃料电池作为动力源，将燃料化学能直接转化为电能来推动车辆。与混合动力汽车和纯电动汽车相比，燃料电池汽车最大的不同在于不进行燃料的燃烧过程。相反，它通过电化学方法将氢和氧结合，直接产生电和热，几乎不产生污染物排放。燃料电池汽车的燃料来源多种多样，包括天然气、甲醇、丙烷、汽油、柴油、煤、煤层气以及太阳能、风能、生物质能、海洋能、地热等再生资源。

（4）氢燃料汽车　氢燃料汽车是一种适应性改造的内燃机，利用氢气或其他辅助燃料与空气混合燃烧，从而产生能量来驱动汽车。相比其他新能源汽车，氢燃料汽车更好地利用了现有的汽车工业资产，并逐步将传统汽车转向新能源汽车的方向。氢燃料汽车具有无污染、低排放等优点。其特别优势包括对氢的要求较低、燃烧性能高、内燃机技术成熟等。使用氢气作为发动机燃料的汽车能源转化率高达40%以上，且噪声低，续驶里程可与汽油车相当。然而，与燃料电池汽车一样，制氢、储氢和加注氢的公共设施建设问题也是制约氢能在汽车中广泛使用的技术瓶颈。目前，氢燃料汽车技术整体上仍处于起步阶段，需要进一步研究和推广。

（5）醇醚汽车　醇醚汽车采用甲醇汽油或乙醇汽油作为燃料。这种技术已经比较成熟，只需对传统内燃机进行改动即可适应不同的醇醚燃料。在乙醇资源丰富的国家，例如美国和巴西，乙醇汽车得到了快速发展并推广使用。一些国家如美国、丹麦、日本和奥地利的试验表明，使用二甲醚作为汽车燃料，其废气污染要低于柴油。在生产过程中，可以综合应用太阳能、风能、生物质能、海洋能和地热等作为能源，以及煤层气发电和碳捕获等低碳技术，从而降低煤基二甲醚为燃料的醇醚汽车的碳排放量。

（6）天然气汽车　天然气汽车采用天然气作为燃料，分为三种：压缩天然气（CNG）汽车、液化天然气（LNG）汽车和液化石油气（LPG）汽车。相较于传统燃油汽车，液化石油气汽车的二氧化碳排放降低20%，而压缩天然气汽车和液化天然气汽车的二氧化碳排放总体可降低25%。此外，天然气汽车的废气排放量不到传统汽车的10%，且燃料不含有害成分，如铅、苯和硫，具有低污染、高安全性等特点。天然气汽车技术的应用范围从公共交通和出租车行业扩展到中重型货车、城市垃圾运输车等。然而，天然气汽车动力性能较低、续驶里程较短、不易携带，且大规模投入使用需要相应的加气站和输送管道等基础设施，涉及城市建设规划、经费投入和环境安全等多方面因素，成本较高，已成为我国发展天然气汽车的"瓶颈"。

（7）太阳能汽车　太阳能汽车是一种使用太阳能转化为电能作为动力源的汽车，由于其利用可再生、无污染的能源，备受人们的关注。然而，太阳能汽车目前仍然是一种新兴技术，其市场和技术发展仍面临着一些挑战和难题。一是太阳能汽车的核心技术是太阳能电池，其目前仍然难以突破。二是太阳能汽车的使用场景也存在一定的限制。由于太阳能汽车需要依赖太阳能进行充电，因此在阴天或夜晚，太阳能汽车的续驶能力会受到影响，无法正常运行。虽然目前太阳能汽车的发展还面临着一些挑战和难题，但从长远来看，太阳能汽车有望成为未来汽车的重要品种。

2. 新能源汽车在交通运输中的应用

（1）公交车领域

1）发展趋势。公交车是城市交通运输系统中的重要组成部分，其运营质量和服务水平直接影响城市交通的便利性和效率。新能源公交车的推广应用，可以有效降低城市空气污染和噪声污染，提高公交车的运营效率和服务品质。新能源汽车包括纯电动汽车、插电式混合动力汽车和燃料电池汽车。以2019年新购的公交车为例，纯电动车占总数的90.1%，占比具有绝对优势。此外，氢燃料电池公交车也成为发展热点。多个城市把发展氢能作为拉动地方经济增长的重点产业，而公交行业作为发展氢能的重要应用领域，多个地方提出了推广应用氢燃料电池公交车的计划。新能源公交车也将与车辆智能化和网联化融合发展。

2）存在的问题。我国新能源公交车在近年的发展历程中取得了显著的进展，无论是在推广数量还是使用效果方面都表现出色。然而，这个过程中仍然存在一些问题：①新能源公交车的动力电池自燃事故时有发生；②动力电池浸水短路问题，大雨内涝等极端天气会暂停车辆运营，也影响了城市公交服务的稳定性；③部分车辆存在动力性不足、电池衰减快、冬季低温时电池性能下降过大等问题；④部分城市充电设施建设滞后，出现已购置的车辆无法及时投入使用的现象。为了解决这些问题，需要继续加强科技创新，提高产品质量和安全性，加快充电设施建设，推进新能源公交车的可持续发展。

（2）出租车领域

1）发展趋势。政府对新能源汽车的支持力度不断加大。为了促进新能源汽车在出租车领域的推广，2012年国务院印发了《节能与新能源汽车产业发展规划（2012—2020年）》，2020年国务院办公厅印发了《新能源汽车产业发展规划（2021—2035年）》。新能源出租车不仅得到政策支持，而且其经济效益也在不断提高。首先，新能源汽车的运营成本更低，能够节省燃油费用和维修费用。其次，政府给予新能源汽车的财税政策和补贴政策也能够为出租车企业节省资金，并增加经济效益。最后，新能源出租车能够提高企业的品牌形象和社会责任感，吸引更多消费者的关注和认可。

2）存在的问题。新能源汽车在出租车领域存在以下问题：

① 初始成本高：与传统燃油车相比，新能源汽车的购买成本较高，这对于出租车驾驶人来说是一个较大的负担。

② 充电设施不足：目前充电设施的建设还比较滞后，尤其是在一些偏远地区，新能源汽车充电难度较大。这就限制了新能源汽车在出租车领域的推广。

③ 续驶里程短：虽然新能源汽车的续驶里程已经有了较大的提升，但是相对于传统燃油车来说，还是存在一定的限制。对于出租车驾驶人来说，如果续驶里程不能满足他们的需求，那么就会影响到他们的工作效率和收入。

④ 维修保养难度大：新能源汽车的技术相对来说还比较新颖，对于维修保养人员来说，需要具备一定的专业知识。如果没有得到及时的维修保养，那么就会影响到新能源汽车的使用寿命和性能。

（3）物流运输领域

1）发展趋势。物流运输是交通运输系统工程的重要组成部分。新能源汽车的应用可以有效降低物流运输的成本和能源消耗。例如全球最大的物流公司之一，联合包裹服务公司（UPS）近年来已经开始使用纯电动货车，这些货车的续驶里程已经达到了400km，能够满足一天的送货需求。此外，我国各地已经有多个物流企业推广新能源汽车，如顺丰速运、圆通速递、中通快递等。新能源汽车在物流运输领域具有巨大的发展潜力。政府采用新能源汽车的减税、免费停车、免费充电等优惠政策，促进了新能源汽车在物流运输领域的快速发展。其次，新能源汽车在物流运输领域具有较高的经济性。一方面，新能源汽车的燃料成本较低。另一方面，新能源汽车的发动机结构简单，需要的维护和保养成本也较低。

2）存在的问题。新能源汽车在物流应用领域的优点包括节能环保、减少污染、降低成本等，但同时也存在以下几个问题：

① 续驶里程不足：目前新能源汽车的续驶里程普遍比较短，无法满足长途物流运输需求。这意味着在物流应用领域，新能源汽车的使用范围受到限制。

② 充电设施不足：在物流应用领域，新能源汽车的充电需求比较大，但充电设施不足是一个普遍存在的问题。这导致新能源汽车在物流运输中可能会出现充电不便、充电时间过长等问题。

③ 购置成本高：目前新能源汽车的购置成本相对传统燃油汽车较高，这对于一些小型物流企业来说可能是一个比较大的负担。

④ 维修保养难度大：新能源汽车的技术相对于传统燃油汽车比较复杂，其维修保养难度也相对较大。这对于一些物流企业来说是一个需要考虑的问题。

⑤ 政策支持不足：尽管政府在新能源汽车领域出台了一系列的政策支持措施，但在物流应用领域，政策支持相对较少，这也限制了新能源汽车在物流领域的应用。

12.1.2 绿色低碳交通节能技术

1. 绿色驾驶技术

驾驶人驾驶技术水平的高低，对燃料消耗有着十分重要的影响。在相同条件下驾驶相同的汽车，由于驾驶人的操作不同，其油耗差异可达20%~40%，甚至更大。因此，汽车驾驶节能的空间和潜力巨大。绿色驾驶技术是指通过良好的驾驶习惯来减少使用过程中的燃油消耗，以最少的燃油消耗、污染物排放与碳排放，实现最经济、最高效的出行。绿色驾驶技术术切实可行、无须投入，下面是汽车绿色驾驶的主要技术。

（1）发动机起动与预热　起动冷发动机时需要对发动机进行预热，采取适当措施使发动机温度迅速升到起步所需温度。未预热发动机起步行驶至正常温度，将会使燃料消耗增加33%。通常采用的预热方法有热水预热、蒸汽预热、电加热预热和红外辐射预热等，待发动机冷却液温度升到40℃以上时再起步行车最为经济。预热时应避免大节气门开度和反复踩加速踏板。起动后应保持平稳运转，不要猛踩加速踏板。

（2）轻踏缓抬与平稳起步　在运用加速踏板时要做到轻踏、缓抬，如果猛踏加速踏板或加"空油"，加速装置和省油装置提前起作用而"额外"供油，就会使燃料消耗增加。猛抬加速踏板，发动机转速突然降低，由于发动机的牵阻作用，会抵消一部分行驶惯性，也会使油耗增加。汽车平稳起步和均匀加速，比急起步猛然加速要明显地节油。为了在起步和提速上节约燃油，在车辆起步时应选择低档，应平稳加油。不要乱踏加速踏板，以免造成燃料空耗，离合器要配合得相当准确，节气门开度控制适度，做到起步平稳自然，加速均匀，这样既可以节油，又可以减轻机件磨损。

（3）保持良好的发动机温度　发动机的温度与油料的节约有直接关系，温度过高或过低都将导致油料消耗的增加。车辆长时间大负荷高速行驶，发动机超过最佳温度上限5℃以上时，需要停车或小负荷、低速行驶，让发动机温度慢慢降低到正常区域。

（4）合理选用档位及换档　在起步时，应根据载重量和道路情况合理选用档位。汽车在同一道路条件下以同一车速行驶时，使用档位越低，汽车油耗越大，汽车起步后应快速换入高档，不宜用低档长时间行驶。在行驶中，当感到动力不足时应及时减档，而不应只用加大节气门开度的方式解决动力不足，一味地加大节气门开度将加大油耗。换档时做到手脚协调，动作迅速准确，以缩短换档时车辆行驶的距离，达到节油的目的。

2. 提高行驶效率技术

（1）减少行驶阻力技术　为了减少汽车在道路上的行驶阻力，可以采用局部优化设计技术、外形整体优化技术以及提高车身表面质量的技术来优化车身。例如，汽车制造商可以通过改变车身细节设计来减少空气阻力。例如，优化车身线条、改变后视镜的形状和位置、减小进气口的面积等。此外，低滚阻轮胎技术也是有效减少行驶阻力的方法之一。低滚阻轮胎能够使汽车每百千米燃油消耗减少0.2L，每千米二氧化碳排放减少4g。子午线轮胎是目前较为先进的低滚阻轮胎，具有较高的耐磨性和较低的滚动阻力，相较于普通斜交轮胎，其耐磨性提高了30%~70%，滚动阻力降低了20%~30%。

（2）汽车轻量化技术　汽车轻量化技术是指在保证汽车使用要求和成本控制的前提下，将轻量化设计技术、轻量化材料技术和轻量化制造技术集成应用于汽车制造，以减轻汽车的重量和减小体积。汽车的燃油消耗与汽车的重量和体积直接相关，其中汽车本身的重量对燃油消耗影响最大，因此汽车轻量化是降低燃油消耗和碳排放的有效途径之一。当减轻汽车总重量10%，可降低油耗约8%，从而降低污染物和碳排放。为实现整车轻量化，可以通过优化设计汽车构件和相关零部件，选择高强度轻质材料，如高强度钢、铝镁合金、塑料、高延性铝合金板以及各种纤维强化材料等。同时，采用激光拼焊、内高压成形、高强度钢热成形、高强度钢辊压等新制造技术制造汽车零部件，从而实现汽车轻量化的目的。

12.1.3　绿色低碳慢行交通技术

绿色低碳的道路交通网络设计旨在实现道路的微循环。与传统的大街区路网设计相比，将城市的支路网密度增加，创建街道密集网络，可以改善步行、自行车和机动车的出行环境，形成道路的微循环。为了实现这一目标，需要关注以下几个方面：

1）根据道路类型和主要服务功能设计多样化的街区尺度和道路路面，提供机动车、自行车和步行等多元的交通模式选择。

2）整合通过性道路，至少每300m就可以连接周围邻里区域，采用高效的单向双分路取代路宽超过45m的主干道。

3）建立公共交通专用道和快速公共交通网络，尽可能减少大多数乘客的换乘次数。

4）建立一个集成的多元化的交通系统，确保所有现行交通方式的无缝换乘。

5）应创建慢行专用道路网络，鼓励使用非机动车。在城市市区中建立慢行专用道路网，仅允许步行、自行车和公共交通，并保证两条慢行专用道路之间的间隔不超过800m。

1. 慢行交通网络

绿色低碳慢行交通技术是一种以步行、自行车、轻轨等为主要交通方式的城市交通模式。这种交通技术的目的在于提高城市交通系统的运输效率，改善城市空气质量，减少交通拥堵和车辆排放等对环境的不良影响。在绿色低碳慢行交通技术中，慢行交通网络是非常重要的组成部分。慢行交通网络是指由步行、自行车以及其他非机动交通方式构成的路网系统。这个网络中，人们可以通过步行、骑行等方式轻松到达城市中心区域和主要交通枢纽，同时也可以在城市中心区域和各个交通节点之间自由通行，从而使城市交通系统运转更加顺畅、高效。

慢行交通网络的建设需要考虑到城市的整体规划和交通需求。同时，也需要考虑到地形、气候、人口密度等因素。例如，在荷兰的阿姆斯特丹市，由于城市中心区域的街道狭窄，不适合机动车通行。因此，当地政府重点发展了自行车交通，并建设了一系列自行车道和停车场，使自行车成为该市最主要的交通方式之一。该市的自行车交通网络非常完善，使得人们可以方便地到达城市中心和各个商业区域。在我国的广州市，当地政府也大力发展了慢行交通网络，其中包括步行道、自行车道、人行天桥、人行地下通道等。这些设施使得城市居民可以更加便利地出行，同时也减少了城市的交通拥堵和环境污染。

2. 步行交通系统

步行交通系统是衡量一个城市文明程度和科学水平的重要标志，是城市和谐的象征和以人为本原则的具体体现。步行街、自行车道、公共广场、景观步道等都是城市步行交通系统的重要组成部分。这些元素的规划和设计需要考虑多方面因素，如人口密度和流动、地形地貌、气候、社会文化等，以创造人们可以舒适、安全和愉悦地行走的城市环境。步行交通系统规划的技术要点见表12-1，包括步行空间的定义、布局、尺度、连接、交互、舒适性等，这些规划要点对于城市步行交通系统的设计和实现至关重要。

表12-1 步行交通系统规划的技术要点

层次	操作应用层面	应用的理论
宏观层面	城市整体结构	交通需求预测理论、交通分配理论、城市交通规划与模型、城市交通系统评价、交通与土地利用理论等
中观层面	城市分区（组团）	城市设计理论、土地利用理论、开敞空间规划理论、景观生态学、道路交通规划理论等
微观层面	局部地段、节点（中心区商业区、居住区等）	环境行为学、环境心理学、城市意象理论、景观设计理论等

从宏观层面来看，步行交通是城市交通的重要组成部分，应该注重选择与城市环境相适应的步行空间结构，协调整体交通的生态性、系统性、网络化设计。为了提高步行交通的效率，还需要注重与其他交通方式的转换设计、疏散设计。可以将"步行城市"提升到城市发展模式的高度，形成与生态低碳城市建设并进的步行环境建设。例如，建立步行街区、人行天桥和地下通道，提高步行交通的舒适性和安全性，促进步行交通的发展。

从中观层面来看，步行系统可以从空间和土地利用角度出发，运用城市设计理论，具体分析步行交通系统与车行系统、绿地系统、城市功能与环境、用地之间的关系。重点在于步行与其他交通方式的接驳换乘，可以通过合理规划步行交通网络。

从微观角度来看，步行系统应特别关注以下方面：空间环境的品质、步行系统与建筑之间的协调、环境景观设计和营造。在人性化的尺度下，应注重步行空间的设计，包括步行道在城市局部的设计方法、城市步行设施的具体技术、局部节点交通的连接以及步行空间景观设计等。微观层面的步行系统主要包括人行道、过街设施、街道转角等步行设施，以及地面铺装、步行遮挡、标识系统、交通设施、绿化与景观设计、公共艺术品和广告设置等步行环境。

3. 共享单车系统

随着城市化进程的加速，交通拥堵、环境污染等问题日益突出，绿色交通成为城市发展的趋势。作为绿色交通的代表之一，共享单车在近年来迅速崛起，并成为城市出行的重要选择，在全球范围内得到广泛应用。共享单车的应用不仅缓解了城市交通压力，还为城市出行带来了更多便利。

（1）共享单车概述　共享单车，是指以自行车为载体，通过互联网技术和智能锁的应用，实现用户间自由借还的一种出行方式。共享单车的原理是，用户通过手机 App 找到附近的单车，扫描二维码解锁后骑行，骑行结束后在指定公共场所停放，再次扫码锁定或通过手机 App 即可归还。共享单车主要分为硬件和软件两个部分，硬件包括自行车、智能锁等，软件则包括手机 App、后台管理系统等。

1）共享单车的优点。

① 低碳环保：共享单车以自行车为载体，不需要燃料，无排放，是一种真正的低碳环保出行方式。

② 方便快捷：用户只需使用手机 App，即可随时找到附近的单车，减缓交通拥堵和停车难题。

③ 价格低廉：共享单车的租用费用相对较低，可以降低出行成本，提高出行效率。

④ 减少城市停车位需求：共享单车可以减少城市停车位需求，缓解城市交通压力。

2）共享单车的局限性。

① 车辆损坏率高：由于共享单车骑行量大、使用频率高，车辆损坏率较高，需要加大维护力度。

② 停放乱象严重：共享单车用户停放习惯不同，容易出现乱停乱放现象，影响城市美观。

③ 竞争激烈：共享单车市场竞争激烈，导致部分企业生存困难，用户体验差。

3）共享单车的未来发展方向。

① 智能化：共享单车需提升智能化，提高用户体验，减少车辆管理成本。

②多元化：共享单车将向多元化方向发展，除了传统自行车，还将推出电动单车、折叠单车等多种类型，以满足不同用户需求。

③规范化：共享单车市场将进一步规范化，加强对企业的监管，提高用户运营水平，从而提升用户体验。

（2）共享单车与城市交通　共享单车因为解决了短途出行"最后一千米"的问题，在资本的竞争下，各大共享单车平台纷纷开启了扩张竞赛，导致大量的共享单车投放到城市中，这让城市管理者和交通管理者感到措手不及。同时，由于缺乏有效的引导和监管措施，共享单车与城市交通的"冲突"也变得不可避免。

1）共享单车的交通需求管理。随着更多共享单车平台进入市场，加之投放量的增加，城市中的共享单车数量更加庞大。虽然一些研究表明这些城市中的共享单车数量尚未达到饱和状态，但是并没有一个准确的饱和数值。此外，由于共享单车的监管尚未达到一致性，每个平台都在独立运营和投放，没有一个统一的单车数量标准来衡量城市的容纳能力。此外，各大共享单车平台的投放策略主要以在地铁口、商圈周边等人流密集区域进行大量占道投放为主，造成了人流步行的阻碍。因此，共享单车和政府应该携手合作，分析城市的容纳上限，有序引导共享单车的发展，避免让共享单车这一行业无节制地增长循环。

2）共享单车的路权保障问题。共享单车的兴起带来了大量人流骑行单车，市民对于非机动车道的需求也因此增加。因此，如何保障人们在骑行单车时的路权已成为城市交通急需解决的问题。同时，大城市应将自行车与地铁、公交的高效接驳作为城市慢行交通发展方向。

3）共享单车乱停乱放带来的管理难题。尽管各大共享单车企业均规定，骑行结束后需将共享单车有序停放在街边规定区域内，但是该规定的执行力度较差，乱停乱放现象日益增多。与此同时，共享单车平台也在探索引导人们有序停放的技术，如电子围栏等设施。

4）共享单车交通违法问题。共享单车的使用量增加，导致逆向行驶、闯红灯、占用机动车道以及未满12周岁骑行等交通问题也随之增多。

12.1.4　绿色低碳出行技术

交通运输系统工程中的绿色交通技术是指在交通运输系统中采用低碳出行方式，以减少对环境的影响，减少碳排放，从而实现可持续发展。低碳出行是指采用低碳交通工具，例如公共交通、步行、自行车等，减少个人使用汽车的频率，从而减少碳排放，实现低碳出行。

绿色交通技术的应用有助于解决城市交通拥堵和污染问题，同时还可以节约能源，减少碳排放。在世界各地，越来越多的城市采用绿色交通技术，以减少对环境的影响。

1. 高承载率车辆（HOV）优先和HOV车道

高承载率车辆是指承载人数在2人或以上的车辆，而HOV车道则是通过特定的交通标志、标线和隔离设施等，将道路的一条或多条车道优先给予HOV通行，运营时间为全天24h或某些时段如交通高峰时间开放、延伸的早晚高峰期间开放及特殊交通条件开放等。实施HOV车道不仅可引导出行者逐渐改变出行方式，还可以减少道路上机动车的出行量，从而减轻道路拥堵程度，降低污染物和碳排放量。

（1）HOV专用车道类型　HOV专用车道主要有以下六种类型。

1）双向HOV车道。通过物理隔离设施将HOV专用车道与普通车道隔离开来的、双向运行的车道，并对出入口进行严格控制。

2）逆向 HOV 车道。车道上的交通流方向与普通车道的车流方向相反。HOV 车道"借用"中央隔离带另一侧多余的通行能力，以供高峰车流使用。

3）可变 HOV 车道。这种车道侧用物理隔离设施同普通车道隔开，控制车道入口随早、晚高峰时大交通流的方向而变换该车道的行车方向，一般连接城市中央商务区或其他主要交通吸引点。

4）同向 HOV 车道。这种车道上的车流方向与相邻普通车道的车流方向一致，用交通标线和标志标示出 HOV 车道，使其与普通车道有所区别，其出入口可以是限定的，也可能是随时可出入的。

5）绕行 HOV 车道。这种车道只供 HOV 车辆专用，在交叉路口、匝道入口、收费站卡口等瓶颈地段可用于绕行。

6）公共汽车专用 HOV 车道。这种车道只允许公共交通车辆使用，并限定车站及相应的辅助设施。但在城市公共交通专用道非高峰时间空置率较高，而邻近普通车道较为拥堵时，可在公共交通专用道空置率较高时段将其转变为其他类型的 HOV 车道，提高公共交通车道利用率。

（2）HOV 专用车道设置规范　HOV 车道源于 20 世纪 60 年代末的北美，20 世纪 70 年代步入快速发展时期，其作用现在已经被广泛认可。根据美国多年的实践与研究经验，HOV 车道的设置规范主要有以下几个方面。

1）当道路（或高速公路）高峰小时交通量达到 1700~2000 辆时，或平均车速低于 48km/h 时，考虑设置 HOV 车道。

2）HOV 车道的设置长度必须保证高载客车辆在高峰时段至少节省 5min 的出行时间。例如，旧金山湾区的 US 101 和 I-580 上的 HOV 车道可以让驾驶 HOV 的人在高峰时段节省约 30min 的出行时间。

3）HOV 车道的运营时间应随道路高峰时段的变化而变化，并且一般服务于高峰方向。在高峰时段和高峰方向不明显的道路上，HOV 车道应全天 24h 运营，服务于双方向。

4）HOV 车道的利用率不可过低。对于非分隔型 HOV 车道，其交通量不可低于 400~500 辆/h；对于分隔型 HOV 车道，则不可低于 600~800 辆/h。同时，当 HOV 车道的拥堵程度过高时，应通过调节最低载客率来降低。通常情况下，HOV 车道的车辆载客率要求在 2 人及以上，但当内侧 HOV 车道达到 1500 辆/h，或外侧 HOV 车道达到 1200 辆/h，应考虑将载客率要求提高至 3 人及以上。例如，华盛顿州的 I-5 上的 HOV 车道在早晚高峰时段的最低载客率要求为 2 人，而在其他时间则要求 3 人以上的载客率。

2. 绿色低碳合乘（拼车）出行

（1）合乘（拼车）出行发展趋势　合乘（拼车）是指小汽车或其他车辆的合用。在近年来欧洲、美国、日本、新加坡等发达国家，合乘（拼车）成为一种流行的交通需求管理措施，其目的在于提供更多的出行方式选择，降低个人出行成本，缓解交通拥堵，减少道路网络中的机动车数量，降低环境污染、碳排放等问题。根据车辆来源的不同，合乘分为两种形态：一种是车辆来自于第三方；另一种是车辆来源于个人，即"私家车"和出租车，开车人既有车辆的使用权也有所有权。

欧洲目前共有 3000 多个不同类型的汽车共乘系统，有 100 多个城市提供汽车共乘服务。

国外的汽车共乘系统根据各地的需求建立，各个系统的侧重点有所不同。例如，法国的 BlaBlaCar 是世界上最大的长途拼车平台，其提供的服务包括从巴黎到马赛、里昂、图卢兹等城市的拼车服务，车主和乘客之间可以协商费用；而 UberPOOL 则是 Uber 推出的一个拼车服务，它通过将同一路线、同一个方向的乘客叫到同一辆车上，以实现拼车和降低出行成本的目的。我国较为常见的拼车类型是同一单位、社区相互熟识的人之间自发组织的无偿拼车。虽然一些城市，如北京已明确鼓励乘客合乘出租车，并对合乘出租车进行了试行，但是，我国目前对拼车行为依然缺乏相关法律、政策、市场等制度的保障支持，国内大部分城市对于车辆合乘也还持否定的态度，认为合乘存在不安定因素、难以管理等各种风险。

（2）合乘（拼车）出行平台　在技术方面，合乘需要一个完善、高效的服务平台。目前，流行于移动互联网和车联网领域的位置服务和 GPS 为合乘服务平台提供了有力的技术支持。通过移动互联网和位置服务，合乘服务平台使得"车主"和"乘客"发布的供求信息更加有效、准确、真实和可行。这样一来，人们之间的信任感得以建立。一个实时的合乘服务平台包括移动通信网络、移动终端设备和合乘业务管理平台三大部分，如图 12-1 所示。移动通信网络作为数据传输和分享的通道，智能手机、平板计算机等移动终端设备作为用户的访问接触点；合乘业务管理平台作为后台，具有业务处理、需求管理和资源调度通知等核心功能。合乘的主要业务流程是：移动终端收集用户"拼车"需求信息，通过移动通信网络发送到合乘业务平台，业务平台获取该移动终端的具体位置，确定"拼车"需求；业务平台进行"拼车"需求匹配，平台通过业务规则引擎自动匹配具有相同需求的其他用户，并将其信息发送到用户的移动终端，用户和对方相互确认需求信并完成"拼车"线上操作。

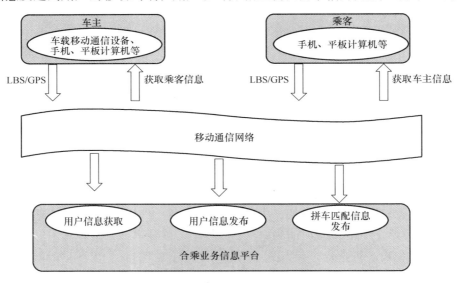

图 12-1　合乘服务平台

3. 绿色低碳停车换乘出行

（1）停车换乘概述　广义的停车换乘（Park and Ride，P&R）是为了实现小汽车、摩托车、自行车等低承载率交通方式向公共交通、合乘等高承载率的交通方式转换，通过提供与地面公共交通、轨道交通等高承载率交通站点直接相连的停车设施的一次完整出行的过程。

狭义的停车换乘是指提供停车设施以实现小汽车方式向公共交通方式转换。停车换乘是一项重要的交通需求管理措施,各国家纷纷进行了实践,并取得了良好的效果和经验。目前,美国主要有五种基本的停车换乘设施类型(表 12-2),即通勤轨道交通车站的停车换乘设施、公共交通车站的停车换乘设施和服务于小汽车合乘的停车换乘设施。

表 12-2 美国停车换乘设施类型

类型	收费方式	规模(泊位)/个	使用率
通勤铁路	收费	500~2000	75%~133%
铁路	免费	1000 以上	使用率很高
轻轨	收费	400~1000	26%~99%
HOV 车道	收费	100~2200	60%~100%
快速公共交通/支线公共交通	收费	25~100	<50%

我国香港地区的停车换乘设施大多将 P&R 停车场与地铁和轻轨站结合在一起建设,为小汽车提供免费或者低价停车服务,方便居民乘坐公共交通前往市中心。此外,轨道站点附近的 P&R 设施在设计时还考虑了非机动车的换乘需求,预留了充足的换乘空间。

(2) P&R 类别 根据服务功能的不同,P&R 停车场可以分为四类:联合使用 P&R 停车场、P&R 专用停车场、公共交通枢纽点 P&R 停车场以及合乘 P&R 停车场。联合使用 P&R 停车场可以同时为换乘和其他停车需求提供服务,通常位于商业设施周围,收费标准各异,有政府和商业设施提供的两种类型。P&R 专用停车场仅为换乘停车提供服务;公共交通枢纽点 P&R 停车场通常位于公共交通服务水平高效的区域,设有临时停车位以方便接送人员使用;合乘 P&R 停车场则通常建在 HOV 车道附近,既有仅供合乘专用的停车场,也有与公共交通换乘共同使用的停车场。此外,根据服务距离的不同,P&R 停车场还可分为城区 P&R 停车场(侧重于非机动车停车需求)、城区边缘 P&R 停车场、郊区 P&R 停车场、区际 P&R 停车场四类;根据服务对象的不同,P&R 停车场还可分为机动车 P&R 停车场和非机动车 P&R 停车场。

(3) P&R 影响因素 一般而言,P&R 场地的规划应考虑以下因素:

1) 狭义的 P&R 发展是以小汽车大规模发展为基础的。如果没有小汽车的大规模发展及由此导致的城市交通严重拥堵,P&R 的发展将失去其意义。

2) P&R 是一个广泛的概念。因此,在解决城市交通问题时,应结合城市的空间形态结构因地制宜地选择适宜的模式,并实施相关措施,如城市中心区高停车收费、低停车供给、拥堵收费、停车换乘点快速换乘、换乘后的交通方式快捷舒适而且无须再次换乘或换乘便利等。

3) 对 P&R 的效果应进行全面评估,对停车换乘场地进行科学的规划和选址,以最大限度地减少 P&R 的负面影响。一般而言,停车换乘较适用于下述条件:在大城市或特大城市的边缘或交通拥堵严重的中心区边缘,有足够的停车换乘空间,步行距离不超过 300m,停车换乘服务区域不低于 6.4km。

4) 应将 P&R 视为公共交通的组成部分,明确其公益属性,并将其管理方式与其他停车场区别开来。P&R 停车场的运营主要依靠补贴及政策扶持。此外,应将所有 P&R 的相关使用信息纳入智能交通系统,向公众提供动态信息,以提高停车换乘效率。

12.2 出行即服务（MaaS）技术

交通运输系统工程中的新型技术中，出行即服务（MaaS）技术是一种非常重要的技术。MaaS 是指 Mobility as a Service，即以出行服务为核心，通过整合不同的交通方式和出行服务，为用户提供全方位、便捷、高效的出行服务。MaaS 技术的出现，不仅为人们提供了更加便捷、个性化、可持续的出行方式，还对城市交通运输系统的管理和规划产生了深远的影响。

12.2.1 MaaS 技术概述

1. MaaS 背景

近年来，新型出行方式如共享单车和网约车等的出现，使城市居民的出行变得更加便利。然而，这种新型出行方式的出现也给城市管理带来了挑战和压力，同时也对传统交通系统和服务模式造成了冲击。为了更好地满足居民的出行需求，新型出行方式应当与公共交通系统有机整合，成为公共交通系统的一部分，提供更为高效的出行服务。在这样的背景下，出行即服务（MaaS）这一概念应运而生，为重新定义一体化出行提供了可能性，整合公共交通服务和私人出行服务，提供一站式的出行规划和支付等增值服务，为出行者量身定制高效、经济、低碳的出行解决方案，其中包括公交车、地铁、网约车、共享单车、出租车、轮渡等多种出行服务。MaaS 的环境如图 12-2 所示。

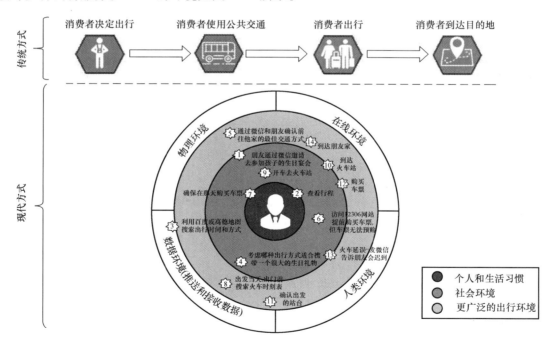

图 12-2 MasS 的环境

近年来，我国逐渐加强对 MaaS 探索和发展的重视。有关政府部门发布的文件提出了具体的部署，其中提出以满足个性化、高品质出行需求为导向，推进服务全程数字化，支持市场主体整合资源，提供"一站式"出行服务，打造顺畅衔接的服务链。同时，不少地方政府也在"十四五"综合交通规划或智慧交通、智慧城市的相关规划中，对MaaS的探索或试点有所强调，例如北京市、上海市、江苏省和广东省等。

低碳可持续出行与国家中长期发展战略相一致，未来的交通发展需要借助一体化MaaS服务平台推动绿色低碳出行，这也将成为我国MaaS发展的动力之一。然而，MaaS在我国甚至全球仍然是一个较新的概念，其特点在于公共部门与私营部门的协调合作，其发展也面临一些痛点。决策者对MaaS本身的概念还比较模糊，更谈不上如何实施。目前，北京的MaaS平台和广州的试点都对MaaS在我国的发展进行了探索，欧洲的MaaS案例相对较多，但各国的实践都处于初期阶段，也各有其经验和不足。因此，本文将整理国内外的实践经验，总结MaaS的规划与实施框架，并提出关键的成功要素与建议。

2. MaaS技术定义

根据欧洲MaaS联盟在2017年白皮书中的定义，MaaS是将不同出行服务整合进一体化出行服务平台的服务。对于用户来说，MaaS通过一体化服务平台提供一站式出行规划、支付和增值服务。尽管全球范围内对MaaS的定义尚不一致，但交通方式整合、按需出行、一体化规划、预订或订阅模式以及一站式支付等都是各种定义中的关键词。

MaaS平台运营商为用户提供多种交通方式备选菜单，例如公交、地铁、网约车、共享单车、出租车、汽车分时租赁、需求响应公交车、轮渡等。运营商还提供最具性价比的出行方案，满足用户需求。同时，运营商通过平台整合各种交通方式的时间表，提供更好的线路规划和实时信息，以及出行规划、票务、预约和支付等服务，提高交通服务系统的便捷性。

对用户而言，MaaS的主要优势是通过一个平台获取一体化的信息服务，实现门到门的定制化需求响应。同时，采用单一支付渠道而非多个票务系统和支付渠道操作，提升出行的便捷性。运营商应为用户提供最具性价比的出行方案和丰富的产品体系，满足不同出行需求（如价格敏感性、时间敏感性、舒适性敏感度、家庭或群体出行等），缓解个人出行不便，提升整个交通服务系统的便捷性。

3. MaaS生态圈

MaaS是一种基于公私合作的出行服务模式。由于合作与商业模式的差异，MaaS生态圈涉及众多不同类型的参与方，其功能和作用也各有差异。MaaS生态圈的主要参与方包括政府、MaaS平台运营商、出行服务商（MaaS用户）、金融机构、技术提供方、研究机构以及其他参与方，如图12-3所示。

在MaaS生态圈中，政府在确保城市交通运输的可持续性和合规性方面发挥着重要作用。MaaS平台运营商作为MaaS生态圈的核心，为用户提供综合的出行服务，包括路线规划、票务预订、支付等。出行服务商则提供各种方式的出行服务，包括公共交通、共享出行、出租车等。金融机构则提供MaaS生态圈所需的融资和保险服务。技术与数据提供方为MaaS平台和其他参与方提供技术支持和数据服务。MaaS用户和其他服务商是MaaS生态圈的重要参与方，用户通过MaaS平台获取出行服务，其他服务商则为MaaS平台和出行服务商提供相关服务。研究机构在MaaS生态圈中发挥着重要作用，通过对MaaS生态圈的研究和分析，为MaaS的发展提供支持。除了上述参与方，MaaS生态圈还包括其他相关方，如非政府组织、媒体和公众等。

图 12-3　MaaS 生态圈（参与者角色）

（1）政府　政府参与 MaaS 旨在提升公众出行质量、实现社会效益和环境保护。政府的角色包括促进合作、整合资源、进行规划、制定政策、完善标准和法规、建设数据底座、评估绩效和创造良好发展环境。政府可能以多种形式参与 MaaS 的规划与实施。

1）战略：明确发展战略、发展目标与发展路径，确定任务分工。

2）规制：政府制定针对 MaaS 发展的相关法律法规，自上而下地进行监管（如对服务质量的动态评估）和指导。

3）激励：政府可以主动促进公共部门和企业的合作；设置服务质量及可持续相关的量化目标，并为此设置奖励机制；为 MaaS 的实施提供资金；从政策上支持 MaaS 的发展。

4）实施：在政府部门内部制定相关政策，在一定程度上与第三方合作。

5）示范：可以考虑先以政府人员为对象，开展 MaaS 试点，并总结试点经验。

6）不直接参与：政府不直接参与 MaaS 发展，而是对 MaaS 的运营进行观察和监督。

政府参与是 MaaS 平台成功实施的关键。政府需要与公共和私营部门协调，确保 MaaS 与整体交通战略相一致。政府参与的方式应根据不同城市的交通系统特点和宏观政策进行具体分析，政府的角色应从"不直接参与"转变为"激励"和"实施"，以更好地推动 MaaS 的发展。一项类似的研究发现，政府的角色可以根据其参与程度从低到高分为市场适应者、MaaS 影响者、商业合作伙伴和 MaaS 协调者，如图 12-4 所示。

（2）MaaS 平台运营商　MaaS 平台运营商（见图 12-5 中间部分）通常充当出行服务整合者的角色，其主要职责是整合各类出行服务商的服务以及政策信息、支付手段等其他资源，并向用户提供订票、信息提供和支付等多种功能，从而形成一个集出行服务、地图服务、线路规划、后端支付服务和前端应用于一体的出行服务平台。这种平台为用户提供了便

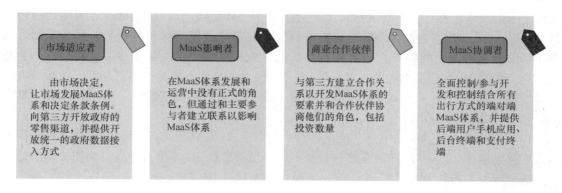

图 12-4 政府在 MaaS 中的参与程度

捷、高效、舒适、安全的出行服务，且其服务质量可与私人小汽车相媲美。MaaS 平台运营商通过扩大出行服务规模获得利润，并通过科学的清分机制，使各运输服务提供者都能获利，进而实现协同共赢的发展。

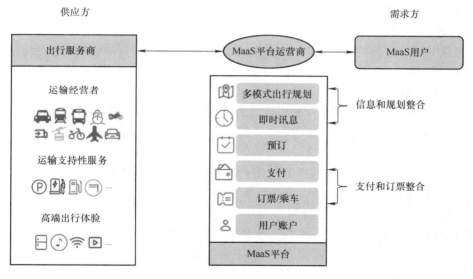

图 12-5 MaaS 系统整合方法

通常，MaaS 平台运营商是由私营企业和政府（国家或地方政府）共同出资建立和运营的，只不过根据各地情况不同而有不同的主导方。MaaS 平台的主要资金来源是票款收入、政府和金融机构的投资等。MaaS 平台规模扩大后，会形成票务、流量、数据等众多资源，这些资源具有极大的增值空间，是票款收入的补充以及商业化（市场化）机构更加看重的一部分，因此商业合作模式是 MaaS 平台的重要内容。

（3）出行服务商　出行服务商（见图 12-5 左侧部分）通常指分散在市场中的企业，这些企业提供单一或多种交通服务，例如公共交通公司、网约车公司和共享单车公司等。这些企业提供不同类型的高效、安全的交通出行服务，并从中获得利润。引入 MaaS 可以为这些企业提供快速获得新市场的机会，并为它们带来新的销售渠道。通过接入 MaaS 系统，企业能够获得更多的用户及更广泛、全面的信息。同时，MaaS 体系也能够降低企业账户管理和支付管理的成本。然而，对于规模较大的企业（如公共交通公司），也存在客源流失的可能性。MaaS体系的建立会使得部分出行服务商因扩大市场范围而获利，而另一些企业则因缩小市场服务范围而受到损失。如果没有科学的分配模式，受损失的企业将退出MaaS生态圈，进而影响MaaS服务的完整性与一体化。因此，MaaS体系的竞合协议是其可持续发展的关键所在。同时，参与MaaS的出行服务企业也要承担协调和分享数据等责任，以确保整个MaaS生态圈的合理运营。

（4）MaaS用户　MaaS用户（或出行者）（见图12-5右侧部分）是MaaS服务最直接的对象和受益群体。MaaS用户的直接收益是可以通过整合的MaaS服务获得更为便捷高效的出行服务，同时也可能节省出行成本，并获得多种出行（或周边）的附加服务（如停车、加油或其他消费折扣）。从成本角度看，对于用户来说，使用MaaS服务的投入主要是接触新系统（应用程序）的陌生感，包括信任成本、转移使用习惯的成本，但这些成本都是一次性发生在使用前期。

（5）金融机构　金融机构通过投资新兴创新产品和服务，从中获得利润回报。对于企业主导的MaaS生态来说，金融机构是MaaS发展初期重要的推动方。通过投资MaaS生态，金融机构能够一定程度上与传统汽车行业投资对冲，实现风险分散。对于政府主导的MaaS生态来说，金融机构是实现政府和社会资本合作（Public–Private Partnership，PPP）的重要中介。政府部门需要金融机构为MaaS赋能，加强MaaS出行与金融领域的融合创新，如推动金融机构（保险公司、银行、支付机构等）参与到碳普惠机制中来，或通过金融机构的托管实现与企业间的共同合作。

（6）技术提供方　技术提供方通过提供优质信息与通信技术（Information and Communications Technology，ICT）产品和网联生态资源，为下游用户提供高性能ICT部件，从而获得利润。

1）地图服务：MaaS生态最终呈现给用户的是落地在地图上的多种交通模式融合路线规划，因此，为确保MaaS系统流畅运行，地图服务企业承担着十分重要的责任。对于地图服务企业来说，MaaS是实现企业本身服务增值的重要方式之一。当前，已经有多种交通模式提供企业将自身服务接入地图App，地图服务企业拥有天然MaaS平台的潜质。

2）支付服务：移动支付提供商使MaaS平台的服务交易成为可能。其所提供的服务包括身份认证、票务服务、电子发票、整合支付等。

3）数据存储与算力机构（大数据中心）：大数据中心应具备数据存储、算力、分析、微服务等能力。不同企业的数据模式不同，要想将来自多方的数据整合到MaaS平台内供企业和用户使用，需要进行专门的数据处理。企业的数据差异越大，整合的成本就越高。数据整合可以由MaaS平台运营商企业内部承担，也可通过外包第三方数据服务进行。

此外，如果政府可以全力支持MaaS，用户流量则成为MaaS平台成功的关键所在。因此，坐拥上亿用户流量的互联网平台企业（ICT企业）也有可能成为MaaS平台的主导企业。

（7）研究机构　技术导向的学术研究机构可以通过大数据分析模拟不同类型的交通需求，为MaaS的实践提供指导；政策导向的相关研究机构则能够通过案例分析、社会效益的计算评估等为政策制定部门和监管部门提供建议。同时，研究机构也在MaaS系统的顶层设计中发挥重要作用，可以为MaaS的体系化设计提供一些关键技术解决方案。

（8）其他参与方　其他非交通领域的参与方，也可以对MaaS生态的发展（如对运营与盈利模式）有所影响，甚至可以通过 MaaS 带动城市整体经济或部分商业的繁荣。日本等一些国家的案例表明，地产开发商、物业服务商、社区商业（如超市便利店、餐厅、医疗机构）都可以与 MaaS 服务合作，既可以作为本地 MaaS 的共同投资者，也可以成为 MaaS 协同开发的受益者或者直接用户。通过以"MaaS 导向的商业开发"拓展更多商业模式和场景，并从 MaaS 带动的周边商业繁荣中获益。

12.2.2 MaaS 规划与实施

每个城市实施 MaaS 的目的、条件和模式各不相同。要想成功规划与实施 MaaS，首先需要评估城市是否具备引入 MaaS 的条件，然后再给出阶段性的实施步骤。本小节采用文献综述的方式，并结合我国实际情况，分别介绍城市的 MaaS 成熟度评估指标，以及分步骤的 MaaS 规划与实施思路。

1. 城市引入 MaaS 的评估方法

为了成功实施可持续交通的综合解决方案 MaaS，需要确保几个关键要素的准备。可以使用 MaaSLab 开发的 MaaS 成熟度指数（MaaS Maturity Index）从五个维度评估城市引入 MaaS 系统的准备情况。这五个维度之间没有明确的逻辑顺序或优先级，而是平行关系。它们评估的对象是城市本身，通过对城市的"体检"来评估是否具备实施 MaaS 的条件。每个维度都有相应的分值，总分越高表示城市实施 MaaS 的成熟度越高。MaaS 成熟度指数如图 12-6 所示。

然而，我国城市应用 MaaS 成熟度指数时也存在一些局限性。我国城市的人口和人口密度较欧洲城市高，城乡差异也较大，这可能为 MaaS 提供更多场景基础，但这些情况并未在指数中得到反映。此外，虽然数字支付在我国已普遍应用，但在共享数据方面可能存在障碍。这些问题需要在指数中考虑，并根据我国的实际情况对各指标赋予不同的权重。这样可以更好地比较我国城市之间的差异，并改进重点问题。为了更好地理解 MaaS 成熟度指数的应用，本小节将结合文献和国内外 MaaS 实施情况，对五个维度进行详细讨论。

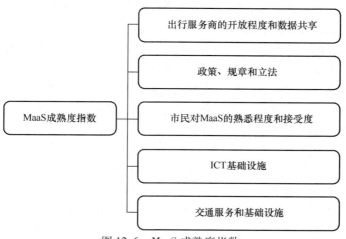

图 12-6 MaaS 成熟度指数

（1）出行服务商的开放程度和数据共享 实施 MaaS 的先决条件是开放不同出行服务商的 API 和系统之间的互通性。API 是软件系统的不同组成部分之间的约定。出行服务商应自愿向 MaaS 平台运营商开放和共享数据，例如出行计划、预订、票务、定价等数据，这些数据可以通过 API 获取。举例来说，MaaS 平台运营商可以通过访问某个出行服务商的预订 API，在 MaaS 应用程序中获取该出行服务商的数据和预订系统。对于第三方 MaaS 平台运营商来说，仅获得静态数据是不够的，还需要获得动态权限，如预订座位、发放车票、解锁共享单车。相关的动态数据也十分重要，如时刻表延误、行程中断或偏离。为了支持 MaaS 的实施，确保数据和信息的数字化、可读性和共通性是最紧迫的任务。因此，数据的可靠性和共享过程的安全性也是至关重要的。出行服务商的开放程度和数据共享这一维度中，需要考虑的指标包括：数据收集（静态数据、实时数据）、API（开放 API 的可得性、私有 API 的可得性、通过 API 获得的实时数据）、开放源（开源 API）、原始数据或源数据（协议规定的原始数据的可得性、开放源数据、原始数据公用和开放标准、实时原始数据）、安全和隐私。

1）数据收集：MaaS 平台运营商需要获取数据（静态数据、实时数据）。

2）API：允许第三方平台（MaaS）通过 API 访问出行服务商的数据和系统，同时允许 MaaS 平台为用户提供预订、支付等功能。

3）开放源：开放源代码。

4）原始数据或源数据：出行服务商的原始数据、地图、道路数据等。

5）安全和隐私：数据共享的前提是数据安全，特别是出行者的私人信息，以下为保障出行者数据安全的几个措施：

① 数据最小化：收集所需的最低量数据，并对无效数据予以处理。

② 匿名化：删除与私人信息相关的数据。

③ 信息加密：对信息进行编码，只有通过授权才可访问。

④ 明确"使用条款"：让出行者清楚地了解被收集的信息内容，在共享数据方面给予出行者选择和灵活性。

（2）政策、规章和立法　支持 MaaS 的相关政策、规章和立法对于其成功实施至关重要。除了地方政策，各国政府以及区域性国际组织（如欧盟）也可以在一些重要的监管方面发挥重要作用，例如数据安全和隐私、开放数据标准、票务的第三方销售、新出行服务市场准入、竞争法框架和交通补贴。

1）数据共享。数据共享是出行服务商与 MaaS 平台运营商之间的必要且关键的合作。然而，出行服务商在公开数据时，往往存在一定的风险和顾虑，例如失去用户、成为数据垄断者、泄露商业模式等。因此，政府监管和社会监督机制相结合，推进信息资源共享，并加强网络安全保护，提高监管效率，提倡合理竞争，抵制恶性竞争等做法是必要的。

2）服务代售。MaaS 平台运营商等第三方机构的权利代表出行服务商（如公共交通公司）出售车票，需要有适当的法规支持，否则将无法扮演出行服务商和用户之间的中介角色。政府应制定和完善相关政策法规，支持第三方服务平台代理出行服务商出售车票，引导并规范第三方服务平台代售服务。

3）政府采购。政府采购是为 MaaS 创造先决条件的重要手段，例如，在招标程序以及公共服务职责定义过程中，政府可以强制规定设立数据共享义务，并要求开放 API 以及数据互通性。

在政策、规章和立法等方面，需要考虑以下指标：开放标准、数据安全和隐私、数据传输、第三方代售票务、商业可行性或补贴等方面。

① 开放标准：开放数据标准、第三方票务销售准则、新出行服务市场准入规定、相关法律框架等。

② 数据安全和隐私：政府需要制定法律法规保障数据安全（如规定数据持有者的责任）。

③ 数据传输：政府或企业需要制定数据传输协议，推荐数据传输格式，并保证数据的灵活程度。

④ 第三方代售票务：第三方平台必须能够代理出行服务商出售交通票务。

⑤ 商业可行性或补贴：出台严格的反垄断法是保证公平竞争市场的重要因素，鼓励创新、充分利用资金和提高服务质量；为了使所有的运输模式正常运转，非公共交通（利润较高）应该对公共交通（利润较低）进行补贴。

(3) 市民对 MaaS 的熟悉程度和接受度　熟悉程度和接受度是指市民与 MaaS 出行服务之间的协调程度，包括市民对 MaaS 相关技术的使用程度。MaaS 的核心模型建立在智能手机 APP 和各种共享和绿色出行模式之上。然而，对于无法使用智能手机 APP 的用户，需要有替代的解决方案。因此，需要不断研究以提高 MaaS 的适用范围和普及度。某个地区当前的出行构成特征和汽车拥有水平，也是评估和预测市民对 MaaS 接受度的重要指标。在评估市民对 MaaS 的熟悉程度和接受度方面，主要需要考虑两个指标：智能技术接受度以及出行行为习惯。智能技术接受度方面，可以考虑市民对于智能手机的普及程度和移动支付的使用率。同时，也需要考虑市民对于新技术和 APP 的接受度，以了解市民对于 MaaS 服务的接受度。另外，出行行为习惯也是评估市民对于 MaaS 的接受度的重要指标之一。具体来说，可以关注市民是否更加愿意放弃私家车并转向其他出行方式，以此来了解市民对于 MaaS 的态度和接受度。

(4) ICT 基础设施　为了支持 MaaS 系统的正常运作，需要实施支持实时数据传输的技术，如移动网络、物联网和 WiFi 等。用户通过移动终端设备和可靠的网络连接访问数字平台，进行计划、预订和支付等操作，并将数据共享回 MaaS 平台的运营商。票务和支付技术如 NFC 终端、WiFi 和短信支付解决方案，可以实现一种方式支付所有出行费用。城市需要财政支持来建设 ICT 基础设施，并确保数字化和兼容性的服务。电子票务系统可能成为实现 MaaS 服务的瓶颈，需要多家出行服务商达成票务共通性协议，并解决责任划分问题。考虑到数字技术的好处，将 ICT 基础设施视为现代化交通基础设施的一部分是理想情况。地方和国家层面的项目可以分配政府资金来建设 ICT 基础设施。需要考虑的指标包括移动网络覆盖程度、下载速度和电子票务基础。移动网络需要覆盖整个城市，包括地下停车场、地铁运行线路和共享单车停放点。数据传输速度需要保证实时更新出行数据，如出行者的实时位置和路况。最后，需要实现在 MaaS 平台上预订整个行程的电子交通票，并一次性支付出行费用。

(5) 交通服务和基础设施

1) 公共交通系统。建立覆盖一定空间规模的公共交通服务网络是 MaaS 概念的基石，同时辅以其他出行服务，MaaS 可以提供门到门的出行解决方案。其中，需求响应型交通和共享出行在 MaaS 中发挥着非常重要的作用。这是因为它们可以提供公共交通无法服务的"最后一千米"解决方案，从而提升了 MaaS 的服务质量。

2) 换乘实施。实施 MaaS 的关键在于整合不同交通服务方式，以实现无缝衔接、协同一体化的服务。此过程需要考虑多种交通方式、路线和标准时刻表的时空衔接。通过战略位置的换乘点，实现线路整合，确保交通网络的覆盖范围，同时避免线路重复。整合时刻表是协调所有交通方式的时刻表，以最小等待时间建立多模式出行联运服务。此外，换乘质量也至关重要，包括步行时间、换乘设施的安全性和残障人士通道等因素。

3）交通服务和基础设施的评估指标。在评估交通服务和基础设施时，需要考虑交通方式多样性、密度、发车频率和一体化程度等指标。城市应提供多种交通方式以提高可替代性，并合理规划线路和发车频率，以提高运输效率和用户体验。需根据实际情况进行评估和规划，因不同城市的需求存在差异。

2. 规划与实施 MaaS 的关键步骤

参考欧洲智能交通协会（ERTICO – ITS Europe）的报告《MaaS 和可持续城市出行规划》（Mobility – as – a – Service and Sustainable Urban Mobility Planning），将 MaaS 的实施框架分为四个阶段，分别是准备与评估、制订战略、制订措施、实施与监控。在城市可持续出行的框架下，实施 MaaS 的关键步骤如图 12-7 所示，包括核心行动和主要元素。参考欧盟的 MaaS 框架，将 MaaS 的实施和发展放在可持续出行的框架下，才能更好地发挥 MaaS 的整合优势，确保 MaaS 的发展与城市可持续交通发展战略保持一致，同时尽量避免复杂的行业生态带来的利益冲突和资源浪费。

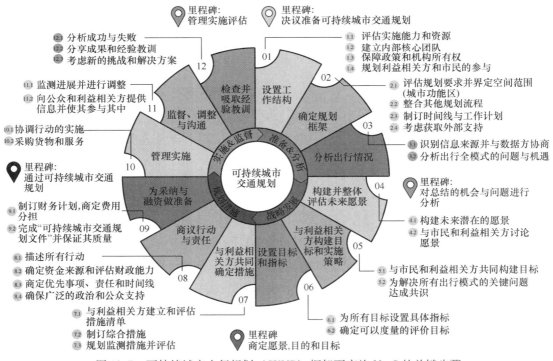

图 12-7 可持续城市出行规划（SUMP）框架下实施 MaaS 的关键步骤

（1）第一阶段：准备与评估 为了为 MaaS 方案的规划与实施奠定基础并评估可持续性，需要对城市交通系统现状进行研究，建立跨部门的核心团队以及相应的工作机制。这一流程包括以下步骤：首先，建立可持续出行工作组，评估团队的能力和资源，保障政策和机构所有权，并协调利益相关方和公众参与；接着，规划并评估 MaaS 的实施范围，整合其他规划流程，制订工作计划与时间线，考虑获取外部支持，识别信息来源并与数据提供方协调，分析现有所有出行方式的问题与机遇。

在可持续出行的战略框架下，规划与实施 MaaS 的第一阶段是对其方案进行准备和预评估。在这一阶段，需要建立专业团队，并确定总体规划框架，以分析出行情况。需要注意的是，在此阶段需要考虑到可持续性的因素，并且要充分评估可行性并制订相应的策略。

（2）第二阶段：制订战略 在前期评估的基础上，需要制订 MaaS 的战略发展框架，以确立 MaaS 的愿景、目标与度量指标。具体流程包括以下几个步骤：首先，需要协调并与市民和利益相关方进行充分的讨论，共同构建 MaaS 的未来愿景；接下来，在共同愿景的基础上，为 MaaS 的实施构建目标和战略，以满足所有出行需求方式的解决方案，并达成共识；最后，需要针对所有目标设置具体指标，并确定可度量的指标度量方法，以确保达成目标的可衡量性。

（3）第三阶段：制订措施 基于 MaaS 战略，制订详细的实施措施和方案。具体包括以下流程：与利益相关方建立 MaaS 实施措施清单，制订监测措施及评估方案；与合作方商议行动方案与责任；确定资金来源，评估财政与资金能力；制订财务计划和费用分摊方案；商定优先事项、责任与时间线，确保公众支持；完成可持续城市出行规划或类似规划，并确保其质量。

（4）第四阶段：实施与监控 MaaS 项目的具体实施阶段可分为以下几个流程：采购服务并协调各参与方的行动、监督项目进展并进行调整、与公众和利益相关方共享信息并鼓励其参与、分析阶段性的成功与失败经验、寻找解决方案，并为下一阶段的挑战作准备。在实施前期，建议采取一些准备行动，特别是与采购相关的活动，并建立相关的组织结构来管理措施的实施，以便进行沟通、监督和调整，并允许检查和吸取经验教训。其中，关键步骤包括对试点项目进行投资与采购，促进 MaaS 生态圈形成，以及建立具体的资源和相关技能分配的架构，促进与利益相关方进行有效的对话。实施阶段需要不断监督进展并进行调整，积极与市民和利益相关方接触，不断从经验中学习。值得注意的是，在实施阶段中，需要不断分析阶段性的成功与失败经验，寻找解决方案，并为下一阶段的挑战做准备。

12.2.3 MaaS 案例分析

1. 典型案例

本小节选取了多个城市和国家的 MaaS 实施案例，通过案例分析、利益相关方对话、文献综述等方法，总结了全球不同地区实施 MaaS 的成功要素与特征。在案例的选取过程中，我们遵循了多样性原则，考虑地区、政策法规、运营模式等方面的差异，挑选出在 MaaS 实践中具有突出成功要素的案例，如融资方式、商业模式、政府治理、数据共享、使用创新技术、合作方式和促进绿色出行等。同时，这些案例也对我国的实践具有借鉴意义。本小节对各个城市和国家 MaaS 案例的共性和特点进行了总结。

（1）案例一：赫尔辛基市通过 MaaS 引导市民参与可持续城市出行规划 赫尔辛基市致力于采用多种方法鼓励市民参与可持续城市出行规划。传统的自上而下的出行规划已经无法满足人们的需求，因为行为改变对出行模式的转变至关重要。因此，城市需要寻找新的、更为有效的方式来确保这种转变的发生。为此，激励措施需要与市民日常出行规划和管理过程相结合。在这一过程中，MaaS 平台扮演着重要角色。MaaS 解决方案提供了一个平台，让城市能够与 MaaS 平台运营商合作，推出和管理激励措施和其他创新方法，以使可选择的出行模式更具吸引力。这样的合作将提供至关重要的工具，不仅能用于行为改变和数据收集，还能用于构建和制订市民参与方法的主要平台，提供市民向规划流程反馈定量和定性信息的基本方式。

以赫尔辛基市的 MaaS 平台运营商为例，他们通过多种方式鼓励市民参与可持续交通出行。例如，他们在 2017 年启动的 MUV（Mobility Urban Values）项目是为期三年的试点项目，由赫尔辛基市智慧城市创新公司 Forum Virium 负责。该项目以手机游戏的形式收集空气质量数据和市民每日出行数据。市民用户可以通过安装在阳台上的测量站获取空气质量数据，而市民出行数据则用于分析市民的出行路径和出行方式，并为可持续交通出行规划提供服务。市民可以通过步行、骑行和搭乘公共交通换取积分，然后用积分兑换虚拟或真实的奖励。通过这种方式，市民乐于为支持交通规划和提高空气质量提供数据。

（2）案例二：北京"绿色出行 – 碳普惠"激励活动　2020 年 9 月 8 日，北京市交通委员会、北京市生态环境局与高德地图等平台联合启动了"MaaS 出行绿动全城"行动。该行动基于北京交通绿色出行一体化服务平台（以下简称"北京 MaaS 平台"），推出了"绿色出行 – 碳普惠"激励活动。这是国内首个以碳普惠的方式鼓励市民全方位参与绿色出行的活动。

在"绿色出行 – 碳普惠"激励活动上线后，北京市民可以通过高德地图 APP 等平台注册并获得个人碳能量账户。无论是使用骑行导航、步行导航，还是选择公交车、地铁出行，都可以获得相应的碳减排能量。用户积累的碳减排能量可以用于参与公益性活动，也可以兑换公共交通优惠券、购物代金券、视频会员等多种礼品。截至 2022 年 3 月 23 日，参与北京 MaaS 碳普惠活动的用户数量已超过 100 万人，月活跃用户达 42 万人，累计碳减排量接近 10 万 t。此外，21% 的绿色出行观望者因参与活动而开始选择绿色出行，市民绿色出行的意愿显著提升。当平台碳减排量到达一定规模后，高德地图将作为绿色出行碳交易代表。平台将汇集的碳减排能量交由主管部门审核批准，并在北京碳市场进行交易。所得交易额将全部以公共交通优惠券、购物代金券、公益活动权益等形式反馈给实践绿色出行的社会公众。市民表示，通过北京 MaaS 平台的"绿色出行 – 碳普惠"活动，他们选择公共交通出行的意愿有了较大提升。相较于过去每个工作日开车，他们现在更愿意以骑车、地铁、步行等绿色出行方式出行。

（3）案例三：哥德堡 UbiGo 一站式出行服务平台　为了有效应对技术挑战并保证商业模式及服务内容的执行，UbiGo 选择了 Fluidtime 作为合作伙伴。Fluidtime 负责执行 UbiGo 整套出行服务方案的技术：首先，推出基于云的出行大数据平台 FluidHud，以协调用户、各出行服务商和 UbiGo 之间的数据传输；其次，基于 FluidHud 的出行大数据，研发出一整套面向城市用户的 MaaS 应用。各方责任如下：

1）出行服务商：Fluidtime 提供的 MaaS 技术解决方案能够为各大出行服务商的 APP 提供流量入口，将其他出行服务集成到自身的 APP 中，最终形成从 A 到 B 多方案联合运输的一站式出行服务平台。这将直接增加出行服务商的用户订单量，并直接促成与其他出行服务商的合作。

2）一站式出行服务企业：在 Fluidtime 的 MaaS 技术解决方案支持下，一站式出行服务企业能够从企业建立初期就集合所有出行服务商，并直接面向用户提供一站式无缝出行服务。Fluidtime 所提供的 MaaS 技术解决方案是该类企业技术支撑体系的核心。

3）城市交通部门：借助于 FluidHub 出行大数据平台，城市交通部门将能够观察本地居民（如通勤者）的出行行为。所有的出行数据分析结果将协助城市交通部门采取措施优化城市出行体验。

2. 设定明确的目标与战略

由于 MaaS 的发展阶段和重点不同，各城市和国家的愿景、目标和战略也各有所不同。但是，提高出行系统效率、提升服务质量以及提高用户体验（如舒适、无缝出行、灵活出行和费用可负担）是 MaaS 愿景中最大的共识。具体的目标和战略因地制宜，例如，新加坡首先进行试点，芬兰赫尔辛基则聚焦于政策法规，荷兰更注重对出行的优化，并培育开放、公平的 MaaS 生态圈。洛杉矶则非常注重经济和社会公平目标。并不是所有国家或城市都把可持续出行作为首要目标，这取决于各地 MaaS 主导方的需求。政府主导的 MaaS 更关注系统的可持续和包容性（如北京），而商业机构为主导的 MaaS 则更倾向于以盈利与提升系统效率为首要目标，或满足特定用户群体的需求（如悉尼、瑞典）。然而，从全球 MaaS 实践来看，无论设定哪种 MaaS 目标都会与国家或城市的可持续战略保持一致，这成为发展现代交通的必备条件之一。

我国政府和部分发达城市政府都非常重视 MaaS 的发展，并积极开展探索。中央和地方层面关于提高可持续绿色出行以及智慧出行的战略，与国际城市中 MaaS 发展目标非常相符。此外，多数国家和城市在 MaaS 战略中，都会鼓励提升服务效率，并强调公共交通在 MaaS 发展中的重要性，鼓励公共交通与共享出行相结合，作为提升用户体验的条件。在这方面，国内的情况也差不多。近年来，以共享单车、网约车等为代表的新型出行方式不断涌现，为城市居民出行提供了极大的便利。然而，新型出行方式在满足出行需求的同时，也给城市管理带来了压力与挑战，同时公共交通系统也面临着潜在的竞争。新型出行方式不应作为公共交通系统的竞争对手，而是应当与公共交通系统进行有机整合，成为公共交通系统的一部分，为居民提供更有效的出行服务。MaaS 为重新定义一体化出行，并整合公共交通和私人出行服务提供了可能性。这些在我国发展 MaaS 的战略中也有所反映。

3. 数据共享

数据共享和标准化对于 MaaS 的成功至关重要。荷兰国家层面的 MaaS 项目、美国洛杉矶的 MaaS 试点以及芬兰赫尔辛基的 MaaS 项目都提供了宝贵的经验，特别是在数据共享和标准化方面。芬兰的 MaaS 项目通过立法确保数据共享，这是其成功的关键之一。该立法旨在消除 MaaS 进入市场的障碍，促进私营企业和公共交通供应商之间的数据共享和建立互通的票务和支付系统。

洛杉矶交通局（LADOT）在推动 MaaS 的发展中，委托私营公司开发移动数据规范（MDS），这是一个开源的、版本化的数据共享标准，旨在允许出行服务商和政府之间进行双向数据交换，并为监督管理提供衡量工具。MDS 规定了私营公司和政府之间的数据共享要求，以允许城市收集、分析和比较来自 MaaS 的实时数据。例如，MDS 可以监督运营商是否通过显示自行车和滑板车实时位置的方式来满足资源公平分配的目标。MDS 提供交通工具的实时状态信息，目前主要用于电动滑板车（E-scooter）的监管，但将扩展到出租车，并最终应用于所有共享出行模式。

总体而言，移动数据规范（MDS）以及数据共享立法是 MaaS 成功的先决条件，这一点在各地的实践中已经得到证明。然而，在我国，数据共享和标准的制定仍然是 MaaS 参与方达成共识的一个难点。数据共享需要地方政府或有影响力的企业牵头，与 MaaS 的主要参与方一起达成共识，并制定数据共享的 API 规则、信息安全规则等标准。我国的出行数据共享面临两方面的壁垒：一方面是技术壁垒，包括搭建数据基础设施设备、共享数据框架以及确保数据的连通性和共用性等；另一方面则是更为复杂和多样化的壁垒，主要来自于各参与方之间利益难以达成共识。例如，私营出行服务商出于商业竞争的考虑不愿意分享数据，政府出于信息安全的考虑也不愿意分享数据。这些问题需要通过参与方之间多轮的讨论和权衡来解决。对于 MaaS 来说，参与方需要分享的最基本的数据可能包括：

1）出行起始数据：用户定位，预期目的地，历史交通状况数据（偏好）、天气状况数据，公共交通系统晚点数据、路况分解数据，不同交通选择的供需数据、价格数据。

2）出行选择数据：出行请求的派单数据、接客地点及时间数据、单次票价数据。

3）行程数据：交通工具地点数据、行程规划数据及路标、确认上车数据、车况数据、其他数据（娱乐偏好数据、内容数据、广告数据）。

4）出行完成数据：详细支付信息数据、交易清算数据、支付分配数据。

12.3 自动驾驶技术

汽车自动驾驶技术是一项依靠计算机与人工智能技术，在没有人为操纵的情况下实现完整、安全、有效驾驶的前沿科技。随着汽车用户数量的不断增加，公路交通面临的拥堵、安全事故等问题变得越发严重。因此，自动驾驶技术得到广泛关注。在车联网技术和人工智能技术的支持下，自动驾驶技术能够协调行车路线和规划出行时间，从而大幅提高出行效率，并在一定程度上降低能源消耗。此外，自动驾驶汽车还能够有效减少醉驾、疲劳驾驶等安全隐患，降低驾驶人的失误率，提高整体的安全性。因此，自动驾驶技术成为世界各国近年来的重点研发领域。自动驾驶系统技术框架如图 12-8 所示。

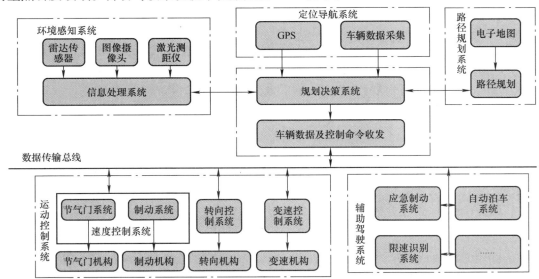

图 12-8 自动驾驶系统技术框架

自动驾驶的实现离不开通过视觉和听觉对汽车周围环境进行感知。感知系统需要充分利用传感器提供的数据，以实现对车辆运动、环境以及驾驶人状态行为的感知和监测。传感器类型繁多，包括摄像头、毫米波雷达、激光雷达、超声波雷达、红外夜视、GNSS（全球导航卫星系统）和IMU（惯性测量单元）等。此外，全局数据辅助技术如高精地图和V2X车联网等协同式技术也能够有效提升智能车的环境感知能力。虽然每种感知技术都有其优点和缺陷，但它们可以相互进行信息融合，最终生成全面可靠的感知数据以供决策和控制系统使用。

12.3.1 环境感知传感器技术

感知、决策、控制是自动驾驶的三个关键环节。其中，感知环节是自动驾驶的基础，主要用于采集周围环境的基本信息。自动驾驶汽车主要通过传感器来感知环境，目前常用的传感器主要包括摄像头、毫米波雷达和激光雷达等。表12-3列出了不同传感器在远距离测量能力、分辨率、温度适应性等关键特性上的性能表现。通过对比分析，可以发现不同传感器各有优劣，并且很难通过使用单一传感器来实现对无人驾驶功能性与安全性的全面覆盖。因此，在感知系统中采用多传感器融合技术是必要的。接下来，本小节将分别介绍几种常见的环境感知传感器，并给出一个环境感知的实例供读者参考。

表12-3 环境感知系统采用的传感器的优缺点对比

	激光雷达	毫米波雷达	摄像头	GNSS/IMU
远距离测量能力	优	优	优	优
分辨率	良	优	优	优
低误报率	良	优	一般	优
温度适应性	优	优	优	优
不良天气适应性	较差	优	较差	优
灰尘/潮湿适应性	较差	优	较差	较差
低成本硬件信号处理	较差	优	优	良
激光雷达	较差	优	较差	良

1. 激光雷达

激光雷达，又称为光学雷达（Light Detection and Ranging，LiDAR），是一种先进的光学遥感技术。其工作原理是通过向目标物体发射一束激光，根据接收反射激光的时间间隔确定目标物体的实际距离，进而利用三角函数原理推导出目标的位置信息。激光雷达具有能量密度高和方向性好等特点，大多数激光雷达探测距离可达100m以上。与传统雷达使用的不可见无线电波不同，激光雷达使用的波长集中在600~1000nm之间，远低于传统雷达的波长。由于雷达探测精度与波长成反比，故激光雷达可用于测量物体距离和表面形状，其测量精度可达厘米级。图12-9所示为激光雷达的工作原理。

激光雷达（LiDAR）系统通常由三个组成部分组成，即激光发射器、扫描与光学部件以及感光部件。激光发射器发射波长在600~1000nm的激光，用于探测环境和物体。扫描与光学元件则主要用于收集发射点与反射点之间的距离、反射时间和水平角度等信息。感光部

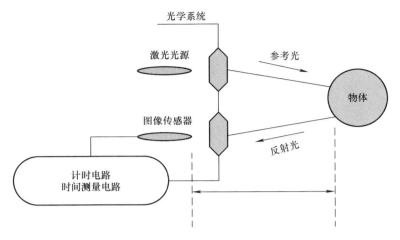

图 12-9 激光雷达的工作原理

件则用于检测反射回来光线的强度。通过这三个部件的工作协同,激光雷达系统能够实现对目标的探测,每个探测点均包含其空间坐标（x, y, z）和返回光线的强度信息。光线的强度除了与发射光强度和光线在大气中的传输损耗有关之外,还与被测物体的表面光反射率直接相关。因此,通过检测光强度,也可以对被测物体的表面反射率进行大致判断。

2. 车载摄像头

车载摄像头的工作原理是通过采集图像,将其转换为二维数据,然后对其进行模式识别,以识别车辆、行人、交通标志等。此外,通过使用双目定位技术或者依据目标物体的运动模式,可以估算目标物体与本车的相对距离和相对速度。与其他传感器相比,虽然自动驾驶汽车上的摄像头采集的数据量远大于 LiDAR 产生的数据量,但是它可以提供最接近人眼获取的周围环境信息。此外,摄像头技术现已相对成熟,因此在自动驾驶汽车上使用的成本相对较低。然而,摄像头作为感知工具也存在缺点,比如基于视觉的感知技术受光线和天气影响较大,因此在恶劣天气和昏暗环境中性能难以保证。其次,物体识别需要大量的训练样本和长时间的训练周期,且难以识别非标准障碍物。此外,广角摄像头的边缘畸变也会导致得到的距离准确度较低。在自动驾驶汽车上使用的摄像头主要有单目摄像头、双目（立体）摄像头和环视摄像头三种类型。

（1）单目摄像头　单目摄像头通常安装在前风窗玻璃上方,用于探测车辆前方环境并识别道路、车辆和行人等。它通过图像匹配进行目标识别,再通过目标物体在图像中的大小估算目标距离。这要求对目标物体进行准确识别,然后建立并不断维护一个庞大的样本特征数据库,以确保这个数据库包含待识别目标物体的全部特征数据（例如三维尺寸等）。如果缺乏待识别目标物体的特征数据,就无法估算目标物体的距离。因此,单目视觉方案的技术难点主要在于所用模型的机器学习算法的智能程度或者模式识别的精度。

（2）双目摄像头　双目摄像头是通过计算两幅图像的视差来直接测量前方景物（图像所涉及的范围）的距离。相比单目摄像头,双目摄像头无需建立和维护庞大的样本特征数据库,因此无需判断前方障碍物的类型。利用两个平行布置的摄像头产生的视差,双目摄像头能够找到同一物体所有的点,并依赖精确的三角测距来计算摄像头与前方障碍物的距离,从而实现更高的识别精度和更远的探测范围。需要注意的是，使用双目视觉方案需要两个摄像头有较高的同步率和采样率，因此其技术难点在于双目标定和双目定位。与单目摄像头相比，双目视觉方案没有识别率的限制，且无需先识别再测量，因此具有更高的测距精度和更广的适用范围，同时也无需维护样本数据库。

（3）环视摄像头　环视摄像头一般至少包含 4 个摄像头，分别安装在汽车的前后左右侧，实现 360°环境感知，难点在于畸变还原与图像之间的对接。通过环视摄像头，自动驾驶车辆可以实时地获取周围的道路和车辆信息，从而做出更加明智的决策。例如，当车辆行驶在高速公路上时，环视摄像头可以为车辆提供前方、后方、左侧和右侧的全景视野信息，从而帮助车辆避免意外事故和碰撞。此外，环视摄像头还可以用于物体识别和跟踪。通过利用深度学习和计算机视觉技术，环视摄像头可以自动识别交通标志、行人、车辆和其他障碍物，并将这些信息传回自动驾驶系统，从而帮助车辆做出更加智能的行驶决策。例如，在城市道路上，环视摄像头可以自动识别交通信号灯，并根据灯光变化自动调整车辆的行驶速度和方向，从而保证行驶的安全性和高效性。

（4）摄像头安装方案　根据各种自动驾驶功能的要求，需要在汽车上采用不同的摄像头安装方案，包括前视、环视、后视、侧视和内置摄像头。为实现完全自动驾驶，至少需要安装 6 个以上的摄像头。前视摄像头通常采用 55°左右的镜头以获取更远的拍摄距离，可采用单目或双目摄像头方案。双目摄像头需安装在两个位置，造价约为单目摄像头的两倍。环视摄像头使用广角摄像头，通常在车辆四周装配 4 个摄像头以实现全景视图的图像拼接，并通过辅助算法实现道路感知。后视摄像头采用广角或鱼眼摄像头，主要用于倒车后视。侧视摄像头通常采用两个广角摄像头，可用于盲点检测等任务，也可代替后视镜使用。在某些自动驾驶方案中，超声波雷达也可替代侧视功能。内置摄像头使用广角摄像头，安装在汽车内后视镜处，可监控驾驶人状态并在必要时发出警报。前视摄像头是自动驾驶方案中主动安全的核心功能，可实现车道线偏移预警、车辆识别、行人识别、交通标志识别等功能，并将成为自动紧急制动（AEB）、自适应巡航（ACC）等主动控制功能的输入信号。由于其高安全性和广泛应用性，前视摄像头是当前研发的热点之一。

3. 毫米波雷达

毫米波雷达利用毫米波频段的电磁波，通过发射无线电信号并接收反射信号测定车辆与物体间的距离，其频率通常在 10～300GHz 之间。相较于厘米波导引头，毫米波导引头具有更小的体积、更轻的重量和更高的空间分辨率；而相较于红外、激光和电视等光学导引头，毫米波导引头具有更强的穿透雾、烟、灰尘等物质的能力。此外，毫米波导引头的抗干扰性能也优于其他微波导引头。图 12-10 所示为毫米波雷达的工作原理。毫米波雷达可以检测到 30～100m 远的物体，而高性能毫米波雷达可以探测更远的物体。毫米波雷达具有全天候、全天时的工作特性，且探测距离远、探测精度高，被广泛应用于车载距离探测，如自适应巡航、碰撞预警、盲区探测、自动紧急制动等。

4. 超声波雷达

超声波雷达是一种利用超声波进行距离测量的技术，通过发射并接收 40kHz 的超声波，根据时间差算出障碍物距离。常见的超声波雷达有两种：一种是安装在汽车前后保险杠上的驻车雷达或倒车雷达，称为超声波驻车辅助（Ultrasonic Parking Assistant，UPA）传感器；另一种是安装在汽车侧面，用于测量侧方障碍物距离的超声波雷达，称为自动泊车辅助

（Automatic Parking Assistant，APA）传感器。在超声波雷达测距时，超声波发射器向某一方向发射超声波信号，通过记录时间来测算出从发射点到障碍物之间的距离。

超声波雷达具有多种优点，如能量消耗缓慢、防水、防尘、传播距离远、穿透性强、测距方法简单、成本低、不受光线条件影响等。超声波雷达的基础应用是倒车辅助。在这个过程中，超声波传感器通常需要结合控制器和显示器使用，以声音或显示方式告知驾驶人周围障碍物的情况，解除驾驶人泊车、倒车和起动车辆时前后左右探视引起的困扰，并帮助驾驶人扫除视野死角和视线模糊的缺陷，提高驾驶安全性。除障碍物检测外，超声波雷达还有许多应用场景，例如泊车位检测（图12-11）、高速横向辅助等。因此，超声波雷达在汽车行业中的应用前景广阔。

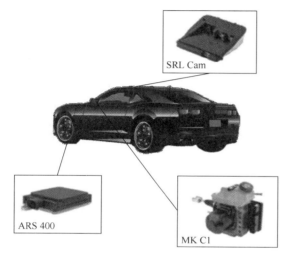 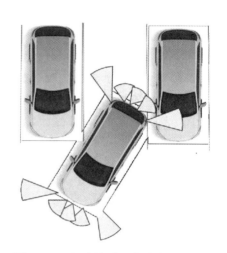

图12-10　毫米波雷达的工作原理　　　　图12-11　超声波雷达自动泊车示意图

12.3.2　车辆定位系统

车辆定位是让自动驾驶汽车获取自身确切位置的技术，在自动驾驶技术中定位担负着相当重要的职责。车辆自身定位信息获取的方式多样，涉及多种传感器类型与相关技术，本小节将从卫星定位、惯性导航定位及多传感器融合定位几个方面进行介绍。

1. 卫星定位技术

在自动驾驶车辆的任何驾驶条件下，确定汽车位置和汽车行驶速度是至关重要的。为了收集这些信息，需要整合多种复杂技术，其中全球导航卫星系统（GNSS）起到主要作用。GNSS通过卫星信号来确定车辆的位置和速度，并提供最基础的时空信息，为车载传感器的时间同步或导航提供支持。一旦自动驾驶车辆获得了高精度的位置信息，可以与高精度地图进行匹配，为其导航功能提供精确的定位服务。值得注意的是，GNSS的精度和可靠性会受到多种因素的影响，例如天气、地形、建筑物以及信号遮挡等。因此，在实际应用中需要结合其他传感器技术进行补偿和校正，以提高自动驾驶汽车的定位精度和可靠性。

（1）卫星导航定位系统　卫星导航定位系统是以人造地球卫星为导航台的星基无线电导航系统，为全球海陆空的各类军民载体提供全天候的、高精度的位置、速度和时间信息，因而又被称为天基定位、导航和授时（PNT）系统。其中，全球卫星导航系统是卫星导航定位系统的核心部分，而星基增强系统以及地基增强系统则是为全球卫星导航系统提供补充支持的辅助系统。目前，世界上著名的卫星导航系统包括美国的全球定位系统（GPS）、俄罗斯的格洛纳斯（GLONASS）、中国的北斗卫星导航系统（BDS）以及欧盟的伽利略（Galileo）系统。

（2）卫星导航定位系统工作原理　GNSS 定位主要解决两个问题：一是观测瞬间卫星的空间位置，二是测量站点卫星之间的距离。空间位置即 GNSS 卫星在某坐标系中的坐标，为此首先要建立适当的坐标系来表征卫星的参考位置，而坐标又往往与时间联系在一起，因此，定位是基于坐标系和时间系统来进行的。

1）坐标系统和时间系统。在卫星导航系统中，坐标系用于描述卫星在其轨道上的运动、表达地面观测站的位置和处理 GPS 观测数据。根据应用场合的不同，选择的坐标系也不同。常见的坐标系包括地理坐标系、惯性坐标系、地球坐标系、地心坐标系和参心坐标系等。时间系统在卫星导航中是最重要、最基本的物理量之一。卫星发送的所有信号都是由高精度的原子钟控制的。大多数卫星导航系统实际上都是通过精确测定信号传播时间来实现距离测量的。常见的时间系统包括世界时、力学时、原子时和卫星导航时间系统等。

2）定位原理。GNSS 利用基本三角定位原理，通过测量无线电信号的传输时间来测量距离。接收装置收到卫星信号时，可以知道该信号的发射时间和接收时间，从而计算出信号的传播时间。由每颗卫星的所在位置和测量得到的每颗卫星与接收装置的距离，便可以算出接收器所在位置的三维坐标值。使用者至少需收到 3 颗卫星的信号才可确定自身的位置。通常使用 4 个以上的卫星信号来确定使用者所在位置及高度，从而提高定位精度。以 3 个卫星的位置为圆心，3 个卫星距地面某点距离为半径作球面，球面交点即为地面用户位置，如图 12-12 所示。

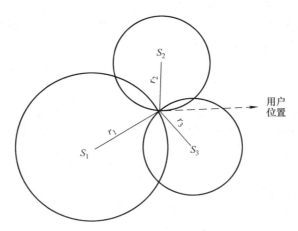

图 12-12　三角定位原理示意

3）差分定位系统。流动站与差分基准站的距离可以直接影响差分定位系统的效果。当流动站与差分基准站距离越近，同一卫星信号到这两个站点的传播途径就越短，两站点之间测量误差的相关性就越强，从而差分定位系统性能会越好。根据差分校正的目标参量的不同，差分定位系统主要分为位置差分、伪距差分和载波相位差分。设置差分定位系统可以提高卫星定位系统的精度，广泛应用于航空、航海、测绘、交通、农业、地质等领域。

2. 惯性导航定位

惯性是所有质量体固有的基本属性。基于牛顿定律，惯性导航系统（Inertial Navigation System，INS）（简称惯导系统）不依赖于光电联系，而是仅靠系统本身就能够对车辆进行连续的三维定位和三维定向。卫星导航虽然是一种常用的定位方式，但其更新频率低，仅有大约10Hz的精度，无法满足自动驾驶汽车的要求。因此，必须借助其他传感器和定位手段共同增强定位精度，其中，惯性导航系统是最为重要的一部分。惯性导航系统是一种自主式导航系统，不依赖于外部信息，也不向外部辐射能量。其主要由三个模块组成：惯性测量单元（Inertial Measurement Unit，IMU）、信号预处理单元和机械力学编排模块，如图12-13所示。为了提高惯性导航系统的精度，需要使用多种传感器，如GPS、超声波雷达、摄像头等，并通过融合算法来整合各种传感器的信息。例如，使用GPS来提高位置精度，使用超声波雷达来检测车辆周围的障碍物，使用摄像头来识别交通信号灯和车辆。这些传感器可以通过惯性导航系统进行信息融合，从而提高自动驾驶汽车的定位精度和可靠性。

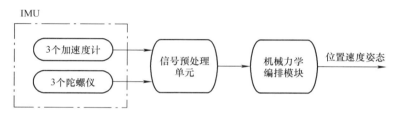

图12-13 惯性导航系统模块示意

IMU包括3个相互正交的单轴的加速度计（Accelerometer）和3个相互正交的单轴的陀螺仪（Gyroscopes），IMU的结构如图12-14所示。信号预处理部分对IMU输出信号进行信号调理、误差补偿，并检查输出量范围等，以使惯性传感器正常工作。

3. 多传感器融合定位技术

（1）多传感器融合概述　全球卫星导航系统（GNSS）是一种广泛应用的定位系统，其适用范围广，定位精度高。然而，当应用于自动驾驶汽车时，其低更新频率是一个相对突出的缺点。其仅有约10Hz的更新频率无法完全满足自动驾驶系统对实时定位的要求。惯性导航系统（INS）具有较高

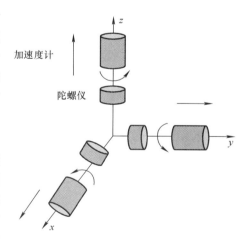

图12-14 IMU的结构示意

的更新频率，可以达到200Hz以上，从而满足自动驾驶系统的需求。然而，由于误差累积的原因，随着时间和行驶距离的增加，INS的准确度会逐渐降低，因此也无法保证定位的准确性。通过适当的方法将GNSS和INS的数据进行融合，车辆的定位信息可以提供既准确又足够实时的位置信息。

多传感器信息融合是20世纪80年代兴起的一门新兴学科。它是将不同传感器对某一目

标或环境特征描述的信息，综合成统一的特征表达信息及其处理的过程。多传感器信息融合实际上是对人脑综合处理复杂问题的一种功能模拟。与人脑综合处理信息的过程一样，协调利用多个传感器资源实现多传感器信息融合。通过对各种传感器及其观测信息的合理支配与使用，将各种传感器在空间和时间上的互补与冗余信息依据某种优化准则加以组合，产生对观测环境或对象的一致性解释和描述。多传感器信息融合的目标是利用各种传感器分离观测信息，对数据进行多级别、多方位和多层次的处理，产生新的有意义的信息。这种信息是多传感器最佳协同作用的结果，是任何单一传感器无法获得的。其最终目的是利用多个传感器共同或联合操作的优势，来提高整个传感器系统的有效性。

（2）多传感器融合原理　多传感器融合的数据主要包括 GNSS – RTK（实时动态）、惯性导航系统和特征匹配自定位系统的输入数据。对这些数据进行预处理、数据配准和数据融合等处理后，输出车辆自身的速度、代置和姿态信息，如图 12-15 所示。

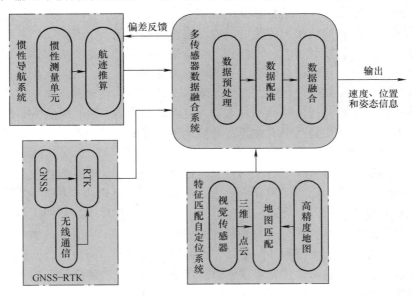

图 12-15　多传感器数据融合示意

数据预处理可以视为传感器初始化和校准的过程。传感器初始化是指针对每个传感器独立地校准相对于系统坐标的偏差。完成传感器初始化后，可以利用共同的目标开始相对数据配准过程。数据配准的目的是将来自一个或多个传感器的数据点和观测结果与已知或已确认的事件归并到一起，确保每个事件集合中的观测结果来自同一实体的概率较大。

传感器配准是指多传感器数据"无误差"转换所需的处理过程，主要包括时间配准和空间配准两个方面。时间配准指将关于同一目标的各传感器不同步的测量信息同步到同一时刻。空间配准，又称传感器配准，是指借助于多传感器对空间共同目标的测量，对传感器的偏差进行估计和补偿。

数据融合需要使用融合算法，融合算法可分为随机类和人工智能类两大类。随机类多传感器数据融合方法主要包括贝叶斯推理、D – S 证据理论、最大似然估计、综合平均法、贝叶斯估计、D – S 法、最优估计、卡尔曼滤波、鲁棒估计等估计理论。人工智能类多传感器数据融合方法主要包括基于神经网络的多传感器数据融合、基于模糊聚类的数据融合以及专家系统等。其中，随机类多传感器数据融合算法是经典融合算法，又可分为估计和统计两类方法。人工智能类多传感器数据融合方法也称为现代融合法，可用信息论和人工智能进行分类。

12.3.3 高精地图技术

高精地图作为自动驾驶技术发展成熟的重要支撑，在横向和纵向精确定位、障碍物检测与避撞、转向与引导等方面发挥着重要的作用，是自动驾驶的核心技术之一。精准的地图对自动驾驶汽车的定位、导航与控制，以及自动驾驶的安全至关重要。

1. 高精地图概述

传统电子地图是人们日常使用的车载导航和地理位置信息查询的主要工具，其服务对象为驾驶人。百度地图、高德地图等皆属于传统电子地图。在制图学的基础上，电子地图的出现大大提高了地图的检索效率。结合计算机技术，电子地图还能自动规划两地之间的路径，从而显著提高了交通运输的效率。传统电子地图将路网抽象成一个有向图，其中顶点表示路口，边表示路口之间的连接。路名、地标和道路骨架信息都可以抽象成存储于图的顶点或边的属性。这种地图表征形式能很好地适应人类驾驶人的需求，因为人类天生具有很强的视觉识别和逻辑分析能力。在驾驶过程中，驾驶人能够有效地识别路面和路面车道线，确定自己在路面的大致位置，寻找并辨认路标等。驾驶人能够结合当前 GNSS 提供的车辆在电子地图中的位置，大致确定自己在路网中的位置，并规划下一步的驾驶行为。正是由于驾驶人拥有这些能力，传统电子地图被大大精简。

相比之下，高精电子地图的主要应用对象是自动驾驶汽车，即机器驾驶人。机器驾驶人缺乏人类与生俱来的视觉识别和逻辑分析能力。例如，人类可以很轻松地利用视觉和 GNSS 定位自身、识别障碍物、行人、交通信号和标志，但这些识别对于当前的机器人来说是非常困难的任务。高精地图可以扩展车辆的静态环境感知能力，为车辆提供其他传感器不能提供的全局视野，包括传感器监测范围外的道路、交通和设施信息。高精地图面向自动驾驶环境采集生成地图数据，根据自动驾驶需求建立道路环境模型。在精确定位、基于车道模型的碰撞避让、障碍物检测与避让、转向与引导方面，高精地图都可以发挥重要作用，是当前自动驾驶汽车技术必不可少的组成部分。

2. 高精地图在自动驾驶中的应用

传统的导航电子地图主要供驾驶人使用，而高精地图则更适用于自动驾驶汽车。在自动驾驶的感知、定位、规划、决策和控制等过程中，高精地图发挥着重要作用，是自动驾驶的基础。相比传统导航电子地图，高精地图具有更高的计算精度、更多的数据层级以及更动态的实时性等特点，并能满足自动驾驶汽车在行驶过程中对地图精确计算匹配、实时路径规划导航、辅助环境感知、驾驶决策辅助以及智能控制辅助的需求。例如，高精地图可以提供道路附近建筑物、交通灯、路牌等详细信息，以便自动驾驶汽车更好地感知周围环境并做出合理决策。

（1）地图精确计算匹配　由于存在各种定位误差，电子地图坐标上的移动车辆与周围地物并不能完全保持正确的位置关系。然而，利用高精地图能够实现精确计算匹配，从而将车辆位置精准地定位在车道上，有效提高车辆定位的精度。

传统地图的匹配依赖于 GNSS 定位，而定位准确性则取决于 GNSS 的精度、信号强弱以及定位传感器的误差。相比之下，高精地图更多地依靠其先验信息来进行地图匹配。高精地图相对于传统地图则具有更多维度的数据，例如道路形状、坡度、曲率、航向、横坡角等。通过更高维数的数据结合高效率的匹配算法，高精地图能够实现更高尺度的定位与匹配，从而有效提高车辆的定位精度。值得注意的是，高精地图匹配所依赖的先验信息是由多源数据、多种传感器融合而成的，具有更高的可靠性和准确性。

高精地图可以利用超声波雷达来实时探测周围障碍物的位置信息，同时利用卫星导航系统来获取车辆当前的粗略位置，最后通过高效的匹配算法将二者结合起来，实现车辆在高精地图上的精准定位。除此之外，高精地图还可以结合北斗卫星导航系统等多种定位技术，从而进一步提高定位的准确性和精度。

（2）实时路径规划导航　高精地图在云计算的辅助下，能够为自动驾驶汽车提供最新的路况信息，从而帮助自动驾驶汽车重新制订最优路径。由于交通信息实时更新，预先规划的最优路径也可能随时发生变化。高精地图的路径规划能力下沉到了道路和车道级别，而传统的导航地图的路径规划功能往往基于最短路径算法，结合路况为驾驶人给出最快捷、最短的路径。相比之下，高精地图的路径规划是为机器服务的，因此必须考虑机器的理解能力。传统的特征地图往往难以满足这一需求，而高精矢量地图能够完成这一任务。矢量地图抽象、处理和标注了路网信息、道路属性信息、道路几何信息以及标识物等抽象信息，数据量较小，能够通过路网信息实现点到点的精确路径规划。

（3）辅助环境感知　高精地图是一种重要的技术手段，能够对传感器无法探测的部分进行补充，实现实时状况的监测和外部信息的反馈。由于传感器在自动驾驶过程中存在一定的局限性，例如易受恶劣天气的影响，高精地图的使用可以帮助获取当前位置的精准交通状况，从而提高自动驾驶汽车的安全性和准确性。

高精地图辅助环境感知的原理主要包括两个方面：一方面，通过对高精地图模型的提取，可以将车辆周围道路、交通、基础设施等对象及其关系提取出来，从而提高车辆对周围环境的鉴别能力；另一方面，高精地图可以看作是自动驾驶的传感器，能够识别传统硬件传感器（如雷达、激光雷达或摄像头）无法检测到的静态物体，如车辆、行人和障碍物。相比传统硬件传感器，高精地图具有以下优势：其检测范围不受环境、障碍或其他干扰的限制；能够"检测"所有的静态及半静态的物体；不需要过多的处理能力；已存有检测到物体的逻辑，包括复杂的关系。因此，高精地图在自动驾驶技术中具有重要的地位，可以有效提升自动驾驶车辆的环境感知能力和安全性。

（4）驾驶决策辅助　高精地图不仅包含传统电子地图的路网地图数据，而且还将大量的道路行车信息以结构化数据的形式进行存储。这些信息可以分为两类：第一类是道路数据，包括车道线的位置、宽度、坡度、曲率等车道信息；第二类是车道周边的固定对象信息，例如交通标志、交通信号灯、车道限高、下水道口、障碍物等道路细节，以及包括高架物体、防护栏、树木、道路边缘类型、路边地标等基础设施信息。在自动驾驶汽车的行驶过程中，这些信息可以为车道并线、避让障碍物、调整车速、进行行车转向等决策提供重要的辅助作用。

如果高精地图中记录了某个路段的车道线位置和曲率信息，自动驾驶汽车就可以根据这些信息进行车道保持，从而确保车辆在行驶过程中不会偏离预设的行驶路线。另外，如果高精地图中标记了某个路口的交通信号灯位置和状态信息，自动驾驶汽车就可以根据这些信息调整车速和行车方向，以遵守交通规则和确保行车安全。

（5）智能控制辅助 作为所有行车信息的载体，高精地图具备精准预判和提前选择合适的行驶策略等功能，从而减少传感器计算压力和性能计算瓶颈，使传感控制系统更多关注突发情况，达到智能控制辅助的作用。同时，在提高车辆安全性的同时，高精地图还能有效降低车载传感器和控制系统的成本。例如，在高速公路下匝道时，摄像头可以用来探测车道线的变化，但是在车道弯曲度比较大时，摄像头的反馈结果可能不太理想。这时，可以利用地图的先验数据，根据车辆的姿态来拟合计算车道线的数据，从而实现更加准确的行驶策略选择。

3. 高精地图的制作

（1）高精地图生产流程 高精地图数据的生产包括外业采集、云端自动化处理、数据编辑与质量控制以及数据编译与引擎等多个步骤。其中，外业采集需要搭载 GNSS、IMU、LiDAR、摄像头等传感器的专业采集车队，对车道线、路沿护栏、交通标牌等信息进行实地采集。随后，通过点云融合、点云识别和图像识别等人工智能技术，在云端实现自动化处理。在数据编辑与质量控制阶段，需要利用高精地图编辑工具和生产管理系统进行地图编辑，并依照 ISO 19157/19158、IATF 16949 等质量标准，构建全流程数据质量保障体系。

高精地图所需要获取的地物主要包括车道线、道路交通设施（如人行横道、转向标志、交通设施等）、车道拓扑网络数据以及其他地物等。根据不同的数据采集方式，高精地图的生产方式也会有所不同。以移动测绘车采集的数据为例，需要进行云数据的分区、去噪和拼接等预处理，进而进行矢量化、几何调整、属性增加以及拓扑结构建立等加工处理。而对于无人机航测高精地图的生产，则需要利用经过校正和拼接等预处理得到的高精度正射影像图，采用自动与人工相结合的方式进行数据矢量化加工处理。对于 1∶500 地形图测绘，则需要利用外业采集的数据进行内业地图编绘，并通过格式转换和地物分类等方式进行加工处理。三种高精地图生产过程均需要通过多级质检保证最终成果数据的可靠性。

值得注意的是，移动测绘车生产方式正在形成一种"专业采集与众包维护"的地图动态更新方式，而无人机航测数据的更新则需要重新进行航测，1∶500 地形图测绘则采用部分补测的方式实现数据更新。

（2）高精地图采集平台 高精地图的采集需要专门的采集车携带激光雷达、摄像头、GNSS、IMU 等设备进行，其中激光雷达用于采集点云数据，摄像头则用于采集道路实景图像，GNSS 与 IMU 则用于定位。在采集车中，惯性测量单元（IMU）是一种常用的设备，它通常采用六轴运动处理组件，其中包含 3 轴加速度传感器和 3 轴陀螺仪。加速度传感器是力传感器，用于检测上下左右前后哪几个面各受了多少力（包括重力），然后计算每个自由度上的加速度；陀螺仪则是角速度检测仪，用于检测每个自由度上的角加速度。此外，轮测距器（Wheel Odometer）也是采集车中常用的设备，它可以通过推算左右轮的转速来计算无人车的位置，但其精度会随着行驶条件的差异而逐渐偏离真实值。另外，GNSS 也是定位的重要手段，它通过确定 4 颗或更多卫星的位置，并计算出与每颗卫星之间的距离，再用三维空间的三边测量法进行定位。为了使用距离信息进行定位，GNSS 接收机需要储存卫星的星历，以告诉接收机每颗卫星在不同时刻的位置。激光雷达则是采集车中最为重要的设备之一，它可以采集周围环境的点云信息，并用于构建高精地图。

12.3.4 规划与决策系统

自动驾驶汽车是一个由软硬件结合的复杂系统,其安全可靠的运行需要车载硬件、传感器集成、感知、预测和控制规划等多个模块的紧密协同配合。其中,感知预测和控制规划的紧密配合是最为关键的部分。广义上,规划控制可以分为路由寻径(Routing)、行为决策(Behavior Decision)、动作规划(Motion Planning)以及反馈控制(Feedback Control)几个部分,如图12-16所示。例如,感知模块通过多种传感器获取路况、车辆状态等信息,预测模块基于历史数据和实时信息预测周围环境和其他车辆的行驶意图,规划控制模块根据感知和预测结果进行路径规划、行为决策和动作规划,反馈控制模块则负责控制车辆执行规划的行动,从而保证自动驾驶汽车的安全行驶。

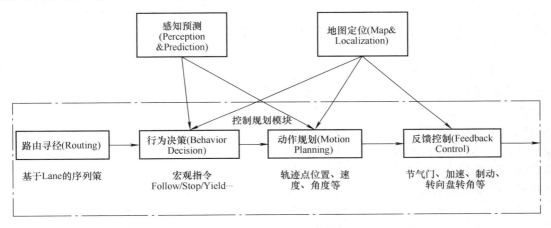

图 12-16 自动驾驶规划与控制

1. 路径规划

路由寻径、行为决策、动作规划三个部分又可统称为路径规划,路径规划部分承接上层感知预测结果,从功能上可分为全局路径规划和局部路径规划。

(1) 路由寻径 全局路径规划是自动驾驶汽车软件系统内部的导航功能,其任务是在宏观层面上指导规划控制模块按照什么样的道路行驶,从而实现从起始点到终点。需要注意的是,路由寻径部分与传统的导航有本质不同,其在细节上严重依赖于专门为自动驾驶汽车导航绘制的高精地图。路由寻径部分通过路径搜索算法搜索出一条最优化的全局期望路径,它可以是行驶前离线进行,也可以在行驶中不停地重新规划。全局规划的作用在于产生一条全局路径来指引车辆的前进方向,避免车辆盲目地探索环境。在规划全局路径时,不同的环境下常常会选择不同的择优标准。在平面环境中,通常以路径长度最短或时间最短为最优标准。在越野环境的全局路径规划中,经常以"安全性"为最优标准,该标准同时考虑路径可行宽度和路面不平度来充分保证车辆的运行安全。作为整体无人车控制规划系统的最上游模块,路由寻径模块的输出严格依赖无人车高精地图(HD-Map)的绘制。在高精地图定义绘制的路网(Road Graph)的道路(Lane)划分的基础上,路由寻径模块需要解决的问题是计算出一个从起点到终点的最佳道路行驶序列。为实现这一目标,可以利用常见的 A* 算法或者 Dijkstra 算法等进行实现。

（2）行为决策　路由寻径模块产生的路径信息会直接被中游的行为决策模块所采用。行为决策模块接收到路由寻径结果后，还会同时接收感知预测和地图信息。基于这些输入信息，行为决策模块会在宏观层面上做出关于自动驾驶汽车如何行驶的决策。这些决策包括但不限于正常跟车、遇到交通灯和行人时的等待和避让，以及在路口和其他车辆的交互时如何通过等。具体实现形式的不同会导致行为决策模块定义的输出指令集合也有所差异。实际上，行为决策模块的实现方法相对较多，并不需要遵循非常严格的规则。在自动驾驶汽车系统的设计中，行为决策模块有时被设计成独立的逻辑模块，而有时则与下游的动作规划模块相融合以实现其功能。由于行为决策和动作规划需要密切协调配合，因此在设计和实现这两个模块时，一个重要的基本准则是行为决策模块的输出逻辑需要与下游的动作规划模块的逻辑协调一致。行为决策层面积累了所有重要的车辆周边信息，这些信息包括自动驾驶汽车的当前位置、速度、朝向以及所处车道，以及自动驾驶汽车一定范围内所有感知相关的障碍物信息。行为决策层需要解决的问题就是如何在了解这些信息的基础上决定自动驾驶汽车的行驶策略。

（3）动作规划　局部路径规划是自动驾驶车辆中的动作规划模块之一。该模块以车辆所在的局部坐标系为基准，将全局期望路径根据车辆的定位信息转换到车辆坐标系中表示，从而提供导向信息以供局部路径规划使用。局部期望路径可以被视为自动驾驶车辆未来一段时间内期望的行驶路线，因此要求每个路径点都能够传达车辆状态的信息。具体而言，局部期望路径是自动驾驶车辆未来行驶状态的集合，每个路径点的坐标和切线方向表示车辆的位置和航向，而路径点的曲率半径则表示车辆的转弯半径。在实际行驶中，车辆的位置、航向和转弯半径会不断变化，因此生成的路径也需要满足位置、切线方向和曲率的连续变化。局部路径规划的主要作用是在一定的环境地图下，寻找一条不仅满足车辆运动学约束和舒适性指标，而且还能避免碰撞的路径。规划出的局部路径必须具备对全局路径的跟踪和避障能力。例如，基于路径生成和路径选择的局部路径规划方法可以实现对全局路径的跟踪，并在路径选择过程中完成障碍分析。

2. 路径规划算法

路径规划算法是解决车辆路径规划问题的关键技术之一。该领域的算法通常可分为基于采样和基于地图的两大类。

（1）基于采样的路径规划算法　基于采样的路径规划算法包括概率图算法（Probabilistic Road Map，PRM）和快速随机扩展树算法（Rapidly - exploring Random Tree，RRT）。PRM 使用局部规划算法建立随机状态之间的连接关系，从而抽象出概率图，从确定的起始状态和目标状态出发，快速地搜索概率图即可获得路径。RRT 最初是为解决运动学约束的路径规划问题而提出的。

（2）基于地图的路径搜索算法　基于地图的路径搜索算法则通常采用单元分解法或道路图法建立环境模型，通过搜索环境地图获得最终路径。常见的算法包括深度优先搜索算法（Depth - First Search，DFS）、广度优先搜索算法（Breadth - First Search，BFS）、迭代加深搜索算法（Iterative - Deepening Search，IDS）、等代价搜索算法（Uniform - Cost Search，UCS）和启发式搜索算法（Heuristic Search，HS）等。前四种算法使用回溯技术实施搜索，从起始状态出发沿着树的深度遍历节点，尽可能深地搜索树的分支，直至到达目标状态或搜索终止点。相比之下，启发式搜索算法则在节点扩展顺序的估价函数中引入启发值，即当前节点状态到目标状态之间的估计消耗,从而引导搜索朝向目标状态的方向,避免了盲目搜索,有助于提高算法的搜索效率。因此,启发式搜索算法在路径规划领域中的应用越来越广泛。

12.4 车联网技术

12.4.1 车联网技术概述

车联网(Vehicle to Everything,V2X)技术是一种新一代信息通信技术,它通过将车辆与交互信息的各种对象相连接,实现了车辆与一切事物相互关联。在 V2X 系统中,V 代表车辆,而 X 则代表任何与车辆交互信息的对象。当前,X 主要包括车人、交通路侧基础设施和网络等。V2X 交互信息的模式主要包括车与车之间(Vehicle to Vehicle,V2V)、车与路侧设施之间(Vehicle to Infrastructure,V2I)以及车与人之间(Vehicle to Pedestrian,V2P)等多种形式,同时也包括了车与路之间(Vehicle to Road,V2R)的交互。如图 12-17 所示,V2X 技术为车辆提供了更为全面、高效的信息交互方式,有望在未来的智能交通系统中大放异彩。

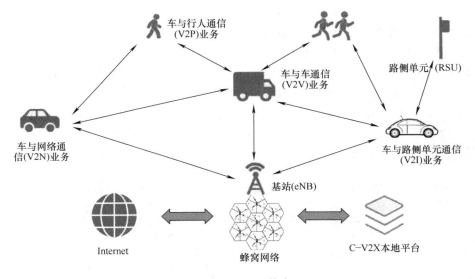

图 12-17　V2X 技术

V2X 技术是一种网状网络,其中包括具有发射、捕获和转发信号功能的节点(例如汽车和智能交通灯)。利用 V2X 技术,车辆能够获取周围环境的未知参数及附近车辆的运行状态,例如速度、位置、行驶方向和制动等基本的安全信息。对于这些信息,车载端主动安全算法将处理并按照优先级对其进行分类,对可能发生的危险情景进行预警。在紧急情况下,车辆执行端能够控制车辆,从而规避风险。V2X 技术开启了对四周威胁的 360°智能感知,能够在各种危险情况下提醒驾驶人,从而大大减少汽车碰撞事故的发生并缓解交通拥堵。与传统雷达相比,V2X 通信传感系统具有以下几点优势:

1)覆盖面更广。V2X 技术的通信范围为 300~500m,远远超过了十几米的雷达探测范围,不仅能连接前方障碍物,还能连接身旁和身后的建筑物和车辆。这大大拓展了驾驶人的视野范围,驾驶人能够获得更多立体的信息。例如,在前车制动初期,系统能够及时发现并进行提示。如果距离过近,系统会再次提示,给驾驶人预判和规避危险提供足够的反应时间,避免跟车追尾的情况。

2)有效避免盲区。由于所有物体都接入互联网,每个物体都会有单独的信号显示。即使视野受阻,实时发送的信号也能够显示视野范围内看不到的物体状态,降低了盲区出现的概率。这也充分避免了因盲区而导致的潜在伤害。

3)对隐私信息的安全保护性更好。

12.4.2 车联网子技术

1. V2V 技术

V2V 技术是指通过车载终端实现车辆间的通信,实时获取周围车辆的车速、位置、行车情况等信息,并构成一个互动的平台,实时交换文字、图片和视频等信息。将这项技术应用于交通安全领域,可以显著提高交通的安全系数,减少交通事故的发生,降低直接和非直接的经济损失,并有助于减少地面交通网络的拥塞。

2. V2R 技术

V2R(Vehicle to Road)是指车辆与道路之间的通信,主要用于车辆非安全性应用,例如 ETC 系统。举例来说,当车辆驶过指定的 ETC 车道时,便可以自动完成收费过程,无需停车或交互式收费,从而提高了通行效率。此外,基于车-路通信的专用短程通信应用(图 12-18),还可以用于电子地图的下载和交通调度,进一步增强了车辆通信的功能。V2I(Vehicle to Infrastructure)则是指车辆设备与路侧基础设施(如红绿灯、交通摄像头、路侧单元等)之间的通信。路侧基础设施可以获取附近区域车辆的信息并发布各种实时信息。V2I 通信主要用于提供实时信息服务、车辆监控管理等方面。举例来说,路侧基础设施可以向车辆发送实时路况、车辆安全提示等信息,提高了交通安全和效率。

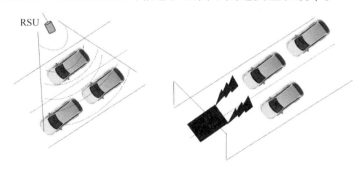

图 12-18 V2R 技术

3. V2P 技术

V2P(Vehicle to Pedestrian)指的是弱势交通群体(例如行人、骑行者等)利用用户设备(如手机、笔记本计算机等)和车载设备进行通信,以便与包括广泛的道路使用者进行互动。V2P 通信主要应用于信息服务、避免或减少交通事故等。行人检测系统可以在车辆、基础设施或行人身上进行,以向驾驶人、行人或双方提供警告。车内警报系统的普及(例如盲点警告、前向碰撞警告）使得在车内通过警告方式提示驾驶人前方行人的存在成为可能。对于路上的行人而言，最简单和最直接的行人警告系统是手持设备，例如手机、智能手表等。目前已有的一些警告系统包括：利用应用程序允许盲人或视力低下的行人自动呼叫智能电话、在信号交叉口的人行横道内有行人出现时利用车内设施警告公交车驾驶人、为横穿马路的行人提供警告以及试图转弯的驾驶人被警告在人行横道上有行人等。

12.4.3 车联网典型应用

借助于人、车、路、云平台之间的全方位连接和高效信息交互，V2X 技术目前正从信息服务类应用向交通安全和效率类应用发展，并将逐步向支持实现自动驾驶的协同服务类应用演进。V2X 典型的应用场景举例如下。

1. 信息服务典型应用场景

信息服务是提高车主驾车体验的重要应用场景，是 V2X 应用场景的重要组成部分。典型的信息服务应用场景包括：交通信息采集与处理、智能停车、紧急呼叫业务等。

（1）交通信息采集与处理　车联网技术可以通过车辆的 GPS 定位、车载摄像头、传感器等设备，实现对交通信息的全面采集和处理。例如，通过车辆的 GPS 定位，可以实时获取车辆的位置信息、行驶速度等数据，为交通管理决策提供数据支持。

（2）智能停车　车联网技术可以实现智能停车，包括车位搜索、预约停车等。例如，通过车联网技术，车辆可以实时获取周边停车位信息，并进行预约停车，提高了停车效率和便捷性。

（3）紧急呼叫业务　紧急呼叫业务是指当车辆出现紧急情况时（如安全气囊引爆或侧翻等），车辆能自动或手动通过网络发起紧急救助，并对外提供基础的数据信息，包括车辆类型、交通事故时间地点等。服务提供方可以是政府紧急救助中心、运营商紧急救助中心或第三方紧急救助中心等。该场景需要车辆具备 V2X 通信的能力，能与网络建立通信联系。

2. 交通安全典型应用场景

交通安全是 V2X 最重要的应用场景之一，对于避免交通事故、降低事故带来的生命财产损失有十分重要的意义。典型的交通安全应用场景包括车辆监测和维护技术、交叉路口碰撞预警等。

（1）车辆监测技术　在车联网技术中，车辆监测技术是一个重要的应用，它通过采集车辆的各种数据信息，对车辆的状态进行监测和诊断，从而实现对车辆的及时维护和管理。车辆监测技术主要包括车辆故障监测技术、车辆健康监测技术和车辆驾驶行为监测技术。

1）车辆故障监测技术。车辆故障监测技术是指通过车载传感器对车辆各个部件的状态进行实时监测，当发现故障时，及时发送警报信息，提醒驾驶人进行处理。该技术能够帮助驾驶人及时发现车辆故障，减少维修成本和停车维修时间。

2）车辆健康监测技术。车辆健康监测技术是指通过对车辆各个部件的数据进行分析，诊断车辆的健康状况，提前预测车辆可能出现的问题，并提供相应的解决方案。该技术能够帮助车主和维修人员更好地了解车辆的状态，及时进行维护和保养，提高车辆的使用寿命和安全性能。

3）车辆驾驶行为监测技术。车辆驾驶行为监测技术是指通过车载摄像头等设备对驾驶人的行为进行监测和诊断，如超速、疲劳驾驶、违章停车等，当发现不良行为时，及时进行警报和提醒。该技术能够提高驾驶人的安全意识，降低交通事故的发生率。

（2）车辆维护技术　车辆维护技术是指通过车联网技术对车辆的维护进行管理和优化，包括以下几个方面：

1）远程维护。远程维护是指通过车联网技术对车辆进行远程诊断和维护，不需要驾驶人将车辆送到维修店进行检修。该技术能够减少维修时间和成本，提高车辆的可靠性和使用寿命。

2）预防性维护。预防性维护是指通过车辆监测技术对车辆状态进行分析和诊断，提前预测车辆可能出现的问题，并进行相应的维护和保养。该技术能够减少故障发生率，延长车辆的使用寿命。

3）在线维修。在线维修是指车辆在行驶过程中，出现故障时，通过车联网技术，将故障信息即时发送给维修人员，并进行在线维修，使车辆尽快恢复正常运行。该技术能够减少车辆停机时间和维修成本，提高运输效率。

（3）交叉路口碰撞预警　交叉路口碰撞预警是指在交叉路口，车辆通过探测与侧向行驶的车辆的相对位置、速度等信息，判断是否存在碰撞风险，并通过预警声音或影像提醒驾驶人，以避免交通事故的发生。该技术需要车辆具备接收和广播 V2X 消息的能力，以便及时传递交通信息和预警信息。

例如，当一辆车在接近路口时，车辆探测到侧向行驶的车辆，如果判断存在碰撞风险，交叉路口碰撞预警系统会向驾驶人发出警报，提醒驾驶人要注意安全。此时，驾驶人可以根据预警信息及时采取避让措施，从而有效地避免交通事故的发生。

3. 交通效率典型应用场景

提高交通效率是 V2X 技术的一个重要应用场景，也是智慧交通的重要组成部分，对于缓解城市交通拥堵、节能减排具有重要意义。典型的交通效率应用场景包括智能交通管理、智能导航和车速引导等。

（1）智能交通管理　智能交通管理是车联网技术的重要应用之一，包括智能交通信号控制和智能交通调度等。例如，在道路拥堵情况下，交通管理中心可以通过车联网技术实时掌握交通状况，并进行交通信号控制和调度，从而缓解拥堵情况。

（2）智能导航　智能导航是另一个重要的交通效率应用场景，包括实时路况信息提供和路径推荐等。车联网技术可以实现车辆获取实时的路况信息，并根据路况信息选择最优路径，提高行驶效率。

（3）车速引导　车速引导是指路侧单元（RSU）收集交通灯、信号灯的配时信息，并将信号灯当前所处状态及当前状态剩余时间等信息广播给周围车辆。车辆收到该信息后，结合当前车速、位置等信息，计算出建议行驶速度，并向车主进行提示，以提高车辆不停车通过交叉口的可能性。该场景需要 RSU 具备收集交通信号灯信息并向车辆广播 V2X 消息的能力，周边车辆具备收发 V2X 消息的能力。

4. 自动驾驶典型应用场景

与现有的摄像头视频识别、毫米波雷达和激光雷达类似，V2X 是另一种信息交互手段，用于获取其他车辆、行人的运动状态（车速、制动、变道）信息。相较于其他技术，V2X 不容易受到如天气、障碍物以及距离等多种因素的影响。此外，V2X 为构建共享分时租赁、车路人云协同的综合服务体系提供了可能，从而为自动驾驶的产业化发展提供了有力支持。

当前，自动驾驶的典型应用场景包括车辆编队行驶和远程遥控驾驶。其中，车辆编队行驶是指通过 V2X 通信，后车与头车保持实时信息交互，在一定的速度下实现一定车间距的多车稳定跟车，具备多种应用功能，例如车道保持与跟踪、协作式自适应巡航、协作式紧急制动、协作式换道提醒、出入编队等。远程遥控驾驶是指驾驶人通过驾驶操控台远程操作车辆行驶。通过 5G 网络，搭载在车辆上的摄像头、雷达等将多路感知信息实时传达到远程驾驶操控台；而驾驶人对于车辆转向盘、节气门和制动的操控信号，则通过 5G 网络实时传达到车辆上，轻松准确地对车辆进行前进、加速、制动、转弯、后退等驾驶操作。

近年来，我国在汽车制造、通信与信息以及道路基础设施建设等领域取得了长足的进步。汽车产业整体规模保持世界领先，自主品牌市场份额逐步提高，核心技术不断取得突破。信息通信领域涌现出一批世界级领军企业，通信设备制造商已进入世界第一阵营，在国际 V2X、5G 等新一代通信标准的制订中也发挥了越来越重要的作用。在国家基础设施建设方面，宽带网络和高速公路网快速发展，规模位居世界首位，北斗卫星导航系统可面向全国提供高精度时空服务。因此，我国具备推动 V2X 产业发展的基础环境，这将进一步推动 V2X 技术产业化发展和应用的推广。

【重点与难点】

1. 绿色低碳交通技术。
2. MaaS 技术。
3. 自动驾驶技术。
4. 车联网技术。

【思考与练习】

1. 简述绿色低碳节能技术。
2. 什么是 MaaS？
3. 自动驾驶技术面临的挑战有哪些？
4. 什么是 V2X 技术？

参 考 文 献

[1] 苗敬毅，董媛香，张玲，等．预测方法与技术［M］．北京：清华大学出版社，2019．
[2] 刘思峰．预测方法与技术［M］．2版．北京：高等教育出版社，2015．
[3] 王兰花．交通预测与评估［M］．北京：人民交通出版社，2016．
[4] 陈秉正．运筹学［M］．5版．北京：清华大学出版社，2021．
[5] 张文会．交通运筹学［M］．北京：机械工业出版社，2014．
[6] 陈文伟．决策支持系统教程［M］．3版．北京：清华大学出版社，2017．
[7] 邱锡鹏．神经网络与深度学习［M］．北京：机械工业出版社，2020．
[8] 王小川，史峰，郁磊，等．MATLAB神经网络43个案例分析［M］．北京：北京航空航天大学出版社，2013．
[9] 曹吉鸣，陈伟．网络计划技术与施工组织设计［M］．上海：同济大学出版社，2000．
[10] 朱弘毅．网络计划技术［M］．上海：复旦大学出版社，1999．
[11] 赵建有．道路交通运输系统工程［M］．北京：人民交通出版社，2004．
[12] 马璐，吕品．物流决策与优化［M］．武汉：华中科技大学出版社，2019．
[13] 余胜威．MATLAB数学建模经典案例实战［M］．北京：清华大学出版社，2015．
[14] 朱建平．经济预测与决策［M］．2版．厦门：厦门大学出版社，2019．
[15] 王炼，王小建，马飞．信息技术在道路运输中的应用［M］．北京：人民交通出版社，2013．
[16] 周三元，高明．物流决策理论与技术［M］．北京：中国人民大学出版社，2012．
[17] 岳超源．决策理论与方法［M］．北京：科学出版社，2003．
[18] 王建伟，王小建．电子商务物流信息系统分析与设计［M］．北京：首都经济贸易大学出版社，2008．
[19] 张鸿涛．物联网关键技术及系统应用［M］．2版．北京：机械工业出版社，2017．
[20] 张铎，张耀平．国际物流学［M］．北京：清华大学出版社，2000．
[21] 何承，朱扬勇．城市交通大数据［M］．2版．上海：上海科学技术出版社，2022．
[22] 陈爱民，陈龙海．共享单车［M］．广州：广东人民出版社，2017．
[23] 张陶新．绿色低碳交通［M］．北京：中国环境出版社，2016．
[24] 余庆，李玮峰．交通时空大数据分析、挖掘与可视化：Python版［M］．北京：清华大学出版社，2022．
[25] 王建，徐国艳，陈竞凯，等．自动驾驶技术概论［M］．北京：清华大学出版社，2019．
[26] 李劲松．智能网联汽车技术［M］．重庆：重庆大学出版社，2022．
[27] 郭瑞军．交通运输系统工程［M］．2版．北京：国防工业出版社，2015．
[28] 穆歌，李巧丽，孟庆均，等．系统建模［M］．2版．北京：国防工业出版社，2013．
[29] 孙东川，林福永，孙凯，等．系统工程引论［M］．3版．北京：清华大学出版社，2014．